W0045935

Klaus Wigand/Stefan Albert (Hrsg.)

Auslandsimmobilien

Klaus Wigand/Stefan Albert (Hrsg.)

Auslandsimmobilien

Suche, Finanzierung, Kauf
und Vererbung in Europa

GABLER

Bibliografische Information Der Deutschen Bibliothek
Die Deutsche Bibliothek verzeichnet diese Publikation in der
Deutschen Nationalbibliografie; detaillierte bibliografische Daten
sind im Internet über <http://dnb.ddb.de> abrufbar.

1. Auflage November 2003

Alle Rechte vorbehalten
© Betriebswirtschaftlicher Verlag Dr. Th. Gabler GmbH, Wiesbaden 2003

Lektorat: Susanne Kramer

Der Gabler Verlag ist ein Unternehmen von Springer Science+Business Media.
www.gabler.de

Umschlaggestaltung: Nina Faber de.sign, Wiesbaden
Satz: DTP-Service Lars Decker, Vechelde
Druck und Bindung: Wilhelm & Adam, Heusenstamm
Gedruckt auf säurefreiem und chlorfrei gebleichtem Papier
Printed in Germany

ISBN 3-409-12468-3

Vorwort

Schon vor einigen Jahren hatten – laut einer Umfrage des Emnid-Instituts aus dem Jahr 2000 – 78 Prozent der Deutschen Interesse am Erwerb einer eigenen Immobilie im Ausland (gegenüber 60 % im Jahr 1997; Handelsblatt vom 2.7.2001). Auch wenn sich nur wenige der Befragten tatsächlich diesen Traum vom eigenen Heim im Ausland – sei es als Ferien- oder Zweitwohnsitz oder als Altersruhesitz – werden erfüllen können, ist doch das Interesse der Deutschen an Auslandsimmobilien ungebrochen groß.

Rege Nachfrage nach Auslandsimmobilien besteht, ungeachtet aktueller wirtschaftlicher Schwierigkeiten, vor allem bei der sog. „Erbengeneration", der teilweise beträchtliche Vermögenswerte zur Verfügung stehen – ohne dass diese zur eigenen Altersabsicherung unmittelbar benötigt werden – und bei der immer größer werdenden Gruppe der wohlhabenden Ruheständler, die ihren Lebensabend gerne in einer eigenen Immobilie im Ausland verbringen möchten. Begünstigt wird dieses Interesse durch die zunehmende Annäherung in wirtschaftlicher, rechtlicher und auch steuerlicher Hinsicht innerhalb der Europäischen Union. Darüber hinaus reift bei manchem potenziellen Erwerber die Erkenntnis, dass zwar auch andere Formen der Kapitalanlage in der Vergangenheit nicht die gewünschte oder versprochene Rendite erbracht haben, eine Ferienimmobilie aber dagegen zumindest Spaß und Lebensfreude („Lifestyle") verspricht. Zusätzlichen Beratungsbedarf haben viele stolze Eigentümer einer Immobilie im Ausland, die sich „aus Altersgründen" mit der Frage beschäftigen, ob die Immobilie nicht besser rechtzeitig verkauft oder an die Kinder übergeben oder vererbt werden sollte. Vieles spricht daher dafür, dass sich das Interesse an ausländischen Ferienimmobilien und damit dieser Markt in Deutschland auch in Zukunft dynamisch entwickeln wird.

An dieser Entwicklung sind neben dem eigentlichen Immobilienkäufer oder -eigentümer viele weitere Personen- und Berufsgruppen beteiligt. Banken, Sparkassen und andere Kreditinstitute bieten Ihren Kunden ebenso ihre Unterstützung beim Immobilienerwerb im Ausland an, wie Versicherer und ihre Agenten, Immobilienmakler im In- und Ausland, Bauträger sowie Rechtsanwälte, Notare und Steuerberater. Ihnen allen steht eine Fülle einzelner Fachinformationen zum Thema Auslandsimmobilien im Buchhandel oder über Internet zur Verfügung – meist länderspezifisch, auf den Erwerb, die Besteuerung oder die Vererbung von Auslandsimmobilien beschränkt, inhaltlich zusammenfassend oder im Umfang eines juristischen Lehrbuches. Vielen Darstellungen zu diesem Thema ist aber gemeinsam, dass sie den „Lebenszyklus" einer Auslandsimmobilie und seines Eigentümers nur in Ausschnitten und nicht insgesamt betrachten; d. h. beginnend bei der ersten Idee des Erwerbs einer Immobilie im Ausland, der Suche nach dem geeigneten Objekt, den ersten Gesprächen und der Beauftragung eines Immobilienmaklers über die Finanzierung der Auslandsimmobilie, den Erwerb mit der Eintragung im Eigentumsregister und die eventuelle Bebauung eines Grundstückes, weiter über den laufenden Unterhalt der Immobilie bis hin zu ihrem eventuellen Verkauf bzw. ihrer Übertragung auf die Erben zu Lebzeiten als Schenkung oder von Todes wegen durch letztwillige Verfügung und die Abwicklung des Immobilienerwerbs im Erbfall.

Die „Leidtragenden" dieser bisher nur punktuellen Betrachtung von Auslandsimmobilien sind die Berater, die sich zwar professionell mit finanziellen und juristischen Fragen des Immobilienmarkts beschäftigen, deren Fokus hierbei jedoch auf den deutschen Markt beschränkt bleibt und die dennoch von ihren Kunden mit der Auslandsthematik konfrontiert werden. Diese Berater und „Multiplikatoren" sollen sich mit Hilfe dieses Buches schnell einen profunden Überblick über die wesentlichen Fragen „im Leben einer Auslandsimmobilie und ihres Eigentümers" verschaffen können, ohne sich in Details zu verlieren. Damit ist das Buch die geeignete Grundlage für die Vorbereitung eines Kundengesprächs, in dem an den Berater erste Fragen im Zusammenhang mit einem Immobilienerwerb im Ausland herangetragen werden sowie zur Einarbeitung ins Thema beim Kontakt mit Maklern, Versicherern, Notaren und Rechtsanwälten vor Ort im Ausland. Selbstverständlich ist dieses Buch auch für Interessenten von Nutzen, die selbst den Erwerb einer Immobilie im Ausland planen oder die bereits Eigentümer einer Auslandsimmobilie sind.

Das Buch beschränkt sich zunächst auf fünf der für Deutsche begehrtesten Urlaubsländer Europas, nämlich Italien, Spanien, Frankreich, die Schweiz und Österreich und fasst darüber hinaus die wesentlichen Grundaussagen zum „Lebenszyklus" einer Immobilie für weitere sechs Urlaubsländer zusammen: Portugal, Griechenland, die Niederlande, die Türkei, Großbritannien und Irland. Eine Erweiterung in einer nächsten Auflage ist denkbar, wobei es aber weiterhin bei der Beschränkung auf privat genutzte Ferienimmobilien verbleiben soll. Eine Erweiterung des Buches auf andere Immobilieninvestitionen in Europa – etwa gewerbliche oder Renditeinvestitionen – würde den Rahmen sprengen und ist nicht geplant.

Die Angaben in diesem Buch sollen dem interessierten Leser den Einstieg in das Thema erleichtern und dienen der allgemeinen Information. Sie enthalten keinen Rechts- oder Steuerrat. Sie können im Zweifel auch keine rechtliche oder steuerliche Beratung ersetzen. Vor der konkreten Planung und Gestaltung eines Immobilienerwerbs oder einer Vermögensnachfolgeregelung im Hinblick auf eine Auslandsimmobilie ist daher zu empfehlen, einen qualifizierten Rechts- und Steuerberater in Deutschland oder vor Ort im jeweiligen Land zu Rate zu ziehen.

Dieses Buch gibt die den jeweiligen Autoren bekannte Rechts- und Steuersituation in den jeweiligen Ländern zum 31. Juli 2003 wieder. Obwohl wir laufend bemüht waren, die Angaben zu überprüfen und zu aktualisieren, können wir keine Haftung für die Richtigkeit, Vollständigkeit oder Aktualität der hier enthaltenen Informationen übernehmen.

München, Oktober 2003   Klaus Wigand
                                                    Stefan Albert

Inhaltsverzeichnis

Teil 3:
Der Kauf einer Auslandsimmobilie – Länderteile

Teil 4:
Vererbung und Schenkung von Auslandsimmobilien

Teil 5:
Überblick über weitere Länder
Klaus Wigand/Stefan Albert

Teil 1

Allgemeine Informationen zu Auslandsimmobilien

1. Suche und Finanzierung von Auslandsimmobilien

Stefan Albert

1.1 Der erste Gedanke

Bereits bei der Frage nach möglichen Motiven für den Kauf einer Auslandsimmobilie im Vergleich zu den Beweggründen für einen Kauf eines Hauses oder eines Apartments in Deutschland wird deutlich: Während zwar auch in Deutschland Immobilien durchaus im positiven Sinne „unvernünftig" erworben werden, d. h. persönliche Vorlieben hinsichtlich der Beschaffenheit der Immobilie, Alter und/oder Zweckmäßigkeit eines Hauses den Ausschlag für oder gegen eine Kaufentscheidung geben können, ist der Erwerb einer Immobilie im Ausland bereits rational betrachtet „unvernünftig". Erwirbt beispielsweise ein Bundesbürger ein Haus auf Mallorca, so stellt sich umgehend die Frage, wie viele Urlaube er in einem adäquatem Haus auf Mallorca ohne Bindung an eine Immobilie und ohne den Unterhaltungsaufwand für diese bei gleichem finanziellen Aufwand verbringen könnte. Der Wunsch nach den sprichwörtlichen eigenen vier Wänden scheint nicht nur für Deutsche auch im Ausland ungebrochen. Fraglich ist, wann dieser Wunsch zum ersten Mal entsteht, wann aus der bloßen Träumerei ein planerisch angelegtes Vorhaben wird und schließlich, wann dieser Wunsch in die Tat umgesetzt wird.

1.1.1 Echte Kaufmotive

Profis aus dem Immobilienbereich (Makler, Vermittler, Bauträger, Wohnungsbaugesellschaften etc.) haben längst erkannt, dass nicht die eher als oberflächlich zu bezeichnenden Gründe, die nach Kundenansicht für oder gegen eine Immobilie sprechen, sondern die sog. „echten Kaufmotive" für den Abschluss entscheidend sind. Nicht selten erlebt der Anbieter von Wohnimmobilien, dass der scheinbar stark Interessierte mit Begründungen wie „der Grundriss ist unpraktisch", „für Kinder nicht geeignet", „die Lage ist mir zu schlecht" usw. vom Erwerb der Immobilie Abstand nimmt. Diese punktuell angeführten

Argumente haben eine Gemeinsamkeit: Sie alle sind mehr Vorwand als Einwand. Bemängelungen des Grundrisses können beispielsweise auch darin ihre Ursache haben, dass ein zu zweit verdienendes Paar sich verhältnismäßig spät entschieden hatte, eine gemeinsame Wohnung zu erwerben, gleichwohl aber eine gewisse individuelle Freiheit für jeden Einzelnen gewahrt haben wollte; für ein solches Vorhaben kommt daher nur eine Wohnung mit mindestens drei Zimmern in Frage, um so neben gemeinsam genutztem Schlaf- und Wohnzimmer noch einen weiteren Raum als Rückzugsmöglichkeit für eine der beiden Personen zu haben.

Für die als Ferien- oder Zweitwohnsitz genutzte Auslandsimmobilie ist ebenfalls die Frage nach dem echten Kaufmotiv des Erwerbers von zentraler Bedeutung. Sowohl für den professionellen Berater/Verkäufer als auch für den potenziellen Erwerber sollte die Frage nach dem Kaufmotiv bzw. nach den wirklichen Beweggründen für einen solchen zentralen Schritt gestellt werden. Nur so ist der Endkunde vor unliebsamen Überraschungen bereits kurzfristig nach Bezug der z. T. sehr weit entfernten Immobilie geschützt. Echte Motive können (ohne Anspruch auf Vollständigkeit) sein:

Wohnsitz im Alter: Nicht selten bei Menschen anzutreffen, die heute zur Miete leben, da sie aus unterschiedlichen Beweggründen (finanzielle Situation, große Anzahl von Kindern, berufliches Engagement, verbunden mit Standortflexibilität etc.) für sich keinen Bedarf zum Erwerb von Immobilieneigentum gesehen hatten. Für diese Klientel ist nun der scheinbar richtige Zeitpunkt gekommen, um sich Wohneigentum zu schaffen. Nicht selten kommen diese Erwerber aus Gegenden in Deutschland, in denen ein überdurchschnittlich hohes Kaufpreisniveau für eigengenutzte Immobilien zu verzeichnen ist, vornehmlich in Ballungsgebieten oder hochpreisigen Wirtschaftsregionen. Mit dem Traum nach den eigenen vier Wänden geht bei diesen Kunden der Wunsch nach einem angenehmeren, ausgeglicheneren Klima einher. Hinzu kommt, dass es sich häufig um die erstmalige Anschaffung von Immobilieneigentum handelt, hier also keine Erfahrungen vorhanden sind.

Zweitwohnsitz: Häufig anzutreffen bei Freiberuflern, Künstlern, selbständigen Medizinern oder anderen Berufsgruppen, die auch die Möglichkeit einer räumlich flexiblen Arbeitsplatzorganisation haben. Hier muss die Immobilie vor allen Dingen hinsichtlich der Lage und der Ausstattung sehr stark praktischen Erfordernissen genügen. Das Haus muss in unmittelbarer Nähe zum Flughafen, zumindest aber zügig per Mietwagen oder PKW, erreichbar sein; Flugverbindungen müssen auch in der Nebensaison in einem berechenbaren Takt betrieben werden. Der Nutzer darf nicht auf Dritte angewiesen sein, die technischen Gegebenheiten müssen den Umgang mit den derzeitig gängigen Kommunikationsmedien möglich machen. Die Beschaffenheit der Immobilie muss im Regelfall mindestens ein Rückzugsareal für die Arbeit des Inhabers bieten können, ohne das u. U. Familie oder Freunde, die gleichzeitig ihre Freizeit genießen wollen, einen „Störfaktor" darstellen.

Klima: Nicht selten wird bei Interessenten vor allem für Südeuropa das vermeintlich „bessere" Klima als hauptsächliches Kaufmotiv dargestellt. Sowohl für Berater als auch für den Kunden selbst ist hierbei genau zu hinterfragen, was als das „bessere" Klima empfunden wird: Ist hier gemeint, auch an den Adventstagen am Strand liegen und im Meer baden zu können? Ist ein ausgeglicheneres Klima, d. h. mit keinen spürbaren Jahreszeiten gemeint? Ist eine gesündere Luft gemeint – z. B. im Vergleich zu den abgas- und lärmbelasteten Ballungsgebieten? Oder ist einfach eine höhere Durchschnittstemperatur gemeint, weil der Erwerber grundsätzlich die Regenmonate mit grauem Himmel über Deutschland in den Übergangszeiten meiden möchte? Zumindest für Europa gilt: Wer auch zu Zeiten des deutschen Winters am Pool oder am Strand liegen und auch im Meer baden möchte, wird nicht umhin kommen, eine etwas längere Flugreise, z. B. entweder nach Kreta oder auf die Kanaren in Kauf zu nehmen; natürlich kann ein entsprechendes Klima auch im Winter in anderen Gegenden anzutreffen sein, häufig will der Erwerber jedoch mit der Immobilie eine „Beinahe-Garantie" für das erwartete klimatische Phänomen miterwerben, so dass auch sonnenreiche Gegenden, wie z. B. die Balearen, Sizilien, die Ägäis etc., ausscheiden können.

Investment in Lebensqualität: Bei besser sowie außerordentlich gut verdienenden Gruppierungen ist häufig die bewusste Investition in ein „irrationales" Vorhaben zu verzeichnen. Da die Tätigkeit als Unternehmer, Selbständiger, Freiberufler, leitender Angestellter in Konzernen oder ähnliche Berufe im Alltag ausschließlich rationale Vorgehensweisen bedingt, ist bei diesen Gruppen der Drang nach Ausgleich in eine „unvernünftige" Welt besonders stark. Nur so ist das z. T. preislich sehr intensive Engagement auch in Form des Erwerbs von mehreren Immobilien an mehreren Standorten im Ausland erklärbar. Die persönlichen Vorstellungen über Lage und Beschaffenheit der Immobilien werden von diesen Gruppen zumeist sehr genau analysiert, mit Fachinformationen angereichert und so eine sehr genaue Vorstellung entwickelt. Deswegen sind diese Personengruppen für den professionellen Berater und Verkäufer aufgrund der Höhe des Kaufpreises (und der damit zusammenhängenden Provision) zwar sehr interessant, gleichzeitig aber extrem intensiv in der Betreuung bzw. extrem wankelmütig in der Entscheidung.

Selbstverwirklichung: Die Anzahl der Käufer von Immobilien im europäischen Ausland, aber auch in den USA, weisen nach Erfahrung des Autors eine deutlich größere Neigung zur „Selbstverwirklichung" auf; nicht wenige Käufer von baufälligen Gebäuden trauen sich ohne das notwendige Know-how durchaus eine Kernsanierung, Modernisierung und Komplettausstattung zu. Hierbei geht der Käufer nicht selten ein erhebliches finanzielles Risiko ein, um so den Traum von den eigenen vier Wänden nach Möglichkeit ohne Kompromisse auch im Ausland verwirklichen zu können. Viele Investoren vergessen bereits in der Planungsphase, dass im Ausland nicht nur der Maßstab für Baugenehmigungsverfahren, Modernisierungsaufwendungen und Sanierungsarbeiten ein deutlich anderer ist als in Deutschland; bereits der Einkauf der Materialien kann Schwierigkeiten bereiten: Während in Deutschland in den Gewerbegebieten von Städten regelmäßig Baumärkte, Baufachhandel, Zuliefererbetriebe sowie Großhändler anzutreffen sind, hat der Erwerber gerade in ländlichen Gegenden im Ausland in der Regel Probleme, die Materialien „aus einer Hand" zu erwerben. Gleichwohl sind es die ländlich geprägten Gegenden, die den deutschen Erwerber zum Wiederaufbau einer Bauruine animieren.

Noch einmal sei an dieser Stelle erwähnt, dass es sich bei den o. g. fünf echten Kaufmotiven lediglich um eine Auswahl ohne Anspruch auf Vollständigkeit handelt. Diese Darstellung soll den Leser sensibilisieren, oberflächliche Scheinargumente für oder gegen einen Erwerb von den Hintergründen für oder gegen eine Entscheidung zu trennen.

1.1.2 Phasen des Kaufprozesses

Sowohl für den Berater als auch für den Erwerber ist es durchaus sinnvoll, sich die Phasen eines Kaufprozesses von Immobilien im europäischen Ausland zu vergegenwärtigen; von der ersten Phase (Anlass bzw. erster Wunsch nach einer Immobilie) bis zur letzten Phase (Erwerb der Immobilie durch notariellen Kaufvertrag) können unterschiedliche Zeitspannen vergehen. Eine Festlegung, wie lange im Regelfall ein solches „Durchleben" des Kaufprozesses dauert, lässt sich nur schwer allgemein treffen. Es bleibt lediglich festzuhalten, dass die Phasen der Planung und Überlegung hinsichtlich der Beschaffenheit der Immobilie im Ausland deutlich länger dauern als im Inland. Während in Deutschland der Kauf einer Immobilie – ungeachtet der damit verbundenen finanziellen Belastungen – häufig z. B. durch berufliche Versetzung, Erbschaft, einen bestimmten Vermögensstatus, aber auch andere persönliche Motive vorangetrieben wird und der Erwerber bzw. der Interessent deshalb teilweise unter erheblichem Zeitdruck steht – fallen diese Einflüsse beim Kauf einer Immobilie im Ausland meist weg, so dass es sich hierbei für den Erwerber „nur" um ein erhebliches Investment (wie im Inland auch) handelt, auf das – anders als z. B. bei einer selbstgenutzten Immobilie im Inland – im Krisenfall auch ohne größere Einbußen verzichtet werden könnte.

Die Phasen des Kaufprozesses einer Immobilie im Ausland können wie folgt eingeteilt werden:

1. Anlass- oder Entwicklungsphase
Unterstellt wird, dass bei vielen Menschen latent der Wunsch nach einer Immobilie im Ausland vorhanden ist, dieser Wunsch allerdings nur von einem relativ geringen Bevölkerungsanteil in die Tat umgesetzt wird. Das liegt einerseits an der finanziellen Machbarkeit für den einzelnen Erwerber, andererseits an der Bereitschaft, den vorhandenen finanziellen Spielraum zugunsten eines Objektes im Ausland deutlich einzugrenzen. Diese These bedingt, um die Absicht des Immobilienerwerbs im Ausland in ein persönliches Planungsvorhaben münden zu lassen, das Aufeinander treffen zweier Faktoren: Zum einen muss der potentielle Erwerber mit dem notwendigen finanziellen Spielraum ausgestattet sein, um den Erwerb – ggf. mit Finanzierung vollziehen zu können; zum anderen muss beispielsweise die familiäre Situation, das

berufliche Umfeld, die Fixierung auf einen Standort etc. Basis für eine anlassbezogene Verhaltensweise darstellen. Unterstellen wir also, dass die Rahmenbedingungen in der beschriebenen Weise vorliegen, so ist es häufig eine Momentaufnahme, eine angenehm empfundene Situation im Urlaubsland oder aber auch die Animierung von dritter Seite (z. B. Freunde, Verwandte), die potentielle Erwerber veranlassen, sich mit dem Lebenspartner/der Lebenspartnerin oder anderen Personen über dieses Thema detailliert auszutauschen. Selten wird – auch bei einer steigenden Zahl von Singlehaushalten in Deutschland – ein derart komplexes Vorhaben bereits in der Planungsphase allein gestaltet.

2. Wahl der Objektart

Bei Haushalten oder Partnern, die bereits länger zusammenleben, geht diese Phase häufig bereits mit der Anlassphase einher, d. h. es herrscht bereits Einigkeit darüber, ob die Erwerber den Kauf eines Apartements, einer Finca oder aber eines neuen Einfamilienhauses im Ausland in Erwägung ziehen. Nur selten jedoch ist diese Überlegung rationaler Natur, sondern ist von den Lebensumständen in Deutschland bestimmt, d. h.: Wie leben die Erwerber in Deutschland?

3. Informationsphase

Ist einmal die grundsätzliche Entscheidung für den Erwerb einer Auslandsimmobilie gefallen, beginnt der für alle Beteiligten gleichsam angenehme wie unangenehme Teil dieses Vorhabens: In einem durchaus Jahre dauernden Prozess werden Anzeigen gewälzt, TV-Beiträge studiert, Artikel aus Tages- und Fachzeitungen ausgeschnitten oder das Internet benutzt, um vermeintlich gute (d. h. für den Erwerber im Regelfall viele) Informationen zu sammeln, zu archivieren und vielleicht sogar zu verarbeiten. Wie Informationen systematisch gesammelt werden können und welche dieser Daten tatsächlich für den Erwerber relevant sind, wird in Kapitel 1.3 „Informationssammlung" eingehender beschrieben.

Die Gefahr für den Erwerber in dieser Phase besteht darin, dass er bereits viel Zeit, Energie und Geld in die Suche investiert hat – dabei eigentlich bereits eine nach Lage, Ausstattung und Kaufpreis interessante Immobilie gefunden hat, sich zu deren Kauf aber nicht entschließen kann, in der Hoffnung, „doch noch ein besseres Haus" zu finden – eine Situation, die letztlich den Kauf der geeigneten Immobilie verhindert und die der Leser evtl. vom Kleiderkauf kennt: Beim Shopping wird in der ersten angelaufenen Boutique ein schickes, passendes und preiswertes Kleidungsstück gefunden, jedoch zurückgelassen; nach diversen Anproben bei weiteren Geschäften wird zum ersten zurückgekehrt – das Kleidungsstück ist jedoch bereits verkauft, viel Zeit und Energie verschwendet und doch nichts gewonnen.

4. Umsetzung

Die Umsetzung des Kaufs vollzieht sich im Regelfall in vier Phasen: Besichtigungen – Vorvertrag – Organisation des Notartermins – Notartermin.

Die Besichtigungen können parallel zur Informationsphase laufen oder selbst der Information dienen; zwischen Vorvertrag und Notarvertrag werden oftmals, manchmal zu spät, Formalitäten geklärt, wie beispielsweise Finanzierungsanfragen, Versicherungsanfragen, Umzugs- und Einrichtungsfragen, Einrichtung eines Kontos etc., um dann zur Übereignung der Immobilie mittels Notarvertrag zu kommen.

Auf die einzelnen Phasen soll im Folgenden näher eingegangen werden.

1.2 Das richtige Objekt

1.2.1 Welche Immobilie passt zu mir?

Die Frage nach der „richtigen" Immobilie ist komplex und unterteilt sich wiederum in Fragen nach Kaufmotiven, persönlichen Vorlieben, Objektbeschaffenheit, Lage des Objektes, Erreichbarkeit etc. Eine pauschale Antwort oder gar Strukturierung dieser Fragestellung, erscheint nahezu unmöglich. Dennoch sollten sich Berater und/oder Erwerber darüber klar werden, welche Faktoren des Objektes bzw. der persönlichen Vorlieben zu einem Kaufentscheid führen könnten. Hier bietet sich eine Strukturierung an nach Auswahlkriterien, die personenbezogen bzw. objektbezogen sind.

Personenbezogene Auswahlkriterien
Faktoren, die im persönlichen Umfeld der potentiellen Erwerber liegen, können sein:

- Anzahl der Personen, die die Immobilie regelmäßig nutzen,
- Anzahl der Personen, die die Erwerber voraussichtlich häufig besuchen,
- beabsichtigte Vermietung des Objektes,
- Berücksichtigung von Haustieren,
- beabsichtigte (teilweise) berufliche Nutzung,
- Prestige und Image
- Anspruch an Sicherheit und Lage des Objektes und an die Region,
- finanzieller Spielraum der Erwerber,
- Bereitschaft, ein „Hobby" durch Hypothekendarlehen zu finanzieren,
- emotionale Vorliebe für ein bestimmtes Land, eine bestimmte Region oder einen bestimmten Landschaftstypus,
- gesundheitsfördernde Faktoren (z. B. jodhaltige Meeresluft)

Objektbezogene Auswahlkriterien
- Erreichbarkeit der Immobilie (Flugzeug, Auto, Bahn, Schiff),
- Zuverlässigkeit und Frequenz der Erreichbarkeit (z. B. Fahrpläne bzw. Abflug/Ankunftszeiten in Haupt- *und* Nebensaison),
- bei Erreichbarkeit per Flugzeug, Schiff, Bahn: Transferdauer und -art vom Ankunftsort zur Immobilie,
- Erhaltungsaufwand der Immobilie,
- Erhaltungsaufwand der Außenanlagen der Immobilie,
- qualitative Bauausführung,
- erforderliche bzw. beabsichtigte Sanierungs-, Modernisierungs- oder Umbaumaßnahmen,
- Altbau vs. Neubau

Aus diesen Faktoren wird ersichtlich, dass viele Überlegungen beim Erwerb einer Immobilie im Ausland bereits in Deutschland erfolgen sollten, um bei der Suche nach dem vermeintlich geeigneten Objekt zielgerichtet und erfolgreich vorgehen zu können. Sowohl die personenbezogenen als auch die objektbezogenen Faktoren bedingen auch unterschiedliche Aufwendungen für Erhalt und Pflege der Immobilie;

deswegen soll die Frage nach der Unterhaltung der Immobilie einerseits und der Nutzung als Ferien- oder Zweitwohnsitz andererseits
noch weiter vertieft werden.

1.2.2 Die Unterhaltung der Immobilie

Bei der Auswahl der Objekte, der Besichtigung sowie der Entscheidung für den Kauf eines bestimmten Hauses oder Appartements im
Ausland unterschätzen viele Erwerber die zeitlichen und finanziellen
Aspekte der Unterhaltung der Immobilie. Schnell ist dann die ursprüngliche Begeisterung für das toskanische Landhaus in den Hügeln
des Chianti verflogen, wenn die Erwerber feststellen, dass sie nach
Ankunft am Flughafen ca. 60 Min. Autofahrt durch Hügellandschaft
über teilweise schlecht ausgebaute Straßen zu bewältigen haben, um
schließlich am Objekt der Begierde anzukommen. Die Vorfreude
auf das verlängerte Wochenende weicht bei Ankunft am Traumhaus
schnell der Ernüchterung bei den Gesprächen über Aufgabenteilung
bei den zu erledigenden handwerklichen Ausbesserungsarbeiten, Rei-
nigungsarbeiten, der Lüftung und anschließend ggf. Heizung des Objektes. Die Außenanlagen (Pflanzen, Zäune, Garage/Carport, Wein-
berg etc.) sind z. B. aufgrund der anhaltenden Trockenheit in einem
verwahrlosten Zustand und schnell ist somit der geplante entspannen-
de Aufenthalt in der Toskana einem umfangreichen Hausputz gewi-
chen. Der Erwerber tut sich also selbst einen Gefallen, wenn er sich
auch über die Unterhaltung der Immobilie bereits im Vorfeld des
Erwerbs Gedanken macht. Hierbei erfordert grundsätzlich – wie in
Deutschland auch – ein Appartement oder eine Eigentumswohnung
einen deutlich geringeren Unterhaltungsaufwand als eine Villa, ein
Einfamilienhaus oder eine Finca. Dort ist ein reduzierter persönlicher
Unterhaltungsaufwand der Erwerber nur durch erhebliche Kosten für
Servicepersonal (Gärtner, Hausmeister, Hausverwalter) oder durch
Einbettung des Objekts in eine größere Anlage, wie z. B. in Spanien im
Rahmen einer Urbanisation üblich, zu erzielen. Die Frage nach der Be-
reitschaft, persönlich zur Unterhaltung und Erhaltung der Immobilie
beizutragen, hängt eng mit der Frage zusammen, wie und wie oft die
Immobilie im Ausland genutzt werden soll.

1.2.3 Ferien- oder Zweitwohnsitz?

Sowohl hinsichtlich der Nutzungsart als auch hinsichtlich der Frequenz der Nutzung stellt sich die Frage, ob das Haus/Appartement als Ferien- oder Zweitwohnsitz genutzt werden soll. In diesem Kontext soll als Ferienimmobilie ein Objekt verstanden werden, das als dauerhaftes Domizil für die Urlaubszeit der Erwerber dienen soll; hierbei wird von verlängerten Wochenenden, Nutzung von sog. Brückentagen und von zwei Urlauben pro Jahr ausgegangen. Als Zweitwohnsitz werden solche Immobilien bezeichnet, die entweder für eine längere Periode, z. B. in den Wintermonaten oder aufgrund der persönlichen Umstände der Erwerber (Nähe zum Objekt, berufliche Situation, Erreichbarkeit des Objektes) mindestens zu 6 bis 7 verschiedenen Zeitpunkten im Jahr genutzt wird.

Während die Ferienimmobilie in ihrer Beschaffenheit durchaus Kompromisse für die Erwerber aufweisen kann – z. B. hinsichtlich der Raumgestaltung, stellt der Zweitwohnsitz bzw. die Zweitimmobilie für die Erwerber ein zweites Zuhause dar; d. h. dass das Auslandsobjekt annähernd in qualitativer Hinsicht, aber auch hinsichtlich Ausstattung, Raumaufteilung, Nutzbarkeit, Kommunikationseinrichtungen etc. den Ansprüchen, die Erwerber auch an ihre deutsche Immobilie stellen, genügen muss. Aus den vorgenannten Gründen ist deswegen z. B. ein Landhaus in der Regel nur im neuwertigen Zustand oder nach Durchführung einer professionellen Sanierung und Renovierung als Zweitwohnsitz zu empfehlen. Bei der Nutzung eines Appartements als Zweitwohnsitz wiederum stellen z. B. vor allem für Freiberufler und Selbständige die z. T. große Anzahl von direkten Nachbarn – etwa in einer Wohnanlage – eine nicht unerhebliche Lärmbelästigung dar. Je größer die Anlage, desto professioneller ist zwar in der Regel das Objektmanagement bzw. die Hausverwaltung, gerade in großvolumigen Urbanisationen muss der Erwerber jedoch mit bis zu eintausend „Nachbarn" rechnen. Eine großzügig angelegte Bäderlandschaft, Tennisplätze, Minigolf, Kinderbetreuungscenter etc. tragen hier nicht eben zu ungestörtem Arbeiten bei. Es wird bereits hier ersichtlich, dass der Auswahl der Objekte unter Berücksichtigung der persönlichen Motive für den Kauf einer Auslandsimmobilie eine ganz erhebliche Bedeutung zukommt, die in allen Phasen des Erwerbsprozesses auf keinen Fall aus dem Auge verloren werden sollte.

1.3 Informationssammlung

Hat sich der Interessent einer Auslandsimmobilie grundsätzlich zum Erwerb einer Immobilie im Ausland entschieden, ein oder zwei Objekte für sich als geeignet definiert, so wird er im Regelfall versuchen, möglichst viele Informationen über Land und Leute, über den Kauf der Immobilie im jeweiligen Land, sowie über Markt- und Kaufpreisniveau zu erhalten. Im Folgenden soll deswegen dargestellt werden, wie und mit welchen Methoden bei der Informationssammlung vorgegangen werden kann, um zielgerichtet den Erwerb der Immobilie vorzubereiten.

1.3.1 Land und Regionen

Da der bzw. die Erwerber üblicherweise eine Immobilie in dem Land erwerben wollen, welches sie aus unterschiedlichen Gründen bevorzugen und gleichzeitig durch eine Schlüsselhandlung den Kauf einer Auslandsimmobilie ernsthaft in Erwägung gezogen haben, fühlen sich die Kaufinteressenten häufig bereits ausreichend informiert. Allerdings ist zu beachten, dass mit dem Zeitpunkt des Eigentumsübergangs der Urlauber zum Immobilieneigentümer wird. Durch diese scheinbar nur formale Änderung der Begrifflichkeiten ergeben sich jedoch deutliche Konsequenzen für den „Wahlausländer", da der deutsche Käufer nun mittels eines formal juristischen Aktes fest in die Gesetzgebung des jeweiligen Landes eingebunden ist. Das wird ihm in der Regel zum ersten Mal bei der Bezahlung der Grunderwerbsteuer oder vergleichbarer Abgaben deutlich. Spätestens, wenn dem Erwerber durch einen seriösen Berater die Hinzuziehung eines Steuerberaters bei der Abgabe einer Steuererklärung für die Ferienimmobilie empfohlen wird, wird sehr präsent, dass u. U. einige Aspekte im Vorfeld der Kaufentscheidung nicht beachtet worden sind. Neben der Erlangung von Informationen über geographische, klimatische und regionale Besonderheiten bzw. Gegebenheiten, bietet sich also die strukturierte Sammlung von Informationen über grundsätzliche Gesetzesmäßigkeiten und juristische Vorgehensweisen des jeweiligen Landes an. Nach Erfahrung der Herausgeber sind die in Deutschland ansässigen Handelskammern des jeweiligen Landes und die deutschen Außenhandelskammern im jeweiligen Land sehr auskunftsbereit und stellen umfangreiches und meist gut zu verarbeitendes Informationsmaterial zur Verfügung.

Fremdenverkehrsverbände und Touristikinformationszentralen verfügen ebenso über hinreichend informatives Material und per Internet ist über die Eingabe von Suchbegriffen sehr einfach und zügig geeignete Literatur ausfindig zu machen; dabei sollte jedoch darauf geachtet werden, welche Zielgruppe die jeweiligen Autoren bzw. Herausgeber ansprechen.

1.3.2 Preise und Nachfrage

Zusätzlich zu den o. g. Informationsquellen können regionale Immobilienpreise und die Nachfrage nach entsprechenden Immobilien in der betreffenden Region sowohl in Deutschland als auch im betreffenden Ausland erforscht werden. Während sich in Deutschland die Informationsquellen für Preise und Nachfrage durch Anzeigen, Internetauftritte der Anbieter, Internetexposés der Verkäufer, Artikel in Fachzeitungen und -zeitschriften, Beiträge in Tageszeitungen/Sonderbeilagen erschließen lassen, stehen die entsprechenden Plattformen für die Informationsgewinnung natürlich auch im Ausland zur Verfügung.

Dort gibt es in der Regel auch einen weiteren, einfachen und neutralen Weg, das aktuelle Marktniveau zu erfahren. Da vor allem in den südeuropäischen Ländern die Grundstücksverzeichnisse öffentlichen Glauben genießen und in der Regel auch von jedermann eingesehen werden können, kann sich der Gang zu der dem deutschen Grundbuchamt entsprechenden Behörde empfehlen. Bei Sprachschwierigkeiten oder zeitlicher Verhinderung bietet sich die Zuhilfenahme eines vor Ort tätigen Beraters an. Die Nachfrage bei den ausländischen Behörden bedingt jedoch, dass sich der potenzielle Erwerber dort über eine konkretes Objekt bzw. Grundstück durch Angabe der exakten Adresse informiert. Diese Vorgehensweise ist also vor allem dann zu empfehlen, wenn die Interessenten eines oder mehrere Objekte bereits in die engere Wahl gezogen haben. Bei der Informationssammlung über Exposés, Angebote aus Anzeigen und/oder Messen und Veranstaltungen ist zu beachten, dass die angegebenen Preise nahezu immer die ursprüngliche Kaufpreisvorstellungen des Verkäufers darstellen. Wie in Deutschland auch, wird auf dem ausländischen Wohnungsimmobilienmarkt bei Vertragsabschluss ein Kaufpreis erzielt, der sich in der Regel unterhalb der ursprünglichen Kaufpreisforderung des Verkäufers bewegt.

1.3.3 Anbieter

Im Rahmen der Informationssammlung über Preise und Nachfrage in der bevorzugten Region stoßen die potenziellen Erwerber auf eine Vielzahl von Anbietern, in der Regel

- Makler,
- Vermittler,
- Bauträger,
- Privatverkäufer,

- Vermögensberater,
- Rechtsanwälte,
- Steuerberater und
- Wirtschaftsprüfer

Eine im Ausland anzutreffende Besonderheit stellt die Personengruppe dar, die hier als „Networking People" bezeichnet werden soll. Hiermit werden Personen bezeichnet, die sich ebenso wie der Kaufinteressent vor einigen Jahren selbst für den Erwerb einer Auslandsimmobilie interessiert haben und dieses Vorhaben jetzt bereits umgesetzt haben. Oftmals mit Hauptwohnsitz bzw. häufig genutztem Zweitwohnsitz im Ausland ansässig, sind diese Personen aufgrund ihrer Kontakte nach Deutschland in unterschiedlichem Maße stark nachgefragte Vermittler für ausländische Käufer. Im Laufe der Jahre entwickelt sich über diese Personen ein Netzwerk von Anbietern, Hausverwaltungen, Dienstleistern, Rechtsanwälten und Notaren, das entweder durch Zahlung einer – offen ausgewiesenen – Vermittlungsgebühr durch den Erwerber oder durch – verdeckte – Beteiligung dieser Personen an Provisionen und Honoraren zur Verfügung gestellt wird. Bei Inanspruchnahme sog. Networking People ist für den Erwerber darauf zu achten, in welchem Umfang der Ansprechpartner tatsächlich über zuverlässige Informationen über den rechtmäßigen und gesetzeskonformen Verkauf der Auslandsimmobilie und die Konformität des Kaufpreises verfügt.

1.4 Umsetzung

Sobald sich die potenziellen Erwerber ausreichend informiert fühlen, um den ersten Schritt der Suche nach geeigneten Objekten zu vollziehen, bleibt die Kontaktaufnahme mit einem Anbieter (ob professionell oder privat) unausweichlich. Es ist jedoch zu unterscheiden, ob sich der Interessent selbst auf ein konkretes Angebot hin mit dem Anbieter in Verbindung setzt, oder er einen für sein Vorhaben geeignet erscheinenden Anbieter kontaktiert, um ihn um Zusendung geeigneter Angebote zu bitten. In diesem Zusammenhang kann auch von einer *abstrakten* oder aber einer *konkreten* Angebotsanforderung gesprochen werden.

1.4.1 Angebotsanforderung

Für den Erwerber, ob persönlich oder durch einen Berater vertreten, bietet sich an, vor der Formulierung einer Angebotsanforderung für sich selbst zu definieren, welchen Kriterien ein zugesendetes Angebot genügen soll, um als erfolgversprechend zu gelten.

Abstrakte Angebotsanforderung
Die abstrakte Angebotsanforderung beinhaltet die möglichst genaue Formulierung eines Suchwunsches; hierbei sollten persönliche Präferenzen bzw. Abneigungen deutlich formuliert werden. Gleichermaßen sollten Aspekte, bei denen Kompromissbereitschaft vorliegt, von Faktoren, deren Erfüllung zwingend erforderlich ist, separat dargestellt werden. Ein Beispiel für eine Angebotsanforderung als Suchwunsch formuliert kann z. B. lauten:

Sehr geehrte Damen und Herren,

mit Interesse habe ich Ihre Anzeigen in verschiedenen Medien verfolgt und wende mich deswegen mit folgendem Immobiliengesuch an Sie:

Landhaus in der Toscana

vorzugsweise Gegend um Siena, max. 30 km von Siena entfernt

nur sofort bezugsfertiges Haus

wenn möglich im Rusticostil

mind. 2 Schlafzimmer, mögl. 3 Schlafzimmer

pflegeleichtes Grundstück (max. 1.000 qm), unbedingt Unterstellmöglichkeit für PKW (Garage/Carport)

keinesfalls Alleinlage

Preisvorstellung max. 600.000 €, inkl. Nebenkosten

Wir beabsichtigen, dieses Haus als Ferienhaus mit unseren 2 Kindern (6 u. 8 Jahre alt) zu nutzen. Im Regelfall werden wir mit PKW anreisen.

Bitte senden Sie aussagefähige Unterlagen, nur mit Fotos der Außen- und Innenansicht an die o. a. Adresse.

Mit freundlichen Grüßen

XY

Der Verfasser dieser abstrakten Angebotsanforderung hat hier dem Anbieter sehr deutlich zu verstehen gegeben, dass Unterstellmöglichkeit für PKW, eine Anbindung an andere Bewohner bzw. Ortschaften, der preisliche Rahmen sowie die Entfernung zur Provinzhauptstadt Siena die sog. Knock-out-Kriterien darstellen; ferner werden Ansprüche an die Qualität der zuzusendenden Unterlagen klar formuliert. Als flexibel zeigt sich der Verfasser des Briefes bei der Anzahl der Schlafzimmer, der Grundstücksgröße (mit einer Obergrenze von bis zu 1.000 qm), der Ausstattung der Immobilie (weil diese nicht eingegrenzt wurde) sowie hinsichtlich einer möglichen Wohnfläche. Gleichfalls ist die Nutzungsart des gesuchten Objektes (Ferienhaus) deutlich gemacht worden. Für den Interessenten ist durch diese Prioritätensetzung der einzelnen Auswahlkriterien (Knock-out-Kriterien, wünschenswerte Merkmale, offen gelassene Punkte) anhand der Antwort des Anbieters bereits eine qualitative Selektion möglich.

Konkrete Angebotsanforderung
Der Interessent liest eine Anzeige in einer Tageszeitung mit folgendem Wortlaut:

Zwischen Wein und Oliven! Ein Traum aus Naturstein, mitten im Herzen der Toscana (Provinz Siena), 140 qm Wohnfläche, 2 Schlafzimmer, Terrasse/Balkon, Oliven, Palmen und, und, ... KP 680.000 €.

Viele Interessenten malen sich beim Studieren der beschriebenen Anzeige bereits „Ihr" Haus in der Toscana aus. Aber nur, wenn sich der Interessent bereits im Vorfeld über seine persönlichen Kriterien bei der Objektauswahl und deren Prioritäten klar geworden ist, kann er eine konkrete und zielführende Angebotsanforderung abgeben. Ein entsprechendes Schreiben an den Anbieter könnte lauten:

Sehr geehrte Damen und Herren,

bezugnehmend auf Ihre Anzeige vom ... in der ... bitte ich Sie um Zusendung aussagefähiger Unterlagen über dieses Objekt. Bitte fügen Sie, falls nicht im Exposé vorhanden, unbedingt farbige aktuelle Photos (von Außen und Innen) bei. Bitte beantworten Sie mir gleichzeitig meine derzeit offenen Fragen :

- Ist ein anderer Raum als drittes Schlafzimmer nutzbar?
- Wie kann ein PKW geparkt werden?
- Wie groß ist das Grundstück? Wie ist das Grundstück geschnitten?
- Wie weit ist die Provinzhauptstadt Siena entfernt? (km *und* Fahrzeit mit PKW bitte angeben)

Vielen Dank vorab für die Zusendung Ihrer aussagekräftigen Unterlagen. Für Rückfragen stehe ich Ihnen unter Tel. ... gerne zur Verfügung; die beste Zeit für Ihren Rückruf ist hier sonntags von 16–18 h.

Mit freundlichen Grüßen

XY

An diesem Beispiel wird deutlich, dass der Absender des Briefes seine zuvor festgelegten Auswahlkriterien systematisch abfragt; dabei wurde jedoch darauf geachtet, dass mögliche Themen, die der Anbieter gerne „umschiffen" möchte, bewusst von der Fragestellung her offen formuliert worden sind (z. B. die Frage nach der Parkmöglichkeit für einen Pkw). Auch dieser Absender des Schreibens verlässt sich nicht darauf, dass die zugesendeten Unterlagen professionellen Ansprüchen an ein Exposé genügen, sondern weist bereits an dieser Stelle darauf hin, dass bestimmte Unterlagen vorhanden sein *müssen* (z. B. farbige Photos von außen und innen).

Bei der konkreten Angebotsanforderung ist es also das Ziel, die eigenen Vorstellungen von der Auslandimmobilie durch z. B. in einer Anzeige dargestellte Merkmale eines angebotenen Objektes bereits voll oder teilweise bestätigen zu lassen. Alle offenen Fragen sollten bereits in der Angebotsanforderung konkret formuliert werden, um so einer-

seits dem Anbieter ein deutliches Interesse an einem Kauf zu signali-
sieren – was einen höheren persönlichen Einsatz des Anbieters zur
Folge hat – sowie andererseits nicht mit Objektangeboten versorgt zu
werden, bei denen bereits das Fehlen eines Photos zur Nichtbeachtung
führt.

Fazit: Der Interessent einer Immobilie mit weniger Kompromissbereitschaft hinsichtlich Lage und Beschaffenheit des Objektes ist gut beraten, sich zunächst sehr umfassend über die Eignung verschiedener
Anbieter für das eigene Vorhaben zu informieren. In einer ebenso
deutlichen wie ausführlichen Beschreibung des Wunschobjekts, unter
Herausstellung des wirklich beabsichtigten Kaufs, wird dem Anbieter
bei einer abstrakten Angebotsanforderung signalisiert, dass seine Ab-
schlusschancen bei Erfüllung der bezeichneten Kriterien deutlich
steigen. – In einer konkreten Angebotsanforderung hingegen ist der
Erwerber an die Vorgaben des betreffenden Angebots gebunden; Er-
gänzungen, Hinterfragungen und offene Frageformulierungen verlangen so vom Anbieter eine Beschäftigung mit den Kundenwünschen
und führen, wie vom Interessenten beabsichtigt, zu einer individuellen
Beantwortung der Angebotsanfrage.

Bei beiden Angebotsanfragen sollte dem Anbieter die Möglichkeit gegeben werden, die Kaufmotive zu hinterfragen. Je nach Anzahl der ab-
gesendeten Angebotsanfragen können telefonische Rückfragen der
Anbieter jedoch schnell zur Belästigung werden. Deswegen ist der
Interessent gut beraten, ein geeignetes Kommunikationsmedium aus-
zuwählen, und Nachfragen der Anbieter zeitlich zu beschränken.

1.4.2 Erste Reaktion

Die Antwort auf die Angebotsanfrage, ob durch Hinterfragen, per Te-
lefon, Zusendung per E-Mail, Verweisung auf Internetangebote, z. B.
durch Links, Katalog- oder Exposésendungen, gibt dem Interessenten
in der Regel bereits eine gute erste Auswahlmöglichkeit der geeignet
erscheinenden Anbieter. Ähnlich einer Checkliste können die einzelnen Fragen hinsichtlich der Beantwortung bzw. der Qualität der Beantwortung überprüft werden und somit eine Entscheidung für oder
gegen die weitere Zusammenarbeit mit dem Anbieter getroffen werden. Wichtig erscheint in dieser Phase, dass im Falle einer Ablehnung

des Angebots diese nicht nur kurzfristig dem Anbieter mitgeteilt, sondern auch begründet wird; Ist die Antwort auf die Angebotsanfrage komplett unzureichend, so kann auch dieses dem Anbieter kommuniziert werden, mit der Bitte, die Anfrage nicht weiterzuverfolgen.

Wie für den Erwerber der Erhalt eines Angebotes die erste Kontaktaufnahme seitens des Anbieters darstellt, ist bereits die Anforderung des Angebots (ob abstrakt oder konkret) bereits das erste Selektionskriterium für den Anbieter selbst. Besonders das Kommunikationsmedium Internet stellt die Möglichkeit einer zügigen und wenig aufwändigen Kontaktaufnahme des Interessenten zum Anbieter dar. Professionelle Maklervertriebe oder Bauträgerunternehmen werden dagegen häufig mit E-Mail-Anfragen in einer Größenordnung überhäuft, die eine individuelle Beantwortung der Anfragen kaum noch möglich macht. Vertriebs- und Verkaufstrainer im Immobilienbereich sind sich einig, dass durch ein Nachfasstelefonat beim Interessenten die sprichwörtliche Spreu vom Weizen getrennt werden kann – da in der Regel nur 20 % aller anfragenden Interessenten ernsthaft an einem evtl. Vertragsabschluss interessiert sind. Um so wichtiger ist es für den ernsthaften Interessenten, seine seriöse Absicht dem Anbieter auch deutlich zu machen. Da im Idealfall beide Seiten – Anbieter und Kaufinteressent – das gemeinsame Interesse an einer erfolgreichen Zusendung von Angeboten haben, wird bereits hier die Grundlage für eine für beide Parteien erfolgreiche Besichtigung gelegt.

1.4.3 Die Besichtigung

Die Besichtigung einer Immobilie in Deutschland stellt sich zumindest in organisatorischer Hinsicht als relativ unproblematisch dar – die Exposés sind versendet, haben beim Kaufinteressenten Anklang gefunden, weiterer Informationsbedarf seitens des potenziellen Käufers konnte zu dessen Zufriedenheit befriedigt werden; deshalb ist der nächste Schritt folgerichtig die Vereinbarung eines Besichtigungstermins. Zumeist sehr kurzfristig, d. h. innerhalb weniger Tage, treffen sich die Parteien im Büro des Anbieters oder auch direkt am Objekt und einer Besichtigung steht nichts mehr im Wege.

Die Besichtigung einer Auslandsimmobilie (ausgenommen sind Bundesbürger, die in Grenznähe wohnen und ebenfalls in Grenznähe erwerben wollen) bedarf einer weitaus größeren organisatorischen Vorbereitung. Im Regelfall muss der Kaufinteressent Urlaub nehmen. Das setzt einen deutlich größeren zeitlichen Vorlauf voraus. Anschließend müssen gegebenenfalls Flüge und Hotel oder Unterkunft gebucht, die Treffpunkte mit den Anbietern müssen vereinbart werden, der Anbieter muss u. U. mit dem Eigentümer der Immobilie – der evtl. sein Domizil im Ausland ebenfalls zu Ferien- und Urlaubszwecken nutzt – den Termin zusätzlich abstimmen. Oftmals setzten sich Kaufinteressenten einem zusätzlichen Zeitdruck aus, indem sie im Rahmen ihres verhältnismäßig kurzen Aufenthalts im Ausland möglichst viele verschiedene Besichtigungstermine koordinieren wollen; vor dem Hintergrund eines effektiven Zeitmanagements ist dieses Bestreben nur allzu verständlich. Andererseits sollte nicht unterschätzt werden, dass die vielen neuen Eindrücke, das ständige Bewegen zu unterschiedlichen Orten sowie das Kennenlernen eines neuen Anbieters viel Energie und Kraft kostet und nicht selten vor allem ältere Menschen belastet. Von der Absicht, eine längere Urlaubsreise mit Besichtigungen zu verbinden, ist nur abzuraten. Einerseits minimiert sich der Erholungseffekt durch die bereits geschilderten Eindrücke drastisch; andererseits können die Erwerber an ihrem eigenen Verhalten sehr gut überprüfen, ob eine Immobilie für sie auch im Alltag gut erreichbar ist, in dem sie sich selbst die Frage stellen: Empfinden wir es als zu großen Aufwand, für ein verlängertes Wochenende zu unserer Auslandsimmobilie zu fahren bzw. zu fliegen? Hatten sich die Interessenten zuvor dahingehend verständigt, dass auch die tageweise Nutzung der Auslandsimmobilie angestrebt wird, so ist in diesem Fall bereits klar: Lage und/oder infrastrukturelle Anbindung der Immobilie entsprechen nicht den ursprünglich definierten Kriterien zur Auswahl eines geeigneten Objektes.

Häufig empfinden viele Kaufinteressenten die Besichtigung als wenig angenehm, da sie sich von dem Anbieter bzw. Makler bei hoher Besichtigungsfrequenz unter Kaufdruck gesetzt fühlen; bei neutraler und rationaler Betrachtung ist diese Empfindung wenig verständlich, da der Interessent ja zuvor sein ernsthaftes Kaufinteresse bekundet hatte. Gleichzeitig ist auch das Interesse des Maklers oder Anbieters verständlich, dass die angebotene Immobilie verkauft werden soll. Wie kann der potenzielle Erwerber dennoch diese, als unangenehm empfundene, Atmosphäre vermeiden? Hier gibt es im Wesentlichen zwei Möglichkeiten: Die „aktive" Lösung besteht darin, bereits *vor* der Besichtigung zu vereinbaren, dass während des Termins nicht über den denkbaren Erwerb gesprochen wird; sich die Interessenten jedoch nach Verarbeitung der Eindrücke kurzfristig und verbindlich beim Anbieter/Makler rückmelden. Eine andere Möglichkeit besteht in der Veränderung der Bezahlungsweise des Anbieters/Maklers: Da im Regelfall sowohl die Verkäufer von Bauträgerunternehmen als auch Vermittler ausschließlich im Erfolgsfall bezahlt werden oder aber zumindest einen sehr hohen erfolgsabhängigen Gehaltsanteil haben, ist die zielstrebige Verfolgung eines Vertragsabschlusses durchaus nachvollziehbar. Wie reagiert jedoch der Anbieter/Makler, wenn ihm von der Interessentenseite eine Besichtigungsvergütung angeboten wird, die bei erfolgreichem Vertragsabschluss in ihrer bisher geleisteten Höhe auf die dann noch zu zahlende Provision angerechnet wird?

Sowohl Kunde als auch Anbieter/Vermittler sollten auf die häufig nach Vertragsabschluss bekannte Reaktion eines „Kauf-Katers" vorbereitet sein. Dieses „schlechte Gewissen" des Kunden kann durch Zusendung von Zusatzinformationen, die die Kaufentscheidung des Kunden bestätigen, meist schnell beruhigt werden.

1.5 Finanzierungsüberlegungen

1.5.1 Beleihung der Immobilie im Ausland

Einige deutsche Kreditinstitute und Banken bieten zur Finanzierung des Immobilienkaufs im Ausland in Deutschland aufgenommenen Kredite an, die durch eine dingliche Sicherheit am ausländischen Objekt besichert werden können. Da es sich im Regelfall um Hypothekendarlehen oder Bauspardarlehen handelt, soll hier auf alternative Finanzierungsmöglichkeiten (z. B. über Lebensversicherungen, Swaps, Caps etc.) nicht hingewiesen werden. Die Beleihung der Immobilie im Ausland wird im Regelfall durch ein beauftragtes Notariat sichergestellt, wobei hier dasselbe Notariat, das auch die Abwicklung des Kaufvertrages begleitet, diese Funktion übernehmen kann. Da auf die unterschiedliche Vorgehensweise bei Hypothekeneintragungen in den einzelnen Länderteilen eingegangen wird, soll hier nur kurz erwähnt werden, das meistens die Notariate vor Ort für die ordnungsgemäße

Eintragung der Finanzierungshypothek die Verantwortung übernehmen und auch gegenüber dem finanzierenden Kreditinstitut hierfür haften. In südeuropäischen Ländern ist die Eintragung einer Grundschuld nicht bekannt, stattdessen werden vielfach Hypotheken eingetragen, die das finanzierende Kreditinstitut ebenfalls berechtigen, im Falle der Nichtbedienung des Darlehens durch den Kunden die Immobilie zu verwerten bzw. an Dritte zu veräußern. Da sich aber die Zwangsverwertung der Immobilie im Ausland für ein deutsches Kreditinstitut wesentlich komplizierter und langwieriger darstellt, als dies bei einer Immobilie im Inland der Fall ist, wird fast immer von dieser Möglichkeit Abstand genommen. So ist auch die häufig weniger flexible und striktere Bonitätsbeurteilung durch Banken und Bausparkassen zu erklären.

Bei der Finanzierung durch ein ausländisches Kreditinstitut wird in Spanien und Italien vielfach für das erste Jahr ein Festzinssatz vereinbart, der später an den jeweils leicht erhöhten europäischen Zinssatz (EURIBOR) angepasst wird. Die anhaltende Niedrigzinsphase hat zu einem Anstieg der Hypothekendarlehen nach deutschem Vorbild, also mit Zinsfestschreibung für einen längeren Zeitraum, geführt. Normalerweise werden bis zu 80 % des Immobilienwertes durch das Darlehen finanziert, in Einzelfällen können aber auch 100 % oder sogar darüber hinaus (z. B. Erwerbskosten, Renovierungen etc.) finanziert werden. Letzteres hängt im Wesentlichen vom Verkehrswert der Immobilie ab, der im Rahmen der Schätzung durch einen vom Finanzierungsinstitut beauftragten Gutachter ermittelt wurde. Die oben beschriebenen Kredite der ausländischen Banken werden auch an Ausländer und Nichtresidente gegeben. Da für die ausländischen Bankangestellten die Einschätzung der Bonität des Kunden aus Deutschland anhand der deutschsprachigen Unterlagen nur schwer vollziehbar ist, kommt im Regelfall die zu erwerbende Immobilie als alleinige Sicherheit in Betracht; deswegen ist von einer Beleihungshöhe zwischen 60 und 70 % des Verkehrswerts auszugehen. – In Italien beispielsweise hat die BHW Bausparkasse AG eine italienische Niederlassung gegründet; hier sind Bauspardarlehen und -sofortdarlehen entsprechend der Praxis der deutschen Muttergesellschaft im Vertrieb, jedoch mit Zinssätzen, welche den italienischen Gegebenheiten angepasst sind. Der größere Zinsvorteil in Deutschland oder Italien ist also im Einzelfall zu prüfen.

Auch im Fall der Finanzierung durch ein deutsches Kreditinstitut kommt der Rolle des Notars, in Österreich des Treuhänders, besondere Bedeutung zu. Der Notar ist in den meisten Ländern den Banken gegenüber zur Bestätigung bzw. Veranlassung der Hypothekeneintragung verantwortlich; im Regelfall handelt es sich hierbei um ein Verfahren Zug um Zug, d. h. die Löschung möglicher Altlasten erfolgt im Auftrag des einen Kreditinstitutes; sobald die Auszahlungsbestätigung und der Auftrag zum Eintrag einer Hypothek zu Gunsten des anderen Kreditinstitutes vorliegt, erfolgt die Löschung der Altlast und gleichzeitig die Veranlassung bzw. Eintragung der neuen Hypothek für die kreditgebende Bank der Käuferseite. Für Frankreich gilt hinsichtlich der Kreditvarianten oben genannter Passus analog; Allerdings sind die strengen Bestimmungen des Verbraucherschutzgesetzes für den Erwerber (und Darlehensnehmer) vorteilhaft: Es wird ein inhaltlicher Zusammenhang zwischen dem Vorvertrag und dem Finanzierungsvertrag unterstellt, so dass der Vorvertrag nur im Falle des erfolgreichen Abschlusses des Kreditvertrages wirksam und gültig wird. Eine einmonatige Frist bis zum endgültigen Kaufvertrag vor dem Notar ist einzuhalten. Auf die Verbraucherschutzbestimmungen kann vom Käufer einseitig verzichtet werden.

1.5.2 Besonderheiten infolge des Eigentumsübergangs/Zahlungsweise

Da im Ausland das Eigentum auf den Erwerber nicht wie in Deutschland zwingend erst mit der Eintragung ins Grundbuch übergeht (siehe die einzelnen Länderteile) und das Prinzip der (deutschen) Auflassung und Auflassungsvormerkung weitgehend unbekannt ist, erfolgt die Beantragung der Eintragung einer Hypothek bzw. deren Löschung häufig in Anwesenheit eines Bankbeauftragten beim Notar vor Ort. Im Fall der Löschung einer vorhandenen Hypothek, z. B. durch eine ausländische Bank, ist in der Regel ein Vertreter der finanzierenden Bank zugegen, der die Löschungsbewilligung bzw. den Antrag auf Löschung der Hypothek in Gegenwart des Notars nach vollständiger Bezahlung des Kaufpreises unterzeichnet. Bei einer Finanzierung des Hauskaufs im Ausland durch ein deutsches Kreditinstitut wird von diesem in der Regel einer der Notariatsangestellten mit der Beantragung der Eintragung der Hypothek bevollmächtigt. Finanziert der Erwerber den Erwerb über eine ausländische Bank, so gilt das entsprechende Procedere.

Die Bezahlung des Kaufpreises wird im europäischen Ausland, vor allem in den südlichen Ländern, häufiger mit Barmitteln beglichen als in Deutschland. Neben der sprichwörtlichen Barzahlung in Geldscheinen der jeweils gültigen Landeswährung gilt die Zahlungsweise per Scheck mit Nachweis über die Deckung der Zahlung als üblich. Der Deckungsnachweis erfolgt von Land zu Land unterschiedlich; In Italien wird beispielsweise oftmals der Zirkularscheck (*assegno circolare*) verwendet, welcher in jedweder Hinsicht einem Scheck der Deutschen Landeszentralbank (*LZB-Scheck*) gleicht: Der ausgestellte Betrag wird umgehend dem Kontoinhaber belastet, bankseitig abgestempelt und ist somit umgehend als Zahlungsmittel gültig. – Bei der Barzahlung ist unbedingt darauf zu achten, dass Zahlungen rechtsverbindlich quittiert und gegebenenfalls zurückgefordert werden können, beispielsweise mittels einer Bankbürgschaft, die jedoch einen deutlichen Preisunterschied zur in Deutschland üblichen Bankbürgschaft aufweisen kann.

Selbstverständlich ist auch im Ausland die Zahlung per Überweisung möglich. Hier wurde aktuell die EU-Standardüberweisung geschaffen, um die grenzüberschreitende Euro-Überweisung innerhalb der Europäischen Union kostengünstig anbieten zu können. Der zu überweisende Betrag darf 12.500 Euro nicht überschreiten. Nach der Außenwirtschaftsverordnung ist dieses gleichzeitig der meldepflichtige Betrag bei Geldbewegungen jedweder Art. Die EU-Standardüberweisung ins Ausland wird zu Inlandskonditionen abgerechnet, falls die o. a. Voraussetzungen erfüllt und die notwendigen Daten vollständig und korrekt angegeben sind. Die Konditionen ergeben sich aus dem „Preis- und Leistungsverzeichnis" der jeweiligen Bank. Als Überweisender trägt der Kunde in der Regel die Entgelte und Auslagen seiner Bank und der Begünstigte die übrigen Entgelte und Auslagen (Entgeltteilung). Die Entgelte, die zu tragen sind, ergeben sich aus dem „Preis- und Leistungsverzeichnis" der jeweiligen Bank. Die International Bank Account Number (IBAN) des Begünstigten und der Bank Identifier Code (BIC), vormals *Swift-Code*, des Kreditinstituts des Begünstigten sind anzugeben.

1.5.3 Finanzierungsvarianten

Von deutschen Kreditinstituten für die Finanzierung und Beleihung eines ausländischen Objektes angeboten und gleichermaßen von Kunden nachgefragt sind vorrangig zwei Varianten:

Bauspardarlehen
Bauspardarlehen oder Bausparsofortdarlehen werden von allen großen deutschen Bausparkassen angeboten. Der Nutzen für den Kunden in dieser Darlehensvariante besteht vor allem darin, dass bereits bestehende Bausparverträge bei der entsprechenden Bausparkasse auch zur Finanzierung einer Immobilie im Ausland herangezogen werden können. Zu beachten ist jedoch, ob eventuell gewährte staatliche Zuschüsse für die Bedienung des Bausparvertrages verwendet worden sind; diese Zuschüsse sind nach heutigem Stand nicht zur Finanzierung einer ausländischen Immobilie vorgesehen und können daher nicht verwendet werden. Im Fall eines Bausparsofortdarlehens, d. h. ein Bauspardarlehen, bei dem die Ansparphase des Bausparvertrages durch ein Annuitätendarlehen vorfinanziert wird, ist dieser Nutzen selbstverständlich nicht mehr vorhanden. Gleichzeitig handelt es sich hierbei um eine weniger flexible Finanzierungsvariante.

Annuitätendarlehen
Diese auch als „Hypothekendarlehen" bekannte Finanzierungsvariante wird überwiegend von Banken angeboten. Es handelt sich hierbei um die gleiche Darlehensstruktur, wie sie der Erwerber vom deutschen Baufinanzierungsmarkt kennt. Durch den erhöhten Aufwand bei einer Beleihung eines ausländischen Objekts können jedoch erhöhte Gebühren anfallen, die sich auch in anderen Zinssätzen niederschlagen können. Im Einzelfall ist dem Erwerber unbedingt zu empfehlen, die Strukturierung inkl. Zinssatz und Nebenkosten eines Inlandsdarlehens mit der eines Auslandsdarlehens des selben finanzierenden Kreditinstitutes zu vergleichen, um so die Mehrkosten für die Auslandsimmobilienfinanzierung transparent gestaltet zu bekommen.

2. Kauf einer Immobilie in Deutschland und im Ausland

Klaus Wigand/Stefan Albert

2.1 Besonderheiten des deutschen Immobilienkaufs

Die rechtlichen und tatsächlichen Voraussetzungen und Gegebenheiten eines Immobilienerwerbs im Ausland weichen teilweise ganz erheblich von der rechtlichen und tatsächlichen Handhabung vergleichbarer Transaktionen in Deutschland ab. Um die Unterschiede in den einzelnen Ländern besser zu verdeutlichen, lohnt sich ein Vergleich mit der entsprechenden Situation in Deutschland. Es macht daher Sinn, der detaillierten Betrachtung der Situationen in den einzelnen Ländern eine kurze Darstellung der Gegebenheiten des Immobilienkaufs und der Rolle des Grundbuches in Deutschland voranzustellen.

2.1.1 Das Grundbuch

Das Grundbuch ist ein öffentliches Register, das beim Grundbuchamt des jeweiligen Amtsgerichts geführt wird. Hier sind alle Grundstücke eines Amts- bzw. Grundbuchbezirks eingetragen. Rechtsgrundlage für das Grundbuch ist die Grundbuchordnung (GBO) in der Fassung von 1994. Nach § 3 Abs. 1 Satz Grundbuchordnung muss für jedes Grundstück ein eigenes Grundbuchblatt geführt werden.

Wesen und Bedeutung des Grundbuches
Der Zweck des Grundbuches ist die Darstellung der Rechtsverhältnisse eines Grundstückes gegenüber der Öffentlichkeit. Im Vordergrund stehen die Klärung der Eigentumsverhältnisse und die Darstellung der auf dem Grundstück lastenden Rechte Dritter als sichere Basis für den Eigentumsübergang.

Da – anders als in vielen anderen Ländern – das Eigentum an einer Immobilie in Deutschland erst bei Eintragung des Käufers im Grundbuch und nicht schon bei Abschluss des Kaufvertrages und Zahlung des Kaufpreises auf den Erwerb übergeht, kommt dem Grundbuch für den Eigentumsübergang sogar konstitutive Wirkung zu. Darüber hinaus sind im Grundbuch Rechte, wie z. B. Grundschulden, Hypotheken, Wegerechte oder Vorkaufsrechte verzeichnet, die ein Dritter an der Immobilie haben kann. Aufgrund seiner Publizität genießt das Grundbuch öffentlichen Glauben i. S. d. §§ 892, 893 BGB, d. h., dass Dritte, insbesondere der Erwerber einer Immobilie, auf die Richtigkeit des Inhalts des Grundbuches grundsätzlich vertrauen kann. Auf die rechtlichen Details im Zusammenhang mit diesem öffentlichen Glauben des Grundbuches soll hier aber nicht weiter eingegangen werden.

Aufbau und Inhalt des Grundbuches

Für das jeweilige Grundstück werden im sog. Grundbuchblatt alle relevanten Eintragungen vorgenommen. Das Grundbuch gibt also Auskunft über den jeweiligen Rechtszustand eines Grundstückes, d. h. welche Flur- und Flurstücksbezeichnungen ein Grundstück hat, wie groß es ist, wer der derzeitige Eigentümer ist und welche Belastungen in den einzelnen Abteilungen des Grundbuches eingetragen sind. Die Grundakten zu jedem Grundbuchblatt enthalten alle Urkunden und Dokumente, die zu Eintragungen in das Grundbuch geführt haben oder noch zu Eintragungen führen werden.

Obwohl es sich bei dem Grundbuch um ein öffentliches Register handelt, erhält nur derjenige Einsicht, der ein berechtigtes Interesse gemäß § 12 GBO nachweisen kann. Hierzu gehören insbesondere Kaufinteressenten, Makler, Notare und Kreditinstitute.

Das Bestandsverzeichnis des Grundbuchblatts umschreibt die wesentlichen Merkmale des Grundstückes, wie Lage, Art und Größe bei gleichzeitiger Angabe der Nummer des Flurblatts und des Flurstücks. Die so genannten Abteilungen (I-III) des Grundbuches beinhalten Folgendes:

Die erste Abteilung des Grundbuches enthält den Eigentümer des Grundstückes sowie den Rechtsvorgang, auf dem die Grundbucheintragung beruht. Bei einem Wechsel der Eigentümer wird der bisherige Eigentümer gelöscht, indem sein Name rot unterstrichen wird. Nach der Löschung wird der neue Eigentümer – mehrere Eigentümer unter Bezeichnung ihres Rechtsverhältnisses – unter Angabe des juristischen Erwerbsgrundes (z. B. Auflassung, gesellschaftsrechtlicher Übertragungsvorgang oder Erbgang) im Grundbuch eingetragen.

In der zweiten Abteilung des Grundbuches werden sämtliche mit dem Grundstück zusammenhängenden Belastungen wie Grunddienstbarkeiten, beschränkt persönliche Dienstbarkeiten, Nießbrauchsrechte, Vorkaufsrechte, Reallasten, Erbbaurechte sowie Widersprüche, Vormerkungen und Verfügungsbeschränkungen aufgeführt. Ausnahmen bestehen für die in § 10 GBO aufgeführten Grundbuchvermerke und die zur dritten Abteilung gehörenden Grundpfandrechte.

In der dritten Abteilung des Grundbuches sind die Grundpfandrechte (§§ 1113–1203 BGB) eingetragen, die einen Überblick über die Beleihungen der Immobilie vermitteln. Der Grundpfandrechtsgläubiger kann das Grundstück z. B. versteigern lassen, um aus dem Veräußerungserlös seine Forderungen zu begleichen, sofern der Versteigerungserlös ausreicht. Grundpfandrechte dienen überwiegend der Sicherung langfristiger Kredite durch Kreditinstitute. Dabei werden im Wesentlichen Hypotheken oder Grundschulden eingetragen.

Grundbucheintragungen
Die Grundbucheintragungen erfolgen auf Antrag eines Beteiligten (§ 13 GBO) und erfordern die Eintragungsbewilligung desjenigen, dessen Recht durch die Eintragung berührt wird (§ 19 GBO). An einem Grundstück können mehrere Rechte gleichzeitig bestehen, weshalb ihr Verhältnis zueinander durch eine bestimmte Rangfolge geregelt werden muss. Der Rang des eingetragenen Rechts ordnet die Reihenfolge der Ansprüche der Gläubiger (z. B. Banken) im Falle der zwangsweisen Verwertung. Zur Löschung von Eintragungen ist die Löschungsbewilligung des ehemals Berechtigten erforderlich. Daneben bedarf es zur Löschung von Grundpfandrechten der Zustimmung des Grundstückseigentümers (§ 27 GBO). Alle Erklärungen bedürfen der öffentlich beglaubigten – in der Regel der notariellen – Form.

2.1.2 Der Kaufvertrag

Die Übertragung von Grundeigentum vollzieht sich in Deutschland in zwei Schritten. Der erste Schritt ist der Abschluss eines Kaufvertrages. Als zweiter Schritt folgt der Eigentumserwerb durch die Umschreibung der Eigentumsverhältnisse im Grundbuch, womit gleichzeitig der Kaufvertrag vollzogen wird. Ein Kaufvertrag über Grundeigentum bedarf in Deutschland stets der notariellen Beurkundung. Der Kaufvertrag sollte dabei zumindest Regelungen/Informationen über folgende Punkte enthalten:

- Vertragsparteien
- Kaufgegenstand
- Kaufpreis und Zahlungsmodalitäten
- Übergang des Besitzes (und damit von Rechten und Lasten)
- Auflassung und Auflassungsvormerkung
- Gewährleistung
- Kosten

Auf diese Punkte soll nachfolgend kurz eingegangen werden, da diese auch bei ausländischen Kaufverträgen grundsätzlich von Bedeutung und dort zu regeln sind.

Vertragsparteien
Auf der ersten Seite der Urkunde werden die Vertragsparteien mit Identifizierungsdaten genannt. Handelt es sich bei einen Vertragspartner um eine Personen- oder Handelsgesellschaft, so müssen die Firma, der Sitz und die Gesellschaftsform sowie die Vertretungsverhältnisse angegeben sein. Bei einer Eintragung der Gesellschaft im Handelsregister muss auch die Stelle der Handelsregistereintragung erfasst werden.

Kaufgegenstand
Nach Nennung des Käufers und des Verkäufers erfolgt die Beschreibung des Kaufgegenstandes. Der Kaufgegenstand kann immer nur das Grundstück sein, wobei das aufstehende Gebäude nur als Bestandteil des Grundstückes angesehen wird. Dabei gehört das Gebäude zu den wesentlichen Bestandteilen eines Grundstückes (§ 94 Abs. 1 BGB). Hierunter sind Sachen zu verstehen, die nicht voneinander getrennt werden können, ohne dass mindestens ein Bestandteil zerstört oder in seinem Wesen verändert würde.

Eine Beschreibung des Grundstückes erfolgt regelmäßig durch die Wiedergabe des Bestandsverzeichnisses des Grundbuches. Der Notar hält fest, in welcher Gemarkung das Objekt liegt, in welchem Grundbuch der Grundbesitz verzeichnet ist und wie der Grundbesitz mit seinen wesentlichen Merkmalen im Bestandsverzeichnis charakterisiert ist.

Auflassung und Auflassungsvormerkung

Zur eigentlichen Übertragung der Immobilie ist die Einigung von Käufer und Verkäufer über den Eigentumsübergang bei gleichzeitiger Anwesenheit vor dem Notar zu erklären (Auflassung). Diese erfolgt zumeist im notariellen Kaufvertrag; Vollmachtsregelungen sind möglich. Durch die Eintragung der so genannten Auflassungsvormerkung im Grundbuch (§§ 883 ff. BGB) hingegen wird der durch die Auflassung erworbene schuldrechtliche Anspruch auf die nachfolgende Eigentumsübertragung gesichert und so der Zeitraum zwischen der notariellen Einigung über den Eigentumserwerb und dem eigentlichen Eigentumserwerb durch Eintragung im Grundbuch überbrückt.

Die Auflassungsvormerkung wird in der zweiten Abteilung des Grundbuches eingetragen und macht für jedermann deutlich, dass das Eigentum an dem jeweiligen Grundstück in absehbarer Zeit auf den Käufer übergehen soll. Nur durch die Auflassungsvormerkung ist der Käufer vor vertragswidrigem Verhalten des Verkäufers, z. B. einer zwischenzeitlichen Zweitveräußerung oder einer Zwangsvollstreckung wirksam geschützt.

Kaufpreis

Nachdem festgestellt wurde, dass der Verkäufer den vorstehend genannten Grundbesitz an den Käufer veräußern möchte, erfolgt die Festlegung des Kaufpreises nach Höhe und Fälligkeit. Die Bestimmung der Höhe des Kaufpreises ist ausschließlich den Vertragsparteien vorbehalten. Der Fixierung des Kaufpreises liegt i. d. R. die Vereinbarung eines Festpreises zugrunde.

Oftmals wird als Zeitpunkt der Fälligkeit des Kaufpreises der Zeitpunkt der Eintragung der Auflassungsvormerkung vereinbart, da der Erwerber schon über ein Anwartschaftsrecht auf den Eigentumserwerb verfügt und damit hinreichend abgesichert ist. Zur weiteren Absicherung der Vertragsparteien wird der Kaufpreis in vielen Fällen auf ein Notar-Treuhandkonto gezahlt, was gemeinhin sowohl für den Käufer als auch für den Verkäufer als der sicherste Weg gilt. Hierbei ist der Notar für die Erfüllung der jeweiligen Ansprüche der Parteien (Kaufpreiszahlung bzw. Eigentumsverschaffung durch Auflassung und Grundbucheintragung) verantwortlich. Im Falle einer Finanzierung des Kaufgegenstandes kommt dem Notar-Treuhandkonto ebenfalls eine wichtige Bedeutung zu, da so die Vertragserfüllung Zug um

Zug erfolgen kann. Weitere Möglichkeiten der Kaufpreiszahlung unter Wahrung größtmöglicher Sicherheiten für die Parteien sind die selbstschuldnerische Bürgschaft, die Patronatserklärung oder aber die Vollstreckungsunterwerfung.

Übergang des Besitzes

Gemäß § 446 Abs. 1 BGB kann der Käufer nach Übergabe über den Kaufgegenstand verfügen bzw. trägt die Lasten der Sache. Zu diesem Zeitpunkt geht aber lediglich der Besitz sowie Kosten und Nutzen der Immobilie – nicht jedoch schon das Eigentum an der Immobilie auf den Käufer über. Bei Immobilienkaufverträgen wird der Zeitpunkt des Übergangs von Besitz, Nutzen und Lasten sowie der Gefahr in der Regel im Kaufvertrag mit einem Stichtag vereinbart oder erfolgt mit tatsächlicher (Schlüssel-) Übergabe des Grundbesitzes.

Gewährleistung

Etwaige Vereinbarungen zur Gewährleistung sollten im Kaufvertrag schriftlich fixiert werden, da im Übrigen die gesetzlichen Regelungen gelten. Zwar wird in vielen privaten Grundstückskaufverträgen „gekauft wie besehen" bzw. „wie das Grundstück liegt und steht", d. h. unter weitgehendem Ausschluss der Gewährleistung; jedoch sollten Erwerber in geeigneten Fällen darüber nachdenken, ob sich nicht zumindest Haftungsregelungen hinsichtlich folgender Punkte empfehlen:

- Bebaubarkeit des Grundstückes,
- Erschließung des Grundstückes,
- rückständige Erschließungskosten,
- Grundstücksgröße, Wohn- oder Nutzfläche des Gebäudes,
- Altlasten,
- Freistellung von im Grundbuch eingetragenen oder sonstigen möglichen Lasten,
- Nutzbarkeit zum vereinbarten Zweck (z. B. gewerbliche Nutzung),
- Funktionsfähigkeit technischer Einrichtungen des Gebäudes.

Kosten des Kaufvertrages

Neben den Gebühren für die notarielle Beurkundung des Kaufvertrages und den Gebühren des Grundbuchamtes für die Eintragung der Rechtsänderungen, die ca. 5 % des Kaufpreises betragen, können beim

Grundbesitzerwerb in Deutschland auch Maklerprovisionen (in der Regel 3 % vom Verkaufspreis, zzgl. MwSt.) sowie Grunderwerbsteuern (3,5 %) oder – bei teilentgeltlichen oder unentgeltlichen Übertragungen – Schenkungsteuern anfallen.

Für die Übernahme dieser Kosten sollte eine klare Regelung in die notarielle Urkunde des Kaufvertrages aufgenommen werden. Im Allgemeinen trägt der Käufer die Kosten der Beurkundung und des Vollzugs des Kaufvertrages im Grundbuch sowie die Maklerprovision. Daneben trägt der Käufer auch die Grunderwerbsteuer oder etwaige Schenkungsteuer, obwohl beide Vertragspartner für diese Steuern wie auch für die sonstigen Kosten der Urkunde nach außen gesamtschuldnerisch haften.

2.1.3 Erwerb vom Bauträger

Diverse Sonderformen (z. B. Vererbung, Erwerb in der freiwilligen Versteigerung, Erwerb in der Zwangsvollstreckung etc.) des Eigentumserwerbs von Immobilien stellen Käufer wie Verkäufer vor besondere Herausforderungen.

Eine dieser Herausforderungen ist der Erwerb vom Bauträger, wo sich der Käufer in der Regel zu einer (Teil-) Zahlung für eine noch nicht oder nicht vollständig erbrachte (Bau-) Leistung und den Erwerb einer noch nicht errichteten oder fertig gestellten Immobilie verpflichtet. Hierzu wird ein Bauträgervertrag unterzeichnet. Der Bauträgervertrag ist ein Vertrag zwischen einem Unternehmer und einem Käufer über die Übertragung eines Grundstückes, auf dem vom Unternehmer im eigenen Namen und auf eigene Rechnung oder Rechnung des Käufers ein Bauwerk (oder Wohnungseigentum) neu errichtet wurde oder noch zu errichten ist. Ein Bauträgervertrag enthält Regelungen aus verschiedenen juristischen Bereichen. Auf ihn findet in Deutschland in der Regel die Makler- und Bauträgerverordnung (MaBV), die zwingendes Recht enthält, sowie die Vorschriften des Gesetzes zur Regelung der Allgemeinen Geschäftsbedingungen (AGBG) Anwendung.

Schwerpunkte bei den Regelungen eines Bauträgervertrages ergeben sich schon aus den sich gegenüberstehenden Interessen von Bauträger und Käufer. Der Bauträger ist daran interessiert, nach Baufortschritt und vor Eigentumsumschreibung die Zahlungen für die von ihm erbrachten Bauleistungen vom Käufer zu erhalten, während das Käuferinteresse dahin geht, Zahlungen nur nach Sicherung des lastenfreien Eigentumserwerbs und insbesondere auch der vertragsmäßigen Fertigstellung des Kaufobjekts zu leisten. Nach § 3 MaBV ist deswegen die Zahlungsweise nach Baufortschritt festgelegt. Der Bauträger ist hier an die Erfüllung mehrerer Voraussetzungen gebunden, ehe er Fälligkeit und Anspruch einer Zahlung geltend machen kann. In § 3 Abs. 2 MaBV sind weiter Zahlungshöchstraten nach Baufortschritt festgelegt.

2.2 Andere Länder, andere Sitten – auch beim Immobilienkauf im Ausland

Was bei Tischmanieren, Gepflogenheiten, Bräuchen und persönlichen Einstellungen im Ausland beginnt, macht auch vor dem Gesetz bzw. den marktüblichen Gepflogenheiten hinsichtlich des Erwerbs oder Verkaufs einer Auslandsimmobilie nicht halt: „Andere Länder, andere Sitten."

Da jedoch in den folgenden Kapiteln auf die juristischen Gegebenheiten des jeweiligen Landes eingegangen wird, soll an dieser Stelle lediglich in Bezug auf einige Fragestellungen eine Sensibilisierung erreicht werden, um zu verhindern, dass ein potenzieller Käufer einer Immobilie im Ausland – unbedacht – von den ihm möglicherweise wohl bekannten Voraussetzungen beim deutschen Immobilienkauf auf das Kaufprocedere im Ausland schließt!

2.2.1 Bedeutung eines Vorvertrages

Vor allem im südeuropäischen Ausland ist vielfach der Abschluss zweier Kaufverträge – eines Vorvertrages und eines notariellen Kaufvertrages – üblich. Schon im Vorvertrag sollten hierbei alle wesentlichen Inhalte des notariellen Kaufvertrages aufgenommen werden. Der Vorvertrag ist in der Regel an keine Form gebunden und wird daher häufig privatschriftlich – gelegentlich sogar mündlich – gleichwohl aber rechtlich bindend und wirksam abschlossen! Immobilienkäufer mit deutschem Rechtsempfinden erfassen daher oft die rechtliche Bedeutung des Vorvertrages nicht, da sie – wie im deutschen Recht – davon ausgehen, sich erst durch eine notarielle Erklärung rechtlich wirksam zu binden.

Das bedeutet für den Erwerber in der Praxis, dass bereits im Vorvertrag sämtliche denkbaren Einzelheiten berücksichtigt werden sollten, welche die beiden Parteien als Gegenstand der Verhandlung bezeichnen; während im notariellen Kaufvertrag lediglich die Bestandteile des Vorvertrags übernommen (oder aber auch komplett neu formuliert) werden, die für den Eigentumsübergang des Grundbesitzes von juristischer Bedeutung sind, werden im Rahmen des Vorvertrags im Regelfall auch Vereinbarungen über den Übergang beweglicher Gegenstände oder andere Sondervereinbarungen getroffen.

Wozu also werden in den betreffenden Ländern zwei Verträge geschlossen, bei denen der größte Teil der Vertragsinhalte sachlich identisch ist? Zwei Faktoren dürften hierfür maßgeblich sein:

Praktikabilität
Beim privatschriftlichen Abschluss eines Vorvertrages muss keine Terminabstimmung mit einem Notariat erfolgen, was den Vertragsparteien vor allem auch Kosten spart. Während der notarielle Kaufvertrag die Vertragsparteien zur Einhaltung einer formal korrekten Darstellung des Sachverhaltes „zwingt", begegnen sich bei den Vertragsverhandlungen im Rahmen des Vorvertrages Käufer und Verkäufer in einer eher vertrauten, fast privaten Atmosphäre, die es i. d. R. ermöglicht, Einzelheiten, die weit über den eigentlichen Kaufvertrag hinausgehen, zu diskutieren, zu vereinbaren und schließlich schriftlich zu fixieren. Zu diesem Zeitpunkt können also Fragen wie der Zeitpunkt des Eigentumsübergangs, die Übergabe beweglicher Gegenstände, seitens des Verkäufers noch zu erledigende Reparaturarbeiten etc. in das Vertragswerk eingebracht und dann von beiden Parteien unterzeichnet werden.

Steuern und Gebühren
In vielen südeuropäischen Ländern stehen jedoch häufig auch steuerliche Motive beim Abschluss eines Vorvertrages im Vordergrund. In der Praxis hat es sich durchgesetzt, dass bei Unterzeichnung eines Kaufvorvertrages gleichzeitig eine Anzahlung seitens des Käufers zu leisten ist. In der Regel handelt es sich hierbei um eine Summe in Höhe von 10–30 % des vereinbarten Kaufpreises. Bereits an dieser Stelle muss erwähnt werden, dass bei dieser Praxis vor allem der Käufer der zu übereignenden Immobilie versuchen sollte, größtmögliche Sicher-

heit für die eventuelle spätere Rückforderung seiner Anzahlung zu erzielen, falls der Eigentumserwerb später scheitert. Ist der Vorvertrag unterzeichnet und die vereinbarte Anzahlung geleistet worden, wird im nachfolgenden, meist notariellen Kaufvertrag nicht nur die Anzahlung auf den Kaufpreis angerechnet, sondern häufig der ursprünglich vereinbarte Kaufpreis um die bereits getätigte Anzahlung „reduziert".

Dieser „offizielle" Kaufpreis stellt dann häufig die (natürlich niedrigere) Bemessungsgrundlage für Steuern und Gebühren dar, die mit dem Erwerb der Immobilie zusammenhängen. Von dieser Methode der „Steuerersparnis" mit vermeintlichen wirtschaftlichen Vorteilen für Käufer und Verkäufer kann nur *dringend abgeraten* werden. Sie ist unter Umständen nicht nur strafrechtlich relevant und wird bei Aufdeckung mit empfindlichen Geldbußen bestraft, sondern kann für den Käufer auch erhebliche Nachteile – etwa bei Gewährleistungsfragen oder der späteren Vererbung der Immobilie bringen. In manchen Ländern ist es sogar möglich, dass der Staat für den (niedrigen) Kaufpreis ein Vorkaufsrecht ausübt und der Erwerber nicht nur mit „leeren Händen", sondern auch ohne seine geleistete Anzahlung nach Deutschland zurückkehrt; denn im Gegensatz zum in Deutschland geltenden Recht führt diese Vorgehensweise im Ausland in der Regel nicht zur Rückabwicklung des Kaufvertrages. Vorsicht ist also bei dieser Praxis geboten. Gleichwohl ist dieses Prinzip der „Unterverbriefung" in den südeuropäischen Ländern weit verbreitet und wird teilweise immer noch – auch von staatlicher Seite – mit einem Augenzwinkern registriert und nicht immer konsequent verfolgt.

2.2.2 Kaufvertrag

Der Erwerber einer ausländischen Immobilie sollte darauf achten, dass sowohl für den Vorvertrag, insbesondere aber für den (notariellen) Kaufvertrag meist das Recht des jeweiligen Landes, in dem die erworbene Immobilie liegt, zur Anwendung kommt. Da dort aber mitunter völlig abweichende Rechtsvorschriften gelten, kann nur jedem Erwerber geraten werden, sich beim Abschluss eines Grundstückskaufvertrages im Ausland – erst Recht aber z. B. beim Abschluss eines Bauträgervertrages o. Ä. – mit fachkundigem Rechtsrat begleiten zu lassen und auch diesen mitunter kritisch zu hinterfragen. Die dadurch entstehenden Mehrkosten des Immobilienerwerbs rechtfertigen sich in vielen Fällen durch die dadurch erreichte Rechtssicherheit des Erwerbs.

2.2.3 Die Rolle des Grundbuches oder Eigentumsregisters

Vor allem in südeuropäischen Ländern hat das dortige Eigentums- oder Liegenschaftsregister keine oder nur in Grenzen eine dem deutschen Grundbuch vergleichbare Funktion. Da in vielen Ländern für den Erwerb von Immobilieneigentum nicht die Eintragung des Erwerbers im Register erforderlich ist, sondern oft schon die (privat-) schriftliche oder sogar mündliche Einigung der Parteien oder die „Schlüsselübergabe" für den Eigentumsübergang genügt, hat das Eigentumsregister im Ausland in der Regel nicht dieselbe Beweis- und Aussagekraft über die Rechtsverhältnisse am Grundstück. Nicht selten kommt es vor, dass der Verkäufer selbst gar nicht im Grundbuch als Eigentümer eingetragen ist, so dass der Erwerber erst durch Einsicht in frühere Urkunden überprüfen muss, ob er die Immobilie auch vom „richtigen" Eigentümer erwerben kann. Nicht selten stimmen auch die tatsächlichen und baulichen Gegebenheiten des Grundbesitzes nicht mit den Eintragungen im ausländischen Eigentumsregister überein mit der Folge, dass vor Erwerb der Immobilie der Verkäufer erst eine entsprechende Berichtigung des Eigentumsregisters durchführen muss – ein Procedere, dass vor allem in Südeuropa oder bei fehlenden Zustimmungen Dritter (z. B. von Nachbarn oder früheren Eigentümern) den Erwerb der Immobilie teilweise erheblich verzögern kann oder sogar scheitern lässt.

Trotz oder gerade wegen der unterschiedlichen Bedeutung von Eintragungen in ausländischen Eigentumsregistern sollte der Erwerber ausländischen Grundbesitzes genügend Zeit darauf verwenden, vor Erwerb des Grundstückes – gegebenenfalls mit Unterstützung eines rechtskundigen Beraters – die Registersituation vor Ort genau zu überprüfen und gegebenenfalls beim Verkäufer rechtzeitig auf eine Anpassung/Berichtigung der Eintragungen zu drängen.

3. Vererbung und Schenkung von Auslandsimmobilien
Klaus Wigand

3.1 Die internationale Erbrechts- und Erbschaftsituation

3.1.1 Das anwendbare Erbrecht/Erbstatut

Jeder Erbfall stellt die Hinterbliebenen in tatsächlicher wie in rechtlicher Hinsicht vor große Probleme. Dies gilt um so mehr, wenn mehrere Rechtsordnungen zur Anwendung kommen. Dies ist bei internationalen Lebenssachverhalten immer dann der Fall, wenn etwa unterschiedliche Staatsangehörigkeiten der Beteiligten oder ein Auslandswohnsitz bestehen und sich Vermögenswerte, insbesondere Immobilien, im Ausland befinden. Hier muss zunächst das richtige Erbstatut, also das auf den internationalen Lebenssachverhalt anwendbare und maßgebliche Zivilrecht festgestellt werden, um ermitteln zu können, wer im Erbfall Rechte hinsichtlich des Nachlasses geltend machen kann. Das Erbstatut regelt nicht nur, wer mit welchem Anteil Erbe geworden ist, sondern z. B. auch den Umfang des Nachlasses, das Auskunftsrecht der Erben gegen den Erbschaftsbesitzer, die Haftung der Erben für Nachlassverbindlichkeiten, die Art des Vermögenserwerbs durch die Erben, die Verwaltung und Auseinandersetzung einer Erbengemeinschaft, die Rechte und Pflichten eines Testamentsvollstreckers, das Pflichtteilsrecht naher Angehöriger, die Möglichkeiten eines Erbverzichts u.v.m. Neben dem Erbstatut ist im Einzelfall aber auch zu prüfen, ob die vom Erblasser vorgesehene Nachlassregelung, z. B. sein Testament, im Ausland wirksam ist, wie sie tatsächlich und praktisch vollzogen werden kann, ob ein Nachlassverfahren vor einem Gericht im Ausland durchzuführen ist, wie die Erbenstellung im Ausland nachgewiesen wird und wie der Nachlass dort abzuwickeln ist.

Die Frage nach dem Erbstatut hat jedes Land unterschiedlich geregelt, wobei sich jedoch in zahlreichen Ländern Gemeinsamkeiten ergeben. Während die einen Länder das Erbstatut nach der Staatsangehörigkeit des Erblassers zum Zeitpunkt des Erbfalls beurteilen (*Staatsangehörig-*

keitsprinzip; z. B. die Schweiz sowie die angelsächsischen Länder für bewegliches Vermögen), stellen andere Länder auf den letzten Wohnsitz des Erblassers ab (*Wohnsitzprinzip*; z. B. die Schweiz sowie die angelsächsischen Länder für bewegliches Vermögen). Wiederum andere Länder beurteilen die Frage nach dem anwendbaren Erbrecht danach, wo Nachlasswerte, insbesondere Nachlassimmobilien zu belegen sind (*Belegenheitsprinzip*). Hierbei unterscheiden sie, ob sich im Nachlass bewegliche Vermögenswerte oder Rechte (auch Beteiligungen) befinden oder unbewegliche Vermögenswerte (Immobilien). Die Rechtsordnungen vieler Länder enthalten auch eine Kombination aus Belegenheitsprinzip und Wohnsitzprinzip; z. B. Frankreich, USA, Kanada, Großbritannien.

Sind aufgrund der internationalen Gegebenheiten in einem Erbfall mehrere Rechtsordnungen auf denselben Erbfall anwendbar, kommt es rechtlich zur so genannten *Nachlassspaltung*.

Tabelle 1: Erbstatut ausgewählter Länder

Land	Staatsange-hörigkeits-prinzip	Wohnsitz-prinzip	Belegen-heitsprinzip	Nachlass-spaltung
Deutschland	X			
Spanien	X			
Österreich	X			
Italien	X			
Frankreich		X	X	X
Portugal	X			
Schweiz		X		(X)
Großbritannien		X	X	X
USA		X	X	X
Kanada		X	X	X

Verstirbt etwa ein deutscher Erblasser mit letztem Wohnsitz in Frankreich und mit Immobilieneigentum in Frankreich, werden seine Erben grundsätzlich nach der in Deutschland geltenden gesetzlichen Erbfolge ermittelt. Die Erbenstellung für den französischem Immobilienbesitz ergibt sich jedoch aus der vom deutschen Recht zum Teil erheblich abweichenden gesetzlichen Erbfolge in Frankreich. Bei sämtlichen Aspekten der Nachlassregelung, von der Abfassung von Testamenten bis zur Abwicklung des Nachlasses, müssen daher zwei Rechtsordnungen beachtet werden (Nachlassspaltung). Es erfordert eine sorgfältige Vorbereitung und spezielle Sachkenntnis, sämtliche sich aus der Kollision verschiedener Rechtsordnungen ergebenden Klippen zu umschiffen. Einfacher ist die Nachlassplanung und -abwicklung in Bezug auf Auslandsimmobilien dagegen in Staaten, die – wie Deutschland – dem Staatsangehörigkeitsprinzip folgen, da hier nur eine Rechtsordnung zur Anwendung kommt (Nachlasseinheit). Komplizierter werden die bei Nachlassspaltung bestehenden rechtlichen Kollisionsprobleme und die Abwicklung des Nachlasses im Ausland dann, wenn weitere internationale Lebenssachverhalte hinzutreten; wenn z. B. der Erblasser Vermögen in mehreren Ländern hatte oder mit einem Ehegatten verheiratet war, der nicht die deutsche Staatsangehörigkeit besaß.

Da im Rahmen dieses Buches nicht alle denkbaren Fallkonstellationen dargestellt werden können, wird nachfolgend und in den einzelnen Länderteilen vom Erbfall eines deutschen Staatsangehörigen mit Wohnsitz in Deutschland und Immobilieneigentum im jeweils dargestellten Land ausgegangen. Hierbei wird unterstellt, dass der deutsche Erblasser kein weiteres Vermögen in Drittstaaten hat, mit einem deutschen Ehegatten verheiratet ist und seinen dauernden Wohnsitz in Deutschland hat. Wo es zweckmäßig erscheint, wird im Einzelfall zusätzlich auch auf andere nahe liegende Fallkonstellationen ein Blick geworfen.

3.1.2 Das anwendbare Erbschaftsteuerrecht

Neben der Frage, wie sicherzustellen ist, dass die Auslandsimmobilie des deutschen Erblassers im Erbfall ordnungsgemäß auf die Erben übergeht und wie diesem die Nachlassabwicklung zu erleichtern ist, stellt sich bei internationalen Lebenssachverhalten die Frage, ob in Deutschland und im Ausland Erbschaftsteuer zu zahlen ist. Diese Frage ist losgelöst von der Frage des zivilrechtlichen Erbstatuts ausschließlich nach den jeweiligen Steuergesetzen der Länder zu beurteilen. Ein internationales Erbschaftsteuerrecht gibt es nicht oder allenfalls im Ansatz, so dass es auch bei der Frage der Erbschaftsteuer zur Kollision von zwei oder sogar mehreren Steuersystemen und auch zu einer doppelten Erbschaftsbesteuerung kommen kann.

Tabelle 2: Länderüberblick zur beschränkten Steuerpflicht bei Grundvermögen und zu bestehenden Doppelbesteuerungsabkommen bei der Erb- und Schenkungsteuer

Land	beschränkte Steuerpflicht bei inländischem Grundvermögen	Umfang	Doppelbesteuerungsabkommen
Spanien	+	E*/S*	–
Belgien	+	E/S	–
Dänemark	+	E/S	+
Frankreich	+	E/S	–
Griechenland	+	E/S	+
Großbritannien	+	E/S	–
Irland	+	E/S	–
Italien	Abgeschafft	–	–
Luxemburg	+	E	–
Niederlande	+	E/S	–
Norwegen	+	E/S	–
Österreich	+	E/S	+
Portugal	+	E/S	–
Schweden	+	E/S	+
Schweiz	+	E / z.T. S	+
USA	+	E/S	+

* E = betr. Erbschaftsteuer; * S = betr. Schenkungsteuer

Die einzelnen Staaten knüpfen die Frage der Erbschaftsteuer ebenso wie die Frage des anwendbaren Erbrechts unterschiedlich an die *Staatsangehörigkeit*, den *letzten Wohnsitz* des *Erblassers* oder an die *Staatsangehörigkeit* oder den *Wohnsitz* der *Erben* zum Zeitpunkt des Erbfalls. Auch für bestimmte Vermögenswerte des Nachlasses behalten sich viele Staaten die Besteuerung im Erbfall vor (beschränkte Steuerpflicht). Dies gilt insbesondere für die Besteuerung von dort gelegenen *Immobilien*. Aufgrund dieses vielfachen Besteuerungsvorbehalts, insbesondere bei Auslandsimmobilien, kommt es häufig zu einer Erbschaftsteuerpflicht der Erben in Deutschland und im Ausland. Ob es gelingt, diese doppelte Besteuerung zu vermeiden oder zu verringern, beurteilt sich entweder nach den wenigen in diesem Bereich abgeschlossenen internationalen Doppelbesteuerungsabkommen oder nach nationalen Steuervorschriften, die teilweise die Anrechnung der im Ausland gezahlten Erbschaftsteuer auf die im Inland zu zahlende Erbschaftsteuer vorsehen. Kommt es im Einzelfall zu einer tatsächlichen *Doppelbesteuerung* des Erbfalls in mehreren Ländern, kann dieses Risiko unter Umständen durch lebzeitige *Vermögensumschichtungen*, aber auch durch *Vermögensübertragungen* reduziert werden.

3.2 Das deutsche Erbrecht

3.2.1 Das Erbstatut

Das deutsche Recht sieht vor (Art. 25 I EGBGB), dass sich die Rechtsnachfolge von Todes wegen nach *„dem Recht des Staates, dem der Erblasser im Zeitpunkt seines Todes angehörte"*, beurteilt (Staatsangehörigkeitsprinzip). Durch eine Rechtswahl kann die Anwendbarkeit deutschen Rechts nicht ausgeschlossen werden. Dies bedeutet grundsätzlich, dass sich auch das im Ausland befindliche Vermögen eines deutschen Erblassers nach deutschem Erbrecht vererbt. Nach deutschem Verständnis ist grundsätzlich weder der Belegenheitsort von Nachlassgegenständen noch der letzte Wohnsitz oder Aufenthaltsort des Erblassers für das Erbrecht von Bedeutung; und zwar gleichgültig, ob es sich um eine bewegliche Sache oder eine Immobilie handelt.

Geht man jedoch bei internationalen Erbfällen nur vom deutschen Erbstatut aus, greift dies zu kurz, wenn man nicht gleichzeitig auch die Rechtsordnung des *Belegenheitsstaates* oder des *Wohnsitzstaates* berücksichtigt, deren Regelungen häufig zur Anwendung eines anderen Erbrechts führen können. Sofern das Recht eines ausländischen Staates, wie z. B. in Frankreich, für die Vererbung des dort belegenen Grundbesitzes besondere Vorschriften vorsieht, erkennt auch das deutsche Recht diese besonderen Vorschriften an (Art. 3 Abs. 3 EGBGB). Es kommt dann zur Nachlassspaltung.

Da den erbrechtlichen Darstellungen in diesem Buch die erbrechtliche Vermögensnachfolge eines Deutschen mit Grundbesitz im Ausland zugrunde liegt, kommt es nach deutschem internationalen Erbrecht zunächst auf die Erbfolge nach deutschem Erbrecht an, die nachfolgend kursorisch dargestellt wird. Für weiterführende Informationen zum deutschen Erbrecht wird auf die einschlägigen Veröffentlichungen hierzu verwiesen.

3.2.2 Die gesetzliche Erbfolge

Das bürgerliche Gesetzbuch (BGB) sieht eine bestimmte Erbfolge für den Fall vor, dass der Erblasser *keine* eigene *Bestimmung* über seinen *„letzten Willen"* trifft. Die gesetzliche Erbfolge des BGB ist aber *nicht* zwingend, sondern gibt jedem die Möglichkeit, weitgehend selbst durch *Testament* oder sonstige *letztwillige Verfügungen* zu bestimmen, wer nach ihm sein Vermögen erhalten soll. Führt die gesetzliche Erbfolge des BGB zu befriedigenden Ergebnissen hinsichtlich des in Deutschland und im Ausland belegenen Nachlasses, besteht kein Handlungsbedarf. Zunächst ist daher immer zu analysieren, was im Erbfall hinsichtlich des deutschen und des im Ausland belegenen Nachlasses geschieht, wenn *keine* besondere Nachfolgeregelung getroffen worden ist.

Familiäre Ausgangssituationen
Das BGB orientiert sich bei den Regelungen der gesetzlichen Erbfolge an der *familiären Situation* des Erblassers. Erbberechtigt sind grundsätzlich der *Ehegatte* und die *Verwandten* des Erblassers. Bei den Verwandten erben zunächst die Abkömmlinge (erst Kinder, dann Enkel), ersatzweise die Eltern und deren Abkömmlinge (Geschwister, Neffen/Nichten), wiederum ersatzweise die Großeltern und deren Abkömmlinge (Onkel/Tanten). Die Verwandten des Ehepartners sind dagegen nicht erbberechtigt. Das Erbrecht des Ehegatten hängt vom

ehelichen Güterstand ab, der sich insbesondere bei binationalen Ehen wiederum nach einer anderen Rechtsordnung richten kann.

Die gesetzliche Erbfolge nach einem deutschen Erblasser für die häufigsten familiären Konstellationen soll nachfolgend in den Grundzügen dargestellt werden. Hierbei wird unterstellt, dass die Ehepartner jeweils deutsche Staatsangehörige sind und im deutschen gesetzlichen Güterstand der Zugewinngemeinschaft leben. Sofern die Ehegatten in einem notariellen Ehevertrag Gütertrennung oder Gütergemeinschaft vereinbart haben, ergeben sich Abweichungen von den nachstehenden Ausführungen.

Gesetzliche Erbfolge bei kinderlosen Ehegatten:
Die weit verbreitete Vorstellung, dass im Todesfall der *Ehepartner Alleinerbe* wird, ist in den meisten Fällen *unzutreffend*. Nur wenn weder Eltern des Erblassers noch Abkömmlinge seiner Eltern, also Geschwister oder Neffen bzw. Nichten vorhanden sind und auch die Großeltern nicht mehr leben, erbt der überlebende Ehepartner allein.

Auch erbt der Ehegatte *nicht* kraft Gesetzes das von ihm gemeinsam mit dem Erblasser bewohnte Haus. Er hat lediglich einen *Anspruch* auf die zum ehelichen Haushalt gehörenden Gegenstände. Das gesamte übrige Vermögen des Erblassers einschließlich Immobilien in Deutschland und im Ausland fällt an die aus allen Miterben bestehende *Erbengemeinschaft*. An dieser Erbengemeinschaft ist der Ehepartner neben den Eltern des Erblassers bzw. den Geschwister oder neben den Großeltern des Erblassers zu 3/4 beteiligt.

Die Verwaltung des Nachlasses durch die aus allen Miterben bestehende Erbengemeinschaft ist in der Regel *unzweckmäßig*, da Entscheidungen oft nur durch *alle Miterben einvernehmlich* getroffen werden können. Dies gilt grundsätzlich auch für eine im Ausland belegene Nachlassimmobilie. Für die Erbauseinandersetzung hinsichtlich der Auslandsimmobilie, insbesondere für die *Übertragung* auf den Ehegatten, ist die Mitwirkung *aller* Miterben erforderlich. Kommt es zu keiner Einigung der Miterben untereinander und muss die Auslandsimmobilie verkauft oder versteigert werden, gelten für das Versteigerungsverfahren selbst ausschließlich die entsprechenden Vorschriften des ausländischen Rechts. In diesem Fall werden die Erben um die Einschaltung eines Rechtsanwalts vor Ort zur Durchsetzung ihrer Rechtspositionen nicht umhinkommen. Da die Durchführung einer streitigen Auseinandersetzung hinsichtlich einer Auslandsimmobilie mit erheblichen Kosten, aber noch mehr Zeitaufwand verbunden ist, muss Ziel des Erblassers sein, dies durch eine rechtzeitige und vorausschauende *Testamentsgestaltung* zu verhindern.

Die geschilderten Folgen können insbesondere dadurch vermieden werden, dass

■ der Ehepartner durch einfaches Testament als Alleinerbe eingesetzt oder ihm allein im Testament bestimmte Nachlassgegenstände (z. B. die Auslandsimmobilie) als Vermächtnis zugewandt werden;

■ im Testament Bestimmungen über die Erbauseinandersetzung getroffen werden und/oder

■ der Erblasser einen Testamentsvollstrecker ernennt und/oder diesem bzw. einem Dritten umfassende Vollmacht zur Nachlassabwicklung – über den Tod hinaus – erteilt.

Auch wenn der Ehepartner testamentarisch als Alleinerbe eingesetzt wird, haben die Eltern des Erblassers (nicht aber die Großeltern oder Geschwister) einen Pflichtteilsanspruch in Höhe der Hälfte des gesetzlichen Erbteils, d. h. hier insgesamt in Höhe von 1/8 des Nachlasswertes. Kinderlosen Ehepartnern ist daher zu empfehlen, die alleinige Erbenstellung des überlebenden Ehepartners durch *letztwillige Verfügung* festzulegen, da ansonsten die gesetzliche Erbfolge mit der Folge der zwangsläufig notwendigen Erbauseinandersetzung eintritt.

Soweit zur Abwehr von unerwünschten Folgen der gesetzlichen Erbfolge letztwillige Verfügungen getroffen werden, ist in eine sinnvolle Regelung für den Gesamtnachlass selbstverständlich auch die im Ausland belegene Immobilie mit einzubeziehen. Allerdings ist hier zu beachten, dass bezüglich der ausländischen Immobilie als Konsequenz der bereits dargestellten Nachlassspaltung, ausländisches Erbrecht gelten kann. Es ist daher sicherzustellen, dass letztwillige Verfügungen sowohl nach deutschem als auch nach dem jeweils anwendbaren ausländischen Recht materiell und formell rechtsgültig sind. In der Regel ist es in Fällen der Nachlassspaltung empfehlenswert, den Gesamtnachlass in zwei getrennten Testamenten zu regeln, eines für den deutschen Nachlassteil nach deutschen Regeln und eines für die Auslandsimmobilie nach den jeweiligen ausländischen Regeln. Zu den Einzelheiten wird auf die jeweiligen Länderteile verwiesen.

Gesetzliche Erbfolge bei Ehegatten mit Kindern:
Auf den ersten Blick scheinen bei dieser Konstellation die gesetzlichen Bestimmungen den üblichen Vorstellungen zu entsprechen. Es erben die nächsten Angehörigen, nämlich die *Kinder* des Erblassers (gegebenenfalls auch Kinder aus erster Ehe sowie nichteheliche Kinder) und sein *Ehepartner*. Leben die Eheleute im gesetzlichen Güterstand, erbt der Ehepartner die Hälfte und die Kinder die andere Hälfte des Nachlasses. Ehepartner und Abkömmlinge bilden eine *Erbengemeinschaft*. Hat der Erblasser im Testament *nicht* etwas anderes angeordnet, kann jeder Miterbe jederzeit die *Auseinandersetzung* der Erbengemeinschaft verlangen, die dann entweder einvernehmlich oder gerichtlich in Deutschland bzw. im Ausland durchzuführen ist. In vielen Fällen wird sich daher auch in diesem Fall eine testamentarische Regelung empfehlen. Die Gestaltungsmöglichkeiten sind vielfältig und können auf die jeweils individuellen Gegebenheiten abgestimmt werden. Vielfach wird es aber genügen,

■ bei Beibehaltung der gesetzlichen Erbfolge die Verteilung der Nachlassgegenstände unter den Erben zu regeln (durch *Teilungsanordnung* oder *Vorausvermächtnis*) und/oder

■ die Verwaltung und Erbauseinandersetzung einem *Testamentsvollstrecker* zu übertragen.

Hat der Erblasser nur seinen *Ehepartner* zum *Alleinerben* eingesetzt, werden die Kinder *nicht* Mitglieder der Erbengemeinschaft, sondern haben einen *Pflichtteilsanspruch*, d. h. einen Geldanspruch in Höhe der Hälfte des Wertes ihres gesetzlichen Erbteils, d. h. bei einem Kind von 1/4 und bei zwei Kindern von jeweils 1/8.

Gesetzliche Erbfolge bei Unverheirateten und Geschiedenen:
Für *unverheiratete* oder *allein lebende Personen* scheint die Errichtung eines Testaments am dringlichsten. Sterben sie ohne Hinterlassung eines Testaments, erben möglicherweise die Verwandten, zu denen der Erblasser keine oder nur wenig persönliche Bindung hatte. In der Auswahl des Erben ist der Testierende völlig frei. Leben seine Eltern noch, steht diesen allerdings ein Pflichtteilsanspruch zu, wenn sie nicht bedacht wurden.

Der *Alleinlebende* sollte durch Errichtung seines Testaments dafür Sorge tragen, dass nach seinem Ableben sein Vermögen den Menschen oder auch Projekten zugute kommt, die ihm am nächsten standen. Dies gilt vor allem dann, wenn keine Verwandten mehr vorhanden sind und der Nachlass somit unter Umständen dem Fiskus zufallen würde.

Geschiedene Ehegatten sollten beachten, dass durch die Scheidung nicht nur das gesetzliche Erbrecht des früheren Ehegatten erloschen ist, sondern auch gemeinschaftliche Testamente oder Erbverträge ihre Gültigkeit verloren haben. Ihre erbrechtliche Situation gleicht somit im Wesentlichen der Alleinlebender.

Sind jedoch *Kinder* vorhanden, ist es dem *geschiedenen* Elternteil oft ein Bedürfnis, testamentarisch dafür Sorge zu tragen, dass diese sein Vermögen erben; gleichzeitig soll jedoch verhindert werden, dass nach dem unvorhergesehenen vorzeitigen Tod der Kinder dieses Vermögen im Wege der gesetzlichen Erbfolge an den anderen Elternteil, den geschiedenen Ehegatten des Erblassers, fällt. In diesen Fällen kann die Anordnung einer Vor- und Nacherbschaft trotz möglicher Abwicklungsprobleme auch für die Auslandsimmobilie zweckmäßig sein, gegebenenfalls in Verbindung mit der Einbringung der Auslandsimmobilie in eine eigens hierfür gegründete Immobiliengesellschaft im In- oder Ausland sowie der Ernennung eines Testamentsvollstreckers oder gegebenenfalls die Erteilung einer postmortalen Vollmacht zur Nachlassabwicklung.

Gesetzliche Erbfolge bei nichtehelicher Lebensgemeinschaft:
Die *nichteheliche Lebensgemeinschaft* hat nach dem Gesetz *keine* erbrechtlichen Auswirkungen. Errichtet der Erblasser kein Testament, richtet sich die gesetzliche Erbfolge nach der Blutsverwandtschaft und der Lebenspartner geht leer aus.

Sollen der Lebenspartner und gegebenenfalls dessen Kinder erbrechtlich bedacht werden, muss der Erblasser unbedingt eine letztwillige Verfügung errichten. Hierbei ist er mit Ausnahme etwaiger Pflichtteilsansprüche seiner Eltern oder leiblichen Kinder frei.

Gesetzliche Erbfolge bei nichtehelichen Kindern:
Seit dem 01.04.1998 sind *nichteheliche* Kinder erbrechtlich *ehelichen* Kindern *gleichgestellt*. Entgegen der früheren Regelung werden damit

nichteheliche Kinder durch gesetzliche Erbfolge Miterben und bilden gegebenenfalls gemeinsam mit ehelichen Kindern und dem Ehegatten des Erblassers eine Erbengemeinschaft. Will der Erblasser dies nicht, erfordert dies eine testamentarische Regelung, in der er das nichteheliche Kind entweder enterbt oder durch Zuwendung von Vermächtnissen aus der Erbengemeinschaft der übrigen Familienmitglieder heraushält. Völlig unabhängig hiervon ist als Vorfrage in diesen Fällen zu prüfen, nach welchem Recht sich die nichteheliche Abstammung des Kindes beurteilt. Hat beispielsweise die Mutter des nichtehelichen Kindes bei der Geburt des Kindes die ausländische Staatsangehörigkeit gehabt, beurteilt sich die Frage der nichtehelichen Kindschaft nach dem jeweiligen Auslandsrecht.

Gesetzliche Erbfolge bei der eingetragenen Lebenspartnerschaft:
Seit Inkrafttreten des Lebenspartnerschaftsgesetzes (LPartG) am 01.08.2001 ist es auch gleichgeschlechtlichen Partnern möglich, durch Eingehung einer so genannten „eingetragenen Lebenspartnerschaft" eheähnliche gegenseitige Rechte und Pflichten zu begründen. Die erbrechtlichen Konsequenzen einer eingetragenen Lebenspartnerschaft ergeben sich aus § 10 LPartG. Danach hat der Lebenspartner dasselbe gesetzliche Erbrecht wie ein Ehepartner. Dem Lebenspartner steht wie einem Ehepartner auch ein Pflichtteilsanspruch zu. Eingetragenen Lebenspartnern ist es auch gestattet, ein gemeinschaftliches Testament zu errichten.

Lediglich in steuerlicher Hinsicht erfolgte bisher keine Gleichstellung des Lebenspartners mit dem Ehepartner. Dies gilt sowohl für die laufende Einkommensteuer als auch für die Erbschaftsteuer. Insbesondere sind die erbschaftsteuerlichen Vergünstigungen für Ehepartner, d. h. der erhöhte Freibetrag und die günstige Steuerklasse I nicht anwendbar auf Lebenspartner. Der eingetragene Lebenspartner gilt als „übriger Erwerber" im Sinne von § 15 Abs. 1 ErbStG und fällt in Steuerklasse III. Im Entwurf des sog. Lebenspartnerschaftsergänzungsgesetzes (LPartErgG) hatte die Bundesregierung auch in steuerlicher Hinsicht eine weitgehende Gleichstellung zwischen eingetragenen Lebenspartnern und Ehepartnern vorgesehen. Diese wurde jedoch bisher vom Bundesrat abgelehnt.

Inhalt letztwilliger Verfügungen:
Sowohl im deutschen als auch in den meisten ausländischen Rechtsordnungen gilt der Grundsatz der Gesamtrechtsnachfolge. Dies bedeutet, dass keinem Erben ein bestimmter Nachlassgegenstand mit dem Erbfall zufällt, sondern, dass die Gesamtheit aller Erben unmittelbar mit dem Erbfall als Erbengemeinschaft in alle Rechte und Pflichten des Erblassers eintritt. Die Erbengemeinschaft hat die Aufgabe, gemeinschaftlich den Nachlass zu verwalten, Nachlassverbindlichkeiten zu befriedigen, Vermächtnisse zu erfüllen und nach Begleichung aller Schulden das Vermögen entsprechend der Erbquoten oder anderer Anordnungen des Erblassers zu verteilen.

Da in allen diesen Aufgabenbereichen der Erbengemeinschaft Entscheidungen nach außen hin einstimmig getroffen werden müssen, ist die Nachlassabwicklung unter streitenden Familienangehörigen vielfach ein Problem. Dies gilt um so mehr, als die einzelnen Miterben an der Nachlassabwicklung hinsichtlich der Auslandsimmobilie in vielen Fällen durch Abgabe notarieller Erklärungen mitwirken müssen. Hier kann der Erblasser gegebenenfalls durch die Erteilung über den Tod hinaus wirksamer Vollmachten, insbesondere aber durch Testamentsgestaltung, Vorsorge treffen, indem er beispielsweise

- Bestimmungen über die Verwaltung und Auseinandersetzung der Erbengemeinschaft trifft, z. B. einzelne Nachlassgegenstände, insbesondere auch die Immobilie im Ausland einem bestimmten Miterben zuweist;

- bestimmte Nachlassgegenstände oder Vermögenswerte durch Vermächtnisse einzelnen Miterben (Vorausvermächtnisse) oder außerhalb der Erbengemeinschaft stehenden Dritten zuwendet. Damit haben die Vermächtnisnehmer im Einzelfall einen Anspruch gegen die Erben auf Herausgabe des Vermächtnisgegenstandes;

- die Erbengemeinschaft durch Einsetzung eines Alleinerben und Verteilung des Nachlasses durch Vermächtnisanordnungen vermeidet;

- einen Testamentsvollstrecker ernennt und ihn mit der Verwaltung und Auseinandersetzung der Erbengemeinschaft und der Erfüllung etwaiger Vermächtnisse beauftragt und

■ zur Abwicklung des Nachlasses einem Miterben, einem Dritten oder dem Testamentsvollstrecker eine Vollmacht über den Tod des Erblassers hinaus unter ausdrücklicher Wahl deutschen Rechts erteilt.

Da auch für die im Ausland belegene Immobilie eines deutschen Erblassers im Erbfall grundsätzlich deutsches Erbrecht zur Anwendung kommt, entfalten diese Testamentsregelungen nach deutschem Erbrecht in der Regel auch im Ausland rechtliche Wirkung.

Anordnung einer Testamentsvollstreckung:
Nicht selten beschäftigt den, der eine Erbregelung trifft, ebenso wie die Frage der gerechten Nachlassverteilung, das Problem, wie die Durchführung eines „letzten Willens" sichergestellt werden kann. Diese Problematik stellt sich nicht nur, wenn der Nachlass auf eine Vielzahl von Erben zu verteilen ist, bei denen ein gewisses Streitpotenzial besteht, sondern oft auch dann, wenn die nächsten Angehörigen, denen der Nachlass zugewendet werden soll, zu dessen Verwaltung nicht in der Lage sind, etwa, weil die Kinder minderjährig sind oder der Ehepartner durch die Verwaltung und Verteilung eines umfangreichen Vermögens, insbesondere bei Auslandsvermögen, überfordert würde. In solchen Fällen bietet sich die testamentarische Anordnung einer *Testamentsvollstreckung* an, der in der Praxis große Bedeutung zukommt.

Die Testamentsvollstreckungsanordnung und die Ernennung eines Testamentsvollstreckers erfolgen durch letztwillige Verfügung. Hierbei empfiehlt es sich, den Aufgabenkreis des Testamentsvollstreckers bereits im Testament möglichst klar zu definieren. So kann der Testamentsvollstrecker nur die Aufgabe erhalten, den Nachlass abzuwickeln, d. h. Nachlassverbindlichkeiten zu begleichen und Vermögensgegenstände zu verteilen. Der Erblasser kann jedoch darüber hinaus anordnen, dass der Testamentsvollstrecker nach Erledigung der ihm sonst zugewiesenen Abwicklungsmaßnahmen auch die Verwaltung des Nachlasses, einzelner Vermögensgegenstände oder einzelner Erbteile als *Dauertestamentsvollstrecker* für bestimmte Zeit übernimmt.

Sind bei der Verteilung des Nachlasses Streitigkeiten zu befürchten oder fehlt den Erben die Sachkunde für die Verwaltung des Nachlasses, insbesondere die Sachkunde zur Verwaltung einer Auslandsimmobilie, sollte in jedem Fall über eine *Testamentsvollstreckung* nachgedacht werden.

Die Rechte und Pflichten eines Testamentvollstreckers in Bezug auf die Auslandsimmobilie richten sich bei Nachlässen, bei denen es zu einer Nachlassspaltung kommt, nicht nach deutschem, sondern nach dem jeweiligen Erbrecht im Ausland. Dieser Umstand sowie die Legitimation des Testamentsvollstreckers gegenüber Dritten im Ausland auch ohne Nachlassspaltung können in der Praxis Probleme bereiten. Hierauf wird in den jeweiligen Länderteilen näher einzugehen sein. Um dem Testamentsvollstrecker seine Tätigkeit auch im Ausland zu erleichtern, kann es empfehlenswert sein, wenn er sich von jedem Erben und sonstigen Nachlassbeteiligten eine umfassende *Vollmacht* zur Nachlassabwicklung erteilen lässt, mit der er dann im Ausland für diese auftritt. Zu dieser Vollmachtserteilung kann der Erblasser die Erben im Testament verpflichten.

Form letztwilliger Verfügungen
Möchte der deutsche Erblasser die Erbfolge nach seinen Vorstellungen regeln, stehen im Wesentlichen zwei Instrumente hierfür zur Verfügung:

■ das Testament, mit der für Ehegatten vorgesehenen besonderen Variante des *gemeinschaftlichen Testaments* und

■ der *notarielle Erbvertrag.*

Einzeltestament:
Das *Testament* ist die häufigste und einfachste Form, den „letzten Willen" rechtswirksam festzulegen. Nach deutschem Recht kann ein Testament entweder *privatschriftlich* oder *notariell* errichtet werden. Entschließt sich der Testierende zur Errichtung eines notariellen Testaments, beurkundet der Notar seinen „letzten Willen" oder nimmt ein Testament entgegen. Der Erblasser kann aber seinen „letzten Willen" auch ebenso rechtswirksam privatschriftlich festlegen. Hierbei müssen jedoch folgende Formvorschriften beachtet werden:

■ Ein Testament kann grundsätzlich nur persönlich durch den Testierenden errichtet werden;

■ das Testament muss vollständig *handschriftlich* geschrieben und *unterschrieben* werden. Es empfiehlt sich immer, *handschriftlich* den

Ort und das *Datum* der Errichtung hinzuzufügen. Ein mit Schreibmaschine oder per Computer geschriebenes Testament ist auch dann unwirksam, wenn es handschriftlich unterzeichnet wurde. Auch maschinengeschriebene Zusätze sind ungültig.

Die nach deutschem Recht formwirksam errichteten privatschriftlichen Testamente sind jederzeit frei widerruflich. Der Testierende kann das Testament jederzeit vernichten und damit ungültig machen. Er kann das Testament aber auch durch ein späteres Testament widerrufen. Bei mehreren im Nachlass gefundenen Testamenten ist jeweils das zuletzt ausgestellte gültig, soweit es den früheren widerspricht. Ältere Testamente gelten insoweit durch ein neueres automatisch als widerrufen. In jedem Fall empfiehlt es sich jedoch, unmissverständlich klarzustellen, dass durch ein aktuell errichtetes Testament frühere Testamente aufgehoben werden, um Missverständnisse und spätere Auslegungsschwierigkeiten zu vermeiden.

Für notariell errichtete Testamente gelten grundsätzlich dieselben Regelungen für den Widerruf, insbesondere kann ein notarielles Testament durch ein nachfolgendes privatschriftliches Testament widerrufen werden. Notarielle Testamente kommen jedoch in amtliche Verwahrung (in der Regel beim zuständigen Nachlassgericht) und werden kraft Gesetzes unwirksam, wenn sie aus der amtlichen Verwahrung entnommen werden.

Auch ein privatschriftliches Testament kann beim zuständigen Nachlassgericht in Verwahrung gegeben werden. Damit ist sichergestellt, dass es im Erbfall aufgefunden wird und die vom Erblasser gewünschten rechtlichen Wirkungen eintreten. Das Testament kann auch Dritten, etwa einem Rechtsanwalt, anvertraut werden. Diese tragen dann dafür Sorge, dass das Testament im Erbfall dem Nachlassgericht übermittelt wird. In diesem Fall sollte der Testierende jedoch sicherstellen, dass der aufbewahrende Dritte vom Erbfall erfährt, um das Testament beim Nachlassgericht abliefern zu können.

Geltung deutscher Testamente im Ausland:
In vielen der hier behandelten Länder gelten teilweise übereinstimmende Formvorschriften für privatschriftliche und notarielle Testamente. In vielen Fällen sind daher die nach deutschem Recht errichteten Testamente auch im Ausland formwirksam. Darüber hinaus ergibt

sich die Gültigkeit einer nach deutschen Formvorschriften errichteten letztwilligen Verfügung in vielen Ländern auch aus dem sog. Haager Testamentsabkommen von 1961, dem neben Deutschland unter anderen Frankreich, Österreich, die Schweiz, Spanien und Italien beigetreten sind. Nach diesem internationalen Abkommen ist ein Testament immer dann formwirksam und gültig, wenn es entweder

■ gemäß dem *Heimatrecht* des Testierenden oder

■ gemäß den Bestimmungen des Errichtungsortes oder

■ bei Immobilien nach den Regeln des *Belegenheitsortes*

errichtet worden ist. Das bedeutet, dass ein Testament, das unter Beachtung der deutschen Formvorschriften errichtet wurde und in diesen Ländern Verwendung findet, grundsätzlich als formwirksam und damit gültig anerkannt werden muss. Dies gilt jedoch für die Sonderformen des gemeinschaftlichen Ehegattentestaments und des Erbvertrages nur eingeschränkt. Zu den Einzelheiten wird auf die jeweiligen Länderteile (Teil 4) verwiesen.

Darüber hinaus ist beispielsweise in Italien, Kanada oder Portugal ein in der Form des „internationalen Testaments" nach dem „Washingtoner Übereinkommen" errichtetes Testament gültig, wenn es

■ schriftlich (auch handschriftlich, aber *nicht* notwendigerweise eigenhändig) errichtet wurde;

■ der Testierende in Anwesenheit von *zwei Zeugen* und *einer Urkundsperson* die Urkunde unterzeichnet und erklärt, dass es sich um ein Testament handelt und er den Inhalt kennt;

■ die Zeugen sowie die Urkundsperson in Gegenwart des Testierenden ebenfalls das Testament *unterzeichnet* haben.

Gleichwohl ist es in Fällen der Nachlassspaltung trotz der weitgehenden Übereinstimmung der Formvorschriften häufig zu empfehlen, zwei Testamente zu errichten, von denen sich ein jedes nur auf das Nachlassvermögen in einem Staat bezieht – etwa weil es (z. B. in einem Ehegattentestament) Regelungen enthält, die nach dem anwendbaren Erbrecht des jeweils anderen Staates nicht zulässig sind.

Gemeinschaftliches Ehegattentestament:
Für Ehepartner – nicht aber für nichteheliche Lebensgefährten – sieht
das Gesetz in Deutschland die Möglichkeit der Errichtung eines gemeinschaftlichen Ehegattentestaments vor. Auch ein gemeinschaftliches Testament kann notariell oder privatschriftlich errichtet werden.
Wird es privatschriftlich errichtet, muss es von einem der Ehepartner
handschriftlich geschrieben und von *beiden* Ehepartnern eigenhändig
unterschrieben werden. Auch hier empfiehlt sich dringend die Hinzu-
fügung von *Ort* und *Datum* der Errichtung.

Im Unterschied zum Einzeltestament entfaltet das gemeinschaftliche
Ehegattentestament gewisse Bindungswirkungen. So genannte *wechselbezügliche Verfügungen*, also solche Bestimmungen, die ein Ehepartner
nur getroffen hat, weil der andere gleichfalls bestimmte Verfügungen
getroffen hat (wechselseitige Erbeinsetzungen oder Erbeinsetzungen
der Kinder), können zu Lebzeiten beider Ehegatten grundsätzlich nur
gemeinsam geändert oder widerrufen werden. In diesem Fall gilt das
zum Widerruf eines Einzeltestaments Gesagte entsprechend. Will ein
Ehepartner ohne Zustimmung des anderen eine solche wechselseitige
Verfügung ändern oder widerrufen, kann er dies zu Lebzeiten des anderen Ehepartners ebenfalls jederzeit tun, muss dies jedoch notariell
beurkunden lassen und seinem Ehepartner durch Zustellung mitteilen.
Ist ein Ehepartner vorverstorben, ist der andere Ehepartner generell
nicht mehr in der Lage, die wechselbezüglichen Verfügungen im gemeinschaftlichen Testament zu ändern und anders zu testieren, da das
Ehegattentestament mit dem Tod eines Ehegatten für ihn bindend geworden ist, wenn es nicht ausdrückliche Vorbehalte für diesen Fall vorsieht.

Auch ein formell und materiell ordnungsgemäß von deutschen Eheleuten errichtetes gemeinschaftliches Ehegattentestament kann jedoch
bei der Nachlassabwicklung im Ausland auch dann zu Schwierigkeiten
führen, wenn es beispielsweise wegen der Geltung des Haager Testamentsabkommens auch im Ausland grundsätzlich als gültig anerkannt
werden muss. So wird beispielsweise die für das deutsche Recht charakteristische wechselseitige Bindungswirkung der testierenden Eheleute nicht überall anerkannt und das gemeinschaftliche Testament in
einigen Staaten wie zwei Einzeltestamente der Ehegatten behandelt.
Dementsprechend soll dann auch jedes dieser Einzeltestamente frei

widerruflich und abänderbar sein, ohne dass dadurch automatisch das andere Einzeltestament seine Gültigkeit verliert. Dies gilt es beim Widerruf oder der Abänderung von gemeinschaftlichen Ehegattentestamenten deutscher Erblasser zu Lebzeiten beider Ehegatten ebenso zu beachten wie bei der Beurteilung der Testierfreiheit des überlebenden Ehegatten nach dem Vorversterben des anderen Ehegatten. In einigen anderen Ländern wird dagegen das gemeinschaftliche Ehegattentestament generell für formunwirksam und daher insgesamt ungültig gehalten. Die Einzelheiten hierzu ergeben sich aus den jeweiligen Länderteilen.

Erbvertrag:
Während ein Testament – selbst ein gemeinschaftliches Ehegattentestament (durch notarielle Erklärung) – zu Lebzeiten grundsätzlich einseitig widerrufen und dann abgeändert werden kann, ist der Erbvertrag eine für beide Seiten bindende vertragliche Vereinbarung, die in ihren wesentlichen Punkten einseitig nicht mehr abänderbar ist soweit dies nicht ausdrücklich vereinbart wurde. Der Abschluss eines Erbvertrages empfiehlt sich daher nur in den Fällen, in denen endgültige Klarheit über die Erbfolge und Sicherheit für den Erben erreicht werden soll. Der Erbvertrag kann nicht privatschriftlich, sondern nur vor einem Notar in Gegenwart beider Vertragsparteien errichtet werden. Aufgrund der starken Bindungswirkung des Erbvertrages ist dieser eher selten. Der Abschluss eines Erbvertrages sollte daher in jedem Fall sehr sorgfältig geprüft und überlegt werden.

Rechtlich problematisch sind erbvertragliche Regelungen im Hinblick auf Auslandsimmobilien, insbesondere in Fällen der Nachlassspaltung. Da in einigen Ländern erbvertraglich bindende Regelungen unbekannt sind, wird dort die Wirksamkeit eines nach deutschem Recht errichteten Erbvertrages nicht anerkannt oder die Nachlassabwicklung aufgrund des deutschen Erbvertrags führt zu Abwicklungsproblemen. Einzelheiten hierzu ergeben sich aus den jeweiligen Länderteilen.

Exkurs: Vollmachten über den Tod hinaus (postmortale Vollmachten)
Eine Vollmacht, auch wenn sie nach deutschem Recht grundsätzlich über den Tod des Vollmachtgebers hinaus fortgilt oder auf den Todesfall erteilt werden kann, stellt *kein* Mittel zur Regelung der Erbfolge dar. Die Vollmacht gibt den Bevollmächtigten lediglich die Möglich-

keit, über Nachlassgegenstände zu verfügen, hat jedoch auf die Erbfolge selbst keinen Einfluss und entbindet die Erben auch nicht von ihren erbschaftsteuerlichen Pflichten. Hat der Vollmachtgeber nicht zusätzlich ein Testament errichtet, tritt gesetzliche Erbfolge ein. Die gesetzlichen Erben oder aber die vom Erblasser in einem Testament eingesetzten Erben können die vom Erblasser erteilte Vollmacht jederzeit widerrufen.

Unabhängig davon ist die postmortale Vollmacht ein Hilfsmittel bei der Abwicklung von Nachlassangelegenheiten. Insbesondere durch die Erteilung von Bankvollmachten kann der Erblasser dafür Sorge tragen, dass der zukünftige Erbe oder eine andere Vertrauensperson nach Eintritt des Erbfalls unmittelbar erforderliche Zahlungen schon vor Erteilung des Erbscheins durch das Nachlassgericht leisten kann. Ob die so erteilte Vollmacht des Erblassers auch im Ausland wirksam ist und dort anerkannt wird, richtet sich nach der jeweils anwendbaren Rechtsordnung. Hierzu wird auf die Ausführungen in den einzelnen Länderteilen verwiesen. Da in einigen Ländern Vollmachten zwar mit dem Tod des Vollmachtgebers erlöschen, andererseits aber, z. B. Spanien, die Möglichkeit besteht im Hinblick auf das für die Vollmacht geltende Recht, deutsches Recht zu wählen, ist jedem Erblasser zu empfehlen, vorsorglich in einer solchen – gegebenenfalls notariell zu beglaubigenden – Vollmacht deutsches Recht zu wählen.

3.3 Nachlassabwicklung und Hinweise für den Erbfall

3.3.1 Eintritt des Erbfalls/Sterbeurkunden

Ist der Erbfall eingetreten, ist die offizielle Sterbeurkunde Voraussetzung für jede weitere Maßnahme der Nachlassabwicklung – in Deutschland wie im Ausland. In Deutschland sind für die Ausstellung der Sterbeurkunden die Standesämter zuständig. Ist der Tod des deutschen Erblassers im Ausland eingetreten, sollte die nächste konsularische Vertretung der Bundesrepublik Deutschland informiert werden, die über den Tod eines jeden Deutschen im Ausland eine Niederschrift erstellt, die sie dem für diese Fälle zuständigen Standesamt I in Berlin übersendet, das die Sterbeurkunde erstellt. In internationalen Erbfällen sollte dort stets die mehrsprachige *„internationale Sterbeurkunde"* (Auszug aus dem Todesregister) angefordert werden.

3.3.2 Ablieferung von Testamenten/Testamentseröffnung

Ist der deutsche Erblasser verstorben und hat eine letztwillige Verfügung hinterlassen, ist zunächst festzustellen, wo sich diese befindet. Hat der deutsche Erblasser ein notarielles Testament in Deutschland errichtet, so ist dies beim zuständigen Nachlassgericht hinterlegt, das von sich aus tätig wird und das Testament eröffnet. Ein zentrales Testamentsregister, wie in vielen anderen Ländern, gibt es in Deutschland nicht. Hat der deutsche Erblasser ein notarielles Testament im Ausland errichtet, wird dies in vielen Ländern im Original oder Kopie in einem zentralen Testamentsregister verwahrt. Zu den Einzelheiten wird auf die jeweiligen Länderteile verwiesen.

Privatschriftliche Testamente sind in Deutschland dem zuständigen Nachlassgericht abzuliefern, das diese ebenfalls eröffnet. Die Testamentseröffnung findet üblicherweise ohne Anwesenheit der Erben statt. Nach erfolgter Testamentseröffnung benachrichtigt das Gericht Erben und Vermächtnisnehmer sowie Pflichtteilsberechtigte schriftlich.

3.3.3 Annahme oder Ausschlagung der Erbschaft/Haftungsbeschränkung

Nach deutschem Erbrecht rücken die Erben unmittelbar mit dem Tod des Erblassers in dessen Rechtsstellung ein, ohne dass es ausdrücklich der Annahme der Erbschaft durch die Erben bedarf. Zwar kann die Erbschaft darüber hinaus auch ausdrücklich angenommen werden, jedoch ist dies für den Rechtsübergang im Erbfall nicht erforderlich. Grundsätzlich gilt nach Ablauf einer *sechswöchigen Frist* die Erbschaft als angenommen. Die Erbschaft kann jedoch von jedem Erben innerhalb von *sechs Wochen*, nachdem er von seiner Erbschaft Kenntnis erhalten hat, durch Erklärung gegenüber dem Nachlassgericht ausgeschlagen werden. Hatte der Erblasser seinen letzten Wohnsitz nur im *Ausland* oder hielt sich der *Erbe* bei Fristbeginn im *Ausland* auf, so *verlängert* sich die Ausschlagungsfrist auf *sechs Monate*. Die Erklärung kann entweder beim Nachlassgericht zu Protokoll gegeben oder in notariell beglaubigter Form beim Gericht fristgerecht eingereicht werden. Nach Ablauf dieser Frist gilt die Erbschaft als angenommen. Da die Erbausschlagung mit gravierenden Rechtsfolgen verbunden sein kann und die Entscheidung über die Ausschlagung innerhalb der sechswöchigen Annahmefrist zu treffen ist, sollten die Erben, sobald sie Kenntnis vom Erbfall und der Situation des Nachlasses haben und eine Ausschlagung erwägen, schnellstmöglich anwaltlichen Rat suchen.

Stellt sich nach Annahme der Erbschaft heraus, dass der Nachlass überschuldet ist, sieht das deutsche Recht gleichwohl die Möglichkeit einer Beschränkung der Erbenhaftung auf das ererbte Vermögen durch Nachlassverwaltung, Nachlassvergleich oder Nachlassinsolvenzverfahren vor. Befindet sich ein Großteil des Nachlasses im Ausland und ist dort die Nachlassabwicklung durchzuführen, empfiehlt es sich, auch die Haftungsbeschränkung der Erben nach dem dort geltenden Recht herbeizuführen. Zu den Einzelheiten wird auf die Länderteile verwiesen. Sollte sich herausstellen, dass das Risiko einer Überschuldung des Nachlasses besteht, wobei auch die im Ausland belegenen Nachlasswerte zu berücksichtigen sind, sollten die Erben unverzüglich Rechtsrat einholen.

3.3.4 Erbschein und Nachlasszeugnis

Falls die Erben nicht ausnahmsweise aufgrund der vom Erblasser zu Lebzeiten erteilten Vollmacht schon über die Nachlasswerte verfügen können, benötigen sie zum Nachweis der Erbenstellung in der Regel einen Erbschein, der ihnen auf Antrag vom Nachlassgericht erteilt wird. Der Antrag auf Erteilung des Erbscheins kann beim Nachlassgericht oder vor einem Notar in öffentlich beglaubigter Form gestellt werden.

Die Zuständigkeit deutscher Nachlassgerichte ergibt sich schon allein aufgrund der deutschen Staatsangehörigkeit des Erblassers. Örtlich zuständig für die Ausstellung des Erbscheins ist das Amtsgericht des letzten Wohnsitzes, den der Erblasser zum Zeitpunkt des Erbfalls in Deutschland hatte. Besaß der Erblasser keinen inländischen Wohnsitz, sondern hatte er lediglich seinen ständigen Aufenthalt im Inland, ist das für seinen letzten Aufenthaltsort zuständige Amtsgericht befugt, den Erbschein auszustellen. Hatte der Erblasser aber in der Bundesrepublik Deutschland weder Wohnsitz noch Aufenthalt und ist er im Ausland verstorben, so ist für die Erteilung des Erbscheins das Amtsgericht Berlin-Schöneberg zuständig. Zur Frage, ob ein deutscher Erbschein im Ausland zum Nachweis der Erbfolge anerkannt wird oder – etwa bei Nachlassspaltungen – einen einschränkenden Hinweis enthalten muss, wird auf die Ausführungen zu den einzelnen Länderteilen verwiesen.

3.4 Schenkung von Auslandsimmobilien

Da Vermögensübertragungen zu Lebzeiten ein wichtiger Baustein der Vermögensnachfolgeregelungen sind, soll hier auch kurz auf Schenkungen einer Auslandsimmobilie im Wege der vorweggenommenen Erbfolge eingegangen werden. Auch hier stellt sich vor allem die Frage, welches Recht auf die Schenkung anzuwenden ist. Nach deutschem Recht hängt es in erster Linie vom Willen der Vertragsparteien ab, ob das unentgeltliche oder teilentgeltliche Rechtsgeschäft nach deutschem oder ausländischem Recht zu beurteilen ist. Das sog. Vertragsstatut ist durch die Parteien frei wählbar (Art. 27, 28 EGBGB). Treffen die Parteien keine Rechtswahl, gilt auch nach deutschem Recht bei Schenkungen von Grundstücken das Recht des Lageorts, d. h. das Recht des Staates, in dem die Immobilie liegt. Hierzu wird auf die Ausführungen in den einzelnen Länderteilen verwiesen.

Wird die Schenkung der Auslandsimmobilie dagegen dem deutschen Recht unterstellt, bedarf die Schenkung grundsätzlich der notariellen Beurkundung. Auch hinsichtlich der Schenkung einer Auslandsimmobilie steht es den Vertragsparteien frei, im Schenkungsvertrag etwaige Rückforderungsrechte der Schenker, im Falle des Vorversterbens der Beschenkten oder sonstige Nebenvereinbarungen zu treffen. Alle Regelungen, die die Eintragung des Eigentümerwechsels im ausländischen Grundbuch/Eigentumsregister oder die Belastung des ausländischen Grundstückes betreffen, müssen jedoch den jeweiligen ausländischen Rechts-, insbesondere Grundbuchvorschriften entsprechen. Es empfiehlt sich daher, diese Regelungen entweder im Ausland durch einen dortigen Notar gesondert beurkunden zu lassen, der dann auch für die Eintragung der Rechtsänderungen im dortigen Grundbuch/Eigentumsregister Sorge trägt oder in Deutschland einen Notar zu beauftragen, der mit den rechtlichen und tatsächlichen Gegebenheiten im jeweiligen Belegenheitsstaat vertraut ist.

3.5 Das deutsche Erbschaft- und Schenkungsteuerrecht

Eine der ersten und oft intensivsten Überlegungen im Zusammenhang mit der Vermögensnachfolgeregelung gilt erfahrungsgemäß der Erbschaftsteuerbelastung. Auch wer Vermögensübertragungen zu Lebzeiten vornehmen möchte, kann steuerliche Aspekte nicht unberücksichtigt lassen. Dies gilt um so mehr, als bei internationalen Lebenssachverhalten, insbesondere Immobilienvermögen im Ausland, nicht nur die erbschaft- und schenkungsteuerliche Situation in Deutschland, sondern auch im Ausland zu beachten ist. Bei der Planung und Gestaltung der Vermögensnachfolgeregelung ist jedoch davor zu warnen, sich allein von steuerlich motivierten Gestaltungen leiten zu lassen, wenn deren Ergebnis nicht auch der inneren Überzeugung des Verfügenden entspricht und in die erbrechtliche Konzeption der Vermögensnachfolgeplanung integriert werden kann.

3.5.1 Grundsätzliches

Da Erbschaften und Schenkungen nach dem deutschen Erbschaft- und Schenkungsteuergesetz weitgehend gleich besteuert werden, gelten die nachfolgenden Ausführungen in der Regel sowohl für den Erbfall als auch für Schenkungen.

Trotz einer umfassenden Neuregelung des Erbschaft- und Schenkungsteuerrechts (1996) ist weder die fachliche Diskussion um die Verfassungsmäßigkeit der Besteuerung noch die (fiskal-) politische Diskussion um die Erbschaftsteuer verstummt. Nicht zuletzt hat der Bundesfinanzhof die Verfassungsmäßigkeit zahlreicher Regelungen des Erbschaftsteuer- und des Bewertungsgesetzes in Frage gestellt. Danach muss sich nun das Bundesverfassungsgericht erneut mit dieser Frage befassen. Das Ergebnis ist nicht vorhersehbar. Sicher scheint jedoch, dass eine etwaige Neuregelung des Gesetzgebers unter Beachtung der Vorgaben des Bundesverfassungsgerichts kaum zu einer Reduzierung der – im internationalen Vergleich bereits eher niedrigen – Steuerbelastung von Erbschaften und Schenkungen führen wird. Es gilt daher, die gegenwärtige Regelung bis dahin noch so umfassend als möglich auszunutzen. Vertrauensschutz kann der Bürger nach dem derzeitigen Stand der Diskussion hierfür jedoch kaum mehr in Anspruch nehmen.

Nachfolgend werden die wichtigsten Regelungen des derzeit (noch) geltenden Erbschaft- und Schenkungsteuerrechts skizziert.

3.5.2 Persönliche Steuerpflicht

Grundsätzlich unterliegt ein Vermögenserwerb nur dann der unbeschränkten persönlichen Erbschaft- und Schenkungsteuerpflicht nach deutschem Recht, wenn der Erblasser zum Zeitpunkt seines Todes (der Schenker zur Zeit der Schenkung) oder der Erwerber bei Eintritt der Erbfolge (Ausführung der Schenkung) *Inländer* ist. Anders als im Zivilrecht kommt es für diese Inländereigenschaft nicht nur auf die deutsche Staatsangehörigkeit an. Inländer i. S. des Erbschaft- und Schenkungsteuerrechts ist auch, wer im Inland seinen Wohnsitz oder seinen gewöhnlichen Aufenthalt hat. Als deutscher Staatsangehöriger unterliegt man allerdings auch der deutschen Erbschaft- und Schenkungsteuer, wenn man im Inland *keinen* Wohnsitz hat, aber sich noch nicht länger als fünf Jahre dauernd im Ausland aufgehalten hat. Ist die unbeschränkte persönliche Steuerpflicht gegeben, bezieht sie sich auf das weltweite Vermögen des Erblassers, d. h. auch auf Immobilien- und sonstiges Vermögen im Ausland.

Sind weder der Erblasser/Schenker noch der Erwerber Inländer in diesem Sinne, so unterliegt der deutschen Erbschaft- und Schenkungsteuer nur das sog. *Inlandsvermögen*, wozu in erster Linie auch der in Deutschland belegene Grundbesitz gehört (beschränkte Steuerpflicht). Dies trifft beispielsweise für deutsche Erblasser zu, die sich ebenso wie ihre Erben bereits mehr als 5 Jahre dauernd im Ausland aufgehalten haben und Grundbesitz in Deutschland hinterlassen.

3.5.3 Steuerklassen

Das deutsche Erbschaftsteuerrecht ist so gestaltet, dass die steuerliche Belastung zunimmt, je ferner die Verwandtschaft des Erwerbers zum Erblasser ist. Des Weiteren steigt der Steuersatz mit steigendem Wert des Erwerbs. Was die Unterschiede hinsichtlich des Verwandtschaftsgrads zum Erblasser anbelangt, unterscheidet das Erbschaft- und Schenkungsteuergesetz *drei* Steuerklassen:

Tabelle 3: Steuerklassen

Steuerklasse I	Steuerklasse II	Steuerklasse II
Ehegatte	Eltern und Großeltern bei Schenkungen	Eltern und Großeltern bei Schenkungen
Kinder und Stiefkinder		
Enkel	Geschwister und deren Kinder (Nichten, Neffen)	Geschwister und deren Kinder (Nichten, Neffen)
Eltern und Großeltern bei Erwerb von Todes wegen	Stiefeltern, Schwiegereltern und Schwiegerkinder	Stiefeltern, Schwiegereltern und Schwiegerkinder
	geschiedene Ehegatten	geschiedene Ehegatten

Tabelle 4: Steuersätze

Steuerpflichtiger Erwerb bis	Steuerklasse I	Steuerklasse II	Steuerklasse III
52.000 €	7 %	12 %	17 %
256.000 €	11 %	17 %	23 %
512.000 €	15 %	22 %	29 %
5.113.000 €	19 %	27 %	35 %
12.783.000 €	23 %	32 %	41 %
25.565.000 €	27 %	37 %	47 %
über 25.565.000 €	30 %	40 %	50 %

3.5.4 Steuersätze

Abhängig von der Steuerklasse des Erwerbers sind auch die auf seinen jeweiligen Erwerb anwendbaren Steuersätze, die je nach dem Wert des steuerpflichtigen Erwerbs in den einzelnen Steuerklassen ansteigen.

3.5.5 Freibeträge

Bekanntlich unterliegt nicht der gesamte Erwerb der Erbschaftsteuer. Das Gesetz räumt vielmehr Freibeträge ein; versteuert werden muss nur der Erwerb nach Abzug der Freibeträge. Die persönlichen Freibeträge im Erbfall und bei Schenkungen betragen:

Tabelle 5: Persönliche Freibeträge

Erwerber	Persönliche Freibeträge
Ehegatten	307.000 €
Kinder und Enkel, deren Eltern vorverstorben sind	205.000 €
Großeltern und Enkel, deren Eltern noch leben	51.200 €
Verwandte der Steuerklasse II	10.300 €
Übrige Personen der Steuerklasse III	5.200 €

Diese persönlichen Freibeträge können nach 10 Jahren von Neuem ausgeschöpft werden, wenn zwischenzeitlich kein zusätzlicher Erwerb erfolgte. Zusätzlich bestehen im Erbfall folgende Versorgungsfreibeträge:

- überlebender Ehegatte: 256.000 € (abzgl. des Kapitalwertes erbschaftsteuerfreier Versorgungsbezüge);
- Kinder und Stiefkinder je nach Alter: 10.300 € bis 52.000 € (abzgl. des Kapitalwertes erbschaftsteuerfreier Versorgungsbezüge).

Darüber hinaus bestehen konkrete Steuerbefreiungen im Erbfall für:

- Hausrat: 41.000 € für Erwerber der Steuerklasse I;
- sonstiges persönliches bewegliches Vermögen: 10.300 € für Erwerber aller Steuerklassen.

3.5.6 Bewertung von Nachlassvermögen

Von großer Bedeutung für die Steuerbelastung im Erb- und Schenkungsteuerfall ist die steuerliche Bewertung der Nachlassgegenstände.

Hier eröffnet sich für die Steueroptimierung einer Vermögensnachfolgeregelung in Deutschland bisher ein großer Gestaltungsspielraum.

- Kapitalforderungen (Kontoguthaben etc.) werden mit ihrem Nennbetrag, zzgl. noch nicht gutgeschriebener Zinsen, börsennotierte Wertpapiere mit dem niedrigsten Kurs am Todestag angesetzt, Investmentanteile zum Rücknahmepreis am Todestag.

- Für Inlandsimmobilien gilt für jeden Einzelfall ein nach einem gesetzlich geregelten Verfahren zu ermittelnder Ertragswert. Obwohl die erbschaftsteuerliche Bewertung von Immobilienvermögen dadurch seit 01.01.1997 erheblich ungünstiger geworden ist, werden Immobilien nach wie vor in aller Regel mit einem Wert angesetzt, der erheblich (in der Regel ca. 40–50 %) unter dem tatsächlichen Verkehrswert liegt. Mit einer Verschärfung dieser Bewertungsregelungen ist nach Vorliegen der Entscheidung des Bundesverfassungsgerichts zu rechnen.

- Dies gilt jedoch *nicht* für im Ausland belegene Immobilien, die stets mit dem *Verkehrswert* zum Zeitpunkt des Todes anzusetzen sind. Der Verkehrswert ist entweder anhand konkreter Tatsachen zu schätzen oder mittels Gutachter nachzuweisen.

- Weitere erhebliche Bewertungsunterschiede und die Möglichkeit weitere steuerliche Vergünstigungen in Anspruch zu nehmen, ergeben sich insbesondere bei inländischen Beteiligungen an Kapital- und Personengesellschaften als sog. „Betriebsvermögen".

3.5.7 Anzeige- und Erklärungspflichten des Erwerbers

Der Erwerber – gegebenenfalls der Testamentsvollstrecker – hat den der Erbschaftsteuer unterliegenden Erwerb dem für die Verwaltung dieser Steuer zuständigen Finanzamt *anzuzeigen*. Dies ist regelmäßig das *Wohnsitzfinanzamt des Erblassers*. Liegt ein Testament oder ein Erbvertrag vor, entfällt die Anzeigepflicht, wenn die letztwillige Verfügung, auf welcher der Erwerb beruht, von einem deutschen Gericht, einem deutschen Notar oder einem deutschen Konsul eröffnet worden ist.

Eine *Steuererklärung* muss der Erwerber erst abgeben, wenn er hierzu vom Finanzamt aufgefordert worden ist. Während die Anzeige formlos erfolgen kann, muss die Steuerklärung auf amtlichem Vordruck abgegeben werden und ein Verzeichnis der zum Nachlass gehörenden Gegenstände sowie die sonstigen für die Feststellung des Gegenstandes und des Wertes des Erwerbs erforderlichen Angaben enthalten und umfasst damit auch alle Angaben, zu dem im Ausland belegenen Vermögen, insbesondere Grundbesitz. Sind mehrere Erben vorhanden, sind sie berechtigt, die Erklärung gemeinsam abzugeben. Die Erbschaftsteuer entsteht zwar kraft Gesetzes, erhoben werden kann sie aber erst nach ihrer betragsmäßigen Festsetzung durch einen *Steuerbescheid*. Können einzelne Punkte zunächst nicht abschließend geklärt werden (z. B. Fragen der Steueranrechnung oder Wertermittlung), kann ein vorläufiger Bescheid erlassen werden. Ist der Erwerber mit der Steuerfestsetzung nicht einverstanden, kann er sie binnen der einmonatigen Rechtsbehelfsfrist durch *Einspruch* anfechten. Führt der Einspruch nicht zum Erfolg, kann die ablehnende Einspruchsentscheidung mit einer *Klage* angegriffen werden. Auch die Klage, über die dann ein Finanzgericht zu entscheiden hat, muss binnen einer Monatsfrist erhoben werden.

3.5.8 Vermeidung einer Doppelbesteuerung

Im Verhältnis zu zahlreichen Staaten, mit denen Deutschland kein Abkommen zur Vermeidung der Doppelbesteuerung auf dem Gebiet der Erbschaft- und Schenkungsteuer abgeschlossen hat, kann es im Hinblick auf die Auslandsimmobilie zu einer doppelten steuerlichen Erfassung des Erwerbs von Todes wegen oder durch Schenkung kommen. Die daraus jeweils resultierende Doppelbelastung kann zwar mit Hilfe der *Steueranrechnung*, die sowohl nach deutschem (§ 21 ErbStG) als auch nach den meisten ausländischen Rechtsordnungen möglich ist, weitgehend gemildert werden. Gleichwohl ergibt sich für einen Erwerber, der in Deutschland Steuerinländer ist, aus der Tatsache, dass ein Teil des erworbenen Vermögens im Ausland belegen ist, meist eine höhere Steuerbelastung als bei einem Erwerb gleichwertigen Inlandsvermögens. Diese Mehrbelastung resultiert zum einen aus Benachteiligungen des Auslandsvermögens bei der Bewertung und zum anderen aus den Anrechnungsmethoden, die zwar die Doppelbelastung beseitigen, nicht aber die Mehrbelastung, die durch ein höheres ausländisches Steuerniveau entsteht. Dieser Mehrbelastung kann im Grunde nur der

Erblasser durch eine rechtzeitige Vermögensumschichtung – etwa durch Einbringung der Auslandsimmobilie in ein inländisches Betriebsvermögen entgegenwirken.

Die Steueranrechnung nach § 21 ErbStG setzt die *unbeschränkte persönliche Steuerpflicht* des Erblassers (Schenkers) oder aber des jeweiligen Erwerbers in Deutschland voraus. Hinzu kommen muss, dass der Erwerb von Todes wegen auch *im Ausland besteuert* wird und dass die dort erhobene Steuer der deutschen Erbschaftsteuer entspricht. Die im Ausland anfallende Steuer muss überdies Vermögensgegenstände erfassen, die als Auslandsvermögen auch der deutschen Erbschaftsteuer unterliegen. Die Steueranrechnung ist in mehrfacher Hinsicht begrenzt. Anrechenbar ist die der deutschen Erbschaftsteuer entsprechende Auslandssteuer nur insoweit, als sie auf *Auslandsvermögen im Sinne des § 21 Abs. 2 ErbStG* entfällt. Eine im Ausland belegene Immobilie ist Auslandsvermögen in diesem Sinne, so dass die auf den Erwerb entfallende ausländische Steuer in Deutschland grundsätzlich anrechenbar ist. Es ist aber nicht die gesamte im Ausland anfallende Steuer anrechenbar, sondern nur der Teil der ausländischen Steuer, der auf das Auslandsvermögen entfällt.

Die ausländische Steuer kann nicht oder nur zum Teil angerechnet werden, wenn sie die deutsche Erbschaftsteuer übersteigt. Das belastet vor allem Erwerber, die als Inländer oder von einem Inländer Vermögen in Staaten mit hohem Erbschaftsniveau erwerben, da die Zusatzbelastung, die sich aus einem höheren Steuerniveau im Ausland ergibt, durch die Anrechnung nicht vollständig beseitigt wird. Im Ergebnis bewirkt die Anrechnung nur eine teilweise Reduzierung der Steuerlasten, die mit der Doppelbesteuerung des Auslandsvermögens verbunden sind.

Die Steueranrechnung muss vom steuerpflichtigen Erwerber *beantragt* werden. Erhebliche praktische Probleme kann ihm dabei der Umstand bereiten, dass bei der Anrechnung nicht auf die im Ausland entstandene, sondern auf die im jeweiligen ausländischen Staat *tatsächlich erhobene* Steuer abgestellt wird. Die deutsche Regelung verlangt neben der Festsetzung der ausländischen Steuer ausdrücklich auch deren Zahlung, wobei Festsetzung und Zahlung durch Vorlage entsprechender Unterlagen vom Erwerber nachzuweisen sind. Für den Erwerber von

Immobilienvermögen im Ausland bedeutet dies, dass er zunächst in einem der beiden Länder eine die Anrechnung vorerst außer Betracht lassende Steuerfestsetzung erwirken und die (zu hoch) festgesetzte Steuer bezahlen muss, erst danach kann er im anderen Land eine Anrechnung bei der Steuerfestsetzung beantragen und nach der Entrichtung des entsprechend geminderten Steuerbetrages im ersten Land eine Korrektur der Steuerfestsetzung unter Beachtung der Anrechnungsregelung erwirken. Hierbei ist zu beachten, dass die entsprechenden Bescheide nicht bestandskräftig werden dürfen, weil dann eine Korrektur nicht mehr möglich ist. Die Beiziehung eines Steuerberaters oder Rechtsanwalts ist daher zu empfehlen.

Teil 2

Die Suche nach einer Auslandsimmobilie – Länderteile

1. Italien
Stefan Albert

1.1 Land und Regionen

Hier sollen die aus immobilienwirtschaftlicher Sicht mit Fokus auf deutsche Erwerber von Ferien- oder Zweitdomizilen relevanten Regionen Italiens kurz dargestellt werden; Immobilientrends- und Preise folgen später.

Trentino-Südtirol

- Die nördlichste Region Italiens bietet vor allem Berglandschaft sowie ein ausgeglichenes Klima;
- Verkehrsgünstige Anbindung, v. a. in den süddeutschen Raum per PKW;
- Die gesamte Region ist mit hohen Gebirgsketten und fruchtbaren Tälern durchzogen, von denen das Etschtal, die Ortlergruppe und die Dolomiten nur einige der bekannteren sind;
- Die Kenntnis der deutschen Sprache v. a. in der Autonomen Provinz Bozen stellen für viele Touristen und Käufer von Immobilien einen nicht unerheblichen Vorteil dar.

Piemont

- Vom Tourismus noch wenig erschlossen;
- Zauberhafte Berge wie der Monviso und der Monte Rosa bilden den Rahmen um die Region und bieten zahlreiche Möglichkeiten für den Wintersport; Turin und die piemontesischen Skiorte werden die Olympischen Winterspiele 2006 ausrichten;
- Das Piemont weist die größte Zahl von Naturschutzgebieten in Italien auf;
- Den Freunden des Trekking und des Aktivurlaubs werden viele Möglichkeiten geboten;
- Besonders eindrucksvoll sind die Hügellandschaften der Langhe, des Monferrato und des Roero;

- Die in der ganzen Welt berühmten Weinanbaugebiete sowie die jährlich im Herbst stattfindende Trüffelmesse in Alba sind nur einige der zahlreichen kulinarischen Höhepunkte.

Lombardei

- In der viertgrößten Region Italiens liegt Mailand, die „heimliche Hauptstadt" Italiens;
- Modernste und am dichtesten besiedelte Region mit der Mode-Metropole Mailand;
- Die Landschaft der Lombardei wird v. a. durch einige sehr bekannte Seen geprägt. So teilt sich die Lombardei im Osten den Gardasee mit Venetien und Südtirol und im Westen den Lago Maggiore mit dem Piemont. Doch auch der Comer See und der für seine Fischspezialitäten bekannte Lago d'Iseo stehen den größeren Seen in nichts nach.

Emilia-Romagna

- Die Region Emilia Romagna ist ein wohlhabendes Land; bedingt durch die Fruchtbarkeit der Poebene werden hier sehr gute Ernteerträge in der Landwirtschaft erzielt;
- Bekannte Städte wie Bologna, Modena, Ferrara und Reggio Emilia prägen das Landschaftsbild;
- An der Küste von Forli, auch die „Riviera Romagna" genannt, liegen bekannte Seebäder der Adria. Namen wie Cesenatico, Rimini, Riccione und Cattolica sind in ganz Europa Synonyme für Badeferien;
- Kulturinteressierte Besucher zieht es nach Piacenza, Ferrara, Bologna und natürlich nach Ravenna mit ihren frühchristlichen Basiliken (berühmt für die herrlichen Mosaiken);
- Die Region ist die Heimat des bekannten Parmiggiano Reggiano, des Parmaschinken sowie des Lambrusco.

Venetien

- Hauptstadt ist die Lagunenstadt Venedig;
- Große Anziehungspunkte sind Verona, die Statdt Romeo und Julias sowie der bekannten Arena-Festspiele und Vicenza;

- Der Markt für Ferienimmobilien boomt an der Adriaküste um Venedig und Jesolo;
- Venetien (Veneto) gilt als wohlhabende Region nach der Lombardei und ist wirtschaftlich vor allem mittelständisch geprägt.

Ligurien

- Meer, Berge und steile Felsen prägen den Küstenabschnitt von San Remo bis La Spezia;
- Toplagen: Lerici, Portovenere, Portofino und Santa Margherita;
- Von Genua fahren täglich Fähren nach Sardinien, Korsika, Süditalien und Nordafrika;
- In Ligurien liegen die Cinque Terre, ein Geheimtipp in Italien. Die Landschaft in der Umgebung der Fünf Dörfer ist gerade bei Wanderfreunden sehr beliebt, obwohl die Dörfer selber in der Hauptsaison sehr stark besucht sind;
- Das auch im Winter milde Klima lässt eine mediterrane Vegetation auch in den Hügellandschaften wachsen. Das ligurische Olivenöl ist bei Feinschmeckern äußerst begehrt.

Toskana

- Die klassische Kulturregion mit Städten wie Florenz, Siena und Lucca gilt bei Deutschen als „das" Italien;
- Die größten Anziehungspunkte sind nach wie vor das Chiantigebiet um Greve, Panzano, Castellina und der südliche Bereich von Florenz;
- Kenner bevorzugen die etwas rauere Maremma oder Valdichiana; Einer der schönsten Badeorte der Maremma ist das Fischerörtchen Castiglione della Pescaia;
- Ein begehrter Anziehungspunkt direkt am Meer ist der Monte Argentario, der bereits zahlreiche prominente Touristen beherbergen durfte;
- Günstiger für Touristen und Immobilienerwerber sind das Mugello-Gebiet und das Casentino;

Umbrien

- Die Region Franz v. Assisis grenzt unmittelbar an die Toskana und weist ein ähnliches Landschaftsbild auf;

- Die vielseitige Vegetation mit duftenden Pinien und grünen Wäldern gruppiert sich um den Lago di Trasimeno und den Lago di Bolsena;

- Die ursprünglich bäuerliche Prägung der Gebäude hat sich bis heute erhalten und findet deshalb bei preisbewussten Toskana-Liebhabern großen Anklang.

Marken

- Die Marken gelten als Geheimtipp im Herzen Italiens;

- Die Region erstreckt sich von den Bergen des mittelitalienischen Apennin über ein weitläufiges, fruchtbares Hügelland bis zur Adriatischen Küste;

- Die Marken sind touristisch sehr wenig bekannt, aber dennoch für einen Urlaub – abseits der bekannten Pfade – zu empfehlen;

- Das Landschaftsbild im Landesinneren ähnelt dem Umbriens.

Sardinien

- Smaragdgrünes Wasser und kaum enden wollende Sandstrände gaben Sardinien den Namen der „Karibik des Mittelmeers";

- Topgegend mit derzeit noch hohem Prominentenverkehr ist die Costa Smeralda im Norden;

- Attraktiv sind ebenfalls die Region um Palau und Santa Teresa;

- Der Süden mit der Regionshauptstadt Cagliari ist deutlich rauer als der Norden;

- Die Sarden waren ursprünglich ein Volk von Bauern und Hirten; der Fischfang bzw. der Verkauf von Fisch ist erst durch den Tourismus auf die Insel gekommen.

1.2 Preise und Nachfrage

Trentino – Südtirol

- Gefragte Ortschaften sind die Hauptstadt der autonomen Provinz Bozen, Brixen, Meran sowie das bei Surfern beliebte Nordufer des Gardasees;

- Je nach Lage zahlt man für den Quadratmeter 2.000 bis 5.500 Euro;

- Zu den Spitzenlagen zählen sehr gut erhaltene Stadthäuser in Bozen einerseits sowie großzügige Bauernhäuser mit guter Erreichbarkeit in der Gegend um den Kalterer See, z. B. Eppan und St. Michael;
- Die großzügige Wohnbauförderung für die Einheimischen der Region Südtirol (u. a. Schenkungsbeträge, zinslose und -günstige Förderdarlehen) bewirkt einen geringen Wegzug der Südtiroler und fungiert gleichzeitig als Preistreiber.

Piemont

- Gefragte Gegenden sind die Alta Langhe, die piemontesische Seite des Lago Maggiore von Stresa bis Cannobio oder die unmittelbare Umgebung um Alba;
- Für den Quadratmeter muss man 1.500 bis 5.000 Euro veranschlagen; gut renovierte Jugendstilvillen am Lago Maggiore erzielen Höchstpreise;
- Stark nachgefragt sind weiterhin die renovierungsbedürftigen Landhäuser, die im Ist-Zustand teilweise unter 1.000 Euro pro Quadratmeter Wohnfläche zu erwerben sind; der finanzielle Aufwand für die Sanierung und Renovierung ist häufig jedoch nur schwer einschätzbar.

Lombardei

- In den von Deutschen nachgefragten Gebieten direkt am See (Lago Maggiore oder Comer See sowie Gardasee) bekommt man kaum ein Haus unter 500.000 Euro, historische Villen nicht unter 1 Mio. bis 1,5 Mio. Euro;
- Für Neubauten werden 2.500 bis 3.000 Euro/qm bei mittlerer Bauqualität bezahlt;
- Die Preise von Wohnungen variieren sehr stark. Angeboten werden kleine, kosteneffizient und dürftig ausgestattete Einheiten ab 70.000 Euro bis hin zu luxuriösen Penthousewohnungen, mit einem Quadratmeterpreis über 6.000 Euro.

Emilia-Romagna

- Gefragte Gegenden sind Rimini, Ravenna, rund um Bologna, Piacenza und Ferrara;

- Die Preise liegen pro Quadratmeter bei 1.100 und 3.500 Euro; schöne Ferienhäuser sind rar;
- Günstige Angebote gibt es noch im Nahen Bellaria, dort stehen Häuser für 1.500 Euro/qm zum Verkauf.

Venetien

- Für das Ostufer des Gardasees gilt dieselbe Preisspanne wie für das Westufer in der Lombardei;
- In Venedig steht weniger die Frage im Vordergrund, zu welchem Preis erworben werden kann, sondern ob überhaupt ein nicht renovierungsbedürftiges Gebäude verkauft wird;
- Die Preise bei gut erhaltenen Palazzi sind als Liebhaberpreise einzuschätzen.

Ligurien

- Restaurierte Einzelhäuser kosten zwischen 3.000 und 5.500 Euro pro Quadratmeter;
- Das Angebot ist gering, da im schmalen Küstenstreifen Liguriens seit langem nicht mehr gebaut werden darf;
- In Ferienorten wie Santa Margherita oder im beliebten Portofino stiegen die Preise auf über 4.100 Euro/qm.

Toskana

- Beständige Nachfrage in den letzten 5 Jahren, die Preise stiegen um bis zu 30 Prozent;
- Der Markt für unrestaurierte Bauernhäuser in guter Lage ist kaum mehr vorhanden;
- Objekte in weniger guten Lagen gehören oft Erbengemeinschaften oder alten Adelsfamilien, die einen Verkauf nicht herbeiführen wollen oder können;
- In klassischen Spitzenlagen zwischen Florenz und Chianti zahlt man 2.000 bis 5.000 Euro und mehr pro Quadratmeter für mittlere Bauqualität bei freistehenden Wohnhäusern;
- Die teuerste Stadt ist Siena, dort liegt der Quadratmeterpreis um 5.000 Euro, auch bei Wohnungen;

■ Ein Geheimtipp ist Castiglione della Pescaia; dort können derzeit Häuser für etwa 2.800 Euro/qm erworben werden.

Umbrien

■ Gefragteste Gegenden sind die Regionen um antike Städte wie Perugia, Todi, Gubbio, Spoleto und Assisi sowie der Lago di Trasimeno;

■ Umbrien profitiert seit einigen Jahren vom dichten Markt der Toskana einerseits und der steigenden Nachfrage in den Marken andererseits;

■ Für eine restaurierungsbedüftige Immobilie zahlt können 500 Euro pro Quadratmeter veranschlagt werden; für die Restaurierung sollte man mit 750 bis 1.000 Euro kalkulieren.

Marken

■ Begehrt sind die mittleren bis südlichen Abschnitte wie Camerino sowie die Gegenden in Meernähe wie Montefiore oder Monterubbiano;

■ Eine restaurierte Villa kostet etwa zwischen 1.300 und 1.800 Euro pro Quadratmeter.

Sardinien

■ Die Quadratmeterpreise für Topwohnungen stiegen auf 5.000 Euro pro Quadratmeter an der Costa Smeralda;

■ Neubauhäuser am Meer bzw. am Strand sind ab ca. 2.000 Euro zu erwerben; die Nähe zu Flughäfen und Fährverbindungen ist auch für italienische Erwerber ein Kaufargument und wirkt als starker Preistreiber;

■ Renovierungsbedürftige Landhäuser ab 10 km Entfernung zum Meer sind ab ca. 700 Euro pro Quadratmeter erwerbbar.

2. Spanien
Stefan Albert

2.1 Land und Regionen

Hier sollen die aus immobilienwirtschaftlicher Sicht mit Fokus auf deutsche Erwerber von Ferien- oder Zweitdomizilen relevanten Regionen Spaniens kurz dargestellt werden; Immobilientrends- und Preise folgen später.

Über 4.000 km Festlandküste sowie 11 Inseln lassen Spanien immer noch zum Land mit den häufigsten Erwerbs- und Verkaufsprozessen unter Beteiligung deutscher Bundesbürger werden. Verschiedene Sprachregionen – castellano, baskisch, galizisch und katalanisch – stellen die regionalen Abgrenzungen hinsichtlich Mentalität und autonomer Bestrebungen dar. Von den 17 Regionen sind aus Sicht des deutschen Immobilienkäufers nur acht interessant: Die Balearen, die Kanaren und die Mittelmeerregionen auf dem Festland, und sollen deswegen im Fokus der Betrachtungen stehen. In den Provinzen Sevilla, Càdiz, Cordòba und Jaèn konzentriert sich der Großgrundbesitz Spaniens; die Landgüter kommen jedoch selten auf den frei zugänglichen Markt und werden zumeist unter den Einheimischen vermittelt.

Costa Brava

- Eine der landschaftlich reizvollsten Regionen Spaniens, die durch bizarre Felsformationen mit spektakulären Steilklippen, verträumten Badebuchten, langen Sandstränden sowie durch knorrige, Duft verströmende Kiefern- und Pinienwälder gekennzeichnet ist;
- Die größte Marina Europas ist die Empuriabrava;
- Die Weinregionen des Empurdà nördlich Barcelonas gehören zu den gefragten Ausflugsgebieten;
- Bei La Manga liegt das berühmte Mar Menor, Europas größte Salzwasserlagune;
- Tossa de Mar mit seinem mittelalterlichen Stadtkern gehört zu den absoluten Toplagen, ist gleichwohl als starker Anziehungspunkt für Touristen zu bezeichnen;

- Kaum vom Massentourismus berührt, gleichwohl bei Insidern begehrt, ist das Künstlerdorf Cadaquès.

Costa Daurada

- Die „Goldene Küste" in der Provinz Tarragona ist vor allem bei Campern sowie bei den Spaniern aus Aragón und der katalanischen Provinz Lleida beliebt;
- Während der regional größte Touristenort Salou zahlreiche Busbesucher anzieht, bietet das Hinterland z. B. mit dem kleinen exklusiven Weinanbaugebiet Priorato noch Entdeckungspotenzial.

Costa Blanca

- Die Küste von Alicante ist bei unterschiedlichen Käuferschichten beliebt;
- 75 % des Tourismus an der Costa Blanca wird in Benidorm geschäftlich abgewickelt;
- Die „weiße Küste" gilt als der klassische spanische Urlaubsort für Deutsche; Sprachprobleme, verspätet gelieferte und überteuerte Zeitungen und Zeitschriften sind hier kein Gesprächsthema;
- Im Norden befinden sich zahlreiche Villengebiete, während im Süden eher Apartements und Reihenhäuser im unteren bis mittleren Preissegment gebaut worden sind;
- Das flache Küstengebiet ist durch naturgeschützte Salzlagunen und lange Dünenstrände geprägt.

Costa Cálida

- Durch die Planung und bereits erfolgte Realisierungen von zahlreichen Golfplätzen wird einen enormer Aufschwung erwartet;
- Derzeit konzentriert sich der Tourismus noch in der riesigen Urlauberstadt La Manga an der Lagune Mar Menor;
- Die Provinzhauptstadt Murcia dient neben der hierzulande bekannteren Stadt Alicante als zentraler Anlaufpunkt.

Costa del Sol

- Mit über 40 Golfplätzen ist hier die größte Dichte an Golfressorts in Spanien zu verzeichnen; gleichzeitig wurde hier am stärksten in Neubauten investiert;

- In Marbella als nunmehr nicht mehr ganz so prominentenfrequentierte City befinden sich die teuersten Villen und luxuriöse Appartements;

- Die regelmäßige bequeme Erreichbarkeit per Flugzeug von allen größeren Flughäfen Deutschlands sowie das auch im Winter ausgeglichene Klima führen zu einem ganzjährigen Tourismus;

- Vor allem in den frühen Frühjahrsmonaten sowie im Spätherbst ist die Hochsaison für Anhänger des Golfsports;

- Neben Marbella werden zunehmend stärker die Städte Estepona und Málaga als attraktive Regionen für Immobilienbesitzer entdeckt;

- 80 Prozent des Massentourismus an der Costa del Sol werden in den Orten Marbella, Fuengirola, Benalmádena und Torremolinos abgedeckt.

Costa de la Luz

- Die Atlantikküste Andalusiens führt erstaunlicherweise immer noch ein Schattendasein sowohl im Tourismus als auch hinsichtlich des Immobilienmarktes, obwohl die klimatischen und geographischen Bedingungen ähnlich der Costa del Sol sind;

- Einige Großprojekte mit Golfplätzen sind in der Planung und lassen einen Nachfragauftrieb erwarten;

- Neben dem Golfbetrieb sind die Surfreviere ein weiterer sportlicher Anziehungspunkt;

- Die Provinz Cádiz ist bekannt für die Bade- und Fischerorte, zahlreiche historische Plätze und natürlich das weltberühmte Sherry-Dreieck zwischen Jerez, Sanlùcar und Èl Puerto de Santa Maria.

Die Balearen

- Mallorca als die größte der Balearen-Insel ist seit jeher Anziehungspunkt für zahlreiche deutsche Touristen auf der gesamten Insel, während auf Ibiza überwiegend die Küstenregionen frequentiert werden;

- Formentera und Menorca werden eher von Urlaubern besucht, welche den individuell gestalteten Aufenthalt bevorzugen;

- Die Beschränkungen der Bebaubarkeit auf Mallorca im Januar 2002 sowie die Einführung der preislich kaum auffälligen, aber dennoch sensibel wahrgenommenen (mittlerweile jedoch schon wieder abgeschafften) „Ökosteuer" haben zu stärkeren Einbußen sowohl im touristischen als auch im immobilienwirtschaftlichen Bereich geführt; Gleichzeitig wurde 2002 erstmalig vom Abkommen der spanischen und deutschen Finanzbehörden Gebrauch gemacht, Informationen über Kaufpreise und Herkunft der Käufer von Immobilien auszutauschen, was einige deutsche Erwerber stark beunruhigt hatte;

■ Während die Insel Mallorca ganzjährig von zahlreichen Flughäfen aus Deutschland angeflogen wird, sind die übrigen Balearen-Inseln vor allem in der Hauptsaison ohne größere Umwege erreichbar.

Die Kanarischen Inseln

■ Wegen des beständigen und aufgrund der günstigen Lage im Atlantik milden Klimas sind die Islas Canarias ein seit langem begehrtes Urlaubsziel für deutsche Touristen;

■ Gran Canaria wird von den deutschen Urlaubern fast ausschließlich im Süden der Insel besucht, wo über 150.000 Übernachtungsmöglichkeiten die Touristenströme beherbergen und zahlreiche Möglichkeiten zum Flanieren und Feiern gegeben sind;

■ Trotz der enormen Hoteldichte sind weitere Großprojekte geplant, um der konstanten Nachfrage gerecht zu werden;

■ Auch auf Teneriffa, der größten Kanarischen Insel, ist der Süden bei Urlaubern und Erwerbern die erste Wahl;

■ La Palma gilt als Geheimtipp unter Urlaubern und Erwerbern: Ruhe und Wandern stehen bei der „grünen Insel" im Vordergrund des Interesses.

2.2 Preise und Nachfrage

Costa Brava

■ Überwiegend sind hochwertige Immobilienangebote vorhanden;

■ Käufer, die ländliche Idylle suchen, bevorzugen Masia;

■ Einzelhäuser ab 175.000 Euro gibt es nur noch selten, in der Regel werden ca. 300.000 Euro für ein freistehendes Objekt mit zwei bis drei Schlafzimmern in mittlerer bis guter Bauqualität angeboten;

- Eine starke Nachfrage ist in den Gegenden bei Begur, Aigua Blava und Platja de sa Riera; Apartements werden hier zu einem Kaufpreis von ca. 100.000 Euro, Reihen- und Doppelhäuser ca. 150.000 Euro und Chalets zu einem Preis zwischen 220.000 bis 400.000 Euro angeboten;
- Je nach Lage wird für den Quadratmeter 2.000 bis 5.500 Euro veranschlagt.

Costa Daurada

- Die Urbanisation Miami Platja südlich des Hafenortes Cambrils wird zu ca. 50–60 % von deutschen Erwerbern (sog. Mittelklasse-Publikum) nachgefragt;
- Für ein einzelstehendes Neubauhaus in der Urbanisation mit drei Schlafzimmern müssen ca. 230.000 Euro kalkuliert werden;
- Häuser in für Ferienimmobilienbesitzer unattraktiven Lagen können ab ca. 100.000 Euro erworben werden;
- Bereits erschlossener Baugrund kostet ca. 60–80 Euro pro Quadratmeter.

Costa Blanca

- Wohnungen für Ferien- und Zweitnutzer sind ab ca. 80.000 Euro, Reihen- und Doppelhaushälften ab ca. 90.000 Euro erwerbbar;
- In Coveta Fumà betragen die Villenpreise ab ca. 210.000 Euro;
- First-Class-Standorte sind Jàvea und Denia; als absolute Toplagen Denias zählen der Golfplatz La Sella und das Viertel Las Rotas (die Kaufpreise für Villen betragen hier zwischen ca. 750.000 und 2,5 Mio. Euro), stark nachgefragt ist ebenfalls Calpe;
- Aufgrund der Verknappung der Bauplatzangebote weichen viele Bauträger in das Hinterland aus. In Valle de Jalòn beispielsweise bewegen sich die Preise zwischen ca. 70.000 und 170.000 Euro;
- Im Jahr 2001 sind nach Angaben der Landesbausparkassen die Preise um ca. 10 Prozent gestiegen, der Kulminationspunkt dürfte jedoch erreicht sein.

Costa Cálida

- Zahlreiche Golfplätze und -ressorts entstehen mit überwiegend qualitativ guten Wohnungen und Villen und exklusivem Serviceangebot;

- Im Mazarrón Country Club entstehen über 1.300 Wohneinheiten in einer Urbanisation;
- Immer noch stark nachgefragt sind Immobilien im 1971 gegründeten High-Class-Ressort La Manga; Freistehende Häuser sind hier kaum auf dem freien Markt zu erwerben, erzielen im Erfolgsfall Preise ab ca. 320.000 Euro;
- Als Nischenmarkt tut sich derzeit die Kleinstadt Àguilas hervor: Appartements kosten ab ca. 40.000 Euro und einzelstehende Häuser ab ca. 125.000 Euro.

Costa del Sol

- Rund um Marbella sind die teuersten Immobilien zu finden; Gefragt sind hier besonders luxuriöse Villen oder Apartements entweder im Hafenbereich von Puerto Banús oder aber Sierra Blanca, Guadalmina Baja, entlang der Goldenen Meile und in Haciendas Las Chapas;
- Für eine großzügige Villa wird hier ein Kaufpreis von mindestens einer Mio. Euro veranschlagt;
- Das Privatgolfressort La Zagaleta stellt derzeit einen Höhepunkt an Immobilienluxus dar: Baugrundstücke gibt es hier ab 1 Mio. Euro;
- Nach Marbella ist derzeit Estepona der Immobilienmarkt mit dem höchsten Preisniveau;
- Über 300 Urbanisationen stellen eine großzügige Auswahl an Wohnungen unterschiedlicher Größe und Preiskategorie dar.

Costa de la Luz

- Unter dem Namen Novo Sancti Petri ist in der Provinz Cádiz die komplexe Urbanisation aus Hotels, Apartments, Golfplatz und Ferienimmobilien entstanden, wodurch in der betreffenden Gemeinde die Einwohnerzahl von 22.000 auf 55.000 angewachsen ist;
- Die Preise für Neubau-Apartments am Strand oder am Golfplatz beginnen bei 90.000 Euro.

Die Balearen

- Die Einführung des Euro, Baubeschränkungen auf Mallorca und Ibiza im Jahr 2002 sowie die Weitergabe von Informationen über die deutschen Erwerber von Immobilien auf der größten Balearen-Insel haben nach drastischem Anstieg der Preise zum Kulminationspunkt und nun zu rückläufiger Nachfrage geführt;

■ Derzeit sind diverse Villen, vor allem im hochpreisigen Segment, vergleichsweise günstig zu erwerben;

■ Gleichwohl ist der Rückgang auf hohem Niveau zu verzeichnen: Apartements in Golfressorts sind kaum unter 400.000 Euro erwerbbar; für freistehende Häuser ist dasselbe Preisniveau anzusetzen, wobei hier noch Renovierungsarbeiten in Höhe von ca. 100.000 Euro zuzurechnen sind. Günstige Apartements sind ab 180.000 Euro auf dem Markt; den Preisen für Luxusanwesen sind keine Grenzen gesetzt;

■ Auch auf Ibiza ist Baugrund äußerst knapp, dementsprechend verhält sich das Marktpreisniveau in sehr guten Lagen sind freie Bauflächen kam noch zu erwerben, der Preis liegt bei ca. 15 bis 300 Euro;

■ Fincas oder Neubauten werden selten unter 500.000 Euro angeboten, neue Apartements an der Küste beginnen mit einem Kaufpreis ab ca. 350.000 Euro;

■ Aufgrund der seit jeher sehr restriktiven Vergabe von Baugenehmigungen ist für Immobilien auf Formentera etwa das Preisniveau Ibizas zu verdoppeln;

■ Den großen Mehrwert der eigenwilligen Insel Menorca stellt die weitgehend intakt gebliebene Landschaft dar; eine Abschwächung des Preisniveaus bzw. des Preisanstiegs ist hier derzeit kaum zu erwarten. Apartements werden mit zwei Schlafzimmern ab ca. 90.000 Euro angeboten, während bei Fincas ca. 250.000 Euro in die Kalkulation einbezogen werden müssen.

Kanarische Inseln

■ Auf Gran Canaria ist weiterhin der südliche Inselteil für Immobilienerwerber interessant. Apartements in guten Lagen von Playa del Inglés ist mit Meerblick ab 130.000 Euro zu erwerben, während Grundstücke ca. 500 bis 600 Quadratmeter kosten;

■ Reihenbungalows am Golfplatz sind ab ca. 400.000 auf dem Markt verkäuflich, während als Alternative im Inselinneren gut renovierte

Fincas größenabhängig zwischen 250.000 und 800.000 Euro kosten. Die Preise auf Teneriffa und Fuerteventura gestalten sich ähnlich;

■ Auf La Palma ist aufgrund der anderen Klientel auch der Immobilienmarkt unterschiedlich: Die Wunschimmobilie ist hier häufig das Chalet oder die Finca nicht in erster Reihe am Meer, sondern durchaus etwas in das Hinterland gesetzt;

■ Die Maßstäbe an Qualität und Bausführung sind bei neuen Apartements und Häusern an den Lebensstandard der Zielkundschaft angepasst.

3. Frankreich
Stefan Albert

3.1 Land und Regionen

Hier sollen die aus immobilienwirtschaftlicher Sicht mit Fokus auf deutsche Erwerber von Ferien- oder Zweitdomizilen relevanten Regionen Frankreichs kurz dargestellt werden; Immobilientrends- und Preise folgen später.

Elsaß und Lothringen

■ Westlich des Oberrheins erstreckt sich das nicht nur bei Feinschmeckern beliebte *Alsace* (Elsaß);

■ An die Rheinebene schließen sich die weinbehangenen *Vosges* (Vogesen)an, an denen sich eine Kette malerischer Städtchen und Weinorte entlang zieht;

■ Besonders im malerischen Herbst während der Weinlese zieht es zahlreiche Urlauber und Grenzgänger in das *Elsaß*. Westlich der *Vosges* liegt die *Lorraine* (Lothringen), eine Region mit fast unberührter Natur und zahlreichen Thermalbädern.

Côte d'Azur

■ Die Côte d'Azur an der französischen Riviera begeistert Touristen und einheimische wie ausländische Erwerber nicht nur durch das milde Klima, sondern vor allem durch Luxus und Lifestyle;

■ Die Einbettung zwischen Nizza mit seinem internationalen Flughafen einerseits und dem Fürstentum andererseits gibt der Küste zusätzliches internationales und mondänes Flair;

■ Durch die strikte und strenge Aufsicht der polizeilichen Kontrollorgane ist trotz der hohen Millionärsdichte die Kriminalitätsrate vergleichsweise niedrig;

■ Erhebliche Auflagen beim Kauf mit Bargeld erschweren die Einbringung von nicht offiziell deklarierten oder versteuerten Beträgen.

Provence

■ Die weiten Lavendelfelder und den Duft frischer Kräuter verbinden viele Deutsche mit Urlaubsgefühlen in der Provence;

■ Aufgrund der vielfältigen landschaftlichen Schönheiten sowie bedeutenden Kulturdenkmälern gehört die reiche Provence zu den interessantesten und auch am stärksten frequentierten Reisegebieten Frankreichs;

■ Die schönsten und teuersten Werke der Impressionisten wurden hier gemalt, die größten Parfumeure stammen von hier. Observatorien und Wetterwarten schätzen den klaren Himmel. Gartenliebhaber aus aller Welt zaubern mit Pflanzen, vor allem in küstennahen Lagen. Durch den *Mistral* wird die im Hochsommer stechende Hitze angenehm abgekühlt.

3.2 Preise und Nachfrage

Elsaß-Lothringen

■ Zu den begehrtesten Lagen im Elsaß zählt die gesamte Grenzregion zu Deutschland (max. 10 km zum Rhein), die Stadtlagen von Strasbourg, Colmar und Mulhouse sowie Lagen in den Weinhängen;

■ Das Elsaß konnte über die Krisenjahre seine Immobilienpreise behaupten; innerhalb der Städte wie z. B. Straßburg werden bis 3.500 Euro für den Quadratmeter eines Neubauapartements im Parlamentsviertel gezahlt; in Colmar kostet ein vergleichbares Objekt um 2.000 Euro pro Quadratmeter, in Mulhouse um 3500 Euro;

■ Sollte die Schweiz der EU beitreten, dann entfallen alle Niederlassungsbeschränkungen, die elsässische Bürgermeister den Schweizern auferlegen, um die heimischen Eigenheim-Aspiranten vor der helvetischen Kaufkraft zu schützen. Die Preise werden sich dann voraussichtlich stark erhöhen, eventuell verdoppeln;

■ Renovierungsbedürftige Einfamilienhäuser sind ab 120.000 Euro zu erwerben, während renovierte Objekte durchaus den Preis von einer Mio. Euro erzielen;

■ In *Lothringen* sind gefragte Lagen in der Nähe von *Nancy* und *Metz* sowie die Vogesen, aber auch die luxemburgische und deutsche Grenze;

- Renovierungsbedürftige Immobilien können hier ab 60.000 Euro erworben werden, renovierte Herrenhäuser werden ab 750.000 Euro angeboten.

Côte d'Azur

- Einige renovierungsbedürftige Objekte an herausragenden Standorten kosten zwischen 300.000 und 600.000 Euro;
- Herrenhäuser, Bastiden und *Mas* sind nicht reproduzierbar und daher sehr gefragt;
- Die teuerste Lage ist Cap Ferrat; hier sind als Mindestinvestition 1,75 Mio. Euro anzusetzen;
- Die raren *Pieds-dans-l'eau-Villen* können bis zu 30 Mio. Euro im Verkauf erzielen;
- Toppreise werden in *Cannes* (neben *Beaulieu* und *Villefranche*) gezahlt;
- Apartements an der *Croisette* kosten ab 6.000 Euro/qm; begehrte Orte sind *Mougins*, *Biot* und *Valbonne*.

Provence

- Nachgefragter Haustyp ist das *Mas*, von denen kaum noch Exemplare existieren: Ein typisches Bauernhaus mit bunt verkalkten Steinmauern, kleinen Fenstern und flachen Dächern aus Kanalziegeln. Charmant-einfach mit großen Gärten und einer schützenden Baumhecke an der Nordseite, um den Mistral abzufangen, dienten sie den Oliven- und Lavendelbauern und deren Ziegen als Behausung;
- Topgegenden sind *Aix-en-Provence*, *Les Alpilles* und der *Lubèron*, während *Saint-Rèmy-de-Provence* auch als das *Saint Tropez der Provence* bezeichnet wird;
- Dorfhäuser sind um ca. 225.000 Euro erwerbbar, während restaurierte *Mas* mit Swimmingpool ab ca. 915.000 Euro kosten.

Im Hinblick auf das Kaufinteresse deutscher Erwerber in Frankreich ist es verwunderlich, dass die *Bretagne*, die *Normandie* oder aber das *Languedoc-Roussillon* zwar durchaus begehrte Urlaubsziele sind, für den Immobilienmarkt, sofern deutsche Käufer und Verkäufer involviert sind, aber nur eine ebenso untergeordnete Rolle spielen, wie beispielsweise Stadtwohnungen in Paris und werden deshalb in diesem Buch nicht ausführlich behandelt.

4. Schweiz
Stefan Albert

4.1 Land und Regionen

Hier sollen die aus immobilienwirtschaftlicher Sicht mit Fokus auf deutsche Erwerber von Ferien- oder Zweitdomizilen relevanten Regionen der Schweiz kurz dargestellt, aufgrund der kantonalen Zersplitterung jedoch nicht einzeln betrachtet werden; Immobilientrends- und Preise folgen später.

- Mit der Schweiz werden oft niedrige Steuersätze, das verschwiegene Bankwesen, hoher Lebensstandard, Wintersport sowie eine auffallend niedrige Arbeitslosenquote in Verbindung gebracht;

- Das Binnenland Schweiz vereinigt auf kleiner Fläche eine unvergleichliche Fülle von Diskrepanzen und Besonderheiten. Ausgeprägte Unterschiede sind ein wesentliches Merkmal der Schweiz;

- Aufgrund von diversen Verträgen zwischen der Schweiz und der EU besteht mittlerweile für EU-Bürger, die ihren Lebensmittelpunkt außerhalb der Schweiz haben die Möglichkeit, Immobilien zu erwerben, sofern es sich hierbei um einen Hauptwohnsitz handelt;

- Bis vor kurzem wurde dies durch die so genannte „Lex Friedrich" von der Genehmigung der Kantone abhängig gemacht. Diese Regelung trifft nur noch für Zweitwohnsitze zu, für die es ein jährliches Kontingent von nur 1.000 bis 1.500 Erwerbsgenehmigungen im gesamten Land gibt;

- Zürich ist die Region für Freizeit und Vergnügen. Sanfte Hügel, ruhige Wälder, saubere Seen und Flüsse sowie malerische Dörfer in unmittelbarer Nähe zu den Alpen kennzeichnen die Landschaft.

4.2 Preise und Nachfrage

- St. Moritz, Gstaad und Klosters sind bekannte Ski- und Wintersportorte, die jedes Jahr erneut Prominenz und wohlhabendes Publikum aus aller Welt anziehen;

- Anziehungspunkte sind ebenfalls die Ortschaften um den Genfer See, den Lago Maggiore, Zürichsee und den Bodensee;

- Andere Orte wiederum werden durch niedrige Steuersätze sehr gefragt, z. B. Freienbach im Kanton Schwyz oder der Kanton Zug;

- Häuser und Penthousewohnungen kosten in begehrten Lagen meist eine Million Franken und mehr;

- Die Preise für Reihen- und Doppelhäuser liegen zwischen ca. 600.000 bis 800.000 Franken, während im Osten des Landes und in der Französischen Schweiz einzeln stehende Häuser wesentlich preiswerter sind;

- Günstiger sind kleine Ferienwohnungen in der Größe von 40 bis 50 Quadratmetern Wohnfläche; ca. 100.000 Franken sind hier zu bezahlen.

5. Österreich
Stefan Albert

5.1 Land und Regionen

Hier sollen die aus immobilienwirtschaftlicher Sicht mit Fokus auf deutsche Erwerber von Ferien- oder Zweitdomizilen relevanten Regionen Österreichs dargestellt werden; Immobilientrends- und Preise folgen später.

Kärnten

■ Umgeben von glasklaren Seen und einer traumhaften Bergkulisse, in einer Atmosphäre aus mediterranem Klima und der kulturellen Lebensfreude, suchen viele deutsche Touristen diese Region in der Urlaubszeit auf;

■ In den Gegenden Villach-Warmbad, Faaker See, Ossiacher See liegen einige der saubersten, wärmsten und schönsten Badeseen Österreichs. Zudem verfügen die dortigen Thermalkurorte über ein reichhaltiges Wellness-Angebot;

■ Wohl einer der schönsten und berühmtesten Seen ganz Österreichs dürfte der Wörthersee sein, während für Skifahrer und Snowboarder u. a. das Großglockner-Gebiet zu den begehrten Reisezielen zählt.

Tirol

■ Die landschaftlichen Reize und die frische Bergluft Tirols werden v. a. in der regen Nachfrage und Frequentierung des weitläufigen Skigebietes Kitzbühel mit ca. 160 km präparierten Pisten (56 Abfahrten) dokumentiert;

■ Neben vielen internationalen Großveranstaltungen wie den Österreichischen Tennismeisterschaften der Herren, dem AM Generali Open oder der Kitzbüheler Alpenrallye für Oldtimer im Sommer und das schwerste Skirennen im Alpinzirkus, dem Internationalen Hahnenkammrennen oder der Wahl der Miss Austria ist gerade Kitzbühel besonders durch sein abwechslungsreiches Nachtleben ein Begriff;

- Strenge Erwerbsbeschränkungen für Auswärtige, ebenso wie im Vorarlberg, sind ein herausragendes Merkmal aus immobilienwirtschaftlicher Sicht.

Salzburg

- Die Geburtsstadt des Komponisten Wolfgang Amadeus Mozart und der von dem deutschen Dirigenten Herbert von Karajan iniziierten Salzburger Festspiele lockt jährlich Rekordzahlen von Besuchern und Touristen an;
- 1997 wurde die Salzburger Altstadt von der UNESCO zum Weltkulturerbe ernannt;
- Der Großglockner (3.798 m) ist Österreichs höchster Berg und steht in Europas größtem alpinen Nationalpark. Er beherrscht Österreichs größtes Gebirge, die Hohen Tauern, und überragt den längsten und ebenmäßigsten Gletscher der Ostalpen, die Pasterze.

5.2 Preise und Nachfrage

Kärnten

- Im Gegensatz zu den Regionen Vorarlberg und Tirol beabsichtigt Kärnten die Erwerbsbeschränkungen zu lockern oder eventuell sogar ganz aufzuheben;
- Eine Verdoppelung der Immobilienpreise in den letzten 15 Jahren bei den Apartements am Wörthersee unterstreicht die Beliebtheit dieser reizvollen Gegend;
- In den Skigebieten werden Apartements zum Preis von 1.800 bis 2.500 Euro pro Quadratmeter angeboten;
- Für vergleichbare Immobilien müssen an den Seen ca. 2.000 bis 6.500 Euro gerechnet werden.

Tirol

- Angebot und Nachfrage von Ferienwohnungen in Tirol stehen in einem krassen Missverhältnis;
- Besonders gefragte Gegenden sind der Großraum Innsbruck mit dem Stubaital sowie Kitzbühel und Seefeld;
- Die Preise für ein Apartement in Kitzbühel liegen bei 7.000 bis 10.000 Euro pro Quadratmeter;

- Für freistehende Häuser im landestypischen Stil werden in den übrigen Gegenden ca. 500.000 Euro bezahlt; in bevorzugten Gegenden kann man jedoch auch Häuser für 5 Mio. Euro erwerben.

Salzburg

- Für Salzburg gilt keine Erwerbsbeschränkung beim Erwerb einer Immobilie für Auswärtige;

- Seit einem Jahr ist die Nachfrage von deutscher Seite enorm angestiegen; Hauptgrund dürfte hier die beabsichtige Verlegung des Erstwohnsitzes v. a. von Unternehmern sein, welche der unsicheren wirtschaftlichen und steuerlichen Situation in Deutschland entfliehen wollen;

- Neben der Stadt Salzburg ist hier die Region um Zell am See besonders nachgefragt;

- Verstärkte Nachfrage ist nach Wohnungen und kleineren Eigenheimen bis 250.000 Euro und Landhäusern bis 500.000 Euro zu verzeichnen.

Teil 3

Der Kauf einer Auslandsimmobilie – Länderteile

1. Immobilienerwerb in Italien
Stephan Grigolli

1.1 Die verschiedenen Stadien des Immobilienerwerbs

Das Eigentum an einer Immobilie kann in Italien entweder durch Vertragsschluss vor einem Notar oder durch einen privatschriftlichen Vertrag – mit notariell beglaubigten Unterschriften – erworben werden. Bis zum Übergang des Eigentums müssen verschiedene Etappen durchlaufen werden: der Vertrag mit dem Makler, der Kaufvorvertrag, der eigentliche Kaufvertrag und die Eintragung im Grundbuch. Festzuhalten ist schon an dieser Stelle, dass bereits mit Abschluss des Kaufvertrages, d. h. mit der Unterzeichnung, das Eigentum an der Immobilie auf den Erwerber übergeht, unabhängig von der nachfolgenden Bezahlung des Kaufpreises und der Eintragung des Erwerbers im Grundbuch.

1.1.1 Die Einschaltung eines Maklers

Nicht selten schaltet der Käufer einen Immobilienmakler ein, der laut dem italienischen Zivilgesetzbuch die Interessen beider Parteien vertritt und somit auch von beiden Seiten bezahlt wird. Mit diesem Makler, der in einer offiziellen Liste der Handelskammer eingeschrieben sein muss (entsprechende Überprüfungen sind leicht durchzuführen), sollte ein Maklervertrag abgeschlossen werden, der die Zahlung der Provision frühestens zum Zeitpunkt des Abschlusses des notariellen Vertrags vorsieht, da erst dann das Eigentum übergeht (Maklerverträge enthalten sehr oft andere Regelungen).

Interessiert sich der potenzielle Käufer für eine Immobilie, gibt er in der Regel eine so genannte *proposta irrevocabile d'acquisto* (ein unwiderrufliches Kaufangebot) ab, bei Einschaltung eines Maklers meistens diesem gegenüber. Es handelt sich dabei um eine einseitige Willenserklärung, die nur ihn und nicht den Verkäufer bzw. den Eigentümer der Immobilie bindet. Sollte der Verkäufer innerhalb eines vorher festgelegten Zeitraums (meist ca. 5–7 Tage) hierauf nicht reagieren, ist der Interessent nicht mehr an sein Angebot gebunden. Dieses

Angebot kann noch „untermauert" werden durch die Überreichung eines auf den Verkäufer ausgestellten Schecks (Betrag variiert von ca. 2 % des Kaufpreises bei Wohnungen bis ca. 10 % bei größeren Objekten). Der Scheck gilt im Falle der Annahme des Angebots durch den Verkäufer als Anzahlung. Sollte der Interessent sein Angebot nach der Annahme durch den Verkäufer zurücknehmen, kann er die Summe nicht zurückfordern; im Gegenteil: Der Eigentümer kann sogar die Durchführung des Rechtsgeschäfts erzwingen, also den Übergang des Eigentums.

Die Höhe der Maklerprovision variiert zwischen 2 % und 10 % des Kaufpreises und ist abhängig von der Stadt bzw. der Gegend, in der die Immobilie liegt.

1.1.2 Vorvertrag

Hat der potenzielle Käufer sein Wunschobjekt gefunden – oder kurze Zeit nach Abgabe und Annahme des unwiderruflichen Kaufangebots durch die Gegenseite –, gelangen die beiden Parteien zum ersten konkreten Schriftdokument, das von beiden unterschrieben werden muss, dem so genannten *contratto preliminare* bzw. *compromesso*, dem Kaufvorvertrag (Art. 2645*bis* codice civile, c.c. = italienisches Zivilgesetzbuch). Mit diesem Vertrag verpflichten sich die Parteien zum Abschluss des endgültigen Vertrags, durch den das Eigentum an der Immobilie übertragen wird. Für diesen Vorvertrag ist die Schriftform vorgesehen. Eine mündliche bzw. formlose Übereignung oder Abmachung wie bei den allermeisten beweglichen Gütern ist bei Immobilien nicht möglich.

Der Vorvertrag kann entweder privatschriftlich von den Parteien selbst (mit oder ohne Zuhilfenahme des Maklers) aufgesetzt oder von einem Notar abgefasst und beglaubigt werden. Der zweite Weg ist insbesondere dann ratsam, wenn Zweifel über den Verkäufer oder über das Kaufobjekt bestehen.

Der Vorvertrag muss sämtliche bereits getroffene Vereinbarungen (u. a. alle Klauseln aus dem unwiderruflichen Kaufangebot), die genaue Beschreibung der Immobilie sowie die Personalien beider Parteien enthalten. Im Einzelnen sind dies:

- Vorname, Nachname, *codice fiscale* (Steueridentifikationsnummer, die beim italienischen Finanzamt beantragt werden muss);

- Beschreibung der Immobilie (Katasterangaben, Räume) und der angrenzenden Immobilien;

- Preis, Zahlungsmodalitäten;

- Angabe des Datums, an dem der eigentliche Kaufvertrag geschlossen werden soll;

- Angabe möglicher Lasten (Hypotheken etc.). Der Eigentümer muss sich im Zweifelsfall verpflichten, diese vor der endgültigen Übertragung zu beseitigen;

- Unbedenklichkeitserklärungen (in baurechtlicher Hinsicht, beispielsweise Hinweis auf möglicherweise erfolgten *condono*: dies ist die nachträgliche Genehmigung von Schwarzbauten bzw. nicht genehmigten Umbauten gegen Zahlung einer Strafe);

- Angabe zu erfolgter Anzahlung;

- Angabe zu durch den Käufer in Anspruch genommenen Darlehen.

Im Zeitpunkt des Abschlusses des Vorvertrags sollte sich der Käufer folgende Unterlagen vom Verkäufer aushändigen lassen:

- den vorhergehenden Kaufvertrag;

- den entsprechenden Katasterauszug;

- Baugenehmigungen (*concessione edilizia*), um die Legalität aller (!) Gebäudeteile überprüfen zu können; damit zusammenhängend eventuelle Anträge des Eigentümers im Rahmen der so genannten *condono*-Prozeduren (s. o.);

- Bescheinigungen wie das *certificato di abitabilità* (eine Bewohnbarkeitsbescheinigung, die eher eine „gesundheitliche Unbedenklichkeitsbescheinigung" ist) und das *certificato di destinazione urbanistica* (Bestätigung über die städtebauliche Bestimmung; sie stellt sicher, dass die Immobilie in der Zwischenzeit nicht umgewidmet ist oder der Bebauungsplan nicht geändert worden ist);

- die Hausordnung (obligatorisch bei mehr als zehn Wohnungseigentümern), Protokolle über Hauseigentümerversammlungen, Listen über die Eigentümeranteile (*tabelle millesimali*), Jahresabrechnungen des Hausverwalters (diese sind sehr wichtig, da der Erwerber gemeinsam mit dem Veräußerer Mitschuldner in Hinblick auf die Kosten des laufenden und des vorhergehenden Jahres ist);

- Mietverträge, wenn die Immobilie vermietet ist (der Mieterschutz ist in Italien deutlich stärker ausgestaltet als in Deutschland; in der Regel ist es eine langwierige und kostspielige Angelegenheit, sich aus einem bestehenden Mietverhältnis zu lösen, oft bleibt nur die Möglichkeit eines Abfindungsvertrages mit hoher Abfindung für den Mieter);
- Darlehensverträge.

Ein Kaufvorvertrag bringt für beide Teile Vorteile mit sich: für den Käufer, weil er sich damit Gewissheit verschaffen kann, ob der Verkäufer auch wirklich der Eigentümer ist, für den Verkäufer, weil er die Liquidität des Käufers überprüfen kann. Zum Schutz des Erwerbers ist 1997 darüber hinaus die – nicht sehr oft in Anspruch genommene – Möglichkeit geschaffen worden, den Vorvertrag in die Immobilienregister (*registri immobiliari*) eintragen zu lassen (die Eintragung ist dagegen obligatorisch, wenn bereits der Kaufvorvertrag notariell abgeschlossen wurde oder die Unterschriften eines privatschriftlichen Vertrages notariell beglaubigt wurden). Der Vorteil der Eintragung besteht darin, dass der Verkäufer im Zeitraum von einem Jahr ab dem im Vorvertrag für den Kaufvertragsabschluss vorgesehenen Zeitpunkt nicht über sein Eigentum verfügen kann. Diese „Garantie" für den Erwerber gilt gegenüber „jedermann". Nachteilig wirken sich allerdings die höheren Kosten aus, die bei der Eintragung anfallen. So können bei einem Kaufpreis von etwa 155.000 Euro für eine Wohnung durchaus ca. 4.600 Euro an Registersteuer für die bloße Eintragung entstehen. Der Vollständigkeit halber sollte aber angemerkt werden, dass diese Kosten auf die bei Abschluss des definitiven Vertrags entstehenden Kosten angerechnet werden.

Weit verbreitet ist die Vereinbarung, bereits mit Abschluss des Vorvertrags eine Anzahlung (*caparra confirmatoria*, art. 1385 c.c.) zwischen 10 und 30 Prozent des vereinbarten Kaufpreises zu leisten. In den meisten Verträgen ist vorgesehen, dass die Anzahlung nicht mehr zurückgefordert werden kann, wenn der potenzielle Käufer vom Vorhaben Abstand nimmt. Nimmt dagegen der potenzielle Verkäufer vom Vertrag Abstand, muss er die gezahlte Summe *zuzüglich* desselben

Betrags zurückzahlen. Keine Anzahlung ist die so genannte *caparra penitenziale*, art. 1386 c.c.: Dies ist ein Betrag, der von den beiden Parteien im Vertrag vereinbart wird für den Fall, dass eine der Parteien vom Vertrag zurücktritt und somit diesen Betrag als „Strafgeld" an die andere auszahlen muss. Sie erlaubt im Gegensatz zu obiger Anzahlung keine Geltendmachung möglicher weiterer Schäden vor Gericht. In jedem Fall ist es ratsam, auf anwaltliche Hilfe zurückzugreifen, um eine Erstattung von Anzahlungen, die durch keine Sicherheit gedeckt sind, im Ernstfall abzusichern; so sollte unter anderem in einen Vorvertrag bereits eine Klausel eingefügt werden, die eine auflösende Bedingung für den möglichen Fall der Insolvenz des Verkäufers vorsieht.

1.1.3 Kaufvertrag

Auf dieser Stufe erfolgt der eigentliche Übergang des Eigentums. Spätestens hier muss der *notaio* (Notar) eingeschaltet werden. Er berät die Parteien und begleitet die gesamte Immobilientransaktion bis zur Sicherung der Rechte des Käufers und die der finanzierenden Bank. Er übernimmt (normalerweise) die Abfassung bzw. Beurkundung des Kaufvertrages und führt die nötigen Einsichtnahmen in den verschiedenen Registern durch, um sicherzustellen, dass die Immobilie frei von Belastungen übertragen wird. Er haftet dabei für die Korrektheit seiner Handlungen.

Der abzuschließende Vertrag (*atto di compravendita* bzw. *rogito*) stimmt größtenteils mit dem Vorvertrag überein. Eventuelle in der Zwischenzeit eingetretene Änderungen können nun noch berücksichtigt werden. Entweder werden nur die Unterschriften eines privatschriftlichen Vertrags notariell beglaubigt (der Notar übernimmt dann nur die Verantwortung für die Echtheit der Unterschriften) oder es wird – wie in den meisten Fällen – der Kaufvertrag vom Notar abgefasst (siehe oben) und vor ihm abgeschlossen. Beide Parteien bedürfen hierzu einer italienischen Steuernummer, bei deren Beantragung Ihnen ein ortsansässiger Rechtsanwalt behilflich sein kann. Diesem Vertrag muss seit dem 1.1.1998 eine Unbedenklichkeitsbescheinigung (*dichiarazione di conformità*) bezüglich aller Anlagen unter dem Gesichtspunkt der Erfüllung der Sicherheitsvorschriften beigefügt werden (Lege/Gesetz Nr. 46/1990).

Es ist zu empfehlen, sich vor dem Notartermin einen Entwurf bzw. eine Abschrift des Vertrags aushändigen zu lassen, um Fehler im vorhinein zu entdecken und den Notar hierauf aufmerksam zu machen.

Gezahlt wird beim Notar in den meisten Fällen mit einem bankbestätigten Scheck (*assegno circolare*), selten mit einfachen Schecks (*assegno semplice bancario*) oder Wechseln (*cambiale*). Übergaben in bar können aufgrund der Geldwäschebekämpfungsvorschriften nur bis zu einer Höhe von 10.329 Euro durchgeführt werden.

1.1.4 Kaufabwicklung

Der Notar ist verpflichtet, die Eintragungen in die Register spätestens zwanzig Tage nach Abschluss des Vertrags vornehmen zu lassen. Der Kaufvertrag wird von ihm zusammen mit dem Antrag auf Umschreibung (*trascrizione*) bei der örtlich zuständigen Registerbehörde eingereicht. Die Eintragung wirkt ab dem Zeitpunkt der Vorlage des Antrags. Nach Prüfung des Antrags erfolgt die Eintragung in die eigentlichen Register.

Der Käufer erhält anschließend eine Umschreibungsbescheinigung (*nota di trascrizione*). Die Eintragung hat nur deklaratorische Wirkung und dient der Rechtssicherheit. Da der Käufer üblicherweise die Kosten für den Notar übernimmt, steht ihm bzw. einem beauftragten Rechtsanwalt die Wahl des Notars zu, wozu auch oft geraten wird.

Der Notar muss darüber hinaus innerhalb dieser 20 Tage den Verkauf an das Finanzamt melden und die (vom Käufer) gezahlten Abgaben an die zuständigen Ämter weiterleiten. Dies ist Voraussetzung für die Eintragung und damit Veröffentlichung des Immobilienerwerbs in den verschiedenen Registern.

1.1.5 „Mehrmaliger Verkauf"

Werden mehrere Kaufverträge über das gleiche Grundstück abgeschlossen, kommt es auf den Zeitpunkt der Eintragung an: Es herrscht das Prinzip der *priorità della trascrizione*, also des Vorrangs der Umschreibung (man könnte auch sagen: „Wer zuerst kommt, der mahlt zuerst"), demzufolge sich der Konflikt zugunsten desjenigen löst, dessen Recht zuerst eingetragen worden ist (vgl. art. 2644 c.c.). Die nachträglichen Erwerber haben aber dennoch eine schuldrechtliche Forderung gegen den Verkäufer, können sich aber nicht mehr an der „gekauften" Immobilie befriedigen.

1.2 Das Grundbuch

Das italienische System der Registrierung von Grundeigentum und dessen Belastungen unterscheidet sich – mit Ausnahme der ehemaligen österreichischen Territorien, wie etwa den Provinzen Trient und Bozen – grundlegend vom deutschen Grundbuch.

1.2.1 Das Grundbuch im italienischen Staatsgebiet mit Ausnahme der ehemaligen österreichischen Territorien

Der wesentliche Unterschied besteht darin, dass das italienische System nicht grundstücks-, sondern personenbezogen ist. Dabei wird für jede Person, die sich am Erwerb von Immobilien beteiligt, ein Registereintrag angelegt, in dem Erwerbe, Verkäufe und Belastungen von Grundstücken eingetragen werden. Die Immobilienregister können von Dritten uneingeschränkt eingesehen werden. Die Registrierung des Immobilieneigentums erfolgt dabei in drei verschiedenen Registern, und zwar im öffentlichen Liegenschaftsregister (*Conservatoria dei registri immobiliari*), beim Katasteramt (*catasto*) und dem Registeramt (*Ufficio del Registro*).

Conservatoria dei registri immobiliari (Agenzia del Territorio)
Die eigentlichen Immobilienregister werden im öffentlichen Liegenschaftsregister geführt (*Conservatoria dei registri immobiliari* – Aufbewahrungsort der Immobilienregister – oder auch *ufficio ipoteche*, Hypothekenamt). Der Eintrag ist obligatorisch, besitzt aber lediglich deklaratorischen Charakter und bewirkt, dass kein Dritter gutgläubig das Eigentum von einem nicht Eingetragenen erwerben kann. Die einzelnen Immobilienregister sind: das *registro d'ordine* (allgemeines Ordnungsregister, in dem alle eingehenden Anträge registriert werden), die *rubrica dei cognomi* (Namensregister all jener Personen, die in der Vergangenheit rechtlich mit Immobilien „in Verbindung gelangt" sind) und die *repertori* (Zusammenstellungen; diese enthalten Hinweise auf alle Rechte und Lasten an Grundstücken, die mit so genannten *iscrizioni* – Eintragungen – festgehalten werden).

Catasto

Weiterhin existiert ein Katasteramt (*ufficio del catasto*). Das Kataster ist ein rein vermessungstechnisches Verzeichnis, in dem alle Grundstücke in ihrer geographischen Lage, Größe und Aufteilung erfasst werden; es gibt ferner Auskunft über die wirtschaftliche Nutzung des Grundstückes. Es gibt das Grundkataster (*Nuovo Catasto Terreni, NCT*), in dem das gesamte Grundstück erfasst ist (genaue Lage und genaue Bezeichnung) und das Gebäudekataster (*Nuovo Catasto Edilizio Urbano, NCEU*), mit allen Informationen, aus denen die Lage des Gebäudes (auch die einzelnen Stockwerke) auf dem Grundstück hervorgeht. Wichtig für einen Kauf ist der hierin angegebene Katasterertrag (*rendita catastale*), aus dem sich der Katasterwert (*valore catastale*) ergibt. Beide Werte sind die Berechnungs- und Bemessungsgrundlage für Steuern und Abgaben. Die *rendita* ist der durch Vermietung erzielbare Ertrag einer Immobilie, der *valore* der mögliche Verkaufspreis. Beide Werte sind von den tatsächlichen Marktwerten allerdings weit entfernt.

Ufficio del Registro

Dieses ist nur für steuerliche Registrierungen zuständig.

1.2.2 Das Grundbuch in den ehemaligen österreichischen Territorien

In den früher zu Österreich-Ungarn gehörenden Territorien werden die Publizitätsvorschriften sowie das Eigentumsrecht anders gehandhabt als im restlichen Staatsgebiet. Hierzu gehören heute die Provinzen Triest (Trieste), Görz (Gorizia), Trient und Bozen (Region: Trentino-Alto Adige/Südtirol), zwei Gemeinden im Gebiet von Salò in der Provinz Brescia, einige Gemeinden in der Provinz Udine und zwei Gemeinden im Gebiet von Asiago in der Provinz Vicenza. Die Einführung dieses Grundbuchrechts in der bis heute überlieferten Form geht zurück auf das Jahr 1817 durch Kaiser Franz I. und wurde durch das *Regio Decreto* (R.D., Königliches Dekret) Nr. 2325 vom 4. November 1928 für die genannten Gebiete bestätigt. Es ist ein auf dem so genannten Realfoliensystem aufbauendes Grundbuchrecht mit dem so genannten *Libro Fondiario* (*Tavolare*), dem Grundbuch. Dieses ist nach Grundbucheinlagen je Katastergemeinde und Gerichtsbezirk gegliedert und führt für jede Grund- bzw. Bauparzelle ein Einlageblatt, aus welchem zahlreiche Informationen ersichtlich sind (Eigentümer, verschiedene Belastungen wie Grunddienstbarkeiten, Hypotheken, Wohnrechte).

Die im Wege der so genannten *intavolazione* erfolgenden Eintragungen (*iscrizioni*) in das Grundbuch haben im Gegensatz zum restlichen Staatsgebiet nicht lediglich deklaratorische, sondern konstitutive Wirkung. Dies führt dazu, dass das Eigentum nicht – wie in Italien sonst üblich (siehe oben) – durch Abschluss des notariellen Kaufvertrages übergeht, sondern erst durch Eintragung in das Grundbuch.

Das Grundbuchsystem (bestehend aus dem erwähnten Grundbuch und dem *catasto fondiario*) basiert auf drei Prinzipien:

■ Der Grundsatz der Eintragung (*principio dell' inscrizione*): hierdurch wird die Vorschrift des art. 1376 c.c. obsolet, derzufolge *„bei Verträgen, welche die Übertragung des Eigentums an einer bestimmten Sache, die Begründung oder die Übertragung eines dinglichen Rechtes oder aber die Übertragung eines anderen Rechtes zum Gegenstand haben"* *„das Eigentum oder das Recht auf Grund der rechtmäßig geäußerten Einwilligung der Parteien übertragen und erworben"* wird.

■ Grundsatz der Legalität (*principio della legalità*): keine Eintragung darf ohne eine entsprechende Anordnung des Grundbuchrichters erfolgen.

■ Grundsatz des öffentlichen Glaubens (*principio della pubblica fede*): negative und positive Publizitätswirkung, sodass Dritte sich alles, was im Grundbuch enthalten ist, entgegenhalten lassen müssen, andererseits aber auch auf den Inhalt vertrauen können.

Im restlichen Staatsgebiet besteht dagegen laufend die Gefahr, dass die Register (siehe oben) nicht immer den tatsächlichen aktuellen Eigentümerstand wiedergeben; in Einzelfällen können Umschreibungen – die *trascrizioni* – sogar nur unter Hinweis auf tatsächliche Verhältnisse, also ohne Nachweis von Schriftstücken, durchgeführt werden.

Da in Italien eine 20-jährige Ersitzungsfrist gilt, ist es überdies ratsam, sich vor einem Immobilienkauf ein so genanntes *certificato storico ventennale*, einen Registerauszug der letzten 20 Jahre, erstellen zu lassen, um sicher zu gehen, dass der sich als Eigentümer Ausgebende auch tatsächlich der Eigentümer ist. Damit können unliebsame Überraschungen beim Notar verhindert werden. Der entsprechende Auszug sollte allerdings von einem Fachmann ausgewertet werden.

1.3 Erwerbsbeschränkungen

Der Erwerb einer Immobilie in Italien unterliegt keinerlei personellen Beschränkungen und ist auch Ausländern möglich. Wohl aber kann der Erwerb durch die Art der Immobilie beschränkt werden, so etwa wenn beispielsweise *beni demaniali* (Staatsgüter) oder *beni indisponibili* (nicht verfügbare Güter bzw. Güter, die ihrer Zweckbestimmung nicht entzogen werden können) betroffen sind; hierunter fallen etwa Strände, Buchten, Häfen, Schutzeinrichtungen, militärische Befestigungen, einige Güter von archäologischem oder kunsthistorischem Interesse.

Weitere Beschränkungen können durch bestehende gesetzliche oder vertragliche Vorkaufsrechte entstehen. *Gesetzliche* Vorkaufsberechtigte sind etwa der Miterbe (art. 732 c.c.), der selbstbewirtschaftende Pächter des Grundstückes, der Mieter einer nicht zu Wohnzwecken bestimmten Immobilie oder der Staat bei Immobilien von kunsthistorischem Interesse. Der Verkäufer ist in solchen Fällen bei einem vorgesehenen Verkauf verpflichtet, dem Vorkaufsberechtigten zu den gleichen Bedingungen den Vorzug zu geben. Wird das Recht verletzt, kann der Vorkaufsberechtigte die Immobilie vom Dritten (Käufer) zurückverlangen. Das *vertragliche* Vorkaufsrecht gibt dem Vorkaufsberechtigten hingegen nicht das Recht, die Immobilie vom Dritten (Käufer) direkt zurückzukaufen, sondern ihn bei Verletzung des Vorkaufsrechts zunächst nur auf die Geltendmachung von Schadensersatz hinzuweisen.

Keine wirklichen Beschränkungen des Immobilienkaufrechts stellen dingliche Rechte Dritter dar, die allerdings das Kaufinteresse einer Person stark beeinflussen können (etwa die Belastung mit einer Hypothek oder auch Dienstbarkeiten wie etwa das Wegerecht, das dem Eigentümer eines von Grundstücken anderer Eigentümer umgebenen Grundstückes das Recht gibt, die angrenzenden Grundstücke zu überqueren).

1.4 Kosten und Steuern

Der Immobilienkauf wird in Italien mit mehreren Steuern belastet, deren Bemessungsgrundlage immer der im Kaufvertrag genannte Kaufpreis bzw. der Katasterwert ist. Dies mag der Grund dafür sein, dass in den Grundstückskaufverträgen meist ein niedrigerer als der wirklich vereinbarte Kaufpreis angegeben wird (so genannte Unterverbriefung, die in Italien mehr oder weniger an der Tagesordnung ist). Italienische Finanzbehörden haben allerdings das Recht, den Kaufpreis dem Marktpreis anzupassen und eine Nachbesteuerung des Kaufvertrages vorzunehmen, wenn die Untergrenze des „Katasterwerts" unterschritten wird. Es empfiehlt sich deshalb, den Notar zu fragen, ob der Kaufpreis *angemessen* ist. Wird schließlich von einem Unternehmen gekauft und meldet dieses innerhalb der darauf folgenden 2 Jahre Insolvenz an, muss berücksichtigt werden, dass die unterverbriefte Immobilie in die Insolvenzmasse fällt. Zu den verschiedenen Steuern sind verschiedene Einzelausgaben hinzuzurechnen (wie etwa die Stempelsteuer), die allerdings betragsmäßig nicht sonderlich ins Gewicht fallen. Ausschlaggebend für die Höhe der verschiedenen (im Folgenden aufgeführten) Steuer- und Gebührensätze ist zum einen, ob die Immobilie künftig Zweit- oder Erstwohnsitz sein soll, zum anderen, ob der Verkäufer der Immobilie ein Unternehmer oder eine Privatperson ist.

Im Einzelnen gilt Folgendes:

1.4.1 Imposta di registro (Registersteuer)

Sie beträgt beim Kauf von einer Privatperson 3 % (Erstwohnsitz) bzw. 7 % (Zweitwohnsitz); beim Kauf vom Unternehmer ist (sowohl für Erst- als auch für Zweitwohnsitz) ein Fixbetrag von 129,11 € zu zahlen.

1.4.2 Imposta ipotecaria (Hypothekarsteuer) und imposta catastale (Katastersteuer)

Die erstgenannte Steuer fällt für jede Eintragung, Löschung, Erneuerung usw. der Hypotheken in den Immobilienregistern an, die Zweitgenannte ist bei Katastereintragungen auf Grund von Verkäufen, Hypotheken, Erbschaften und Schenkungsverträgen zu entrichten. Beim Kauf von einer Privatperson betragen sie zusammmen 258,22 Euro (Erstwohnsitz) bzw. 3 % (Zweitwohnsitz). Beim Kauf von einem Unternehmer sind in beiden Fällen (Erst- und Zweitwohnsitz) Fixbeträge von jeweils 258,22 Euro zu entrichten.

1.4.3 Imposta sul valore aggiunto (I.V.A., Umsatz-/Mehrwertsteuer)

Beim Erwerb von einem Privaten fällt keine Mehrwertsteuer an; beim Erwerb vom Bauträger beträgt diese 4 % (Erstwohnsitz) bzw. 10 % (Zweitwohnsitz) und 20 %, wenn es sich bei dem Verkäufer nicht um den Bauträger selbst handelt.

1.4.4 Imposta di bollo (Stempelmarkensteuer)

Diese berechnet sich nach der Anzahl der im einzelnen durchgeführten Operationen – ist jedoch betragsmäßig weitgehend zu vernachlässigen.

1.4.5 Imposta comunale sugli immobili (I.C.I.; kommunale Grundsteuer)

Sie ist eine laufende Steuer, die zu Lasten des Eigentümers jährlich direkt von den Gemeinden erhoben wird. Bemessungsgrundlage ist der Katasterwert (*valore castale*), der den fiktiven Kapitalwert der Immobilie für den Fiskus darstellt. Unterschieden wird auch hier zwischen Erst- und Zweitwohnsitz; der Mindestsatz ist 0,4 % für den Erstwohnsitz, 0,7 % für den Zweitwohnsitz. Die Bestimmung der Höhe des Satzes obliegt den einzelnen Gemeinden, die für gewisse Kategorien sogar ganz auf die Erhebung verzichten können. Gezahlt wird üblicherweise in zwei Raten, wobei die erste Zahlung im Juni eines jeden Jahres zu erfolgen hat (50 % des Betrages) und die zweite im Dezember.

1.4.6 Imposta sul reddito delle persone fisiche (I.R.P.E.F.; Einkommensteuer)

Eine Einkommensteuer kann auch durch das bloße (!) Eigentum an einer Immobilie anfallen, ohne dass Mieteinkünfte erzielt werden müssen. Ausschlaggebend ist allerdings, wie auch schon erwähnt, ob es sich um einen Erst- oder einen Zweitwohnsitz handelt. Bei einem Erstwohnsitz fällt keine IRPEF an, bei einem Zweitwohnsitz wird diese Steuer auf der Grundlage der *rendita catastale* (Katasterertrages) errechnet. Ob tatsächlich eine Einkommensteuererklärung abgegeben werden muss und wie sich diese Steuerbelastung dann zum deutschen Steuerrecht verhält (Stichwort Doppelbesteuerungsabkommen), muss im Einzelfall geprüft werden.

1.4.7 Notarkosten

Unvermeidbare Spesen sind jene für die (obligatorische) Einschaltung des Notars. Dessen Honorar wird auf der Grundlage des tatsächlich angegebenen Kaufpreises (je niedriger der Kaufpreis desto höher der Prozentsatz) und nach der Anzahl der Seiten und der gewünschten Abschriften berechnet. Das Honorar ist darüber hinaus regional verschieden (im Süden geringer als im Norden).

Beispiel:

Bei einem Immobilienkauf im Wert von 50.000 Euro kostet der Notar in Mailand 1.423 Euro, in Florenz 1.424 Euro und in Salerno 1.240 Euro (!); bei einer Hypothekeneintragung über 150.000 Euro kostet der Notar in Mailand 1.562 Euro, in Florenz 1.274 Euro und in Salerno 1.280 Euro.

1.4.8 Sonstiges

Nicht zu vergessen sind beim Erwerb der Immobilie die Anschluss- und Erschließungskosten für Gas, Wasser und Strom. Die Kosten des Maklers werden von beiden Parteien jeweils zur Hälfte übernommen. Wird eine so genannte „Luxusimmobilie" erworben, beträgt die Mehrwertsteuer immer 20 %; die Registersteuer ist immer 7 %, die Kataster- und die Hypothekarsteuer betragen immer zusammen 3 % (und dies auch, wenn es sich um den Hauptwohnsitz handelt). Wann eine Luxusimmobilie vorliegt, bestimmt das *decreto ministeriale* (Ministerialdekret) vom 2.8.1969; städtebauliche Kriterien, bauliche Eigenschaften, die Baufläche (sie muss über 240 Quadratmeter sein) und auch das Vorhandensein spezifischer Materialien und Eigenheiten (Tennisplatz, Schwimmbad etc.) werden für die entsprechende Bestimmung mitherangezogen.

Wie bereits erwähnt, muss vor Abschluss des notariellen Kaufvertrages ein *codice fiscale* (Steueridentifikationsnummer) vorgelegt werden. Bei dessen Beantragung muss von nichtresidenten Ausländern für Steuerangelegenheiten im Inland ein Zustellungsbevollmächtigter bestellt werden. Es ist zu empfehlen, hierfür einen in der Vertretung von Steuerangelegenheiten vertrauten und in Italien ansässigen Anwalt zu wählen.

Um den Erwerb einer Immobilie in Italien – insbesondere auch in Hinblick auf die Kosten – nicht zu einem Trauma mit unvorhersehbaren und unliebsamen Folgen werden zu lassen, wird zur Einschaltung eines Rechtsanwalts und eines Steuerberaters in Italien geraten: Die Unterschiede zwischen dem deutschen und dem italienischen Immobilienrecht können so gemeistert, Sprachschwierigkeiten überwunden, (Über-) Prüfungen und Kontakte vor Ort und Beantragungen von Steuernummern schneller in die Wege geleitet werden.

2. Immobilienerwerb in Spanien
Philipp Kirchheim

2.1 Vorvertrag/Kaufvertrag

2.1.1 Grundsätze beim Kauf und Verkauf von spanischen Immobilien

Bei der Übertragung von Immobilien ist in Spanien zwischen *titulo* und *modo* zu unterscheiden. Zur wirksamen Eigentumsübertragung bedarf es demnach eines schuldrechtlichen Geschäfts (titulo), zum anderen eines Übergabeakts (modo). Zwischen dem schuldrechtlichen Vertrag und der Übergabe des Grundstückes besteht eine Kausalverbindung. Demzufolge setzt ein wirksamer Eigentumsübergang einen gültigen schuldrechtlichen Vertrag voraus.

Grundsätzlich erfolgt die Abwicklung eines Immobilienkaufs in Spanien in folgender Reihenfolge: Reservierung – privatschriftlicher Vertrag – notarielle Beurkundung – Eintragung ins Eigentumsregister. Die Abwicklung eines Grundstückskaufs erfolgt traditionell – wenngleich nicht notwendigerweise – durch Immobilienmakler, vor allem aber auch durch Rechtsanwälte. Notare nehmen in Spanien im Wesentlichen nur beurkundende Funktionen wahr. Ferner spielen die so genannten Gestorías – in etwa mit Abwicklungsbüros zu übersetzen – eine wichtige Rolle, da sie häufig die zahlreichen Formalitäten und Amtsgänge übernehmen.

2.1.2 Alleineigentum, Miteigentum und Teilzeitnutzungsrechte

Alleineigentum

Zentraler Punkt eines Immobilienerwerbs in Spanien ist das Eigentumsrecht, welches der Erwerber nach der Abwicklung innehat. Das Eigentum ist als absolutes Recht in der spanischen Verfassung besonders geschützt. Begrenzt wird das Eigentum lediglich durch die ebenfalls grundrechtlich garantierte soziale Bindung. Gemäß Artikel 348 des spanischen Zivilgesetzbuches (Código Civil – kurz CC) gewährt das Eigentumsrecht dem (Allein-)Eigentümer das alleinige und ausschließliche Nutzungs- und Verfügungsrecht über eine Sache. Dieses Recht soll nicht weiter als durch die bereits im Gesetz festgelegten Grenzen beschränkt werden. Demzufolge kann der Eigentümer seine Sache und ihre Früchte nutzen, sie unmittelbar oder mittelbar besitzen, sie veräußern oder belasten, umschließen, abmarken, abgrenzen, sein Eigentum herausverlangen und Störungen seines Eigentums abwehren.

Miteigentum

Im Vergleich zum Alleineigentum liegt Miteigentum vor, wenn das Eigentum an einer Sache ungeteilt mehreren Rechtssubjekten zusteht, so dass jeder Eigentümer eine ideelle Quote an der ungeteilten Sache inne hält.

Im Gegensatz zum deutschen Recht gibt es in Spanien kein Gesamthandseigentum (*pro diviso*), wonach eine Sache mehreren Eigentümern gemeinschaftlich gehört, ohne Zuweisung der Beteiligung des Einzelnen. Eine ähnliche Konstellation ergibt sich jedoch dann, wenn Miteigentümergemeinschaften Vereinbarungen, gegebenenfalls dinglicher Natur, dahingehend treffen, dass Miteigentumsanteile nur gemeinschaftlich veräußert oder belastet werden können. Der Código Civil lässt entsprechende Vereinbarungen für einen verlängerbaren Zeitraum von zehn Jahren zu (Art. 400 CC).

In einer Miteigentümergemeinschaft hat jeder Miteigentümer das volle und ausschließliche Eigentum an seinem Anteil. Dessen ungeachtet hat jeder Miteigentümer das Recht, die Gesamtheit der Sache zu nutzen sowie die seinem Eigentum entsprechenden Früchte zu erhalten. Jedoch hat jeder Miteigentümer auch die Pflicht, die Erhaltungskosten, entsprechend anteilig, zu tragen. Unter Umständen sind auch Vorkaufsrechte der Miteigentümer zu beachten. Die Veränderung oder Veräußerung der Sache bedarf der Zustimmung aller Miteigentümer. Es ist jedoch möglich, dass jeder Miteigentümer seinen eigenen ideellen Anteil belastet oder veräußert. Des Weiteren kann kein Miteigentümer gezwungen werden, in der Gemeinschaft zu bleiben.

Die Auflösung der Gemeinschaft kann von jedem Miteigentümer verlangt werden, soweit er dadurch nicht den bestimmungsgemäßen Gebrauch unmöglich macht. Jedoch dürfen dabei nicht die Rechte Dritter beeinträchtigt werden. Sollte die Sache unteilbar sein, welches bei der Mehrzahl der Immobilien wohl angenommen werden kann, ist die Immobilie zu verkaufen und der Erlös zu teilen.

Regelungen über das Miteigentum finden sich insbesondere im spanischen Wohnungseigentumsgesetz (*Ley sobre la Propiedad Horizontal*, kurz *LPH*). Danach stehen die Gemeinschaftselemente einer Wohnanlage oder eines Gebäudes im Miteigentum der Eigentümer einzelner mittels einer so genannten Teilungserklärung geschaffener Einheiten an Sonder- oder Wohnungseigentum. Dies bedeutet, dass innerhalb eines körperlich verbundenen Raumes privates Sondereigentum und gemeinschaftliches Miteigentum nebeneinander stehen. Relevante Regelungen bezüglich der Eigentümergemeinschaften sind überwiegend in entsprechenden Satzungen festgelegt.

Teilzeitnutzungsrechte
Einen bei spanischen Immobilien wichtigen Bereich stellen die so genannten Teilzeitwohnrechte (Time-Sharing) dar. Die Umsetzung der EU-Time-Sharing-Richtlinie Ende 1998 hatte unter anderem zur Folge, dass entsprechende Rechte nicht mehr als „*Multipropiedad*" (Mehrfacheigentum) bezeichnet werden dürfen. Vielmehr sind solche Rechte nunmehr als Teilzeitnutzungsrechte zu bezeichnen (*Aprovechamiento por turnos de bienes inmuebles*), um dem falschen Anschein vorzubeugen, es handele sich bei diesen Rechten um vollumfängliche Eigentumsrechte des Nutzers. Bei der heutigen Ausgestaltung des Time-Sharing in Spanien handelt es sich um ein atypisches beschränktes dingliches Recht des Nutzers. Die Mindestdauer des Nutzungsrechts beträgt sieben Tage pro Jahr. Des Weiteren darf die Vereinbarung den Nutzer jedoch nicht weniger als drei und nicht mehr als fünfzig Jahre binden. Nutzungsrechte, die bereits vor Einführung des Gesetzes erworben wurden, können bei Beachtung der weiteren gesetzlich vorgegebenen hohen Standards ohne zeitliche Beschränkung bestehen bleiben.

Auf Grund der ausgeführten Standards ist der Eigentümer der gegenständlichen Immobilie – also diejenige Person, die das Nutzungsrecht einräumt – verpflichtet, eine Vielzahl von Verbraucherschutzvorschriften zu beachten. Insbesondere hat er, in Verbindung mit der Betreibergesellschaft, eine Nutzungsordnung gemäss den gesetzlichen Anforderungen in Form einer öffentlichen Urkunde zu erstellen. Diese ist dann ins Eigentumsregister einzutragen. Darüber hinaus gibt es eine Vielzahl strenger Vorschriften, die den Vertragsschluss regeln. Der Gesetzgeber hatte für Altverträge eine Übergangs- und Anpassungszeit von zwei Jahren bis Ende 2000 vorgesehen.

Sollten die genannten Vorschriften nicht beachtet werden, werden dem Nutzer umfassende Rücktrittsmöglichkeiten gestattet. Da die Rücktrittsmöglichkeiten sehr weit gehen, wird auch davon gesprochen, dass das Timesharing in Spanien de facto abgeschafft wurde. Dennoch sollte bedacht werden, dass noch eine Vielzahl von Altverträgen besteht, die Gegenstand rechtlicher Auseinandersetzungen und Rechtsübertragungen bleiben werden.

2.1.3 Formfreiheit

Im Gegensatz zum zentraleuropäischen Recht ist ein Grundstückskauf in Spanien weitgehend formlos möglich. Gemäß Artikel 1278 CC sind Verträge unabhängig von deren Form grundsätzlich rechtswirksam. Obgleich Artikel 1280 Nr. 1 CC die Verpflichtung zur notariellen Beurkundung von Grundstücksgeschäften enthält, sieht das Gesetz keine Nichtigkeitsregelung für den Fall der Nichtbeachtung dieser Vorschrift vor. Jedoch räumt Artikel 1279 CC beiden Vertragsparteien das Recht ein, von der anderen Partei die Erfüllung der gesetzlich vorgeschriebenen Form zu verlangen.

2.1.4 Die Reservierung

Es entspricht der Praxis, vor Abschluss des privatschriftlichen Kaufvertrages gegen Zahlung einer geringen Reservierungsgebühr – maximal bis zu 500 Euro – die ins Auge gefasste Immobilie für einen kurzen Zeitraum – im Regelfall 3–5 Werktage – vom Markt zu nehmen. Grundsätzlich wird diese Anzahlung in keiner Weise abgesichert, vielmehr verliert der Interessent häufig die Gebühr, sollte er im Anschluss wieder Abstand vom Erwerb der Immobilie nehmen. Da die Reservierung meist lediglich in Form eines äußerst knapp gehaltenen Zahlungsbelegs erfolgt, wird empfohlen als Mindestsicherung eine – wenn auch ungesicherte – Rückzahlungsklausel für den Fall einzubauen, dass der Kauf aufgrund irgendwelcher in der Sphäre des Veräußerers liegender Gründe abgelehnt wird. Hier ist z. B. an das Vorliegen nicht angegebener Belastungen o. Ä. zu denken.

2.1.5 Unterverbriefung

Im Laufe der Abwicklung eines Immobilienerwerbs in Spanien kommt fast zwangsläufig irgendwann einmal der Begriff der Unterverbriefung ins Spiel. Das Thema zieht sich oft wie ein roter Faden durch fast alle Phasen des Erwerbs: Die Erwerbsnebenkosten, Notarkosten, Steuern, Kosten der Eintragung ins Eigentumsregister sind an die verbrieften Werte gekoppelt, Gewährleistungs- und Rückabwicklungsfragen können an den offiziellen Kaufpreis anknüpfen und auch der Veräußerungsgewinn, der später zu versteuern ist, richtet sich nach dem offiziellen Kaufpreis.

Die Duplizität der Verträge im spanischen Immobilienrecht, d. h. das Neben- bzw. Nacheinander von privatschriftlichem Vertrag und *Escritura Pública* bietet die in Spanien weit verbreitete und fast als üblich zu bezeichnende Möglichkeit, Teile des Kaufpreises vor der Steuer zu verstecken. Dem liegt Folgendes zugrunde: Die Unterzeichnung eines privatschriftlichen Vertrages ist keineswegs verpflichtend. Vielmehr ist es ohne Weiteres möglich, direkt die notarielle *Escritura Pública* zu unterzeichnen. Aus diesem Grund kann das spanische Finanzamt auch die Vorlage privatschriftlicher Grundstückskaufverträge grundsätzlich nicht verlangen. So sind Käufer und Verkäufer in der Lage nach Unterzeichnung der *Escritura Pública* eventuell bestehende privatschriftliche Verträge aus der Welt zu schaffen. Dies wiederum führt dazu, dass im privatschriftlichen Vertrag ohne Weiteres ein höherer Kaufpreis als in der *Escritura Pública* vereinbart werden kann, da letztere anschließend nach einheitlicher Rechtsprechung als die einzige von den Parteien letztgültige Vereinbarung anerkannt wird. „Schwarzgeld" wird also Zug um Zug im Moment der Vernichtung gegebenenfalls bestehender privatschriftlicher Verträge bezahlt.

Die Unterverbriefung zieht verschiedene Folgen nach sich: Zivilrechtlich bleibt der Vertrag voll wirksam – insofern unterscheidet sich das spanische Recht in einem sehr wesentlichen Punkt vom deutschen Recht! In steuerrechtlicher Hinsicht handelt es sich dabei natürlich um eine steuerrechtlich wie steuerstrafrechtlich relevante Steuerhinterziehung. Dies bedeutet, dass die Unterverbriefung den Kauf an sich nicht in Frage stellt, die Parteien allerdings steuerrechtliche wie unter Umständen steuerstrafrechtliche Konsequenzen, insbesondere Nachbesteuerung der Steuerbehörden gewahr sein müssen. Für die entsprechende Überprüfung und gegebenenfalls Nachbesteuerung haben die spanischen Finanzbehörden 4 Jahre Zeit. Entsprechende Steuerbescheide bringen Zinsen und Säumniszuschläge von bis zu 20 % mit sich, sind aber anfechtbar. Dessen ungeachtet können Steuerhinterzieher zu weiteren Geldstrafen verurteilt werden.

Ein unterverbriefter Erwerb kann im Fall einer späteren Veräußerung ferner dazu führen, dass ein sehr hoher Veräußerungsgewinn zu versteuern ist. Diese Praxis „von Unterverbriefung zu Unterverbriefung" – nach dem Motto: Wer einmal „billig" kaufen musste, will beim späteren Verkauf selbst deshalb keinen größeren Veräußerungsgewinn versteuern und zwingt daher den Käufer erneut in eine Unterverbriefung – ist häufig anzutreffen und taucht oft erst kurz vor der endgültigen Formalisierung des Kaufvorgangs auf. Man sollte also bereits in einem frühen Stadium des Erwerbsvorgangs diese Fragen ansprechen.

Gegen den allzu lockeren Umgang mit der Unterverbriefung sprechen aber auch einige praktische Erwägungen: Der Käufer erhält mit der *Escritura Pública* regelmäßig den Besitz an der Immobilie und erwirbt damit in diesem Moment auch sein Eigentum an dem Grundstück. Im Gegenzug bezahlt er den vollen Kaufpreis (*„do ut des"*), somit auch einen unverbrieften Teil. Bis zu seiner Eintragung im Eigentumsregister ist der Käufer jedoch noch nicht gegenüber jedem Dritten (*„erga omnes"*) in seinem Erwerb geschützt, hat aber bereits den vollen Kaufpreis bezahlt, von dem nur ein Teilbetrag durch die notarielle Urkunde quittiert wurde. Sollte es also Probleme mit der Eintragung geben bzw. der Verkäufer in betrügerischer Absicht Doppelverkäufe vornehmen, könnte der Käufer unter Umständen nicht nachweisen, einen Teilbetrag „schwarz" gezahlt zu haben, um bei einer gerichtlichen Rückforderung auch diesen Betrag zurückzuerhalten. Entsprechende Probleme können sich im Rahmen von Gewährleistungs- oder Rückabwicklungsfragen ergeben.

Von einer Unterverbriefung des Grundstückserwerbs ist daher aus vielerlei Gründen – ungeachtet der immer noch gängigen Praxis – abzuraten.

2.1.6 Der privatschriftliche Kaufvertrag

Gegenstand des schuldrechtlichen Geschäfts ist in der Regel ein privatschriftlicher Kaufvertrag. In diesem Vertrag müssen alle wesentlichen Vertragsbedingungen, z. B. die Einigung über den Erwerb vollständig lastenfreien Eigentums, Kaufpreis, Zahlungsart, Übergabedatum etc., enthalten sein. Im Gegensatz zum deutschen Recht bindet der privatschriftliche Vertrag die Parteien wie ein notarieller Kaufvertrag. Die notarielle Form dient daher in Spanien nur der Beweissicherung und ist nicht zur Wirksamkeit des Grundstückskaufvertrages notwendig. Grundstückskaufverträge können grundsätzlich auch mündlich geschlossen werden. Von praktischer Bedeutung für den deutschen Immobilienkäufer ist, dass alle wesentlichen Fragen schon im privatschriftlichen Vertrag geregelt werden, während der notarielle Kaufvertrag anschließend nur noch ein inhaltliches „Minus" darstellt, welches die rechtlichen Eckpunkte grundbuchfähig darstellt.

Anstelle des privatschriftlichen Kaufvertrages ist es auch möglich, sofort eine öffentliche Urkunde (*escritura pública*) zu unterzeichnen und somit auf den Privatvertrag zu verzichten, obgleich dies nicht der in Spanien üblichen Praxis entspricht. Grund ist neben der häufig anzutreffenden Unterverbriefung in Spanien auch die erforderliche Zeitspanne zur Organisation einer Finanzierung sowie gegebenenfalls deren dinglicher Absicherung im Eigentumsregister.

Die drei häufigsten Vertragstypen sind der Kaufvertrag mit Rücktrittsmöglichkeit (*arras*), der Optionsvertrag sowie der Kaufvertrag ohne Rücktrittsmöglichkeit.

Der Kaufvertrag mit Rücktrittsmöglichkeit
Bei diesem Vertragstyp wird gemäß Artikel 1454 CC eine Anzahlung (arras) – meist in Höhe von bis zu 15 % des Kaufpreises – vereinbart. Beide Vertragsparteien können sich jedoch wieder vom Vertrag lossagen. Dies hat folgende Konsequenzen: Sollte der Käufer seine Pflichten, zum Beispiel die Restkaufpreiszahlungsverpflichtung, aus dem privatschriftlichen Vertrag nicht erfüllen, verliert er grundsätzlich die Anzahlung. Erfüllt dagegen der Verkäufer seine Pflichten aus dem Vertrag nicht, muss er das Doppelte der Anzahlung an den Käufer zurückzahlen. In diesem Zusammenhang ist zu beachten, dass der angezahlte Kaufpreisanteil regelmäßig nicht gesichert ist, sofern man nicht

vom Bauträger kauft; vielmehr besteht für den Käufer das Risiko, die Rückzahlung der Anzahlung in doppelter Höhe lediglich aufgrund des schuldrechtlichen Titels der vertraglichen Vereinbarung geltend machen zu können, wobei er das volle Insolvenzrisiko des Verkäufers sowie ein etwaiges Prozessrisiko trägt. Die Höhe der Anzahlung, wie auch die Erhöhung der eventuellen Rückzahlung können frei von den Parteien vereinbart werden.

Optionsvertrag
Anstelle eines Kaufs kann der Vertrag auch eine schlichte Kaufoption beinhalten, so dass die optionsberechtigte Partei das Recht erwirbt, ein bestimmtes Grundstück innerhalb der im Vertrag festgelegten Optionsfrist zu einem bestimmten Preis zu erwerben. Verkäufer/Optionsgeber und Käufer/Optionsnehmer vereinbaren einen Optionspreis, der dem Optionsgeber für die Reservierung des Grundstückes zugunsten des Optionsnehmers zustehen soll. Im Gegensatz zum Kaufvertrag mit Rücktrittsmöglichkeit kann sich der Verkäufer nicht einfach vom Vertrag durch doppelte Rückzahlung der Anzahlung lösen. Dagegen kann der Käufer vom Vertrag zurücktreten. Er verliert jedoch den Optionspreis. Diese Variante ist für den Käufer von Interesse, der nicht Gefahr laufen will, seine bereits angezahlte Immobilie wieder zu verlieren. Das Risiko wird dabei umgekehrt: Springt der Käufer ab, verliert er den Optionsbetrag, springt dagegen der Verkäufer ab, kann der Käufer sein Optionsrecht gerichtlich durchsetzen und gegebenenfalls Schadensersatzansprüche geltend machen.

Kaufvertrag ohne Rücktrittsmöglichkeit
Ferner besteht im spanischen Recht auch die Möglichkeit, einen Kaufvertrag ohne Rücktrittsmöglichkeiten zu schließen, oder auch aufschiebende oder auflösende Bedingungen bezüglich der noch ausstehenden Erteilung von Genehmigungen zu vereinbaren.

2.1.7 Die Übergabe des Grundstückes/Escritura Publica

Die Übergabe der Immobilie (*modo*) stellt eine der Hauptpflichten des Verkäufers dar, da der Käufer das Eigentum erst mit der Übergabe der Sache erwirbt. Gemäß Artikel 1462 Abs. 1 CC gilt die verkaufte Sache als übergeben, wenn sie unter die Sachherrschaft und in den Besitz des Käufers gestellt wird. Im Gegensatz zum zentraleuropäischen Recht erfolgt die Übergabe im spanischen Immobilienrecht formlos. Die Übergabe kann im spanischen Recht bereits durch mündliche Vereinbarung oder anderweitiges konkludentes Handeln erfolgen. Für eine wirksame Übergabe genügt zum Beispiel der Akt der Schlüsselübergabe. Des Weiteren ist jedoch auch jede andere faktische Einräumung der Verfügungsmacht als Besitzübergabe anzusehen. Ferner ist eine Besitzübergabe auch in der Erteilung der öffentlichen Kaufvertragsurkunde (*escritura publica*) zu sehen, wie Art. 1462 Abs. 2 CC ausdrücklich festlegt. Jedoch können in der *escritura* besondere Regeln oder Klauseln bezüglich der Besitzeinräumung vereinbart werden, die dann Vorrang haben.

2.1.8 Handlungsfähigkeit und Berechtigung des Verkäufers

Die Verfügungsbefugnis des Verkäufers resultiert aus seiner Eigentumsstellung. Grundsätzlich ist es auch möglich, dass die mit dem Verkauf betraute Person ein Beauftragter ist. Im Rahmen eines privatschriftlichen Kaufvertrages ist die Auftragserteilung dabei nicht besonders formbedürftig. Mit anderen Worten kann ein über einen mündlich Beauftragten abgeschlossener mündlicher Kaufvertrag über eine Immobilie volle rechtliche Bindungswirkung haben – ein im deutschen Recht undenkbarer Vorgang. Im Gegensatz dazu, ist allerdings bei der Beurkundung öffentlicher Urkunden stets ein ausreichender notarieller Nachweis über die Verfügungsbefugnis vorzuweisen. Häufig ist in diesem Zusammenhang eine Person mit der Veräußerung der Immobilie beauftragt, welche nicht als Eigentümer verfügungsbefugt ist, beispielsweise ein Makler oder Familienangehöriger des Veräußerers. Es ist dabei nicht üblich, aber dennoch ratsam, sich von der jeweils handelnden Person zumindest einen privatschriftlichen Nachweis der Verfügungsberechtigung vorlegen zu lassen, bevor Verträge abgeschlossen oder aber Anzahlungen geleistet werden.

2.1.9 Vollmachten

Von der vorstehenden Frage nach der Verfügungsbefugnis abzugrenzen ist diejenige nach einer ordnungsgemäßen Bevollmächtigung im Rahmen notarieller Beurkundungen. Ein Auftreten im Namen des eigentlichen Rechtsinhabers als Beauftragter bedarf hier stets einer ebenfalls in notarieller Form zu erbringenden Vollmachtsurkunde, welche zudem mit einer Haager Apostille über zu beglaubigen ist, soweit sie vor einem ausländischen Notar erstellt wurden. Im Vergleich zu deutschen Vollmachten sind spanische Vollmachten dabei sehr ausführlich gehalten und umfassen meist mehrere Seiten. Das spanische Zivilrecht sieht in Artikel 1713 CC vor, dass Bevollmächtigungen für andere als reine Verwaltungshandlungen der ausführlichen enumerativen Benennung der einzelnen Befugnisse bedürfen. Grundsätzlich ist es nach Artikel 10.11 CC möglich, die Vollmacht auch bei Grundstücksgeschäften ausländischen Rechtsordnungen zu unterstellen, welche weniger restriktive Vorschriften enthalten. Jedoch hat sich in der Praxis gezeigt, dass häufig Vermittlungsschwierigkeiten gegenüber spanischen Notaren und Grundbuchrichtern auftauchen, so dass die Befolgung spanischer Usancen ratsam ist.

Sollte keine notarielle Beurkundung der Vollmacht vorliegen, ist es möglich, dass ein mündlich oder privatschriftlich Bevollmächtigter als so genannter „mündlicher Beauftragter" (*Mandatorio verbal*) auftritt. Daran anschließend kann der vollmachtgebende Auftraggeber den Formmangel mittels einer formgerecht notariell abgegebenen Ratifizierungserklärung heilen.

2.1.10 Bebaute und unbebaute Grundstücke

Da die Anforderungen beim Erwerb von bebauten und unbebauten Grundstücken unterschiedlich sind, ist hier zu differenzieren.

Bebaute Grundstücke
Beim Kauf eines bereits bebauten Grundstückes sollte geprüft werden, ob das Bauwerk den baurechtlichen Vorschriften entspricht. Die Eintragung der Bebauung im Eigentumsregister (*Registro de la Propiedad*) lässt Rückschlüsse darauf zu, ob das Gebäude im Grundsatz rechtmäßig errichtet wurde, da die Eintragung eine vorherige notariell abgegebene Neubauerklärung voraussetzt. In deren Rahmen ist es gemäß Artikel 46 des Königlichen Dekrets 1093/1997 zur Eintragung von Gebäuden oder Änderungen notwendig, in der Urkunde das Vorhandensein der Baugenehmigung nachzuweisen. Ferner ist im Rahmen der Neubauerklärung ein Zertifikat eines sachverständigen Technikers vorzulegen, dass das Gebäude in Übereinstimmung mit der erteilten Genehmigung gebaut wurde. Dennoch mag es Abweichungen vom

tatsächlichen Bebauungsstand, spätere An- oder Umbauten etc. gegeben haben, welche gegebenenfalls auf ihre Rechtskonformität hin zu untersuchen sind. Hier kann unter Umständen ein Aufmaß der Bebauung anzuraten sein. Beim Kauf von denkmalgeschützten Gebäuden sollte daneben beachtet werden, dass Umbau- und Abrissverbote bestehen können. Andererseits können bezüglich denkmalgeschützter Gebäude Steuervorteile, wie zum Beispiel die Befreiung von der Entrichtung der Vermögens- oder Grundsteuer, bestehen.

Sowohl bei bereits bebauten wie aber auch bei noch unbebauten Grundstücken kann es ratsam sein, die gesamte Grundstücksfläche vermessen zu lassen. Hintergrund ist, dass es in der Vergangenheit eine in Spanien nicht unübliche Praxis war, aus Gründen der Steuerersparnis eine geringere als die tatsächliche Grundstücksgröße beim Verkauf und folglich der Eintragung der Immobilie in das Eigentumsregister anzugeben. Dieser Umstand führt nun oft zu Schwierigkeiten, wenn diese Grundstücke veräußert oder zusammengelegt werden sollen. Landvermessungen, die in der Regel vom Erwerber übernommen werden, komplexe Aufgebotsverfahren zur Berichtigung des Grundstückseintrags und dergleichen sind die Folge. Sind einmal die tatsächlichen Grundstücksgrenzen und dementsprechend die Grundstücksgröße festgestellt, kommt es in der Regel zum – steuerpflichtigen – Neueintrag des oder der Grundstücke im Eigentumsregister. Es ist daher von erheblicher Bedeutung, die entsprechenden Mühen und Kosten noch vor dem Eigentumsübergang und der entsprechenden Bezahlung feststellen zu lassen.

Unbebaute Grundstücke
Beim Kauf von Bauland sollte im Vorhinein die städtebauliche und bauplanungsrechtliche Lage des Grundstückes sowie des umliegenden Gebietes und die Möglichkeit einer Bebauung überprüft werden. Der spanische Boden wird grundsätzlich in drei Kategorien unterteilt: „Städtischer Boden", „Städtebaulich erschließbarer Boden" und „Ländlicher Boden" (*„Suelo Urbano"*, *„Suelo Urbanizable"* und *„Suelo Rústico"*). In der aktuell gültigen Gesetzesdiktion bezeichnet man den „ländlichen Boden" auch als „nicht erschließbaren Boden" (*„Suelo no urbanizable"*).

Die Einteilung in eine der drei genannten Bodenkategorien hängt von der kommunalen Bebauungsplanung ab. Jede der Kategorien zieht verschiedene Rechte und Pflichten der Bodeneigentümer nach sich, darunter die bereits erwähnte Pflicht zur städtebaulichen Erschließung sowie diejenige, auf städtischem Boden auch tatsächlich zu bauen. Eine der klassischen Pflichten der Bodeneigentümer ist diejenige, die öffentlichen Infrastruktureinrichtungen nach deren Errichtung an die Gemeindeverwaltung abzugeben. Daneben sind – je nach autonomer Gebietskörperschaft (Autonomía) in unterschiedlicher Höhe – bis zu maximal 10 % der nutzbaren Flächen zu Zwecken der Nutzung durch die öffentliche Hand für das Gemeinwohl an die Kommune abzutreten, ohne dass diese hierfür irgendwelche Kosten zu tragen hätte. Des Weiteren ist insbesondere bei ländlichen Immobilien darauf zu achten, dass das Objekt nicht in einem besonderen Schutzgebiet, zum Beispiel einem Umwelt-, Natur- oder Landschaftsschutzgebiet, liegt. Daraus kann sich ergeben, dass die dem Eigentumsrecht innewohnenden Nutzungsrechte, wie die Bebauung oder der Zutritt von Privatgrundstücken, beschränkt werden können. Um dem vorzubeugen empfiehlt es sich, spezielle Anfragen an das zuständige Umweltministerium zu richten.

Bei dem Kauf von in Meeresnähe liegenden Grundstücken sollte die Bebaubarkeit im Hinblick auf das spanische Küstengesetz (*Ley de Costas*) überprüft werden, das eine geordnete Bebauung in dem 7.880 km langen spanischen Küstenstreifen vorsieht. Das spanische Küstengesetz unterteilt die an das Meer grenzenden Landstreifen in verschiedene Schutzzonen: die staatliche Strandzone (*Zona de Dominio Público Maritimo*), die Schutzzone (*Servidumbre de Protección*) und die so genannte Einflusszone (*Zona de Influencia*). In der staatlichen Schutzzone, die einen Streifen vom Meeresstand bei Flut bis 100 m ins Landesinnere umfasst, dürfen heutzutage keine Gebäude zu Wohnzwecken mehr gebaut werden. Es gibt jedoch Ausnahmegenehmigungen. Teilweise wurden bestimmte Zonen bereits vor Inkrafttreten des Küstengesetzes als Bauland ausgeschrieben, die dann Bestandsschutz genießen.

Beim Kauf eines noch nicht fertig gestellten oder noch zu errichtenden Gebäudes ist unbedingt zu beachten, dass eine Frist zur Erfüllung der Übergabeverpflichtung vereinbart wird. Diese Frist darf weder zu unbestimmt noch der Willkür des verkaufenden Bauträgers überlassen sein. Bezüglich des Kaufes eines noch zu errichtenden Gebäudes wird dem Käufer regelmäßig die Möglichkeit der Ratenzahlung des Kaufpreises eingeräumt. Um dem Umstand vorzubeugen, dass nach einmal erfolgter Zahlung des Kaufpreises das Gebäude nicht errichtet oder übertragen werden kann, sieht das Gesetz 57/1968 zur Regulierung des Empfanges von Abschlagszahlungen beim Bau und Verkauf von Wohnungen (so genanntes Aval-Gesetz) vor, dass der Verkäufer und/oder Bauherr eine Versicherung abzuschließen hat, die dem Käufer die Rückzahlung der durch den Käufer gezahlten Beträge zuzüglich der jährlichen Verzinsung garantiert. Die Garantie kann und wird auch häufig durch Bankbürgschaften (*Avales*) erbracht.

2.2   Notar/Grundbuchamt

2.2.1 Die notarielle Beurkundung

Nach Abschluss des privatschriftlichen Vertrages erfolgt grundsätzlich die Unterzeichnung der notariellen Kaufurkunde (*escritura pública de compraventa*). Diese erfolgt innerhalb der im privatschriftlichen Vertrag vereinbarten Frist für die Übergabe der Immobilie und der Zahlung des Restkaufpreises. Zu diesem Zeitpunkt sollten alle im privatschriftlichen Vertrag wirksam vereinbarten Bedingungen und Nebenpflichten erfüllt sein. In diesem Fall bedarf es normalerweise keiner weiteren Aufnahme dieser Punkte in den notariellen Vertrag. Sollten einzelne Verpflichtungen noch nicht erfüllt sein, sollten diese in jedem Fall in den Vertrag mit aufgenommen werden. An dieser Stelle zeigt sich noch einmal, dass im Gegensatz zum deutschen Recht der Abschluss des privatschriftlichen Kaufvertrages der entscheidende Punkt eines Immobilienerwerbes in Spanien ist.

Zum Verhältnis der beiden Verträge hat der oberste spanische Gerichtshof (*Tribunal Supremo*) ausgeführt, dass davon auszugehen ist, dass stets der spätere Vertrag, also die *escritura pública*, als endgültige Vereinbarung der Parteien anzusehen ist, sollten sich der privatschriftliche Vertrag und die *escritura pública* widersprechen. Demnach kann sich keine der Parteien auf eine nur im privatschriftlichen Vertrag geschlossene Vereinbarung berufen.

Grundsätzlich stellt die notarielle Beurkundung den rechtlichen Schlusspunkt des Grundstücksgeschäfts dar. Die notarielle Beurkundung ist Voraussetzung dafür, dass der neue Eigentümer der Immobilie den Eigentumswechsel im zuständigen Eigentumsregister eintragen kann, um so auch gegenüber gutgläubigen Dritten in seinem Erwerb und daraus folgenden Rechten geschützt zu sein. Auch in Bezug auf zahlreiche weitere Geschäfte, die das Grundstück betreffen, z. B. die Bestellung einer Hypothek, wird vom Eigentümer in der Regel die Eintragung des Eigentumstitels in das Eigentumsregister sowie die Vorlage der notariellen Urkunde einschließlich des Eintragungsvermerks des Eigentumsregisters verlangt. Grundsätzlich pflegen die beurkundenden Notare bei der Vornahme weiterer Geschäfte diese auf dem Original der Urkunde zu vermerken, um zu vermeiden, dass mit ein und derselben Urkunde in kurzer Zeit mehrere Veräußerungen oder Belastungen vorgenommen werden.

2.2.2 Die Eintragung ins Eigentumsregister

Funktion des Eigentumsregisters
Die Rechtslage im Hinblick auf Immobilien wird im Eigentumsregister (*Registro de la Propiedad*) veröffentlicht. Gemäß Artikel 605 CC erfolgt dort die Eintragung oder Registrierung der Rechtsgeschäfte und Verträge über das Eigentum und die übrigen dinglichen Rechte an Grundstücken. Nach Artikel 3 des Hypothekengesetzes (*Ley hipotecaria*) ist die Eintragung von Rechten nur auf Grund öffentlicher Urkunden (*escritura pública*), vollstreckbaren Ausfertigungen, Titeln oder sonstigen offiziellen Bestätigungen des Gerichts möglich. Grundsätzlich ist die Eintragung von privatschriftlich abgefassten Verträgen ausgeschlossen.

Organisation des Eigentumsregisters
Das spanische Eigentumsregister ist so geordnet, dass für jedes Grundstück ein eigenes Blatt angelegt wird. Jedes Grundbuchblatt ist in drei Spalten aufgeteilt. In der rechten Spalte wird chronologisch jeder Rechtsvorgang eingetragen, der mit dem entsprechenden Grundstück im Zusammenhang steht, wie zum Beispiel der Eigentumsübergang, die Pfändung und die Hypothek. Die mittlere Spalte dient der durchlaufenden Nummerierung der Eintragung. In der linken Spalte sind die so genannten Randvermerke (*notas marginales*) aufgeführt. In den *no-*

tas marginales werden die verschiedensten rechtlichen Umstände eingetragen, die sich gewöhnlich auf den in den anderen beiden Spalten erfassten Vorgang beziehen. Dies können steuerliche Haftungen des Grundstückes oder auch die Löschung von Grundpfandrechten sein.

Jede Urkunde, die beim Eigentumsregister eingeht, wird zunächst im Registertagebuch (*Libro Diario*) unter exakter Angabe von Datum und Uhrzeit erfasst. Im Gegensatz zur heutigen Rechtslage mussten früher per Post eingehende Urkunden nicht berücksichtigt werden, da das Prinzip der persönlichen Vorlage galt. Als Eingangszeitpunkt gilt gemäß Hypothekenverordnung (*Reglamento hipotecario*) der Moment der Postöffnung im Eigentumsregister. Dieser Zeitpunkt ist relativ unsicher. Er hat jedoch große Bedeutung, da – wie im deutschen Recht – der Prioritätsgrundsatz gilt, wonach das zeitlich früher eingetragene Recht dem später eingetragenen vorgeht.

Gutgläubiger Erwerb vom Dritten
Artikel 34 des Grundbuchgesetzes (*Ley hipotecaria*) stellt die zentrale Regelung für den Gutglaubenserwerb vom durch das Grundbuch ausgewiesenen Berechtigten dar. Danach ist der Erwerb eines Dritten, der gutgläubig entgeltlich ein Recht von einer Person erwirbt, die laut Eigentumsregister zu deren Übertragung ermächtigt ist, gültig, sobald sein Recht eingetragen ist. Dies gilt beispielsweise auch dann, wenn die Vollmacht des Übertragenden nichtig ist oder nachträglich aufgehoben wurde und dieser Umstand nicht im Register vermerkt wurde. Mithin obliegt einem nicht durch das Grundbuch ausgewiesenen Rechtsinhaber bei der Anfechtung des im guten Glauben entgeltlich erworbenen Eigentums der Nachweis, dass der Erwerber die Unrichtigkeit des Grundbuches kannte, also bösgläubig war. In Spanien ist diese Problematik von großer Bedeutung, da Rechtsübertragungen auch ohne Publizität des Eigentumsregisters vollwirksam erfolgen können, demnach eine Abweichung der Eintragungen von der Rechtswirklichkeit immer wieder vorkommt.

Besonderheiten gegenüber dem deutschen Recht
Im Gegensatz zum deutschen Recht kann im spanischen Recht das Eigentum an Immobilien nicht nur mittels Eintragung im Eigentumsregister begründet werden; vielmehr ist ein Eigentumserwerb völlig unabhängig vom Eigentumsregister möglich. Die Eintragung im Ei-

gentumsregister hat im spanischen Recht lediglich deklaratorische, also rechtsnachweisende Wirkung, und keine konstitutive, also rechtsbegründende Wirkung.

Das Eintragungsverfahren
Das Eintragungsverfahren beginnt mit der Vorlage der Ausfertigung der *Escritura*. Gemäß Artikel 254 des Hypothekengesetzes (*Ley hipotecaria*) darf keine Eintragung vorgenommen werden, ohne dass die Zahlung der notwendigen Steuern nachgewiesen wurde.

2.2.3 Dingliche Belastungen

Das Eigentumsrecht an einer Immobilie kann durch Dienstbarkeiten, Nachbar- und Grenzrechte, gesetzliche Vorkaufs- bzw. Rückkaufsrechte oder Veräußerungsverbote sowie durch dingliche Rechte Dritter begrenzt werden. Dingliche Rechte dienen hauptsächlich der dinglichen Einräumung von Nutzungsrechten im weiteren Sinne, der dinglichen Sicherung von Verbindlichkeiten oder Verpflichtungen sowie der dinglichen Sicherung von Erwerbstatbeständen, das heißt freiwilligen Options- oder Vorkaufsrechten.

Hypothek
Die am häufigsten anzutreffende dingliche Belastung ist die Hypothek. Im Gegensatz zum deutschen Grundpfandrecht existiert in Spanien nur die streng akzessorisch ausgestaltete Hypothek. Die Vereinbarung einer Grundschuld ist im spanischen Recht nicht möglich. Auch kennt das spanische Recht nur die Buchhypothek; es ist demnach ausgeschlossen, eine Briefhypothek zu vereinbaren. Um eine Hypothek in das Eigentumsregister eintragen zu können, ist die Vorlage einer öffentlichen Urkunde über deren Bestellung erforderlich. Die Eintragung der Hypothek ins Eigentumsregister hat dabei konstitutiven Charakter. Die „Standardhypothek" ist im spanischen Recht die Verkehrshypothek. Sie dient der Absicherung einer bereits bestehenden Forderung, der Zinsen, Verzugszinsen sowie der Kosten der gerichtlichen Geltendmachung in der Regel im Zusammenhang mit der Sicherung eines Darlehens, das zum Erwerb der Immobilie aufgenommen wurde. Beachtenswert hierbei ist, dass in Spanien Darlehen und Hypothek normalerweise in einer Urkunde zusammengefasst werden, man

spricht vom so genannten *Préstamo Hipotecario*. Daneben besteht regelmäßig kein weiterer eigener Darlehensvertrag.

Im spanischen Recht wird das mit einer Hypothek belastete Grundstück aus Gründen der besseren Verwertbarkeit als wirtschaftliche Einheit angesehen, so dass sich der Haftungsumfang der Hypothek auf die natürlich mit dem Grundstück verbundenen Bestandteile, auf so genannte Verbesserungen (*mejoras*), zum Beispiel Schönheitsreparaturen, nicht jedoch Neubauten erstreckt, wenn diese nicht ausdrücklich in der Hypothekenbestellungsurkunde erwähnt sind.

Die Hypothek umfasst die im Rahmen des Kreditvertrages vereinbarten Zinsen und unter Umständen auch die Verzugszinsen und Kosten der gerichtlichen Geltendmachung. Es ist nach spanischem Hypothekenrecht möglich, die Zinsen der letzten zwei Jahre sowie den fälligen Zinsteil des laufenden Jahres hypothekarisch zu sichern. Durch Parteivereinbarung kann die Sicherung auf fünf Jahre erstreckt werden. Des Weiteren wird durch die Hypothek, als weitere künftige Nebenforderung, die möglichen Kosten der späteren gerichtlichen Geltendmachung bis zu einem Maximalbetrag von 20 % der gesicherten Hauptforderung gesichert.

Als Folge der Reform des spanischen Zivilprozessrechts (Anfang 2001) stehen den Gläubigern neben den allgemeinen Verfahrenstypen, das heißt, dem Erkenntnisverfahren und dem allgemeinen Titelvollstreckungsverfahren, nunmehr ein besonders effektives summarisches Hypothekenvollstreckungsverfahren zur Verfügung, das auch kürzere Fristen enthält. Auch hat der spanische Gesetzgeber das außergerichtliche notarielle Vollstreckungsverfahren (*venta extrajudicial*) in das neue Zivilprozessrecht aufgenommen.

Im Gegensatz zum deutschen Recht erwirbt der Eigentümer bei Erlöschen der hypothekarisch gesicherten Forderung keine Eigentümergrundschuld, welche das Aufrücken der nachfolgenden Belastungen im Eigentumsregister verhindert und die neu an Gläubiger vergeben werden könnte. Die Hypothek muss vielmehr durch die Eintragung einer öffentlichen, vom Hypothekengläubiger unterzeichneten Löschungsurkunde oder eines rechtkräftigen Urteils gelöscht werden. Seit kurzer Zeit besteht für den Eigentümer die Möglichkeit, nach Ablauf gewisser Fristen ohne Mitwirkung der Hypothekengläubiger, die Löschung zu beantragen.

Reallasten und Grunddienstbarkeiten

Unter Zinsrechten (*Censos*) versteht man Reallasten. Diese unterteilen sich in: die *Erbpacht* (*censo enfitéutico*), die Reallast gegen Kapitalgewährung (*censo* consignativo) und die Reallast gegen Grundstücksübereignung (*censo reservativo*). Teils finden sich alte, bereits erloschene Zinsrechte im Eigentumsregister, diese werden im Rahmen der ersten nachfolgenden Rechtsänderung ausgetragen.

Grunddienstbarkeiten (*Servidumbres*) stellen dingliche Rechte an einer fremden Sache dar. Die Dienstbarkeit belastet dabei ein dienendes Grundstück zugunsten eines herrschenden Grundstückes, das einen Nutzen aus der Dienstbarkeit zieht. Dienstbarkeiten entstehen gesetzlich oder auf Grund Parteivereinbarung. Grundsätzlich bedarf die Vereinbarung einer Dienstbarkeit keiner besonderen Form. Dennoch ist zu beachten, dass nur eine öffentliche Urkunde oder ein entsprechendes Gerichtsurteil im Eigentumsregister eintragungsfähig ist. Unter gesetzlichen Grunddienstbarkeiten sind beispielsweise Wegerechte, Wasserrechte, Licht- und Sichtdienstbarkeiten aber auch die Ersitzung zu verstehen. Freiwillige Grunddienstbarkeiten sind dagegen inhaltlich flexibler. Grunddienstbarkeiten enden auf Grund üblicher Erlöschensgründe oder durch die Nichtausübung der Dienstbarkeit über einen Zeitraum von 20 Jahren.

Nießbrauch und andere Nutzungsrechte

Ein Nießbrauchsrecht (*Derecho de Usofructo*) gewährt dem Nießbraucher das Recht hat, die Früchte einer Sache zu ziehen, die nicht in seinem Eigentum steht. Dem Nießbraucher obliegt die Verpflichtung, für den Erhalt der Sache in ihrer Form und Substanz zu sorgen. Das Nießbrauchsrecht entsteht durch Vereinbarung der Parteien. Es kann aber auch gesetzlich entstehen. Die wohl häufigste Form des Nießbrauchs ist in Spanien in der testamentarischen Einsetzung des überlebenden Ehegattens als Nießbraucher der Erbmasse zu sehen. Daneben erwirbt der Ehegatte neben den Abkömmlingen oder Erben fernerer Ordnungen auch ein gesetzliches Nießbrauchsrecht. Das Nießbrauchsrecht findet auch bei der Grundbesitzübertragung im Wege der vorweggenommenen Erbfolge Anwendung, in dem das Eigentum bereits an die künftigen Erben fällt, der künftige Erblasser sich aber das wirtschaftliche Eigentum, insbesondere die Besitzmacht vorbehält.

Sollte bei der Nießbrauchsbestellung nichts anderes vereinbart worden sein, kann der Nießbraucher die Sache nutzen, ihre Früchte ziehen, also die Sache vermieten, belasten oder auch sein Recht übertragen. Andererseits ist er dem Eigentümer der Sache (*nudo propietario*) verpflichtet, die Sache zu erhalten und ihre Lasten und Belastungen zu tragen. Demgegenüber hat der Eigentümer die Verpflichtung, erforderliche außerordentliche Reparaturen durchzuführen.

Das Nießbrauchsrecht kann durch Zeitablauf, Ableben des Berechtigen, Zusammenfallen des Nießbrauchsrechts mit dem Eigentum in einer Person oder bei Untergang der Sache erlöschen.

Ähnliche bzw. Unterformen des Nießbrauchs stellen das dingliche Nutzungsrecht und das dingliche Wohnrecht (*Derecho de Uso y de Habitación*) dar. Als höchstpersönliche Rechte können sie nicht auf Dritte übertragen werden können.

2.3 Erwerbsbeschränkungen

2.3.1 Verfügungsbeschränkungen aufgrund des Ehegüterrechts

Die Verfügungsbefugnis eines Erwerbers oder Veräußerers kann durch seinen ehelichen Güterstand beschränkt sein. In Spanien stellt die Gütergemeinschaft den gesetzlichen Regelgüterstand dar. Lebt eine Person in Gütergemeinschaft (*sociedad de gananciales*) mit ihrem Ehepartner, so bedarf sie zur Veräußerung ihres Grundstückes der Zustimmung des Ehepartners, denn in diesem Güterstand stehen beiden Ehegatten die während der Gütergemeinschaft erworbenen Rechte und Zugewinne jeweils zur Hälfte zu. Im Zweifel werden Notar und Registerführer vom Güterstand der Gütergemeinschaft ausgehen und eine ausdrückliche Zustimmung verlangen.

Gemäß Art. 9 CC richten sich die Ehewirkungen und damit also auch eventuelle Verfügungsbeschränkungen nach dem Recht des Staates, dessen Staatsangehörigkeit die Ehegatten zum Zeitpunkt der Eheschließung hatten (so genanntes Personalstatut). Der Veräußerer sollte darauf vorbereitet sein, beim Übertragungsakt jederzeit seine Verfügungsbefugnis nachweisen zu können. Gelegentlich wird nämlich auch dann eine Zustimmung des Ehepartners für erforderlich erachtet, wenn der anwendbare ausländische Güterstand das Zustimmungserfordernis gar nicht kennt.

Auch sollte man sich über die Besonderheiten einzelner autonomer Gebietskörperschaften bewusst sein. Zum Beispiel ist die Gütertrennung in Katalonien der gesetzliche Regelgüterstand, trotzdem bedarf es der Zustimmung des Ehegatten, wenn die zu veräußernde Immobilie das Familienheim darstellt und zwar selbst dann, wenn die Immobilie im Alleineigentum des anderen Ehegatten steht. Eine entsprechende Regelung existiert seit kurzem auch in Andalusien. Daher ist beim Erwerb von spanischen Eheleuten eine genaue Prüfung der regional jeweils geltenden Situation durch einen Rechtsanwalt dringend anzuraten, um sich nicht der Gefahr auszusetzen, ein später anfechtbares Rechtsgeschäft abzuschließen.

2.3.2 Vorkaufsrechte

In der Praxis am bedeutsamsten ist das gesetzliche Vorkaufsrecht des Mieters (Art. 25 des Spanischen Mietgesetzes, *Ley de Arrendamientos Urbanos*, kurz *LAU*). Der Eigentümer hat dem Mieter nachweislich seine Verkaufsabsicht sowie die wesentlichen Vertragsbedingungen mitzuteilen. Dem Mieter ist dann ein Zeitraum von 30 Tagen eingeräumt, um sein Vorkaufsrecht auszuüben. Hat der Eigentümer nach 180 Tagen die Immobilie immer noch nicht veräußert, so verliert die Mitteilung ihre Gültigkeit und muss erneut erfolgen. Bei Kollision zwischen mietvertraglichen und anderen gesetzlichen Vorkaufsrechten, geht ersteres nur vor, wenn es bereits bei Abschluss des Mietverhältnisses im Eigentumsregister eingetragen war. Ein vertraglich vereinbarter Verzicht auf das gesetzliche Vorkaufsrecht ist lediglich bei Verträgen mit einer Laufzeit von mehr als 5 Jahren möglich.

Weitere gesetzliche Vorkaufsrechte bestehen zugunsten von Miteigentümern, Nachbarn von Landgrundstücken und des Erbpächters. Das Vorkaufsrecht des Miteigentümers geht dem des Mieters oder Nachbarn vor.

Neben den gesetzlichen existieren auch vertragliche Vorkaufsrechte, die ins Eigentumsregister eingetragen werden können, um gegen jedermann zu wirken. Treffen gesetzliche und vertragliche Vorkaufsrechte aufeinander, so gehen die vertraglichen nur dann vor, wenn sie bereits bei Abschluss des Mietvertrages im Eigentumsregister eingetragen waren. Ein vertragliches Vorkaufsrecht kann höchstens für eine Dauer von 10 Jahren vereinbart werden.

2.3.3 Erwerbsbeschränkungen für Ausländer

Investitionen aus dem Ausland können in Spanien grundsätzlich ohne Genehmigung vollzogen werden. Diese Liberalisierung ist 1992 durch die Investionsverordnung (*Normas en materia de inversiones extranjeras en España*) in Kraft getreten. Eine Auslandsinvestition liegt überhaupt erst ab einem Betrag von 3.005.060,52 Euro vor. Das früher erforderliche Verwaltungsüberprüfungsverfahren wurde für Investitionen aus dem Ausland ab diesem Betrag durch eine schlichte nachträgliche Meldepflicht bei der zuständigen Behörde ersetzt, die nur statistischen Zwecken dient. Eine vorherige Meldung hat bei Investitionen aus so genannten Steuerparadiesen zu erfolgen. Irrelevant ist hierbei die Staatsangehörigkeit des Investierenden, maßgeblich ist vielmehr die Herkunft des Kapitals.

In den Küstenzonen und auf den Inseln bestehen jedoch insofern Erwerbsbeschränkungen für Ausländer, als dort 1975 durch Gesetz besondere Zonen von Interesse für die nationale Verteidigung geschaffen wurden. In diesen Gebieten soll der Anteil an ausländischen Immobilieneigentümern gewisse Grenzen nicht übersteigen. Für EU-Bürger gelten diese Regelungen seit dem Beitritt Spaniens zur Europäischen Union natürlich nicht mehr. Schweizer Staatsbürger genießen seit dem Inkrafttreten der Vereinbarung über den freien Personenverkehr zwischen der EU und der Schweiz am 21. Juni 1999 ebenfalls völlige Investitionsfreiheit in Spanien. Aber auch sonst dürften sich in der Praxis hiermit kaum einmal Probleme ergeben, da diese Regelungen durch zahlreiche Ausnahmetatbestände geprägt sind.

2.4 Kaufabwicklung

2.4.1 Makler

Grundsätzlich leisten Immobilienmakler in Spanien – wie überall – einen wichtigen und seriösen Beitrag zum Rechtsverkehr mit Immobilien. Dennoch muss darauf hingewiesen werden, dass einzelne Vertreter diese Berufsgruppe immer wieder in ein schlechtes Licht stellen. Insofern sind einige grundlegende Vorsichtsmaßnahmen zu beachten, um mit dem Makler nicht Schiffbruch zu erleiden. So sollte die Fälligkeit der Provision durch den Verkäufer in jedem Fall vom vollständigen Erhalt des Kaufpreises, dem notariellen Vertragsabschluss oder der

Eintragung im Eigentumsregister abhängig gemacht werden. Ferner sollte man sich bei Abschluss eines exklusiven Maklerauftrages zunächst Referenzen einholen. Auch ist ein ausdrücklicher, schriftlicher Einwilligungsvorbehalt des Verkäufers für die (verbindliche) Annahme eines Kaufangebotes durch den Makler ratsam. Ferner sollte dem Makler nicht zugestanden werden, sein Honorar direkt von einer gegebenenfalls erfolgten Anzahlung in Abzug zu bringen.

Da in Spanien bislang kaum gesetzliche Regelungen für die Maklertätigkeit bestehen, wurde das Wesentliche durch die Rechtsprechung definiert. Zwar kann seit dem Jahr 2000 jedermann als Makler tätig sein, doch sind die offiziellen Makler (*Agente de Propiedad Inmobiliaria*, kurz *API*) in Berufskammern organisiert und unterstehen deren Disziplin. Daher können auch oder gerade ausländische Erwerber von der Zuverlässigkeit dieser Makler ausgehen. Üblicherweise werden in Spanien mehrere Makler beauftragt, um eine möglichst breite Streuung des Angebots zu erreichen, aber auch Exklusivvereinbarungen sind denkbar, wenn dies im Interesse des Veräußerers liegt.

Die Maklerprovision beträgt normalerweise 5–7 % des Kaufpreises, dies ist allerdings nur für die offiziellen API´s festgelegt. Da der Verkäufer diese Kosten in Spanien zu tragen hat, sollte er also von vornherein diese Kosten mit einkalkulieren und vor allem mit dem Makler eine klare Vereinbarung über Höhe und Fälligkeit der Vergütung treffen.

2.4.2 Belastungen durch Rechte Dritter

Beim Kauf einer Immobilie sollte man sich grundsätzlich vergewissern, ob sie frei von Belastungen Dritter ist. So haftet beispielsweise eine Immobilie in Spanien für Verbindlichkeiten gegenüber einer evtl. bestehenden Eigentümergemeinschaft, ohne dass dafür eine Vormerkung im Eigentumsregister nötig wäre. Der Käufer sollte sich demnach spätestens im Notartermin eine Bescheinigung des Präsidenten der Eigentümergemeinschaft vorlegen lassen, wonach der Verkäufer keinerlei Verbindlichkeiten mehr gegenüber der Gemeinschaft hat. Besteht kein gewählter Präsident, kann bei kleineren Gemeinschaften auch die Einholung einer entsprechenden Bescheinigung aller Miteigentümer dem Verkäufer zumutbar sein. Andere Belastungen zugunsten Dritter wirken nur dann gegenüber dem Erwerber, wenn ein entsprechender Eintrag im Eigentumsregister besteht, z. B. dingliche Rechte wie Erbbaurechte oder einstweilige gerichtliche Pfändungen des Grundstückes, die durch eine so genannte Pfändungsvormerkung (*anotación preventiva*) ins Eigentumsregister eingetragen werden können. Auch künftige erbrechtliche Ansprüche können einem freien Erwerb entgegenstehen. Im Übrigen gelten die Vorschriften über den gutgläubigen lastenfreien Erwerb, wonach der gutgläubige Erwerber auf die Informationen aus dem Eigentumsregister vertrauen darf.

2.4.3 Steuerschulden

Die Immobilie kann auch für Steuerschulden des Voreigentümers haften. Diese Haftung kann sich beispielsweise aus der Nichtbezahlung der Grundsteuer ergeben, ohne dass es dafür eines Eintrages im Eigentumsregister bedarf. Allerdings haftet die Immobilie stets subsidiär, d. h. nachrangig gegenüber dem eigentlichen Steuerschuldner. Bei anderen (einmaligen) Steuern, wie z. B. der Grunderwerbssteuer muss ein Vermerk der Steuerhaftbarkeit (*afección fiscal*) im Eigentumsregister eingetragen sein. Den Immobilienerwerber trifft die Pflicht, vom nichtresidenten Veräußerer 5 % des Kaufpreises einzubehalten und direkt an die Steuerbehörde abzuführen, andernfalls haftet die Immobilie für rückständige Steuern des Veräußerers.

2.4.4 Vom Käufer zu prüfende Urkunden

Der Erwerber sollte sich daher nach Einsicht in das Eigentumsregister vom Veräußerer eine Kopie des letzten Beleges über die Bezahlung der Grundsteuer, eine Kopie der notariellen Erwerbsurkunde und gegebenenfalls eine Bescheinigung der Eigentümergemeinschaft vorlegen lassen und genau prüfen. Daneben kann die Einholung einer Bescheinigung der Gemeinde über die baurechtliche Situation der Immobilie – sowohl hinsichtlich ihres aktuellen Bestandes, wie auch bezüglich der Planung der zukünftigen Bebauung der näheren Umgebung – ratsam sein.

2.4.5 Finanzierung

Üblicherweise werden in Spanien Immobilienkäufe fremdfinanziert. Beim Finanzierungsdarlehen wird vielfach für das erste Jahr ein Festzinssatz vereinbart, der später an den jeweils leicht erhöhten europäischen Zinssatz (EURIBOR) angepasst wird. Neuerdings werden immer häufiger auch Festzinsdarlehen angeboten, dies beruht auf der anhaltenden Niedrigzinsphase. Normalerweise werden bis zu 80 % des Immobilienwertes durch das Darlehen finanziert, in Einzelfällen können aber auch 100 % oder sogar darüber hinaus finanziert werden. Letzteres hängt im Wesentlichen vom Wert ab, der im Rahmen der Schätzung ermittelt wurde.

Spanische Banken vergeben entsprechende Darlehen auch an Ausländer und Nichtresidente. Da in diesen Fällen jedoch regelmäßig das Sicherheitenspektrum geringer ist – naturgemäß steht in den meisten Fällen nur die zu finanzierende Immobilie als Sicherheit zur Verfügung – kann von einer maximalen Finanzierung von 70 % des Kaufpreises ausgegangen werden.

2.4.6 Abwicklung des Eintragungsverfahrens

Aufgrund der überragenden Rolle, die Banken beim Kauf und Verkauf von Immobilien in Spanien spielen, nehmen diese auch weitgehend deren Abwicklung in die Hand. Häufig ist das in Rede stehende Grundstück, das über ein Hypothekendarlehen finanziert werden soll, noch mit einer noch laufenden Hypothek des Voreigentümers belastet, die zunächst gekündigt und zurückbezahlt werden muss. Zur Abwicklung dieser Vorgänge sowie zum Vollzug der notariellen Urkunde bedient man sich in Spanien in aller Regel der Dienste einer so genannten *Gestoría*. In Spanien ist es nicht üblich, dass der Notar den Vollzug seiner Urkunden selbst betreibt. Diese *Gestorías* sind Vollzugsbüros, die sich auf die Erledigung von Behördengängen wie Grundbucheintragungen spezialisiert haben. Soweit man sich mit den spanischen Gepflogenheiten nicht auskennt, ist man gut beraten, die Dienste eines *Gestor* in Anspruch zu nehmen, bei Bankenfinanzierung geben die Banken die Abwicklung von Kauf und Hypothekenbestellung ohnehin an ihre Haus-*Gestorías* ab. Grund dafür ist, dass die Hypothek erst mit Eintragung ins Grundbuch rechtswirksam wird, die Bank die Auszahlung des Darlehensbetrages dagegen regelmäßig bereits anlässlich des Notartermins zur Bezahlung des Kaufpreises veranlasst hat. Um die dingliche Sicherheit zu erhalten, hält die Bank somit die Hand auf die ordnungsgemäße Abwicklung und Eintragung durch die *Gestoría* ihres Vertrauens.

Beim Erwerb von Neubauten direkt vom Bauträger ist es nicht unüblich, dass der Erwerber einen bestehenden Darlehensvertrag des Bauträgers mit seiner finanzierenden Bank übernimmt, indem er sich der bereits bestehenden Hypothek unterwirft (*subrogación*). Dabei sind die Darlehenskonditionen meistens nicht so optimal wie bei einem individuell ausgehandelten Vertrag, dafür spart man aber die Kosten einer eigenen hypothekarischen Sicherung. Weiterhin besteht die Möglichkeit, einen Kredit einer ausländischen Bank in Anspruch zu nehmen und diesen mit einer Hypothek an der spanischen Immobilie zu sichern.

2.4.7 Kauf über eine Gesellschaft

Beim Kauf einer Immobilie über eine Gesellschaft können sich steuerliche Vorteile ergeben. Zwar unterscheidet sich der Kauf mittels einer Gesellschaft zunächst nicht vom Kauf einer natürlichen Person, denn auch die Gesellschaft hat die anfallende Grunderwerbsteuer (ITP) oder Umsatzsteuer (IVA) zu bezahlen. Wird jedoch eine Gesellschaft, die als solche bereits Eigentümerin der Immobilie ist, erworben oder werden Gesellschaftsanteile vererbt, können sich gegebenenfalls Vorteile ergeben.

Da das spanische Recht keine Erwerbshindernisse gegenüber ausländischen Gesellschaften kennt, kommt sowohl der Erwerb über eine spanische sowie über eine ausländische Gesellschaft oder auch eine so genannte Off-Shore-Gesellschaft in Betracht. Die Regeln über den Immobilienerwerb durch Ausländer gelten sinngemäß. Ausländische Gesellschaften unterstehen einer jährlichen 3 %-igen Sonderbesteuerung für juristische Personen auf den Katasterwert der Immobilie. Daher wird sich der Erwerb über eine ausländische Gesellschaft nur dann lohnen, wenn die Gesellschaft ihren Sitz in einem Staat hat, mit dem Spanien ein Doppelbesteuerungsabkommen mit Informationsaustauschklausel hat; denn Gesellschaften aus diesen Staaten können auf Antrag von der Steuer befreit werden.

Als spanische Gesellschaftsform bietet sich vor allem die *Sociedad de Responsabilidad Limitada*, kurz S.L., an. Diese Gesellschaftsform entspricht der deutschen GmbH und hat die Vorteile, dass sie von einem einzigen Gesellschafter gehalten werden kann und mit einem geringen Startkapital (3.006 Euro) gegründet werden kann. Bei der Veräußerung einer Gesellschaft muss keine gemeindliche Plusvalía-Steuer abgeführt werden, und Gesellschaften unterliegen auch nicht der Vermögenssteuer. Allerdings ist zu bedenken, dass die Gründung und die Unterhaltung einer Gesellschaft einigen Aufwand bedeutet, da die Gesellschaft ihre Bücher ordentlich führen muss und jährlich ihren Jahresabschluss im Handelsregister hinterlegen muss.

Bei genauer Beachtung der spanischen Steuergesetze lässt sich allerdings die Grunderwerbssteuer ITP nicht umgehen, da zwar die Übertragung von Gesellschaftsanteilen an sich steuerbefreit ist, aber Gesellschaften, deren Betriebsvermögen zu mehr als 50 % aus Immobilien besteht, bei der Veräußerung wie die Veräußerung der Immobilie selbst besteuert werden. Sofern die Finanzbehörden den wahren Gehalt der Veräußerung aufdecken, wird auch der Veräußerungsgewinn nach den gleichen Maßstäben besteuert.

2.5 Kosten und Steuern

Die Steuererhebungs- und Steuerbeitreibungskompetenzen sind in Spanien auf den Zentralstaat, die autonomen Gebietskörperschaften und die Gemeinden verteilt. Daher löst der Erwerb einer Immobilie verschiedene Steuerpflichten aus, für die wiederum verschiedene Behörden zuständig sind.

2.5.1 Grundbuch- und Notariatsgebühren

Für die notarielle Beurkundung sowie für die Eintragung ins Eigentumsregister fallen Gebühren an. Sowohl für Notare als auch für die Registerführer existieren gesetzliche Gebührenordnungen. Die Notarkosten und die Registerkosten belaufen sich insgesamt in etwa auf 3–5 % des Kaufpreises.

2.5.2 Steuerformalitäten

Die Steuernummer dient der Identifikation natürlicher und juristischer Personen bei ihren steuerlichen Angelegenheiten. Bei der NIF (número de identificación fiscal) handelt es sich um die Steuernummer für spanische Staatsangehörige. Der CIF (código de identificación fiscal) ist die Steuernummer für juristische Personen. Ausländer erhalten eine NIE (número de identificación de extranjeros) und zwar unabhängig davon, ob sie in Spanien oder im Ausland leben.

Für nicht residente Immobilieneigentümer besteht in Spanien keine Pflicht, einen Steuerrepräsentanten zu benennen, wenn sie ihre (spanische) Wohnanschrift als Zustelladresse angeben. Es kann allerdings sinnvoll sein, einen Steuerrepräsentanten anzugeben, um der Gefahr zu begegnen, dass fristauslösende Zustellungen an die Wohnanschrift in Spanien gesandt werden, ohne dass man davon rechtzeitig Kenntnis erlangt.

2.5.3 Einmalige Steuern beim Erwerb

Grunderwerbsteuer

Beim Grundstückserwerb können zwei verschiedene Arten von Steuern anfallen, die Grunderwerbsteuer (*Impuesto sobre Transmisiones Patrimoniales*, kurz ITP), die von den autonomen Gebietskörperschaften erhoben wird oder die Umsatzsteuer (*Impuesto sobre el Valor Añadido*, kurz IVA), die dem spanischen Zentralstaat zufließt. Beide Steuern schließen sich gegenseitig aus, wobei die IVA vorgeht. Die ITP, deren Satz in den meisten Autonomías ca. 7 % beträgt, kann also nur anfallen, wenn die Veräußerung nicht umsatzsteuerpflichtig ist. Gegebenenfalls reduzieren sich die Steuersätze für miterworbenes Zubehör, wie z. B. Möbel o. Ä. Daneben ergibt sich eine Reduzierung der Steuersätze zumeist auch aus sozialen Gründen, z. B. beim Erwerb von sozial gefördertem Wohnraum.

Baut der Erwerber selbst, fällt neben der ITP hinsichtlich des erworbenen Baugrundstücks eine Bausteuer (*Impuesto sobre Construcciones, Instalaciones y Obras*) an, die bis zu 4 % der Baukosten betragen kann.

Die Abführung von ITP muss regelmäßig im Wege der Selbstveranlagung innerhalb von 30 auf die notarielle Beurkundung folgenden Werktagen an die zuständige Autonomía erfolgen. Bei der Berechnung dieser Frist zählen Samstage als Werktage. Die Pflicht trifft den Erwerber und ihre Erfüllung ist Voraussetzung für die Eintragung in das Eigentumsregister. Bei Versäumung der Frist können Zuschläge bis zu 20 % eingefordert werden.

Umsatzsteuer

Der Steuersatz bei der Mehrwertsteuer IVA liegt im Regelfall bei 16 %. Die Mehrwertsteuer ist Teil des Kaufpreises und wird vom Veräußerer im Rahmen seiner quartalsmäßigen Umsatzsteuerabschlagszahlungen an die Finanzbehörden abgeführt. Der Steuersatz wird auf 7 % reduziert, wenn es sich um den Kauf von Wohnraum und dessen notwendiges Zubehör handelt. Der Erwerb von Bauland und Geschäftsgrundstücken wird somit mit 16 % besteuert. Allerdings fällt die Umsatzsteuer beim privaten Verkauf einer Immobilie nicht an, auch nicht bei Zweit- und allen nachfolgenden Veräußerungen der fertigen Immobilie. Bei Zweit- und Folgeerwerben, die von der Umsatzsteuer befreit sind, kann es sinnvoll sein, auf diese Befreiung zu verzichten, sofern der Erwerber ebenfalls umsatzsteuerpflichtig ist. Der Vorteil besteht darin, dass im regulären Geschäftsbetrieb die Umsatzsteuer aufgrund von Vorsteuerabzugsberechtigungen verrechnet werden kann. Außerdem hat der Eigentümer im Falle der Umsatzbesteuerung des Geschäftes die so genannte Stempelsteuer auf notarielle Urkunden oder auch Urkundensteuer (*Impuesto sobre los Actos Jurídicos Documentados*, kurz AJD) zu entrichten. Dabei handelt es sich um einen Steuersatz, der auf den Wert der Bebauung zu entrichten ist und normalerweise zwischen 0,5 und 1 % liegt. Im Falle der *renuncia a la exención del IVA* beträgt die Stempelsteuer je nach Autonomía bis zu 1,5 % des Geschäftswertes, was bedeutet, dass der schlichte Erwerb alleine einer Besteuerung von 8,5 % ausgesetzt sein kann.

2.5.4 Laufende Besteuerung und Ausgaben

Grundsteuer

Die Grundsteuer (*Impuesto sobre Bienes Inmuebles*, kurz IBI) wird jährlich an die Gemeinden abgeführt. Sie wird anhand des Katasterwerts der Immobilie nach einem gemeindlichen Schlüssel berechnet. Der Katasterwert der Immobilie kann mit dem so genannten Einheitswert in Deutschland verglichen werden und setzt sich aus dem Wert des Grundstückes und dem Wert seiner Bebauung zusammen. Dies ergibt sich aus den Art. 8 ff. des Katastergesetzes (*Ley del Catastro Inmobiliario*, kurz LCI). Demnach soll der Katasterwert dem Verkehrswert entsprechen, diesen aber auf keinen Fall übersteigen. Tatsächlich liegt der Katasterwert oft deutlich unter dem Verkehrswert. Gemäß dem Gesetz über die Gemeindesteuern (*Ley Reguladora de las Haciendas Locales*, kurz LHL) soll die Grundsteuer zwischen 0,3 % und 1,1 % des Katasterwerts betragen. Steuerpflichtig ist stets der Eigentümer der Immobilie, maßgebliches Datum für die Festsetzung der Grundsteuer ist jeweils der 1. Januar, auch wenn die Steuer häufig erst viel später im Jahr zu zahlen ist.

Einkommensteuer
Bei der Einkommensteuer unterscheidet das spanische Recht zwischen Residenten (*Impuesto sobre la Renta de las Personas Fisicas*, kurz IRPF) und Nichtresidenten (*Impuesto sobre la Renta de los No Residentes*, kurz IRNR). Sowohl für Residente als auch für Nichtresidente ist die Bemessungsgrundlage der Nutzungsvorteil ihrer Immobilie, der mit höchstens 2 % des Katasterwerts veranschlagt wird. Anknüpfungspunkt ist die Tatsache, dass in Spanien die Eigennutzung einer Immobilie zu Wohnzwecken besteuert wird. Während für Residente der jeweils zu errechnende persönliche Steuersatz anzuwenden ist, wird für Nichtresidente auf diese 2 % des Katasterwerts ein Steuersatz in Höhe von 25 % zur Anwendung gebracht, ohne dass es Abzugsmöglichkeiten gibt. Sofern die Immobilie vermietet wird, werden 25 % auf die erzielten Bruttomieteinnahmen – gleichfalls ohne Abzugsmöglichkeit – erhoben.

Vermögensteuer
Der Steuersatz für die Vermögensteuer liegt progressiv zwischen 0,2 % und 2,5 % der Bemessungsgrundlage. Diese ist durch den höchsten der drei folgenden Werte definiert: Katasterwert, Kaufpreis oder behördlich ermittelter Wert. Der Steuerhöchstsatz von 2,5 % kommt erst bei Vermögenswerten ab ca. 10 Mio. Euro zur Anwendung. Die Vermögensteuer trifft Residente wie Nichtresidente, wobei ein Freibetrag in Höhe von ca. 110.000 Euro nur für Residente gilt.

2.5.5 Steuern bei Veräußerung und Wertzuwachssteuer

Residente
Wird die Immobilie veräußert, so unterfällt der erzielte Gewinn ebenfalls der Einkommensteuer. Der Gewinn besteht in der Differenz zwischen Anschaffungs- und Verkaufswert, wobei der Anschaffungswert für Residente durch die Multiplikation mit einem jährlich staatlich festgelegten Koeffizienten nach oben angepasst wird und der Ver-

kaufswert um die tatsächlich angefallenen Kosten und Steuern vermindert wird. Er unterfällt dann nicht der Einkommensbesteuerung, wenn der Resident seine eigengenutzte Hauptwohnung veräußert und unter Wahrung bestimmter Fristen wieder in eine entsprechende neue Wohnung investiert. Ansonsten beträgt der Steuersatz für Residente 15 %.

Nichtresidente

Beim Nichtresidenten wird der Veräußerungsgewinn mit 35 % besteuert. Da der nichtresidente Veräußerer für die spanischen Behörden nach Veräußerung seiner Immobilie regelmäßig nur schwer greifbar ist, trifft den Immobilienerwerber, wie bereits erwähnt, die Pflicht, vom nichtresidenten Veräußerer 5 % des Kaufpreises einzubehalten (*retención*) und direkt an die Steuerbehörde abzuführen. Wird diese Pflicht nicht befolgt, haftet die Immobilie. Das gilt jedoch dann nicht, wenn der Veräußerer die Immobilie bereits vor dem 31. Dezember 1986 erworben hatte, da nach dem vormals geltenden Steuerrecht auf Immobilien mit einer entsprechenden Besitzzeit keine Einkommensteuer auf den Veräußerungsgewinn anfiel. Für die Abführung des Betrags an den spanischen Fiskus hat der Käufer einen Monat Zeit. Innerhalb der darauf folgenden drei Monate hat der Verkäufer seine Steuererklärung abzugeben. Im Rahmen dieser Steuererklärung wird der Steuereinbehalt mit der Gesamtsteuerschuld verrechnet.

Neben dieser Besteuerung des Gewinns bei Veräußerung besteht zusätzlich die so genannte Besteuerung des Wertzuwachses städtischer Grundstücke oder „*Plusvalía*" (*Impuesto sobre el Incremento del Valor de los Terrenos de Naturaleza Urbana*, kurz IIVT). Diese Steuer wird von den Gemeinden auf den im Laufe der Inhaberschaft der Immobilie nach objektiven Kriterien entstandenen Wertzuwachs erhoben. Steuerpflichtig ist im Regelfall der Veräußerer, im Falle unentgeltlicher Veräußerungen wie Erbschaft oder Schenkung ist der Erwerber steuerpflichtig. Die *Plusvalía* wird durch die Multiplikation des Katasterwerts mit der Anzahl der Jahre, die der Veräußerer die Immobilie in seinem Eigentum hatte, begrenzt auf eine Höchstzahl von 20 Jahren, berechnet. Dieser Wert wird dann mit einem Koeffizienten von maximal 3,7 % multipliziert. Wird dieselbe Immobilie innerhalb eines Jahres zweimal veräußert, fällt die *Plusvalía* nur einmal an.

2.5.6 Sonstige

Nichtresidente juristische Personen unterliegen ferner einer jährlichen Sondersteuer in Höhe von 3 % des Katasterwerts (*Gravamen Especial sobre Bienes Inmuebles de Entidades no Residentes*), wenn sie Eigentümer von Immobilien in Spanien sind oder an solchen Nutzungsrechte haben. Diese Steuer soll die Steuerflucht bekämpfen sowie die Anonymität von Unternehmen *pönalisieren*, die zwar keinen Sitz in Spanien haben, aber dennoch Inhaber von Grundstücksrechten sind.

Jede Wertsteigerung des Grundstückes soll der zuständigen Verwaltung zur Kenntnis gebracht werden. Auf Antrag sind Steuerbefreiungen möglich, wenn der Sitz der juristischen Person in einem Staat liegt, der mit Spanien ein Doppelbesteuerungsabkommen mit Informationsaustauschklausel hat. Dies gilt nicht für Gesellschaften, die ihren Sitz in so genannten Steuerparadiesen haben. Interessant ist in diesem Zusammenhang, dass die Schweiz zwar ein Doppelbesteuerungsabkommen mit Spanien hat, dieses aber keine Informationsaustauschklausel enthält, womit Schweizer Gesellschaften die Sondersteuer abführen müssen.

3. Immobilienerwerb in Frankreich

Jacky Petitot

3.1 Einleitung

Trotz fortschreitender Harmonisierung innerhalb der Europäischen Union unterliegt der Kauf einer Immobilie nach wie vor dem Recht des Landes, in dem sich besagte Immobilie befindet. Um unangenehme Überraschungen zu vermeiden und bestehende Schutzbestimmungen in Anspruch nehmen zu können, sind beim Kauf einer Eigentumswohnung oder eines Hauses in Frankreich einige Besonderheiten des französischen Rechts zu beachten. Im Folgenden werden sie in ihren Grundzügen erläutert.

Wie in den meisten anderen Ländern auch werden in Frankreich die meisten Immobilientransaktionen durch Immobilienmakler (*agents immobiliers*) vermittelt. Jeder Makler muss eine besondere, durch die Präfektur ausgestellte Zulassung (*Carte professionnelle "Transactions sur immeubles et fonds de commerce"*) und eine entsprechende Bankbürgschaft zur Deckung aller treuhänderisch entgegen genommenen Gelder vorweisen können (Gesetz vom 2.1.1970 und Verordnung vom 20.7.1972). Ohne diese gesetzlichen Mindestvoraussetzungen zu erfüllen, können auch ausländische Immobilienmakler nicht auf französischem Staatsgebiet geschäftlich tätig werden. Auf vertraglicher Basis bieten Maklerverbunde und Notare häufig zusätzliche Garantien.

Der Immobilienmakler darf nur aufgrund eines schriftlichen Auftrags tätig werden. Neben Maklern sind auch Investoren (*marchands de biens*) auf dem Immobilienmarkt tätig. Sie kaufen und verkaufen Immobilien auf eigenes Risiko. Auch sie müssen eine entsprechende Zulassung vorweisen. Notare sind je nach Region berechtigt, sowohl als Makler als auch als Investoren tätig zu werden.

3.2 Vorvertrag

Das französische Zivilrecht kennt keine besondere Vorschriften über den Grundstückskauf. Wie im allgemeinen Kaufrecht, erfolgen das

Kaufgeschäft und der Eigentumsübergang an Immobilien und immobiliengleichen Rechten, wie z. B. Immobilieneigentum (*propriété immobilière*), Miteigentum (*copropriété*), Flächennutzungsrecht (*droit de superficie*), Baumiete (*bail à construction*), Raumeigentum (*propriété de volume*) in einem Zug und allein durch die Vereinbarung über den Gegenstand und den Preis der Kaufsache (so genanntes „Konsensprinzip" des Art. 1583 Code civil).

Inter partes sind die Rechtswirksamkeit des Kaufvertrages und der Eigentumsübergang weder vom Besitzübergang noch von der Einhaltung besonderer Formvorschriften, wie z. B. einer Grundbucheintragung, abhängig. Hingegen wird gegenüber Dritten der Eigentumserwerb erst rechtswirksam, nachdem der Kaufvertrag notariell beurkundet und in das Grundstücks- und Hypothekenregister (*Conservation des hypothèques*) eingetragen wurde. Diese Eintragung erfolgt durch den Registerbeamten nach Überprüfung der formalen Voraussetzungen, wobei nicht etwa eine vollständige Textübertragung, sondern lediglich die Veröffentlichung des beurkundeten Kaufvertrages (*publicité foncière*) vorgenommen wird. In Ermangelung einer Prüfung der materiellen Voraussetzungen können die Eintragungen im Grundstücks- und Hypothekenregister nur deklaratorische und informative Wirkung entfalten. Somit ist der gutgläubige Erwerber nicht durch eine etwaige konstitutive Rechtswirkung der Eintragungen geschützt, zumal Änderungen dinglicher Rechte unabhängig von Eintragungen 30 Jahre lang zurückverfolgt werden können (Art. 2262 Code civil). Insofern ist der Rechtsverkehr durch das französische System der *publicité foncière* schlechter geschützt als z. B. durch die Grundbucheintragung des deutschen Rechts.

In den *Départements Bas-Rhin, Haut-Rhin* und *Moselle* besteht ein abweichendes Sonderrecht. Das hier lokal geführte Grundbuch (*Livre foncier*) bietet einen dem deutschen Grundbuch zwar ähnlichen, in Abwesenheit einer konstitutiven Wirkung der Eintragungen jedoch keineswegs gleichen Schutz des Rechtsverkehrs.

Aus diesen Gründen ist es in Frankreich üblich, vor dem notariell beurkundeten Kaufvertrag einen privatschriftlichen, doch bereits rechtsverbindlichen Vorvertrag abzuschließen, welcher die Einigung der Parteien feststellt, bis alle Vorkehrungen für die öffentliche Eintragung des Eigentumsübergangs abgeschlossen sind. Auf Grundlage dieses Vorvertrages beantragt der Notar die behördlichen Genehmigungen zur Vorbereitung der Kaufurkunde.

3.2.1 Inhalt des Vorvertrages

Die inhaltliche Gestaltung des Vorvertrages ist grundsätzlich *frei*. Da somit sehr früh rechtlich bindende Willenserklärungen abgegeben werden, ist es üblich und gerade für einen Erwerber aus dem Ausland ratsam, bereits beim Aushandeln des Vorvertrages einen möglichst sprachkundigen Notar zur Beratung bzw. zur späteren Beurkundung des Kaufvertrages hinzuzuziehen. Dies gestattet es dem Notar, bereits den Vorvertrag nach dem Willen der Parteien zu gestalten und darüber hinaus Schwierigkeiten vorzubeugen, die sich häufig daraus ergeben, dass sich die Parteien im Vorvertrag rechtsverbindlich, z. B. über eine unmögliche Leistung geeinigt haben, die im beurkundeten Kaufvertrag nicht mehr geheilt werden kann.

Der Vorvertrag enthält möglichst umfassende Angaben. Die Recherchen zur inhaltlichen Gestaltung des Vorvertrages werden vom Notar geführt, wenn ein solcher von den Parteien dazu bestellt wurde. Andernfalls wird diese Aufgabe von den Parteien selbst bzw. vom Notar wahrgenommen, der mit der Vorbereitung der Kaufurkunde betraut wird. Falls eine der Parteien die französische Sprache nicht bestens beherrscht, sollte der Vorvertrag zweisprachig abgeschlossen werden.

Vertragsparteien
Diese Angaben betreffen Name und Vorname, Geburtsdatum und Geburtsort der Parteien gemäß standesamtlicher Eintragung, Staatsangehörigkeit, Wohnort und Beruf, Name des Ehegatten und Güterstand. Gegebenenfalls kommen besondere Hinweise auf Geschäftsfähigkeit, Legitimation von Erben, Verfügungsbefugnisse von gesetzlichen Vertretern, bei Gesellschaften auch Vertretungsmacht hinzu. In der Praxis werden diese Angaben anhand der Geburts- und Heiratsurkunden (*actes de naissance et de mariage*) geprüft, die nicht älter als 3 Monate sein dürfen. Bestehende Eheverträge (*contrat de mariage*) geben über besondere Vereinbarungen bezüglich des Güterstandes Auskunft.

Wird die zu verkaufende Immobilie der Gütergemeinschaft zugerechnet, müssen nach französischem Recht beide in Gütergemeinschaft verheiratete Ehegatten dem Verfügungsgeschäft zustimmen. Handelt es sich beim Objekt um die Familienwohnung des Verkäufers, ist die Veräußerung ebenfalls zustimmungspflichtig. Die Zustimmung sollte bereits in den Vorvertrag aufgenommen werden.

Bezeichnung und Ausstattung der Immobilie
Die im Vorvertrag gemachten Angaben zur Bezeichnung der Immobilie (*désignation*) müssen mit der im Katasterauszug (*extrait de la matrice cadastrale*) eingetragenen Parzellenbezeichnung übereinstimmen, da dieser für die genaue Grundstücksbeschreibung maßgebend ist. Der Katasterauszug ist beim Grundstücks- und Immobilienregister erhältlich. Der Vorvertrag kann auch freiwillige Selbstverpflichtungen des Verkäufers wie Bauverbote, Zugangsrechte, stilgerechte Überbauung, usw. auf den Käufer übertragen.

Grund- und Nutzfläche der Immobilie
Beim Kauf von Miteigentumsanteilen (*lots de copropriété*) muss die genaue Grund- und Nutzfläche im notariellen Kaufvertrag und bereits im Vorvertrag angegeben werden (durch die so genannte „*loi Carrez*" novelliertes Gesetz Nr. 65-557 vom 10.7.1965). Andernfalls kann der Käufer den Kaufvertrag innerhalb eines Monats nach Unterzeichnung des Vorvertrags für nichtig erklären lassen, es sei denn, die Angabe wurde in der notariellen Kaufurkunde geheilt. Weicht darüber hinaus die tatsächlich gemessene Fläche um über 5 % von den im Vorvertrag gemachten Angaben ab, kann der Käufer binnen Jahresfrist ab Unterzeichnung des beurkundeten Kaufvertrages gerichtlich eine entsprechende Preisminderung erwirken. Von dieser Vorschrift ausgenommen sind der Bauträgerkauf sowie Kaufverträge über Baugrundstücke (*terrains à bâtir*), freistehende Häuser (*maisons individuelles*), Kellergebäude, Garagen und Parkplätze.

Die Grund- und Nutzfläche ist gesetzlich definiert (Verordnung Nr. 97-532 vom 23.5.1997) und umfasst die überdachte Grundfläche nach Abzug der durch Mauern, Treppen und Türrahmen besetzten Fläche. Die gesetzlich festgesetzte Stehhöhe beträgt 1,80 Meter. Die Grund- und Nutzfläche ist vom Verkäufer durch einen Vermessungsingenieur (*géomètre-expert*) ermitteln zu lassen. Gegebenenfalls kann eine Nachprüfung durch den Käufer nützlich sein.

Eigentumsnachweis
Der Eigentumsnachweis erfolgt durch Vorlage einer entsprechenden Urkunde (*titre de propriété*), wie z. B. eine Schenkungsurkunde (*acte de donation*), eine notariell beglaubigte Kopie der Kaufurkunde (*expédition de l'acte d'acquisition*) oder aber auch eine notarielle Bescheinigung über die Erbschaft. Die Urkunde muss mit dem Registervermerk (*mention de la publicité foncière*) versehen sein. Ist das Eigentum an der Immobilie z. B. infolge einer Erbschaft geteilt (*indivis*), müssen alle Miteigentümer dem Verkauf zustimmen. Die Zustimmung sollte bereits im Vorvertrag vermerkt werden.

Belastung der Immobilie durch Ansprüche Dritter
Bestehende Hypotheken und anderweitige Grunddienstbarkeiten (*charges réelles*), wie Dienstbarkeiten (*servitudes*), Wohnrecht (*droit d'habitation*), Nießbrauch (*usufruit*), Verfügungsbeschränkungen (*restrictions aux droit de disposer*), Mietvertrag mit einer Laufzeit von über 12 Jahren (*bail de plus de douze ans*), Rücktrittsrecht (*droit de résolution*), Vorkaufsrecht (*droit de préemption*), sowie gesetzliche Belastungen (*privilèges légaux*), sind bereits im Vorvertrag aufzuführen. Geprüft werden die Angaben in den meisten Fällen anhand der vom Verkäufer vorgelegten Hypothekenurkunden (*actes hypothécaires*).

Preis- und Zahlungsbedingungen
Hierzu gehören vor allem auch Angaben über die hinterlegte Nutzungsausfallentschädigung, auf die noch einzugehen sein wird.

Unbedenklichkeitsbescheinigungen
In der Regel wird der Vorvertrag unter der aufschiebenden Bedingung geschlossen, dass der Verkäufer Nachweise darüber vorlegt, dass die Immobilie nicht durch bestimmte Stoffe bzw. Organismen verseucht ist. Alle vor dem 1.1.1980, in bestimmten Fällen auch vor dem 1.7.1997, fertig gestellten Gebäude müssen durch einen entsprechenden Sachverständigen auf Asbest untersucht werden. In bestimmten Gegenden, vor allem im Süden und Osten des Landes, schreiben Beschlüsse des Präfekten bzw. der Gemeinde (*arrêté préfectoral* bzw. *arrêté municipal*) die Vorlage einer Unbedenklichkeitsbescheinigung über den Befall durch Termiten und andere holzfressende Insekten vor (Gesetz Nr. 99-471 vom 8.6.1999 und Verordnung Nr. 200-873 vom 3.7.2000). Die Bescheinigung wird nach entsprechender Prüfung von einem vom

Centre technique du bois et de l'ameublement zugelassenen Sachverständigen ausgestellt und an die Gemeindeverwaltung geschickt. Sie muss weniger als drei Monate vor dem Kaufdatum ausgestellt worden sein. Kommt der Verkäufer dieser gesetzlichen Pflicht nicht nach, verwirkt er die Einrede der höheren Gewalt, wenn der Käufer im Rahmen der Gewährleistungspflicht für Sachmängel Schadensersatzansprüche geltend macht.

Alle vor 1948 fertig gestellten Gebäude, die sich in einen durch Beschluss des Präfekten festgesetzten Risikobereich befinden, sind auf Vergiftungsgefahr durch Blei untersuchen zu lassen (Art. L 1334-5, Art. R 32-2 und Art. R 32-10 ff. Code de la santé publique). Das Sachverständigengutachten ist ab Ausstellung ein Jahr lang gültig. Über die gesetzlichen Vorschriften hinaus empfiehlt sich rein sicherheitshalber die Prüfung der vom Verkäufer gemachten Angaben durch einen vom Käufer beauftragten Sachverständigen.

Gültigkeitsdauer des Angebotes
Im Vorvertrag wird eine Frist gesetzt, bis zu deren Ablauf der notarielle Kaufvertrag spätestens unterzeichnet werden soll.

Übergabe der Immobilie
Zeitpunkt und Modalitäten der Übergabe der Immobilie können frei vereinbart werden. Wenn eine Verpflichtung bestehen soll, die Räumlichkeiten bis zur notariellen Beurkundung zu räumen, kann der Nutzungsübergang unabhängig von der Übergabe vereinbart werden.

Kauf von Miteigentumsanteilen an Immobilien
Bezieht sich der Immobilienkauf auf Miteigentumsanteile (*lots de copropriété*), geben die Klauseln der Eigentumsordnung (*règlement de copropriété*) die Aufteilung der Flächen zwischen Miteigentümer und Eigentümergemeinschaft vor. Dort sind auch die Angaben über die Nutzung des Eigentums zu reinen Wohn- oder möglicherweise auch zu beruflichen Zwecken zu finden, nebst der Aufteilung der Eigentumsanteile (*tantièmes*) und dem Anteil an den Nebenkosten (Aufzug, Grünflächen, Hausmeister, Verwaltung etc.).

Eine Bescheinigung des Hausverwalters (*syndic de copropriété*) ist einzuholen, um Auskunft über Art und Umfang der Nebenkosten zu erhalten (Art. 5 Verordnung vom 17.3.1967). Insbesondere von der Eigentümerversammlung beschlossene Bau- oder Renovierungsarbeiten, die noch nicht durchgeführt oder bezahlt wurden, können den Käufer finanziell erheblich belasten oder seine zukünftigen Rechte beschränken. Der Vorvertrag muss in einem solchen Falle bestimmen, in welcher Höhe und vor allem ab welchem Zeitpunkt Entscheidungen der Eigentümerversammlung den Käufer verpflichten sollen.

Es ist vor Abschluss des Vorvertrages sinnvoll, beim Hausverwalter das Scheckheft über vergangene Instandsetzungs- und Renovierungsarbeiten (*carnet d'entretien*) sowie das technische Gutachten einzusehen, welches auf Grundlage des Art. 45-1 des Gesetzes Nr. 65-357 vom 10.7.1965 vor Teilung eines seit über 15 Jahren fertig gestellten Gebäudes erstellt werden muss.

Beim Kauf von Immobilien, die Teil einer Neubausiedlung (*lotissement*) sind, empfiehlt es sich bereits in diesem Stadium, die Anlageordnung (*règlement de lotissement*) und das Lastenheft (*cahier des charges*) einzusehen, um Rechte und Pflichten der Eigentümer hinsichtlich Bebauung, Grundstücksgrenzen und Unterhalt der Gemeinschaftsflächen zu kennen.

Bescheinigung über die Durchführung größerer Umbauarbeiten
Wenn an der Immobilie größere Umbauarbeiten vorgenommen wurden, ist bei der Gemeinde (*commune*) die Bestätigung einzuholen, dass diese in Übereinstimmung mit der Baugenehmigung durchgeführt wurden (*certificat de conformité*).

Bestellung des Notars zur Beurkundung
Der Vorvertrag bestellt den Notar, der mit der Beurkundung des Kaufvertrages beauftragt werden soll, wobei jeder in Frankreich zugelassene Notar ausgewählt werden kann. Es ist zwar möglich, dass Verkäufer und Käufer gemeinsam einen Notar auswählen, doch liegt es oft im Interesse beider Parteien, sich jeweils von ihrem eigenen Notar beraten zu lassen. Dies ist standesrechtlich zulässig, sofern die Notare die Honorargebühren unter sich aufteilen und dem Mandanten gegenüber der Verpflichtung eines gemeinsamen Notars keine Mehrkosten entstehen (Art. 10 Notarabgabenordnung, *Tarif du notaire*).

3.2.2 Aufschiebende Bedingungen

In der Regel ist der Vorvertrag unter der aufschiebenden Bedingung (*sous condition suspensive*) formuliert, dass:

- die Finanzierung des Kaufpreises durch das von der Bank bewilligte Darlehen gesichert ist;
- keine Auflagen der Baubehörde vorliegen;
- keine gesetzlichen oder vertraglichen Vorkaufsrechte ausgeübt werden;
- keine Hypotheken oder gesetzlichen Belastungen bestehen, die nicht aus dem Kaufpreis abgelöst werden könnten;
- die notarielle Beurkundung des Kaufvertrages erfolgt.

Sind alle genannten Bedingungen eingetreten, liegt es im Interesse des Käufers, den Vorvertrag durch Beurkundung des endgültigen Kaufvertrages zu erfüllen und dessen Registrierung in das Grundstücks- und Hypothekenregister zu betreiben. Vorbehaltlich einer anders lautenden ausdrücklichen Vereinbarung gehen nämlich ab Eintritt aller Bedingungen sämtliche Rechte und Pflichten auf den Käufer über, und zwar rückwirkend ab Abschluss des Vorvertrages (Art. 1181 Abs. 3 Code civil). Während dem Käufer dadurch alle Pflichten aus dem Kauf auferlegt werden, kann er sich gegenüber Dritten erst dann auf die neu geschaffene Rechtslage berufen, nachdem der Eigentumsübergang publiziert worden ist.

3.2.3 Vertragsform

Unter den Vorverträgen unterscheidet man grundsätzlich den einseitig bindenden (*promesse unilatérale de vente*) vom gegenseitig bindenden Vorvertrag (*promesse synallagmatique de vente*, in der Praxis oft auch *compromis de vente*). Regional unterschiedlich ist eher die eine oder die andere Vertragsform üblich.

Einseitig bindender Vorvertrag
Beim einseitig bindenden Vorvertrag erfolgt die Einigung schrittweise. Zunächst nimmt der Käufer durch seine Unterschrift das Verkaufsversprechen entgegen, ohne sich seinerseits zu binden, während sich der Verkäufer für eine festgesetzte Dauer (in der Regel drei Monate) bin-

det. In der Praxis wird eine Anzahlung (*acompte*) von 10 % des Kaufpreises vereinbart, welche dem Verkäufer bei Nichtabschluss des beurkundeten Kaufvertrages als Nutzungsausfallentschädigung (*indemnité d'immobilisation*) überlassen wird. Der Vorvertrag entfaltet erst dann volle Rechtswirkung, wenn der Käufer das Angebot schriftlich annimmt (*acceptation de l'offre en tant que levée d'option*). Der Käufer kann die notarielle Beurkundung des Kaufvertrages dann notfalls auch gerichtlich (*action en constatation du transfert de propriété*) durchsetzen.

Gegenseitig bindender Vorvertrag
Im gegenseitig bindenden Vorvertrag legen sich sowohl Verkäufer als auch Käufer wie bei einem Festkauf endgültig fest. Als Nachweis der Vereinbarung genügt die Schriftform und die handschriftliche Unterzeichnung von je einem Originalexemplar des Vertrags (Art. 1322 ff. Code civil).

Der privatschriftliche Vorvertrag muss innerhalb 10 Tagen nach Annahme durch den Käufer beim Finanzamt (*Bureau de l'enregistrement*) registriert werden. Die Frist beträgt für den notariell beurkundeten Vorvertrag einen Monat (Art. 635 Code général des impôts). Andernfalls wird der Vorvertrag nichtig (Art. 1840 A Code général des impôts).

Wegen der Gefahr der Geldwäsche besteht bei grenzüberschreitenden Zahlungen, die einen Betrag von 7.600 Euro überschreiten, gegenüber den französischen Zollbehörden eine Meldepflicht (Art. 1649 A Code général des impôts). Bei Zuwiderhandlung kann die Geldsumme von den Zollbehörden einbehalten bzw. auch zu ungünstigen Bedingungen besteuert werden.

3.2.4 Verbraucherschutz

Ganz allgemein gilt ein verstärkter Verbraucherschutz als besonderes Merkmal der französischen Rechtsordnung. Im Bereich des Immobilienkaufs schlägt sich dies in einigen Formvorschriften nieder, die streng einzuhalten sind, um den Bestand des Kaufvertrages nicht zu gefährden.

Fremdfinanzierung

Französische Banken finanzieren in der Regel bis zu 80 % des Kaufpreises einer Immobilie. Will der Käufer seine zukünftige Immobilie durch einen Kredit finanzieren, ist er durch die strengen Verbraucherschutzbestimmungen der Art. L 312-1 ff. Code de la consommation geschützt. Das Gesetz stellt eine Verbindung zwischen dem Vorvertrag und dem Finanzierungsvertrag her, so dass der Vorvertrag nur unter der aufschiebenden Bedingung zustande kommt, dass der im Vorvertrag angegebene Kreditvertrag (bzw. die Kreditverträge) abgeschlossen wurde.

Bis zur Unterzeichnung des beurkundeten Kaufvertrages muss dann mindestens eine Frist von einem Monat gewahrt werden. Kommt der Kreditvertrag nicht zustande, wird der Vorvertrag von Rechts wegen aufgehoben, ohne dass dem Kaufinteressenten dadurch zusätzliche Kosten entstehen dürfen. Insbesondere die hinterlegte Nutzungsausfallentschädigung von 10 % muss ihm in diesem Falle unverzüglich zurückgezahlt werden. Allerdings ist der Käufer der Rechtsprechung nach verpflichtet, wahrheitsgetreue Angaben zu machen und sich nach Treu und Glauben darum zu bemühen, die beantragte Finanzierung rechtzeitig zugeteilt zu bekommen.

Der Käufer kann auf die Schutzbestimmungen des Art. 312-1 ff. Code de la consommation verzichten, indem er im Vorvertrag bzw. im beurkundeten Kaufvertrag folgenden handschriftlichen Vermerk unterschreibt:

„Je reconnais avoir été informé que si je recours néanmoins à un prêt, je ne pourrai me prévaloir des dispositions protectrices du Code de la consommation.“

Widerruf

Ist das Kaufobjekt zu Wohnzwecken bestimmt, bereits seit fünf oder mehr Jahren fertig gestellt, und der Kaufinteressent kein sachkundiger Professioneller, besteht eine Widerrufsfrist von sieben Tagen ab dem auf die Zustellung des privatschriftlichen Vorvertrages (per Einschreiben mit Rückschein) folgenden Tag (Art. L 271-1 Code de la construction et de l'habitation). Der Vorvertrag kann sofort unterzeichnet werden, die Widerrufserklärung jedoch ist per Einschreiben mit Rückschein zuzustellen.

Zahlungen, wie z. B. die Nutzungsausfallentschädigung dürfen während der Widerrufsfrist nur treuhänderisch und an Makler oder Notare geleistet werden, welche die gesetzlichen Garantieerfordernisse erfüllen (Art. L 271-2 Code de la construction et de l'habitation). Bei Widerruf sind die gezahlten Beträge innerhalb 21 Tagen ab dem auf den Widerruf folgenden Tag zu erstatten.

Wenn der Vorvertrag notariell beurkundet wird, läuft die Frist ab dem auf die Zustellung des zur Beurkundung vorgeschlagenen Vorvertragsentwurfs folgenden Tag. Vor Ablauf der Frist dürfen weder der Vorvertrag unterzeichnet werden noch irgendwelche Zahlungen erfolgen. Auf diese Weise soll gewährleistet werden, dass der Kaufinteressent in aller Ruhe sein Vorhaben überdenkt.

3.2.5 Bauverträge

Vom klassischen Immobilienkauf zu unterscheiden sind die besonderen Vertragsformen zur Verwirklichung von individuellen Bauvorhaben, die zum Teil mit Modellen des deutschen Rechts übereinstimmen. Sie unterliegen jeweils speziellen Bestimmungen des Baurechts, weshalb hierauf nicht weiter eingegangen werden soll.

3.3 Notariat

3.3.1 Rechtsstellung des Notars

Der französische Notar (*notaire*) ist hauptberuflich tätig und Inhaber eines öffentlichen Amtes (*officier ministériel*). Sein örtlicher Zuständigkeitsbereich erstreckt sich auf das gesamte französische Staatsgebiet, so dass landesweit freie Notarwahl besteht. Adressen erhält man bei der örtlichen Notarkammer (*Chambre des notaires*) oder z. B. beim zuständigen deutschen Konsulat.

Einerseits obliegt es den Notaren, öffentliche Urkunden zu erstellen und die Vertragsparteien objektiv über ihre Rechte und Pflichten aufzuklären. In diesem Aspekt seiner Tätigkeit unterliegt er einer besonders strengen Amtspflicht zur Beratung und Belehrung (*obligation de conseil et d'information*). Andererseits tritt der Notar auf dem Rechtsmarkt anlässlich der Vorbereitung und Abwicklung von Rechtsgeschäften als Berater seines Mandanten auf. Diese etwas hybride

Rechtsstellung führt dazu, dass der „persönliche" Notar einer Vertragspartei in der Regel deren besonderes Vertrauen genießt.

Notare unterliegen einem strengen nationalen und nun auch einem europäischen Standesrecht (*Code de déontologie notariale*). Für die von ihnen treuhänderisch verwalteten Summen bürgt ein Garantiefonds, für den alle Notare des Landes gesamtschuldnerisch haften.

3.3.2 Vorbereitung der notariellen Beurkundung

Wenn er nicht bereits mit der Vorbereitung des Vorvertrages befasst war, erhält der mit der Beurkundung beauftragte Notar eine Kopie des Vorvertrages und gegebenenfalls auch einen Verrechnungsscheck über die Nutzungsausfallentschädigung zum Einzug auf ein Treuhandkonto (*compte client*).

Nehmen ein französischer und ein ausländischer Notar die Beurkundung gemeinsam vor, haben beide Notare ihren jeweiligen Mandanten über den Umfang ihrer Leistungen und die Höhe ihrer Auslagen und Honorare aufzuklären. Sie müssen hierbei auf eine möglichst geringe Gesamtbelastung des Mandanten hinwirken (Art. 2 Abs. 3 Europäischer Kodex des notariellen Standesrechts).

Sofern die entsprechenden Vorbereitungen nicht bereits im Vorfeld des Vorvertrages getroffen wurden, veranlasst der Notar zur Vorbereitung der Kaufurkunde Folgendes:

- Anforderung von Geburts- und Heiratsurkunden, Eheverträgen, Verfügungsbefugnissen usw. zur Überprüfung der Personalien der Vertragsparteien und ihrer Rechtsfähigkeit (s. o.). Die Kaufurkunde soll die Anzahl der Käufer und die natürliche bzw. juristische Art ihrer Person festschreiben. Dem Notar muss im Vorfeld mitgeteilt werden, ob ein Ehegatte einzeln oder beide Ehegatten gemeinsam erwerben. In der Praxis wird der deutsche gesetzliche Güterstand der Zugewinngemeinschaft (*participation aux acquêts en cas de divorce*) immer wieder mit dem französischen gesetzlichen Güterstand der Errungenschaftsgemeinschaft (*communauté de biens réduite aux acquêts*) verwechselt. Die Gefahr besteht dabei, dass der Notar, wie in Frankreich allgemein üblich, den einen Ehegatten für das Gesamtgut der Gemeinschaft erwerben lässt in der irrigen Annahme, es bestehe bei der deutschen Zugewinngemeinschaft ebenfalls ein Gesamtgut beider Ehegatten;

- Ausstellung eines Katasterauszuges (*extrait de la matrice cadastrale*) zur genauen Bezeichnung der Kaufsache (s. o.);

- Vorlage der Eigentumsnachweise (*titres de propriété*) durch den Verkäufer bzw. gegebenenfalls durch den zuletzt tätig gewordenen Notar (s. o.);

- Anforderung einer Aufstellung des Grundstücks- und Hypothekenregisters über bestehende Belastungen und Beschränkungen (*état hypothécaire hors formalité*). Diese Aufstellung gibt nur Auskunft über bestehende Belastungen, nicht aber über die tatsächlichen Eigentumsverhältnisse. Die Wartezeit beträgt zwischen einem und sechs Monate. Nach Eingang und Prüfung der Aufstellung fordert der Notar alle Hypothekengläubiger auf, ihm die Ablösebeträge mitzuteilen;

- Ermittlung von Miet- oder Pachtverhältnissen und Anforderung der entsprechenden Verträge (*contrats de bail*). Um das gesetzliche Vorkaufsrecht der Mieter bzw. Pächter zu gewährleisten, nimmt der Notar die Personalien der Mieter, den Mietzins und die Laufzeit des Vertrages in die Kaufurkunde auf. Wird die Immobilie vermietet verkauft, ist die Kaution vom Verkäufer zurückzuerstatten, es sei denn er zahlt diese an den Käufer aus, welcher sie dann bei Beendigung des Mietverhältnisses zurückerstattet. Dies setzt allerdings die ausdrückliche Zustimmung des Mieters in der Kaufurkunde voraus;

- Vorlage der Unbedenklichkeitsbescheinigungen im Hinblick auf Asbest-, Blei- und Termitenverseuchung (s. o.);

- Gegebenenfalls Anfrage beim Hausverwalter (*syndic de copropriété*) über ausstehende Zahlungsverpflichtungen bzw. Guthaben des Verkäufers, da dem Hausverwalter auf das Gemeinschaftskonto des Verkäufers in Höhe aller Zahlungsrückstände ein gesetzliches Befriedigungsvorrecht zusteht;

- Ermittlung der städtebaulichen Rechtslage der Immobilie. Anfragen bezüglich städtebaulicher Anordnungen werden an *die Direction départementale de l'Equipement*, bezüglich Baulasten, Bauauflagen, Bau- und Gewerbebeschränkungen sowie Denkmalschutz, an die Gemeindeverwaltung (*mairie*) gerichtet. Beim Erwerb einer Immobilie ohne angemeldete Umbauvorhaben ergeht ein Informations-schein über die städtebauliche Rechtslage der Immobilie (*Note de renseignement d'urbanisme*). Wird ein Baugrundstück bzw. ein Gebäude erworben, dass zum Umbau bestimmt ist, wird eine so genannte Bescheinigung über die städtebauliche Rechtslage (*Certificat d'urbanisme*) ausgestellt, welche zusätzlich Angaben über die bestehenden oder geplanten öffentlichen Anschlüsse enthält (Trink- und Abwasserkanalisationen, Stromzufuhr). Beide Bescheinigungen sind ein Jahr lang gültig. Bei Baugrundstücken, welche Teile einer Neubausiedlung (*lotissement*) sind, fordert der Notar die Anlageordnung (*Règlement de lotissement*) an;

- Ermittlung gesetzlicher Vorkaufsrechte mittels einer so genannten Veräußerungsabsichtserklärung (*Déclaration d'intention d'aliéner*). Diese wird per Einschreiben mit Rückschein an die Gemeindeverwaltung gerichtet;

- Berechnung der vom Käufer spätestens im Beurkundungstermin treuhänderisch an den Notar zu entrichtenden Steuern, Abgaben und Gebühren (*impôts, taxes et charges*);

- Wenn der Käufer angegeben hat, dass er seinen Immobilienkauf über einen Kredit finanziert, nimmt der Notar Verbindung zur Bank auf und erfragt die Kreditbedingungen. Vor Unterzeichnung der Kaufurkunde erhält die Bank eine Kopie des Vertragsentwurfs. Wenn sie zustimmt, überweist sie zum Unterzeichnungstermin die Summe auf das Treuhandkonto des Notars. Bei einer Finanzierung durch eine ausländische Bank wird die Bank eine Hypothek nach französischem Recht aufgrund der Bestellungsurkunde und des Darlehensvertrags des französischen Notars bestellen oder die Absicherung auf einem anderen Objekt des Käufers betreiben. Hierfür fallen zusätzliche Notarkosten und Registrierungsgebühren an.

Nachdem diese Ermittlungen abgeschlossen sind, bereitet der Notar die Urkunde für den endgültigen Kaufvertrag vor und händigt sie den Parteien zur Überprüfung aus.

3.3.3 Inhalt des beurkundeten Kaufvertrages

Der beurkundete Kaufvertrag (*acte de vente*) enthält zwingend folgende Angaben:

- Bezeichnung der Urkunde als Kaufvertrag mit Datum und Ort;

- Angaben über den beurkundenden Notar;

- Personalien von Verkäufer und Käufer (s. o.). Urkunden dürfen nur in französischer Sprache verfasst werden. Allerdings kann der Notar, wenn eine Vertragspartei die französische Sprache nicht versteht, die Urkunde halbseitig auf französisch und halbseitig in der Sprache der Vertragspartei verfassen. Die Hinzuziehung von Dolmetschern unterliegt dem deutschen Beurkundungsrecht vergleichbaren Regeln. Es wird entweder die Kenntnis der französischen Sprache bescheinigt oder ein Dolmetschervermerk in die Urkunde aufgenommen. Tritt eine Gesellschaft als Verkäufer auf, sind zusätzliche Nachforschungen über die finanzielle Situation der Gesellschaft beim Handels- und Gesellschaftsregister einzuholen;

- Bezeichnung der verkauften Immobilie (*désignation*). Zusätzliche Inventargegenstände, wie Küchenelemente, Innenausstattung, Kamine usw. sollten aus steuerrechtlichen Erwägungen mit entsprechenden Wertangaben der notariellen Urkunde als Anlage beigefügt werden. Beim Kauf von Miteigentumsanteilen ist die Grund- und Nutzfläche anzugeben (s. o.).

- Eigentumsnachweis des Verkäufers (*origine de propriété*) (s. o.), inklusive der Aufzählung der in den letzten 30 Jahren erfolgten Erwerbsvorgänge, mit entsprechender Angabe der Parteien, des Kaufpreises, der Beurkundungsdaten, der Notare und der Eintragungsvermerke aller vorhergehenden Urkunden;

- Hinweis auf bestehende Miet- bzw. Pachtverträge und die daraus abgeleiteten gesetzlichen Vorkaufsrechte;

- Aufführung der bestehenden Hypotheken und sonstigen Grunddienstbarkeiten (*charges réelles*);

- Belehrung des Käufers über die in der Bescheinigung (bzw. im Informationsschein) aufgeführte städtebauliche Rechtslage (*Certificat* bzw. *Note de renseignement d'urbanisme*);

- Erklärungen zu den gesetzlichen Vorkaufsrechten (*droit de préemption*);

- Kaufpreis und Zahlungsmodus. Der Kaufpreis muss am Tag der Beurkundung auf dem Treuhandkonto des Notars gutgeschrieben sein. Meldungen grenzüberschreitender Zahlungen an die Zollbehörden (s. o.) erledigt der Notar;

- Steuern, Abgaben und Gebühren (*impôts, taxes et charges*), die der Käufer spätestens am Beurkundungstermin an den Notar treuhänderisch zu entrichten hat;

- Gegebenenfalls Vollmachten zur Ergänzung oder Berichtigung der Urkunde;

- Erklärung über die Registrierung in das Grundstücks- und Hypothekenregister;

- Erklärung der Vertragsparteien, dass der in der notariellen Urkunde aufgeführte Kaufpreis der tatsächlichen Vereinbarung entspricht.

3.3.4 Vertragsgestaltung im Hinblick auf das Güterrecht

Selbst wenn der Eigentümer Ausländer ist, kann vertraglich die partielle Geltung des französischen Güterrechts vereinbart werden.

Der Kauf durch zwei Ehegatten, die im französischen gesetzlichen Güterstand der Errungenschaftsgemeinschaft (*communauté de biens réduite aux acquêts*) verheiratet sind, führt von Gesetzes wegen zum Erwerb in Gütergemeinschaft. Hierbei ist zu beachten, dass die nachträgliche Übertragung eines Anteils auf den anderen Ehegatten nach französischem Steuerrecht wesentlich nachteiliger ist als etwa in Deutschland oder Österreich.

Jede entgeltliche Übertragung (*transmission à titre onéreux*) von Immobilieneigentum löst Grunderwerbsteuer aus. Unentgeltliche Zuwendungen unter Ehegatten (*donations entre époux*) bergen hingegen die Gefahr, dass nach der zwingenden Bestimmung des Art. 1096 Code civil jederzeit die Zuwendung durch einseitige und beurkundete Erklärung widerrufen werden kann, und zwar rückwirkend und daher auch mit Wirkung gegenüber zwischenzeitlichen Dritterwerbern.

Aus erbschaftsteuerlichen Gründen wiederum ist der Kauf durch beide Ehegatten günstig, da sich dadurch der den Kindern zustehende Freibetrag bei der Erbschaftsteuer „verdoppelt". In der Beurkundungspraxis wird daher oft geraten, die Immobilie nur von einem Ehegatten erwerben zu lassen, verbunden mit der Schenkung eines Nießbrauchsrechts an den anderen Ehegatten (*donation entre époux de l'us-ufruit*), aufschiebend bedingt auf den Todeszeitpunkt.

Es kann aber auch zweckmäßig sein, die Immobilie durch ein Kind kaufen zu lassen, unter Einräumung eines Nießbrauchsrechts zugunsten eines Elternteils oder beider Eltern. Art. 751 Code général des impôts begründet zwar die gesetzliche Vermutung, dass die Immobilie beim Tod des Nießbrauchsberechtigten seinem Nachlass zuzurechnen ist, doch kann diese Vermutung durch den Nachweis der tatsächlich erfolgten Zahlung des Kaufpreises durch das Kind widerlegt werden. Dies erfolgt durch Hinterlegung des Kaufpreises auf das notarielle Treuhandkonto durch das Kind.

Partner einer außerehelichen Lebensgemeinschaft (*union libre*) müssen die in Frankreich in diesem Falle besonders hohe Erbschaft- und Schenkungsteuer von 60 % des Nachlasswertes bei einem Freibetrag von nur 1500 Euro berücksichtigen. Die steuerlichen Folgen können gemildert werden, indem beide Partner je zur Hälfte als Käufer auftreten und sich gegenseitig ein Nießbrauchsrecht einräumen.

Zwei Ehegatten, die in Zugewinngemeinschaft (*séparation de biens avec participation aux acquêts*) verheiratet sind, haben jeweils ein gleiches Recht auf die Immobilie, gleich welcher der beiden als Käufer aufgetreten ist, es sei denn, die Zahlungen erfolgen aus dem am Tage der Heirat bzw. durch Verfügung von Todes wegen erworbenen Sondergut eines oder beider Ehegatten. In letzterem Fall wird die Immobilie nur dann Teil des Sonderguts, wenn dies in der Kaufurkunde ausdrücklich erklärt wird (*déclaration d'emploi ou de remploi*). Wenn die Gelder nur zum Teil aus dem Sondergut stammen und im Übrigen von der Gemeinschaft bereitgestellt werden, kann die Immobilie nur dann der Gemeinschaft zufallen, wenn die Gemeinschaftsmittel sie für mehr als die Hälfte des Preises und der Kosten finanziert hat (Art. 1436 Code civil).

Ehegatten, die im Güterstand der Gütergemeinschaft (*communauté de biens*) verheiratet sind, können eine zur Gemeinschaft zugerechnete Immobilie nur mit Zustimmung des anderen Ehegatten verkaufen.

Bei Gütertrennung werden die Erwerbsverhältnisse frei vereinbart, wobei jeder Ehegatte im Allgemeinen im Verhältnis zum geleisteten

Beitrag an der Gesamtfinanzierung erwirbt. Dies gilt auch für Partner einer außerehelichen Lebensgemeinschaft. In diesem Falle ist es nützlich, einen Nachweis über die Einzahlung aufzubewahren.

3.4 Erwerbsbeschränkungen

Neben den üblichen Beschränkungen von Grundeigentum durch Grunddienstbarkeiten und städtebauliche Restriktionen bestehen Erwerbsbeschränkungen vorrangig als gesetzliche Vorkaufsrechte. Gesetzliche Vorkaufsrechte finden in Form einer aufschiebenden Bedingung in den Vorvertrag bzw. den beurkundeten Kaufvertrag Eingang. Dies hat einerseits zur Folge, dass der Vertrag solange nicht zustande kommt, als die Frist für die Ausübung des Vorkaufsrechts nicht abgelaufen ist, und andererseits, dass der Vertrag überhaupt nur dann zustande kommt, wenn das Vorkaufsrecht nicht ausgeübt wurde. Die Ausschlussfrist für die Ausübung der gesetzlichen Vorkaufsrechte beträgt zwei Monate ab Absendung der so genannten Verkaufsabsichtserklärung (*Déclaration d'intention d'aliéner*).

Grundsätzlich gibt es folgende gesetzliche Vorkaufsberechtigte:

- Gemeinden (*droit de préemption urbain*), bei Interesse am Grundstück aus Gründen des Städteplanung oder des Naturschutzes.

- Gesellschaften für die Flurbereinigung und die Niederlassung von Landwirten (*Société d'aménagement foncier et d'établissement rural, SAFER*), bei Veräußerung von Agrarland und Interesse am Grundstück aus Gründen der Flurbereinigung bzw. der Preiskontrolle von landwirtschaftlichen Nutzflächen (Art. L 212-1 ff. Code rural).

- Mieter von Wohnraum bzw. Pächter von landwirtschaftlichen Nutzflächen (Art. L 412-1 Code rural). Für den Fall, dass der Käufer das Mietverhältnis nicht unverändert fortsetzen möchte, hat der Mieter von Wohnraum ein Vorkaufsrecht (Gesetz vom 31.12.1975 und Gesetz vom 6.7.1989). Die Kündigung des Mietverhältnisses aus Gründen des Verkaufs der Immobilie wird schriftlich per Einschreiben mit Rückschein angezeigt und gilt als Kaufangebot an den Mieter. Die Frist zur Ausübung des Vorkaufsrechts wird von zwei auf vier Monate bis zur Unterzeichnung des beurkundeten Kaufvertrages erhöht, wenn der Mieter den Kauf durch einen Kredit finanzieren möchte. Hat der Mieter das Angebot nicht angenommen und findet der Kauf zu einem späteren Zeitpunkt zu vorteilhafteren Bedingungen statt, muss ihm der Vorvertrag zu den neuen Bedingungen unterbreitet werden. Ausnahmen von diesem Vorkaufsrecht des Mieters bestehen, wenn der Verkauf an einen Verwandten bis einschließlich dritten Grades (Großneffen, Onkel, Neffen usw.) erfolgt und dieser die Immobilie mindestens zwei Jahre lang bewohnt.

Wird das Vorkaufsrecht zum vereinbarten Kaufpreis ausgeübt, tritt der Vorkaufsberechtigte von Gesetzes wegen an die Stelle des Käufers. Wird das Vorkaufsrecht ausgeübt und schlägt der Vorkaufsberechtigte einen niedrigeren Kaufpreis vor, kann der Verkäufer entweder vom Vertrag zurücktreten oder die Kaufpreisfestsetzung in einem gesetzlich geregelten Verfahren überprüft werden.

3.5   Kaufabwicklung

3.5.1 Unterzeichnung des beurkundeten Kaufvertrages

Da das Eigentum am verkauften Grundbesitz, wie oben dargestellt, bereits zum Zeitpunkt der Einigung auf den Käufer übergeht, in der Regel also ab Beurkundung des Kaufvertrages, müssen alle Parteien bei der Beurkundung persönlich anwesend bzw. durch Bevollmächtigte vertreten sein. Ein Verfahren der nachträglichen Genehmigung würde dem Konsensprinzip des Art. 1583 Code civil widersprechen und ist deshalb nicht möglich. Es ist in der Beurkundungspraxis jedoch üblich und auch zulässig, dass die Unterschriften der jeweiligen Partei mit Zeit- und Ortsangabe getrennt voneinander aufgeführt werden, wobei der Notar dann mit Angabe des ausgeschriebenen Datums als letzter unterschreibt.

Eine an einen Freund, ein Familienmitglied oder selbst einen Notargehilfen (*clerc de notaire*) erteilte Vollmacht zur rechtsgeschäftlichen Vertretung kann in der Regel privatschriftlich ausgestellt werden. Grundsätzlich kann eine einzige Person von mehreren Parteien bevollmächtigt werden, jedoch kann dieselbe Person nicht sowohl Verkäufer als auch Käufer vertreten, da der Kaufvertrag je Vertragspartei jeweils eine unterschiedliche Unterschrift aufweisen muss.

Aus dem Konsensprinzip folgt ferner, dass der Käufer spätestens am Tag der Beurkundung den Kaufpreis entrichten muss. Dies erfolgt in der Regel durch Überweisung auf das Treuhandkonto des Notars bzw. durch Überreichung zweier bankbestätigter Schecks, jeweils für die Kaufpreiszahlung und für die an den Käufer entfallenden Steuern, Abgaben und Gebühren.

Vor Unterzeichnung liest der Notar den Kaufvertrag vor und erläutert dessen Inhalt. Dies ist für die Vertragsparteien die Gelegenheit, letzte rechtliche Fragen zu klären. Im Anschluss an die Unterschrift händigt der Notar dem Käufer eine mit Unterschrift und Siegel versehene Bestätigung des Eigentumsübergangs (*attestation de propriété*), die Schlüssel und, falls gewünscht, eine Kopie der Kaufurkunde aus.

Verweigert eine der Parteien in letzter Minute die Unterschrift der Kaufurkunde, muss die Kaufabwicklung gerichtlich festgestellt werden. Dies erfolgt vor dem örtlich zuständigen Landgericht (*Tribunal de grande instance*) und mit zwingender anwaltlicher Vertretung. Die verweigernde Vertragspartei muss den durch ihr Verhalten entstandenen Schaden ersetzen.

Falls der Verkäufer vor dem Beurkundungstermin verstirbt, kann der Käufer die Unterzeichnung der Kaufurkunde durch seine Erben verlangen. Entsprechend müssen die Erben des Käufers die Kaufurkunde unterzeichnen, wenn der Käufer verstorben ist. Dies bereitet in der Praxis einige Schwierigkeiten, weil die Erben materiell oft nicht in der Lage sind, den Kaufpreis rechtzeitig zu bezahlen.

3.5.2 Öffentliche Registrierung des Kaufgeschäfts

Innerhalb einer Frist von zwei Monaten ab Unterzeichnung sendet der Notar eine Ausfertigung der Kaufurkunde, das ausgefüllte Formular über die Veräußerungsanzeige (*bordereau de publicité foncière*), welche die wesentlichen Angaben über den Kaufvertrag enthält, sowie einen Scheck über die zu entrichtenden Verkehrsteuern (*droits d'enregistrement* bzw. *droits de mutation à titre onéreux*) und Registrierungsgebühren an das Grundstücks- und Hypothekenregister. Hat der Käufer eine Hypothek zur Sicherung der Kaufpreisfinanzierung *(hypothèque en garantie du paiement du prix de vente)* bestellt, werden die Ausfertigung der Hypothekenurkunde, das entsprechende Formular und der Scheck in einem zur Registrierung eingereicht.

Die öffentliche Registrierung erfolgt, den Bestimmungen der Verordnung Nr. 55-22 vom 4.1.1955 gemäß, indem das Kaufgeschäft durch Stempelaufdruck bescheinigt wird. Zugleich ändert der Registerbeamte die Namenskartei (*fiches personnelles de propriétaires*) und die Realkartei (*fiches d'immeubles* und *fiches parcellaires*) des Grundstücksregisters (*fichier immobilier*). Über die auf diese Weise registrierten Rechtsgeschäfte kann dann jederzeit schriftliche Auskunft erteilt werden. Die mit der Registrierung verbundene Veröffentlichung begründet die Drittwirkung (*opposabilité aux tiers*) des zunächst nur inter partes wirksamen Kaufvertrages, indem die Kenntnis des registrierten Rechtsgeschäftes unwiderlegbar vermutet wird (Art. 28 und 30 Verordnung vom 4.1.1955).

Nach einer Bearbeitungszeit von 3 bis 18 Wochen, je nach Auslastung des Grundstücks- und Hypothekenregisters, erhält der Notar die Ausfertigung des Kaufvertrages mit Registrierungsstempel (*mention de la pubicité foncière*) samt Kopie des Formulars über die Veräußerungsanzeige als Registrierungsbestätigung zurück.

Sind Miteigentumsanteile (*lots de copropriété*) Gegenstand des Immobilienkaufs, zeigt der Notar das Kaufgeschäft innerhalb 15 Tagen ab Eigentumsübergang per Einschreiben mit Rückschein beim Hausverwalter an. Der Hausverwalter hat ab Zugang des Einschreibens weitere 15 Tage, um durch einen Gerichtsvollzieher (*huissier de justice*) einen Einspruch gegen die Auszahlung des Kaufpreises an den Verkäufer zustellen zu lassen. Wird ein solcher Einspruch erhoben, hält der Notar einen Betrag in Höhe der Schulden des Verkäufers an die Eigentümergemeinschaft auf dem Treuhandkonto zurück, bis diese beglichen sind. Erst von diesem Zeitpunkt an ist der Notar berechtigt, Ausfertigungen und, unter Angabe des Registrierungsvermerks, auch beglaubigte Abschriften des beurkundeten Kaufvertrages und der Hypothekenbestellung auszustellen. Dem Käufer wird ebenfalls eine Formularbestätigung (*état hypothécaire sur formalité*) ausgehändigt, welche die Registrierung mit Angabe der Rangverhältnisse bescheinigt. Nach Erhalt der Formularbestätigung und der Löschungsunterlagen vom Grundstücks- und Hypothekenregister kann der Notar schließlich die

Forderungen der Hypothekengläubiger des Verkäufers aus dem Kaufpreis ablösen und den Restbetrag an den Verkäufer auszahlen.

Bis zu diesem Zeitpunkt sollten keine direkten oder indirekten Zahlungen an den Verkäufer erfolgen, obgleich die Notare in der Praxis durchaus flexibel sein können, wenn die Umstände keine unliebsamen Überraschungen befürchten lassen und die wirtschaftlichen Verhältnisse dies erfordern.

Falls der Kaufvertrag über eine französische Immobilie durch einen ausländischen Notar beurkundet wurde, kann die öffentliche Registrierung im Grundstücks- und Hypothekenregister erst erfolgen, nachdem eine zusätzliche Beurkundung durch einen französischen Notar vorgenommen bzw. eine Ausfertigung der ausländischen Urkunde in die französische Sprache übersetzt und beim französischen Notar hinterlegt (*déposé au rang des minutes*) wurde.

3.5.3 Gewährleistungspflichten

Sachmängel
Treten nach dem Erwerb einer Immobilie Sachmängel zutage, kann der Erwerber auf dem Rechtsweg Nachbesserungs- Preisminderungs- oder Schadensersatzansprüche bzw. die Auflösung des Vertrags gegen den Verkäufer geltend machen (*garantie des vices cachés*, Art. 1641 Code civil). Diese Ansprüche können auch gegen den Immobilienmakler gerichtet werden, wenn dieser die Sachmängel kannte und sie wissentlich verschwiegen hat. Bei Verseuchung durch Asbest ist der Verkäufer in jedem Falle gewährleistungspflichtig.

Die Sachmängel müssen sofort nach ihrer Entdeckung und jedenfalls innerhalb einer Frist von einem Jahr geltend gemacht werden, wobei die Schwierigkeit für den Käufer meist darin liegt, die eigene Unkenntnis und die Kenntnis des Verkäufers zu beweisen.

Häufig wird die Gewährleistung von Sachmängeln durch eine entsprechende Klausel im Vorvertrag und im beurkundeten Kaufvertrag ausgeschlossen (*clause de non-garantie* bzw. *vente du bien "en l'état"*). Eine derartige Klausel ist zulässig, wenn die Immobilie von einer Privatperson, jedoch nicht, wenn wie von einem professionellen Anbieter (z. B. Wohnungsvermarktungsgesellschaft, Architekt) erworben wurde. Sie schafft lediglich die Vermutung, dass der Käufer die Immobilie besehen hat und erlaubt es dem Verkäufer nicht, bei bewusstem Verschweigen des Sachmangels seiner Gewährleistungspflicht zu entkommen.

Sonstige Gewährleistungspflichten

Außer im Falle von Miteigentum (s. o.) ist der Rechtsbestand (Grund- und Nutzfläche) der Immobilie nicht durch eine entsprechende Gewährleistungspflicht (*garantie d'éviction*) geschützt, zumal er vertraglich ausgeschlossen werden kann. Daher obliegt es dem Käufer, sich entsprechend gegen Rechtsmängel seines Kaufobjekts abzusichern und z. B. Nachmessungen der Grund- und Nutzfläche durchzuführen.

3.6   Kosten und Steuern

Beim Immobilienkauf sind feststehende Kosten einzuplanen, die sich im Einzelfall erhöhen können, wenn z. B. im Vorfeld eine Immobiliengesellschaft gegründet oder Hypotheken bestellt werden sollen.

3.6.1 Kosten

Vermittlungsprovision

Die Vermittlungsprovision (*commission d'agence*) des Immobilienmaklers wird grundsätzlich frei vereinbart. Üblich sind, je nach Kaufpreis der Immobilie, zwischen 5 und 12 %, zuzüglich Mehrwertsteuer, wobei die Makler verpflichtet sind, ihre Provisionssätze auszuhängen. In jedem Fall wird die Provision nur dann fällig, wenn das Kaufgeschäft tatsächlich abgeschlossen wurde.

Werden ein deutscher und ein französischer Makler gemeinsam beauftragt, sollte darauf geachtet werden, dass die Provision nicht doppelt bezahlt werden muss.

Die Höchstsätze der Vermittlungsprovision (*émoluments de négociation*) von Notaren sind einheitlich in der Notarabgabenordnung (*Tarif du notaire*) festgesetzt. Diese betragen, Mehrwertsteuer inklusive:

Von 0 bis 46.000 Euro   5,98 %

Über 46.000 Euro   2,99 %.

Es kann jedoch ein niedrigerer Provisionssatz vereinbart werden. Zu bedenken ist, dass die Vermittlungsprovision des Notars einschließlich der Mehrwertsteuer steuerrechtlich als Teil der Kaufpreisleistung behandelt wird, was die Grunderwerbsteuer erhöht.

Je nach Vereinbarung der Vertragsparteien wird die Vermittlungsprovision vom Käufer oder vom Verkäufer getragen bzw. zwischen beiden aufgeteilt.

Sachverständigengutachten
Sind von Gesetzes wegen Sachverständigengutachten erforderlich, z. B. zur Messung der Grund- und Nutzfläche, zur Feststellung von Asbestspuren bzw. von Termiten, sollte der Verkäufer pro Gutachten je nach technischer Komplexität des Einzelfalls 150 bis 400 Euro inkl. Mehrwertsteuer veranschlagen. Entsprechende Kosten fallen dem Käufer für Gegengutachten an.

3.6.2 Steuern, Abgaben und Gebühren

Anders als in Deutschland oder Österreich werden von Gesetzes wegen alle beim Immobilienkauf fälligen Steuern, Abgaben und Gebühren zentral vom Notar berechnet, vor Beurkundung eingezogen und an die Staatskasse abgeführt. Nach Abschluss aller Vorgänge sendet der Notar dem Käufer mit der Formularbestätigung eine Aufstellung aller Steuern, Abgaben, Gebühren und Kosten mit ihrem jeweiligen Empfänger zu. Wenn diese Aufstellung einen Überschuss ermittelt, erhält der Käufer einen Scheck über den entsprechenden Betrag. Andernfalls muss er den Restbetrag begleichen.

Notarkosten
Gesetzliche Notargebühren (*émoluments* gem. Verordnung vom 11.3.1986) umfassen die unmittelbaren Notarkosten. Diese setzten sich aus einer für jede definierten Verwaltungsvorgang (Antrag auf Ausstellung von Katasterbescheinigungen, städtebaulichen Bescheinigungen, usw.) festgesetzten Pauschalvergütung und einer mit dem Kaufpreis variierenden Honorarvergütung zusammen.

Das Beratungshonorar für die Erstellung des Vorvertrages durch den Notar ist relativ gering und kann zum Teil auf die Beurkundungskosten angerechnet werden. Alle Pauschal- und Honorargebühren eines Notars unterliegen der Mehrwertsteuer zum Steuersatz von derzeit 19,6 %. Die Pauschalvergütung ist relativ gering. Die Honorarvergütungen betragen, Mehrwertsteuer inklusive, insgesamt ca. 1 % des Kaufpreises:

Von 0 bis 3.050 Euro	5,98 %
Von 3.051 bis 6.100 Euro	3,9468 % + 62,013 Euro
Von 6.101 bis 16.770 Euro	1,9734 % + 182,390 Euro
Über 16.770 Euro	0,9867 % + 347,860 Euro

Wenn das Kaufgeschäft durch einen Kredit finanziert wird, erhält der Notar ein zusätzliches Honorar von ca. 0,55 % der aufgenommenen Summe.

Steuern, Abgaben und Gebühren
Bei jeder entgeltlichen Veräußerung von Immobilien wird entweder Grunderwerbsteuer (*droit de mutation immobilière*) oder Mehrwertsteuer (*taxe sur la valeur ajoutée*) fällig.

Die Grunderwerbsteuer fällt zu Lasten des Käufers und beträgt bei Wohnhäusern derzeit 4,8 % des Kaufpreises zuzüglich 2,5 % dieses Steuerbetrags als Einzugsgebühr, insgesamt also 4,89 %. Allerdings unterliegt diese Besteuerung der Voraussetzung, dass das Objekt nach dem Erwerb mindestens drei Jahre lang zu Wohnzwecken genutzt wird. Andernfalls wird zum Regelsteuersatz der Mehrwertsteuer zuzüglich gesetzlicher Verzugszinsen von 9 % p. a. nachversteuert.

Statt Grunderwerbsteuer wird Mehrwertsteuer zum Regelsteuersatz von 19,6 % fällig, wenn es sich um den Verkauf von Baugrundstücken (*terrains à bâtir*), noch nicht fertig gestellter Immobilien oder von Wohnungen handelt, sowie analog bei jedem Verkauf von Immobilien, die vor weniger als fünf Jahren fertig gestellt wurden. Im Gegenzug entfällt die Grunderwerbsteuer.

Der Besteuerung unterliegt zwar der Verkäufer, die Zahlungspflicht jedoch obliegt dem Käufer, es sei denn, die Steuer wird vom Verkäufer übernommen und die Immobilie zu einem Preis angeboten, der bereits die Steuer enthält. Dies ist meist bei Gewerbe treibenden Verkäufern der Fall, welche die Mehrwertsteuer als Vorsteuer abziehen können.

Jede entgeltliche Veräußerung von Immobilien innerhalb 22 Jahren nach dem Erwerb löst darüber hinaus die Veranlagung einer Ertragsteuer (*impôt sur la plus-value*) in Höhe von 33 1/3 % des Ertrags aus

(Art. 150 A Code général des impôts). Sie ist vom Verkäufer zu entrichten. Der Ertrag errechnet sich aus der Differenz zwischen dem Verkaufspreis und dem ursprünglichem Kaufpreis oder, wenn die Immobilie unentgeltlich erworben wurde, dem angegebenen Verkehrswert zuzüglich Anschaffungskosten (jedoch exklusive Erbschaft- oder Schenkungsteuer) und bestimmter Bau-, Unterhalts- und Renovierungskosten, korrigiert durch einen jährlich von der Finanzverwaltung herausgegebenen Inflationsfaktor (*coefficient d'érosion monétaire*). Der auf diese Weise ermittelte Bruttoertrag wird für jedes seit dem zweiten Jahr nach Erwerb abgelaufene Jahr um 5 % gekürzt, so dass nach Ablauf von 22 Jahren der Ertrag gleich null ist. Steuerfrei bleibt nur der vom Verkäufer selbst genutzte Hauptwohnsitz (*résidence principale*), wenn dieser vor dem Verkauf auch seinen Wohnsitz und ständigen Aufenthalt in Frankreich hatte und dort zugleich einkommensteuerpflichtig war.

Das Finanzamt kann innerhalb der gesetzlichen Verjährungsfrist den zugrundegelegten Kaufpreis anfechten.

Ist der Verkäufer nicht in Frankreich steuerpflichtig (*non-résident fiscal*), errechnet der Notar die von ihm zu zahlende Ertragsteuer, füllt das entsprechende Formular aus und schickt es mit dem Entwurf des beurkundeten Kaufvertrages an die örtlich zuständige Finanzverwaltung. Anschließend zahlt er den Steuerbetrag aus dem auf dem Treuhandkonto hinterlegten Kaufpreis. Der Verkäufer hat in diesem Fall einen in Frankreich ansässigen und als solchen zugelassenen Zweitschuldner zu benennen (*représentant accrédité*), welcher im Laufe der auf die Beurkundung folgenden drei Kalenderjahre für die eventuelle Betragsdifferenz haftet (Art. 244 bis A Code général des impôts und Art. 171 Annexe II Code général des impôts). Wenn keine Ertragsteuer anfällt, muss der Verzicht auf einen Zweitschuldner beantragt werden (*dispense de représentant accrédité*). Weiter fällt eine Gebühr für die Registrierung in das Grundstücks- und Hypothekenregister (*salaire du Conservateur des hypothèques*) von 0,1 ‰ des Kaufpreises an, die dem Registerbeamten für die formale Prüfung und Registrierung persönlich zusteht. Auch eine Markengebühr von drei Euro pro Seite des beurkundeten Kaufvertrages wird zugunsten des Staates fällig.

3.6.3 Laufende Besteuerung von Immobilien

Das Eigentum an Immobilien unterliegt in Frankreich der Grundsteuer (*taxe foncière*). Die Steuerpflicht geht ab Unterzeichnung des beurkundeten Kaufvertrages auf den Käufer über. Durch eine entsprechende Klausel kann die Steuerlast für das laufende Jahr und entsprechend der tatsächlichen Nutzungsdauer, allerdings ohne Wirkung gegenüber dem Finanzamt (*inter partes*) zwischen Verkäufer und Käufer aufgeteilt werden. Üblicherweise gibt der Verkäufer seine Jahressteuerbescheinigung an den Notar weiter, welcher dann beim Käufer den anteiligen Teilbetrag einfordert. Alternativ kann bei Unterzeichnung des beurkundeten Kaufvertrages eine pauschale Aufteilung auf Grundlage der Steuerbelastung des Vorjahres vereinbart werden.

Das Bewohnen einer Immobilie unterliegt der so genannten Wohnsteuer (*taxe d'habitation*). Diese kann nicht aufgeteilt werden, da ihre Fälligkeit jeweils durch das Bewohnen zum 1. Januar eines jeden Jahres ausgelöst wird.

Steuerliche Abschreibungen einer im Ausland belegenen Immobilie können nur in Anspruch genommen werden, wenn der Eigentümer in Frankreich steuerlich veranlagt ist. Dies gilt für den selbstgenutzten wie für den vermieteten Grundbesitz.

Der ermittelte Ertrag einer Immobilie unterliegt bei Steuerinländern der Einkommensteuer. Abzugsfähig ist eine Kostenpauschale von 915 Euro sowie, bei der ersten Veräußerung einer seit mindestens fünf Jahren gehaltenen Zweitwohnung, zusätzliche Freibeträge von 6100 Euro für ein Ehepaar und weitere 1525 Euro je Kind. Die zu zahlende Einkommensteuer wird im Wege des Quotienten ermittelt. Hierzu wird der ermittelte Ertrag durch fünf geteilt und den anderen Einkommensarten hinzugerechnet, und schließlich mit fünf multipliziert. Auf diese Weise fällt die Endbesteuerung geringer aus.

4. Immobilienerwerb in der Schweiz
Walter Häberling

4.1 Vorvertrag/Kaufvertrag

4.1.1 Verpflichtungsgeschäft/Verfügungsgeschäft

Die Abwicklung eines Kaufes – auch eines Grundstückkaufes – geschieht nach schweizerischem Recht in zwei rechtsgeschäftlichen Phasen: dem Kaufvertrag als *Verpflichtungsgeschäft* und der Eigentumsübertragung bzw. der Bezahlung des Kaufpreises als *Verfügungsgeschäft*.[1] Mit dem Kaufvertrag werden die *Verpflichtungen* von Verkäufer und Käufer begründet, das Kaufobjekt zu übergeben und das Eigentum daran zu verschaffen bzw. den Kaufpreis zu bezahlen. Davon zu unterscheiden ist die *Verfügung* des Verkäufers über den Kaufgegenstand, indem er diesen und das Eigentum daran dem Käufer überträgt, und die Verfügung des Käufers, der Bezahlung des Kaufpreises.

4.1.2 Kaufvertrag

Formvorschrift: Grundsatz
In der Schweiz müssen Kaufverträge über Grundstücke zu ihrer Gültigkeit in der Form der öffentlichen Beurkundung (Artikel [Art.] 216 des Schweizerischen Obligationenrechts [OR]) beurkundet werden. Die öffentliche Beurkundung wird in der föderalistisch organisierten Schweiz nach den Verfahrensvorschriften der Gliedstaaten, d. h. der 26 Kantone und Halbkantone durchgeführt.[2] Als „Grundstücke" in diesem Sinne gelten nicht nur bebautes oder unbebautes Land, sondern unter anderem auch Eigentumswohnungen (sog. Stockwerkeigentum).

Von der Formvorschrift umfasste Verträge
Beurkundungsbedürftig sind Kaufverträge, „die ein Grundstück zum Gegenstande haben" (Art. 216 Abs. 1 OR). Aber auch Vorverträge sowie Verträge, die ein Vorkaufs-, Kaufs- oder Rückkaufsrecht an einem Grundstück begründen, sind zu ihrer Gültigkeit öffentlich zu beurkunden (Art. 216 Abs. 2 OR). Davon ausgenommen sind Vorkaufsverträge, die den Kaufpreis *nicht* im Voraus bestimmen. Diese sind bereits

in einfacher Schriftform gültig (Art. 216 Abs. 3 OR). Nicht beurkundungspflichtig sind auch Kaufverträge (sowie Vorverträge und Verträge zur Begründung eines Vorkaufs-, Kaufs- oder Rückkaufsrechts) über Aktien einer Immobilienaktiengesellschaft, d. h. einer Aktiengesellschaft, deren – möglicherweise einziges – Aktivum in einer Immobilie besteht. Hinsichtlich der Formvorschriften gelten solche Verträge als Verträge über *Rechte* (Aktien) bzw. *Mobilien* (Aktienzertifikate) und sind deshalb formfrei gültig. Das Steuerrecht behandelt allerdings auch solche Verträge als Grundstückgeschäfte.[3]

Umfang des Beurkundungszwangs

Grundsatz:
Welche Vertragsbestandteile und Abreden müssen bei Kaufvertrag, Vorvertrag oder Vertrag über ein Vorkaufs-, Kaufs- oder Rückkaufsrecht öffentlich beurkundet werden, wenn es um ein Grundstück geht? Diese Frage stellt sich dann, wenn einzelne Teile eines Grundstückgeschäfts in separaten, nicht öffentlich beurkundeten Dokumenten, Sideletters usw. oder gar mündlich geregelt werden sollen.

Der Umfang der Beurkundungspflicht lässt sich nicht direkt dem Gesetz entnehmen. Etliche Fragen sind offen. Nicht abschließend geklärt ist u. a., ob und inwieweit auch Nebenabreden sowie mit einem Grundstückkauf verbundene andere Verträge (z. B. Darlehens- oder Werkverträge) öffentlich zu beurkunden sind.[4] Das Schweizerische Bundesgericht hat bis heute nur teilweise Klarheit schaffen können. Es stellt sich auf den Standpunkt, dass ein Vertragspunkt dann beurkundungsbedürftig ist, wenn er objektiv *oder* subjektiv (d. h. für die Parteien) wesentlich ist. Allerdings sollen objektive Nebenpunkte nur dann wegen subjektiver Wesentlichkeit unter den Beurkundungszwang fallen, wenn sie ihrer Natur nach unmittelbar den Kaufrechtsvertrag (konkret ging es um einen Vertrag betr. Kaufrecht) betreffen, d. h. das Verhältnis von Leistung und Gegenleistung berühren. Nicht der gesamte Vertragsinhalt sei beurkundungspflichtig, ja nicht einmal sämtliche Punkte, „die für den Abschluss des in Frage stehenden Vertrages wesentlich sind", sondern nur solche, „die ihrer Natur nach unmittelbar den Inhalt des Grundstückkaufvertrages betreffen."[5] Der Formzwang erstrecke sich nur auf Abmachungen im Rahmen des Kaufvertrages, nicht auch auf sonstige Übereinkünfte, selbst wenn für die Vertragsparteien der Bestand der einen Abrede unabdingbare Voraussetzung für die Zustimmung zur zweiten Abrede darstelle.[6] Für das Bundesgericht ist deshalb beispielsweise ein zu marktüblichen Bedingungen gewährtes Darlehen auch dann nicht beurkundungspflichtig, wenn dessen Gewährung einen entscheidenden Beweggrund für den Abschluss eines Kaufrechtsvertrages gebildet hat.[7]

Mindestvertragsinhalt:
Unstrittig ist, dass der unabdingbar notwendige Vertragsinhalt (sog. Essentialia Negotii) öffentlich beurkundet werden muss. Es sind dies Angaben zu den *Vertragsparteien*, zum *Kaufgrundstück* und der *Kaufpreis*.[8]

a) Vertragsparteien. In der öffentlichen Urkunde genannt werden müssen Name und Vorname(n) der Vertragsparteien. Allfällige Stellvertreter einer Vertragspartei sind ebenfalls als solche in der öffentlichen Urkunde zu nennen.[9] Hingegen bedürfen der Auftrag und die Vollmacht des Stellvertreters nicht der öffentlichen Beurkundung.[10]

b) Bezeichnung des Grundstückes. Der Kaufgegenstand, das Grundstück, muss so umschrieben werden, dass jeder Irrtum ausgeschlossen ist.[11] Erforderlich ist u. a. die Flächenangabe sowie die Bestimmung von Lage und Form der verkauften Parzelle.[12] Eine Nennung der genauen Grundbuch- oder Katasternummer ist üblich und häufig auch durch kantonales Recht vorgeschrieben.[13]

c) Bezeichnung des Kaufpreises. In der öffentlichen Urkunde genannt sein muss der wirklich gewollte Kaufpreis, d. h. die Gesamtheit aller Leistungen, „welche der Käufer dem Verkäufer als Entgelt für die Übertragung des Eigentums am Grundstück zu erbringen hat" wozu auch ggf. vom Käufer zu bezahlender Maklerlohn sowie vor Vertragsabschluss geleistete Anzahlungen gehören.[14] Somit ist es unter anderem unzulässig, den vereinbarten Kaufpreis in einen öffentlich beurkundeten Teil einerseits und in einen nur in einer privatschriftlichen oder mündlichen Vereinbarung festgehaltenen Teil andererseits aufzuteilen.[15]

Übriger Vertragsinhalt:
Im Sinne der oben erwähnten bundesgerichtlichen Praxis zum Formzwang sind weiter beurkundungsbedürftig (nicht abschließende Aufzählung):

- die Vereinbarung einer die Parteiverpflichtung bekräftigenden Konventionalstrafe oder eines Reugeldes[16]
- Bestimmungen über die Fälligkeit des Kaufpreises, über Anzahlungen, über die Leistung des Kaufpreises an einen Dritten[17]
- Abreden über wesentliche Nebenpflichten[18]
- eine Bedingung, die eine wesentliche Präzisierung der vertraglichen Leistung darstellt (z. B. Erteilung einer Baubewilligung)[19]

Ohne öffentliche Beurkundung gültig sind hingegen objektiv unwesentliche, ergänzende Vertragsbestandteile, die im Zeitpunkt des Vertragsabschlusses auch nach dem Willen der Parteien (d. h. subjektiv) keine entscheidende Bedeutung haben.[20] Die Abgrenzung solcher Vertragsbestandteile von den beurkundungspflichtigen objektiv zwar unwesentlichen, *aber subjektiv wesentlichen* Abreden kann im Einzelfall große Schwierigkeiten bereiten. Wegen der sogleich näher auszuführenden Folgen einer Nichtbeachtung des Beurkundungszwanges empfiehlt es sich deshalb im Zweifel die Form der öffentlichen Beurkundung einzuhalten.[21]

Gemischter Grundstückkaufvertrag und selbständige Einzelverträge: Wird zwischen denselben Parteien nicht nur ein Grundstückkauf, sondern darüber hinaus weiteres vereinbart (z. B. Darlehen, Auftrag, Werkvertrag), stellt sich die Abgrenzungsfrage, wann man es dabei insgesamt mit einem gemischten Grundstückkaufvertragsgebilde zu tun hat und wann demgegenüber wirklich selbständige, unabhängige Einzelverträge vorliegen. Die Frage ist deshalb bedeutsam, weil ein gemischter Grundstückkaufvertrag hinsichtlich seiner objektiv und subjektiv wesentlichen Vertragsbestandteile beurkundungsbedürftig ist. Wird also beispielsweise außerhalb des Grundstückkaufvertrages zwischen Käufer und Verkäufer privatschriftlich (d. h. nicht öffentlich beurkundet) ein Darlehensvertrag geschlossen, hängt von der diesbezüglichen Einordnung die Gültigkeit des Grundstückkaufvertrages insgesamt ab. Das Bundesgericht ging in diesem Beispiel davon aus, dass zwei separate Verträge vorliegen. Es genüge eben nicht, wenn die eine Verpflichtung bloß den Anlass zur anderen darstelle.[22] Entscheidend sei die Einheit des Vertrages, die sich einzig nach dem Vertragsinhalt beurteile, und nicht dadurch begründet werde, dass das eine Geschäft für den Abschluss des anderen kausal gewesen sei oder beide gleichzeitig vereinbart worden seien.[23] Demgegenüber liege nicht ein separater Vertrag, sondern eine beurkundungsbedürftige subjektiv wesentliche Nebenabrede im Rahmen eines Grundstückkaufvertrages vor, wenn die eingegangene Verpflichtung die Gegenleistung für den Preis oder für die Überlassung des Eigentums darstelle, in den Rahmen eines Kaufvertrages falle, die rechtliche Situation der Kaufsache beeinflusse und unmittelbar den Geschäftsinhalt betreffe.[24] Im konkret beurteilten Fall habe das Darlehen das Verhältnis von Leistung und Gegenleistung des Kaufvertrages nicht berührt, weil es zu marktüblichen Konditionen gewährt worden sei, weshalb mit dem Darlehensvertrag keine zusätzliche Leistung im Rahmen des Kaufvertrages erbracht worden sei.[25]

Demgegenüber bejahte das Bundesgericht den Formzwang für:[26]

■ vertragliche Parzellierungs- und Überbauungsvorschriften, welche das Verhältnis von Leistung und Gegenleistung beeinflussten (BGE 68 II 232 ff.),

■ eine Bauverpflichtung auf dem Kaufgegenstand (BGE 90 II 37 ff.),

und verneinte ihn für

■ selbständige Provisionsversprechen (BGE 78 II 437 ff.),

■ die Vergütung eines Kaufauftrages (BGE 86 II 36 ff.),

■ werkvertragliche Absprachen, sofern sie nicht in den Rahmen des Kaufvertrages fallen (BGE 107 II 216)

Nicht ganz zu Unrecht wird der bundesgerichtlichen Praxis vorgeworfen, ihr mangle eine genügende Differenzierungskraft um Rechtssicherheit zu gewährleisten.[27] Auch aus diesem Grund empfiehlt es sich, vor dem Abschluss jedes Vertrages über Immobilien den Rat eines kompetenten Schweizer Anwalts oder Notars einzuholen, um den Risiken, einen Formfehler zu begehen, zu begegnen.

Folgen von Beurkundungsmängeln
Beurkundungsmängel können darin bestehen, dass ein Grundstückkaufvertrag entweder gar nicht öffentlich beurkundet wurde oder dass der öffentlich beurkundete Vertrag nicht alle erforderlichen Angaben enthält (vgl. dazu die obigen Ausführungen) oder erforderliche Angaben falsch – d. h. nicht gemäß dem wirklichen Willen der Vertragspar-

teien – beurkundet wurden. Letzteres ist beispielsweise dann der Fall, wenn der beurkundete Kaufpreis nicht dem tatsächlich zwischen den Vertragsparteien vereinbarten Preis entspricht.[28] Insbesondere aus steuerlichen Gründen könnten sich Vertragsparteien veranlasst sehen, dies absichtlich zu tun. Daneben kann dies auch unabsichtlich geschehen, etwa dann, wenn ein Teil des Kaufpreises – möglicherweise unter einem anderen Titel – bereits seinen Weg zum Verkäufer gefunden hat und die Parteien deshalb nur den noch zu bezahlenden (Rest-)Kaufpreis in der öffentlichen Vertragsurkunde nennen.

Die Rechtsfolge solcher Beurkundungsmängel von wesentlichen Vertragselementen ist grundsätzlich die *Nichtigkeit des gesamten Vertrags*. Dieser ist damit von Anfang an unwirksam und diese Unwirksamkeit ist von den Behörden und Gerichten von Amts wegen und nicht bloß auf Einrede hin zu berücksichtigen.[29] Auf der Basis eines mit Beurkundungsmängeln behafteten Vertrages kann somit keine Eintragung im Grundbuch erfolgen. Allerdings schränkt das Bundesgericht die Nichtigkeitsfolge wiederum ein, indem es bei Berufung einer Partei auf Formmängel häufig Rechtsmissbrauch annimmt. Unter anderem geschieht das dann, wenn beide Parteien einen formungültigen Vertrag in Kenntnis dieses Mangels bereits erfüllt haben. Rechtsmissbrauch wurde aber etwa auch dann angenommen, wenn eine Partei sich sog. „zweckwidrig" auf die Formungültigkeit beruft, etwa, weil sie das Grundstückgeschäft nach dessen Vollzug reut.[30] Um langwierige Auseinandersetzungen und die allfällige Nichtigkeitsfolge zu vermeiden, empfiehlt es sich deshalb, die Beurkundungsvorschriften strikt zu beachten und sich insbesondere nicht auf eine falsche Beurkundung des Kaufpreises einzulassen. Letzteres birgt im Übrigen auch die Gefahr strafrechtlicher Konsequenzen, etwa dann, wenn damit eine Steuer- oder Abgabevermeidung bezweckt wird.

4.2 Notar/Grundbuchamt

4.2.1 Vorbemerkung

Nachdem festgehalten wurde, dass Rechtsgeschäfte über Grundstücke öffentlich beurkundet werden müssen und welches die Folgen der Nichtbeachtung dieser Formvorschrift sind, wird nachfolgend dargestellt, wie und von wem diese öffentliche Beurkundung durchgeführt wird. Ist der Kaufvertrag öffentlich beurkundet worden, ist das Verpflichtungsgeschäft abgeschlossen. Es folgt dann das Verfügungsgeschäft, d. h. der Grundbucheintrag und die Übergabe des Grundstückes einerseits sowie die Bezahlung des Kaufpreises andererseits.

4.2.2 Die Durchführung der öffentlichen Beurkundung

Bundesrechtliche Mindestanforderungen an die öffentliche Beurkundung

Die Regelung der Durchführung der öffentlichen Beurkundung ist – im Rahmen bundesrechtlicher Mindestanforderungen – Sache der Kantone.[31] Somit existieren in der Schweiz 26 kantonale Regelungen der öffentlichen Beurkundung. Auf diese wird nachfolgend näher eingegangen. Aufgrund bundesrechtlicher Mindestanforderungen weisen diese 26 verschiedenen Systeme jedoch Gemeinsamkeiten auf. So ist die Urkundsperson unter anderem bundesweit verpflichtet, persönlich mitzuwirken, d. h. den Inhalt des verurkundeten Rechtsgeschäftes den Vertragsparteien persönlich zur Kenntnis zu bringen und auch die Bestätigung der letzteren, dass der betreffende Inhalt ihrem Willen entspricht, persönlich entgegenzunehmen. Es ist den Kantonen aber freigestellt, ob sie festlegen wollen, dass dies für beide Vertragsparteien am selben Termin stattfinden muss (Simultanverfahren), oder ob die Urkundsperson dies für jede Vertragspartei anlässlich eines separaten Termins durchführen kann (Sukzessivverfahren).[32]

Die Urkundsperson ist in der ganzen Schweiz an die Wahrheitspflicht gebunden, d. h. sie muss wahrheitsgetreu und unverfälscht in die Urkunde aufnehmen, was die Vertragsparteien ihr gegenüber geäußert haben. Die Wahrheitspflicht hat auch eine materielle Komponente: die Urkundsperson darf nicht wissentlich Unwahres in die öffentliche Urkunde aufnehmen.[33]

Kantonale Regelung der öffentlichen Beurkundung

Die kantonalen Gesetze (Einführungsgesetze zum Zivilgesetzbuch und/oder Notariats- oder Beurkundungsgesetze) enthalten die Regelung der Einzelheiten der öffentlichen Beurkundung, etwa betreffend die äußere Form der Urkunde, die Gebühren, die Frage, ob der Vertragstext den Vertragsparteien vorgelesen werden muss oder ob diese den Text selber durchlesen müssen, usw.[34] Auch die örtliche und die sachliche Zuständigkeit der Urkundspersonen für die öffentliche Beurkundung werden von den Kantonen geregelt.

Hinsichtlich der *örtlichen Zuständigkeit* sind die Kantone frei zu bestimmen, ob sie für Rechtsgeschäfte bezüglich innerkantonale Grundstücke Beurkundungen einer Urkundsperson eines anderen Kantons oder eines anderen Staates anerkennen wollen. Das kantonale Recht kann also die zwingende Zuständigkeit einer Urkundsperson am Ort der gelegenen Sache vorschreiben.[35] Macht das kantonale Recht von dieser Möglichkeit Gebrauch, kann bzw. muss das für das betreffende Kaufsgrundstück zuständige Grundbuchamt die Eintragung in das Grundbuch, d. h. den für die Verfügung über das Grundstück unerlässlichen Akt, verweigern, wenn der Vertrag nicht innerkantonal beurkundet wurde.[36]

Bei der *sachlichen Zuständigkeit* für die öffentliche Beurkundung kommen grundsätzlich drei Systeme vor: die Beurkundung durch freiberufliche Notare, die Beurkundung durch staatliche Notare (sog. Amtsnotariat) sowie die Beurkundung durch eine andere Behörde (z. B. Grundbuchverwalter, Amtsschreiber etc.). Sodann finden sich auch Mischformen dieser drei Grundtypen.[37]

In den für den Erwerb von Ferien- und Zweitimmobilien bedeutsamen Kantonen Bern, Graubünden, Tessin und Wallis besteht grundsätzlich das System des freiberuflichen Notariats,[38] wobei bei kleineren Vertragswerten je nach Kanton auch der Gemeindeschreiber (Kanton Tessin) oder der Steuerregisterhalter (Kanton Wallis) Beurkundungen vornehmen dürfen. Im Kanton Graubünden können neben den patentierten Notaren, die für das gesamte Kantonsgebiet zuständig sind, auch die sog. Kreisnotare Beurkundungen für die in ihrem Amtskreis, und die Grundbuchverwalter für die in ihrem Grundbuchkreis gelegenen Grundstücke durchführen.[39]

4.1.3 Die Eintragung im Grundbuch

Vorbemerkung
Die Erfüllung jedes Kaufvertrages durch den Verkäufer besteht darin, „dem Käufer den Kaufgegenstand zu übergeben und ihm das Eigentum daran zu verschaffen" (Art. 184 Abs. 1 OR). Es ist dies das Verfügungsgeschäft des Verkäufers. Die zentrale Rolle bei der Eigentums-

verschaffung an Grundstücken spielt das Grundbuch. Zwar ist es auch bei Grundstückkäufen nötig, dass der Verkäufer dem Käufer die tatsächliche Verfügungsgewalt über das Kaufsobjekt einräumt („den Kaufgegenstand zu übergeben"), was etwa durch die Übergabe der Schlüssel zum verkauften Haus geschieht. Jedoch genügt es – im Gegensatz zum Fahrniskauf – für die Eigentumsübertragung an den Käufer noch nicht, dem Käufer gestützt auf den Kaufvertrag nur die Sache zu übergeben. Erforderlich ist vielmehr zusätzlich ein im Grundbuch vollzogener Akt, der Registereintrag, um dem Käufer Eigentum zu verschaffen.[40] Der Registereintrag ist Gültigkeitserfordernis für den Eigentumserwerb durch den Käufer:[41] ohne Grundbucheintrag kein Eigentumserwerb des Käufers. Um die nachfolgenden Ausführungen zum Registereintrag verstehen zu können, ist zunächst eine summarische Einführung in das schweizerische Grundbuchwesen notwendig.

Die Organisation des Grundbuches in der Schweiz
Über Rechte an Grundstücken muss ein Grundbuch geführt werden, das sich aus dem Hauptbuch sowie den das Hauptbuch ergänzenden Plänen, Liegenschaftsverzeichnissen, Belegen, Liegenschaftsbeschreibungen sowie dem Tagebuch zusammensetzt (Art. 942 ZGB). Jedes Grundstück – wozu auch z. B. eine Eigentumswohnung zählt – erhält im Hauptbuch ein eigenes Grundbuchblatt und eine eigene Nummer (Art. 945 Abs. 1 ZGB).

Zur Führung des Grundbuches werden Grundbuchkreise gebildet, in deren Grundbuch alle Grundstücke aufzunehmen sind, die innerhalb des betreffenden Kreises liegen (Art. 951 ZGB). Die Führung des Grundbuches wird durch die Grundbuchämter besorgt. Die Einrichtung der Grundbuchämter, die Umschreibung der Grundbuchkreise, die Ernennung und Besoldung der Grundbuchbeamten sowie deren (kantonale) Aufsicht erfolgt durch die Kantone (Art. 953 ZGB). Dieses mit dem Zivilgesetzbuch von 1907 eingeführte eidgenössische Grundbuch wird demnach nicht zentral in der Hauptstadt Bern geführt, sondern ist – im Rahmen bundesrechtlicher Schranken und unter der Oberaufsicht des Eidgenössischen Amtes für Grundbuch- und Bodenrecht (EGBA) – dezentral organisiert, wodurch der ausländische Käufer einer Immobilie in der Schweiz erneut mit einer beträchtlichen Rechtszersplitterung konfrontiert ist, jedenfalls, was die Organisation des Grundbuchwesens betrifft. Um das für eine politische Gemeinde zuständige Grundbuchamt zu finden, steht neuerdings im Internet eine nicht amtliche Suchmaschine zur Verfügung: (www.zbgr.ch/gmaind.asp).

Erschwerend kommt hinzu, dass das eidgenössische Grundbuch in der Schweiz – bald einhundert Jahre nach Schaffung der gesetzlichen Grundlagen – noch nicht flächendeckend eingeführt ist. Neben dem eidgenössischen Grundbuch bestehen weitere kantonale Grundbuchtypen („Grundregister" usw.), welche teilweise nicht die vollen Wirkungen des eidgenössischen Grundbuches entfalten.[42]

Der Verfügungsakt
Der Verkäufer schuldet dem Käufer aufgrund des Kaufvertrages die Eintragung des Käufers als Eigentümer des Kaufobjektes (Grundstück) im Grundbuch, d. h. im *Hauptbuch*, auf dem *Grundbuchblatt* des betreffenden Grundstückes. Um dies zu bewirken und damit seiner Eigentumsverschaffungspflicht nachzukommen, hat der Verkäufer als (Noch-)Eigentümer grundbuchrechtlich das Recht (Art. 963 Abs. 1 ZGB) und im Rahmen des Kaufvertrages auch die Pflicht, beim Grundbuchamt die Anmeldung zur Eintragung in das Grundbuch, die sog. *Grundbuchanmeldung* abzugeben.[43] Die Grundbuchanmeldung muss schriftlich sein: elektronisch oder telefonisch übermittelte Anmeldungen gelten nicht als Grundbuchanmeldungen. Gibt der Verkäufer die Grundbuchanmeldung ab, so trägt der Grundbuchverwalter unmittelbar anschließend die Anmeldung unter Angabe u. a. des Datums und der genauen Uhrzeit im *Tagebuch* ein (Art. 14 Abs. 1 lit. b der eidgenössischen Verordnung betreffend das Grundbuch vom 22. Februar 1910, GBV). Das Eigentum des Käufers an der Kaufsache, entsteht jedoch erst in dem Zeitpunkt, in dem es im Hauptbuch, d. h. auf dem betreffenden Grundbuchblatt eingeschrieben wird, was unter Umständen erst Tage nach der Einschreibung der Grundbuchanmeldung im Tagebuch der Fall ist. Die erfolgte Eintragung im Hauptbuch wirkt aber zurück auf den Zeitpunkt der Einschreibung im Tagebuch, was eine gesetzliche Fiktion darstellt: Es wird davon ausgegangen, das Recht sei bereits mit der Einschreibung im Tagebuch entstanden, obwohl das in Wirklichkeit nicht der Fall ist.[44] Dies wirft die Frage auf, wann denn die Verfügung über das Grundstück effektiv erfolgt, d. h. bis zu welchem Zeitpunkt der Verkäufer (aus welchen Gründen auch

immer) seine Grundbuchanmeldung zurückziehen kann, um die Einschreibung im Hauptbuch und damit den Eigentumsübergang zu verhindern. Hier gilt, dass nach der Einschreibung der Anmeldung im Tagebuch ein einseitiger Rückzug auch dann nicht mehr in Frage kommt, wenn der Vollzug im Hauptbuch noch aussteht.[45] Der Verkäufer verfügt also in dem Moment unwiderruflich über sein Grundstück zugunsten des Käufers, in dem er die Grundbuchanmeldung gegenüber dem Grundbuchverwalter abgibt und (was sofort danach erfolgen muss) der Grundbuchverwalter diese Anmeldung im Tagebuch einträgt.

4.3 Erwerbsbeschränkungen

4.3.1 Einleitung

Dem Ausländer, der in der Schweiz Immobilieneigentum erwerben möchte, begegnen zwangsläufig Begriffe wie „Lex Furgler," „Lex Friedrich" oder „Lex Koller." Es handelt sich dabei um inoffizielle Bezeichnungen von Erlassen zur Beschränkung des Erwerbs von Grundstücken durch Personen im Ausland. Diese gesetzliche Erwerbsbeschränkung existiert seit den 60er Jahren des letzten Jahrhunderts, zunächst in der Form von zeitlich befristeten Bundesbeschlüssen und schließlich in der Form des zeitlich unbegrenzten, jedoch zweimal revidierten Bundesgesetzes über den Erwerb von Grundstücken durch Personen im Ausland vom 16. Dezember 1983 („BewG"). Die inoffiziellen „Lex"-Bezeichnungen nehmen dabei Bezug auf die Person des Vorstehers des für die Ausarbeitung der jeweils neuesten Version dieser Begrenzungserlasse federführenden Eidgenössischen Justiz- und Polizeidepartements (des Schweizerischen Justizministeriums).[46] Das BewG regelt eine Vielzahl von Tatbeständen in differenzierter Weise. Im Rahmen dieses kurzen Abrisses kann die Problematik nur übersichtsweise und unvollständig dargestellt werden. Auch hinsichtlich des BewG ist deshalb dem Ausländer, der ein Grundstück in der Schweiz erwerben möchte, die Hilfe eines mit der Materie vertrauten lokalen Rechtsanwalts oder Notars zu empfehlen.

4.3.2 Zweck/Grundsatz

Art. 1 BewG definiert den Zweck wie folgt: „Dieses Gesetz beschränkt den Erwerb von Grundstücken durch Personen im Ausland, um die Überfremdung des einheimischen Bodens zu verhindern." Dieser rigide klingende Zweckartikel wird jedoch durch die am 1. Juni 2002 in Kraft getretene Revision des BewG als Anpassung an das Abkommen vom 21. Juni 1999 zwischen der Europäischen Gemeinschaft und ihren Mitgliedstaaten einerseits (nachfolgend: EG) und der Schweizerischen Eidgenossenschaft andererseits über die Freizügigkeit sowie an das Abkommen vom 21. Juni 2001 zur Änderung des Übereinkommens vom 4. Januar 1960 zur Errichtung der Europäischen Freihandelsassoziation (EFTA) sowie durch die bereits am 1. Oktober 1997 in Kraft getretene Revision des BewG[47] erheblich relativiert.

Mit der 1997 in Kraft getretenen Revision, ist primär der Erwerb von sog. Betriebsstätte-Grundstücken sowie derjenige einer Hauptwohnung am Ort des Wohnsitzes von der Bewilligungspflicht befreit worden. Die Revision 2002 schließlich nimmt Staatsangehörige der Mitgliedstaaten der EG und der EFTA, die ihren rechtmässigen und tatsächlichen Wohnsitz in der Schweiz haben, ganz vom Anwendungsbereich des BewG aus und bringt Erleichterungen für Grenzgänger.[48]

Für den Erwerb eines bewilligungspflichtigen Grundstückes bedürfen Personen im Ausland einer Bewilligung der zuständigen kantonalen Behörde (Art. 2 Abs. 1 BewG). Mit dem Vollzug des Gesetzes sind die Kantone betraut (Art. 15 BewG). Es gibt auch eine Reihe von Bewilligungsgründen, deren Einführung im Ermessen der Kantone steht (sog. „zusätzliche kantonale Bewilligungsgründe" gem. Art. 9 BewG). Eine Bewilligung kann aber jedenfalls nur dann erteilt werden, wenn ein Bewilligungsgrund gemäß BewG oder ein kantonaler Bewilligungsgrund gemäß Art. 9 BewG vorliegt.[49] Bestimmte *Verkaufs*tatbestände liegen allerdings außerhalb des Anwendungsbereichs des BewG und sind deshalb bewilligungsfrei. Die Bewilligungspflicht ist grundsätzlich gegeben, wenn drei Voraussetzungen erfüllt sind:

- der Erwerber ist eine „Person im Ausland" (*Subjektive Bewilligungspflicht*) und

■ der Erwerb muss sich auf ein bewilligungspflichtiges Grundstück beziehen (*Objektive Bewilligungspflicht nach dem Nutzungszweck*) und

■ das erworbene Recht muss als Erwerb eines Grundstückes im Sinne des BewG gelten (*Objektive Bewilligungspflicht nach der Art des erworbenen Rechts*).[50]

4.3.3 Anwendungsbereich

Persönlicher Anwendungsbereich: subjektive Bewilligungspflicht

Natürliche Personen:

Art. 5 Abs. 1 lit. a BewG definiert einerseits „Staatsangehörige der Mitgliedstaaten der Europäischen Gemeinschaft oder der Europäischen Freihandelsassoziation, die ihren rechtmäßigen und tatsächlichen Wohnsitz nicht in der Schweiz haben," als Personen im Ausland im Sinne des BewG. Weiter unterstellt Art. 5 Abs. 1 lit. a[bis] BewG alle Staatsangehörigen ausländischer Staaten, die nicht das Recht haben, sich in der Schweiz niederzulassen, der Bewilligungspflicht. Damit gelten *im Grundsatz* als „Personen im Ausland" (1) alle Ausländer mit Wohnsitz im Ausland sowie (2) alle Ausländer mit Wohnsitz in der Schweiz, sofern sie nicht (a) rechtmäßig sich in der Schweiz aufhaltende Staatsangehörige eines Mitgliedsstaates der EG oder der EFTA sind oder (b) Staatsangehörige eines anderen Staates sind und über eine gültige Niederlassungsbewilligung (Ausländerausweis C gemäß Art. 6 und 9 Abs. 3 des Bundesgesetzes vom 26. März 1931 über Aufenthalt und Niederlassung der Ausländer ANAG) verfügen.[51]

Die Frage des Wohnsitzes beurteilt sich nach den allgemeinen Wohnsitzbestimmungen des Schweizerischen Zivilgesetzbuches (Art. 23, 24 Abs. 1, 25 und 26 ZGB). Dieser wird demnach im Haupttatbestand durch die Absicht des dauernden Verbleibens an einem Ort begründet (Art. 2 Abs. 1 der Verordnung über den Erwerb von Grundstücken durch Personen im Ausland vom 1. Oktober 1984, BewV). Darüber hinaus ist für die vorausgesetzte *Rechtmäßigkeit* des tatsächlichen Wohnsitzes in der Schweiz eine gültige Niederlassungsbewilligung erforderlich, wobei im Falle von EG- oder EFTA-Bürgern auch eine gültige Kurzaufenthalts- oder Aufenthaltsbewilligung genügt. Für die Erteilung der sog. Niederlassungsbewilligung ist ein mindestens zehnjähriger Aufenthalt in der Schweiz vorausgesetzt (Art. 11 Abs. 5 ANAV), wobei auch dann kein Rechtsanspruch auf die Erteilung besteht. Bürger von EG- und EFTA-Staaten hingegen profitieren im Rahmen der erwähnten Abkommen vom 21. Juni 1997 bzw. vom 21. Juni 2001 von einer weitgehenden Gleichstellung mit Schweizer Bürgern.[52]

Juristische Personen oder vermögensfähige Gesellschaften ohne juristische Persönlichkeit:
Art. 5 Abs. 1 lit. b BewG erklärt juristische Personen oder vermögensfähige Gesellschaften ohne juristische Persönlichkeit (Kommanditgesellschaften, Kollektivgesellschaften) für subjektiv bewilligungspflichtig, wenn sie ihren statutarischen oder tatsächlichen Sitz im Ausland haben. Dasselbe gilt nach Art. 5 Abs. 1 lit. c BewG, wenn diese ihren statutarischen und ihren rechtlichen Sitz zwar in der Schweiz haben, aber von Personen im Ausland beherrscht werden. Letzteres ist gemäß Art. 6 Abs. 1 BewG der Fall, wenn eine Person im Ausland aufgrund ihrer finanziellen Beteiligung, ihres Stimmrechts oder aus anderen Gründen allein oder gemeinsam mit anderen Personen im Ausland die Verwaltung oder Geschäftsführung entscheidend beeinflussen kann. Eine solche beherrschende Stellung wird unter anderem dann gesetzlich vermutet, wenn eine Person im Ausland über mehr als einen Drittel des Grundkapitals oder über mehr als einen Drittel der Stimmen in der General- oder Gesellschafterversammlung verfügt oder der betreffenden Gesellschaft bedeutende Darlehen zur Verfügung gestellt hat (Art. 6 Abs. 2 BewG). Bei Kollektiv- oder Kommanditgesellschaften greift die Vermutung der Beherrschung, wenn eine oder mehrere Personen im Ausland unbeschränkt haftende Gesellschafter sind, der Gesellschaft als Kommanditäre Mittel zur Verfügung stellen, die einen Drittel der Eigenmittel der Gesellschaft übersteigen, oder bedeutende Darlehen an die Gesellschaft oder an unbeschränkt haftende Gesellschafter zur Verfügung stellen (Art. 6 Abs. 3 BewG).

Treuhandverhältnisse:
Um eine Umgehung der subjektiven Bewilligungspflicht mit Hilfe von Treuhandverhältnissen zu verhindern, erklärt Art. 5 Abs. 1 lit. d BewG diejenige natürliche oder juristische Person oder vermögensfähige Gesellschaft, die zwar selber an sich nicht subjektiv bewilligungspflichtig

wäre, für subjektiv bewilligungspflichtig, wenn sie ein Grundstück für Rechnung einer Person im Ausland erwirbt.

Folge fehlender subjektiver Bewilligungspflicht:
Liegt kein Grund für eine subjektive Bewilligungspflicht vor, so hat der ausländische Erwerber für einen Grundeigentumserwerb dieselben Rechte wie ein Schweizer Bürger. Zudem besteht dann auch keine Verpflichtung, das erworbene Grundeigentum wieder zu veräussern, wenn nach dem Erwerb doch noch ein Grund für die subjektive Bewilligungspflicht eintreten sollte – so z. B. wenn ein in der Schweiz wohnhafter EG-Bürger nach dem Grundeigentumserwerb seinen Wohnsitz wieder ins Ausland verlegt. Sodann sind auch die gesetzlichen – nicht aber die eingesetzten – Erben im Sinne des schweizerischen Erbrechts eines nicht subjektiv bewilligungspflichtigen Ausländers für das geerbte Schweizer Grundstück von der subjektiven Bewilligungspflicht ausgenommen (Art. 7 lit. a BewG). Als Erben eingesetzte Personen im Ausland müssen das geerbte Grundstück innert zwei Jahren wieder verkaufen, wenn auch die objektive Bewilligungspflicht gegeben ist und sie keinen Bewilligungsgrund geltend machen können (Art. 8 Abs. 2 BewG).[53] Dabei ist aber zu berücksichtigen, dass auch eingesetzte Erben oder Vermächtnisnehmer als von der subjektiven Bewilligungspflicht ausgenommene gesetzliche Erben gelten, wenn sie als Verwandte des Erblassers mit Grundeigentum in der Schweiz auch nur möglicherweise, d. h. bei Vorabsterben aller näheren gesetzlichen Erben als gesetzliche Erben in Frage kommen.[54]

Objektive Bewilligungspflicht nach dem Nutzungszweck

Vorbemerkung:
Ist die subjektive Bewilligungspflicht gegeben, ist zu prüfen, ob der (vorgesehene) Nutzungszweck des Grundstückes ebenfalls bewilligungs*pflichtig* ist.

Wohnzweck:
Grundsätzlich unterliegt jeder Erwerb von Wohneigentum durch „Personen im Ausland" im Sinne des BewG auch objektiv der Bewilligungspflicht. Es betrifft dies u. a.

- Einfamilienhäuser
- Mehrfamilienhäuser

- Stockwerkeigentum (Eigentumswohnungen)
- Bauland für diese Objekte

Von diesem Grundsatz gibt es Ausnahmen. Die erste betrifft die *Hauptwohnung* des Erwerbers zu eigenen Wohnzwecken am Ort des rechtmäßigen und tatsächlichen Wohnsitzes einer „Person im Ausland" (Art. 2 Abs. 2 lit. b BewG). Da Staatsangehörige von EG- und EFTA-Staaten mit rechtmäßigem Wohnsitz in der Schweiz gar nicht als „Personen im Ausland" gelten, ist diese Ausnahme nur für Staatsangehörige anderer Staaten praktisch von Bedeutung. Um diese Fälle der Hauptwohnung von Kapitalanlagen abzugrenzen, ist der Hauptwohnungserwerb zudem nur dann bewilligungsfrei, wenn die Fläche des erworbenen Grundstückes 3000 m² nicht übersteigt (Art. 18a Abs. 2 lit. c BewV) und wenn die Hauptwohnung nicht weitervermietet wird – weder ganz noch teilweise.

Die zweite Ausnahme bilden die *Zweitwohnungen*. Sie gilt aber nur zugunsten von Staatsangehörigen von EFTA- und EG-Staaten, welche als Grenzgänger in der Schweiz arbeiten und über eine Grenzgängerbewilligung verfügen. Sie dürfen in der Region ihres Arbeitsortes in der Schweiz ohne Bewilligung eine Zweitwohnung erwerben, müssen diese aber selber bewohnen, dürfen sie nicht vermieten, und die Grundstücksfläche darf 1000 m² nicht übersteigen (Art. 7 lit. j BewG, Art. 18a Abs. 3 BewV).

Wirtschaftlicher Zweck (Betriebsstätte-Grundstücke):
Bewilligungsfrei ist der Erwerb eines Grundstückes durch Personen im Ausland, wenn das erworbene Grundstück als ständige Betriebsstätte eines Handels-, eines Fabrikations- oder eines anderen nach kaufmännischer Art geführten Gewerbes, eines Handwerksbetriebs oder eines freien Berufes dient (Art. 2 Abs. 2 lit. a BewV). Allerdings gelten auch für Ausländer die Beschränkungen anderer Gesetze, z. B. in Bezug auf den Erwerb landwirtschaftlichen Bodens, welcher grundsätzlich nur Selbstbewirtschaftern möglich ist.[57] Demgegenüber ist rein aus der Perspektive des BewG und der BewV die Selbstnutzung keine Voraussetzung für den bewilligungsfreien Erwerb eines Betriebsstätte-Grundstückes. Dieses darf also weiter vermietet oder verpachtet und sogar als reine Kapitalanlage erworben werden.[58] Nicht bewilligungsfrei zulässig ist dagegen gemäß ausdrücklicher Vorschrift

(Art. 3 BewV) die Verwendung des Grundstückes für die Erstellung oder gewerbsmäßige Vermietung von Wohnraum, es sei denn, es handle sich dabei um Hotels oder Apparthotels.

Objektive Bewilligungspflicht nach der Art des erworbenen Rechts
Unter diesem Titel stellt sich die Frage, welche Rechtsgeschäfte über schweizerische Grundstücke bewilligungspflichtig sind, wenn sie von Personen im Ausland getätigt werden. Nach der maßgebenden wirtschaftlichen Betrachtungsweise gilt als bewilligungspflichtiger Erwerb von Grundstücken Folgendes:[60]

- der Erwerb des (Allein-, Gesamt- oder Mit-)Eigentums, eines Baurechts, eines Wohnrechts oder der Nutznießung am Grundstück (Art. 4 Abs. 1 lit. a BewG),

- die Beteiligung (unabhängig von dessen Höhe!) an einer juristischen Person oder einer vermögensfähigen Gesellschaft ohne juristische Persönlichkeit, deren tatsächlicher Zweck der Erwerb von Grundstücken ist (Art. 4 Abs. 1 lit. b und e BewG),

- der Erwerb des Eigentums oder der Nutznießung an einem Anteil an einem Immobilienanlagefonds, dessen Anteilscheine auf dem Markt nicht regelmäßig gehandelt werden, oder an einem ähnlichen Vermögen (Art. 4 Abs. 1 lit. c BewG),

- die Begründung und Ausübung eines Kaufs-, Vorkaufs- oder Rückkaufsrechts an einem Grundstück oder an einem Anteil an einer der obgenannten Gesellschaften oder Immobilienfonds (Art. 4 Abs. 1 lit. f BewG),

- der Erwerb anderer Rechte, die dem Erwerber eine ähnliche Stellung wie dem Eigentümer eines Grundstückes verschaffen (Art. 4 Abs. 1 lit. g BewG).[61]

- die Verlegung des statutarischen oder tatsächlichen Sitzes einer juristischen Person oder einer vermögensfähigen Gesellschaft ohne juristische Persönlichkeit ins Ausland unter Beibehaltung von Rechten an einem Grundstück, das nicht bewilligungsfrei erworben werden kann (Art. 4 Abs. 2 BewG).

4.3.4 Bewilligungsverfahren

Vorbemerkung

Ergibt sich gemäß den obigen Ziffern 3.1 bis 3.3 die Bewilligungspflicht eines Grundstückserwerbs oder lässt sich die Bewilligungspflicht nicht ausschließen, so ist das gesetzlich vorgesehene Verfahren vor den zuständigen Behörden zu durchlaufen. In letzterem Fall ist die Feststellung zu beantragen, dass der Erwerber keiner Bewilligungspflicht unterliegt, in ersterem Fall ist die Bewilligungserteilung zu beantragen. Zuständig sind die vom Kanton des Lageortes bezeichneten Behörden (Art. 2 Abs. 1 und Art. 15 Abs. 1 und 2 BewG).[62]

Feststellung der Nichtbewilligungspflicht bzw. Verfahren zur Erteilung einer Bewilligung nach BewG

Gemäß Art. 17 Abs. 1 BewG haben Erwerber, deren Bewilligungspflicht sich nicht ohne weiteres ausschließen lässt, spätestens nach dem Abschluss des Rechtsgeschäfts oder – wo es kein solches gibt (z. B. bei Erbgang) – nach dem Erwerb um die Bewilligung oder um die Feststellung, dass sie keiner Bewilligung bedürfen, nachzusuchen. Es ist dem Grundbuchverwalter nicht gestattet, die Einschreibung im Hauptbuch vorzunehmen, wenn er die Bewilligungspflicht eines Geschäftes nicht ohne weiteres ausschließen kann. Diesfalls nimmt er zwar aufgrund der Grundbuchanmeldung die Eintragung im Tagebuch vor,[63] benötigt aber für die Eintragung im Hauptbuch den Bescheid der Bewilligungsbehörde. Er räumt dem Erwerber eine Frist von 30 Tagen ein, in der er die Bewilligung oder die Feststellung, dass der Erwerb nicht bewilligungspflichtig ist, einholen muss (Art. 18 Abs. 1 BewG). Ein ähnliches Verfahren besteht beim Erwerb eines Grundstückes durch Zwangsversteigerung (Art. 19 BewG).

Ist der Erwerb bewilligungspflichtig, dann darf die Bewilligung nur erteilt werden, wenn einer der gesetzlichen Bewilligungsgründe gegeben ist. Außerdem werden mit der Bewilligung Auflagen verknüpft, die sicherstellen, dass das Grundstück nur für den vom Erwerber geltend gemachten Zweck verwendet wird (Art. 14 Abs. 1 BewG).

Bewilligungsgründe

Bundesrechtliche Bewilligungsgründe:
In der Schweiz zum Geschäftsbetrieb zugelassene ausländische oder

ausländisch beherrschte Versicherungseinrichtungen können im Rahmen ihrer Geschäftstätigkeit Kapitalanlagen in Grundstücke tätigen, sofern deren Wert die als technisch notwendig erachteten Rückstellungen für das Schweizer Geschäft nicht übersteigt (Art. 8 Abs. 1 lit. b BewG). Zudem kann ihnen, ebenso wie ausländischen oder ausländisch beherrschten Banken, eine Bewilligung für den Grundstückerwerb im Rahmen einer Zwangsverwertung oder eines Liquidationsvergleiches von zu ihren Gunsten mit einem Grundpfand belasteten Grundstücken erteilt werden (Art. 8 Abs. 1 lit. d BewG). Personalvorsorgeeinrichtungen schweizerischer Betriebsstätten kann die Bewilligung erteilt werden, wenn der Grundstückerwerb zur Personalvorsorge des in der Schweiz beschäftigte Personals dient (Art. 8 Abs. 1 lit. c BewG).[63] Der Grundstückerwerb kann auch für die direkte Nutzung zu einem gemeinnützigen Zweck bewilligt werden (Art. 8 Abs. 1 lit. c BewG).[64] Sodann bestehen für die nicht als bewilligungsfrei geltenden eingesetzte Erben oder Vermächtnisnehmer (Art. 8 Abs. 2 BewG) sowie für gewisse in Art. 8 Abs. 3 BewG und Art. 4 BewV näher umschriebene Härtefälle Möglichkeiten, eine Bewilligung zu erhalten.[65]

Kantonale Bewilligungsgründe:
Gemäß bundesrechtlicher Vorschrift in Art. 9 BewG können die Kantone den Erwerb u. a. für Ferienwohnungen oder für Wohneinheiten in einem Apparthotel im Rahmen des kantonalen Kontingents bewilligen (Art. 9 Abs. 2 BewG). Diese Kontingente legt der Bundesrat alle zwei Jahre für jeden Kanton fest (Art. 11 Abs. 1 BewG). Die gesamtschweizerische Höchstzahl solcher Kontingente beträgt derzeit jährlich 1400, wobei in einem Jahr nicht gebrauchte Kontingentseinheiten auf das folgende Jahr übertragen werden (Art. 9 Abs. 3 BewV). Die Kantone müssen dabei periodisch die Gemeinden bestimmen, die nach einem genehmigten Entwicklungskonzept den Erwerb solcher Ferienwohnungen oder Wohneinheiten durch Ausländer benötigen, um den Fremdenverkehr zu fördern (Art. 9 Abs. 3 BewG). Ferienwohnungen dürfen zwar grundsätzlich vermietet werden, jedoch nicht ganzjährig.[66] Für Wohneinheiten in Apparthotels bestehen weitere Vorschriften (Art. 10 BewG): so müssen sie z. B. im Umfang von 65 % hotelmäßig bewirtschaftet werden (Art. 10 Abs. 1 lit. b BewG). Die Kantone und sogar die Gemeinden können weitergehende Beschränkungen einführen, z. B. Ferienwohnungen nur in Form von Stock-

werkeigentum (Eigentumswohnungen) zulassen, Bewilligungssperren einführen usw. (Art. 13 BewG).

Ist es einem Ausländer nicht möglich, bewilligungsfrei eine Zweitwohnung zu erwerben (aufgrund von Art. 7 lit. j BewG, Art. 18a Abs. 3 BewV), so kann ihm dies gemäß Art. 9 Abs. 1 lit. c BewG dann bewilligt werden, wenn er zu dem Ort, an dem er diese erwerben möchte, eine außergewöhnlich enge, schutzwürdige Beziehung unterhält, solange diese andauert. Dazu zählen solche, die erforderlich sind, um überwiegende wirtschaftliche, wissenschaftliche oder kulturelle Interessen zu wahren, nicht jedoch die Verwandtschaft oder Schwägerschaft mit Personen die sich in der Schweiz zu Kur-, Studien- oder anderen vorübergehenden Aufenthaltszwecke (Art. 6 BewV) aufhalten.

Sowohl für Ferienwohnungen als auch für Appartmenthoteleinheiten und Zweitwohnungen bestehen Größenbeschränkungen (Art. 10 BewV: max. 100 m² Nettowohnfläche, max. 1000 m² Grundstückfläche für Ferienhäuser und Zweithäuser).

4.3.5 Sanktionierung von Zuwiderhandlungen gegen das BewG

Das BewG sieht einer Reihe von griffigen Sanktionen vor, um das Bewilligungsregime durchzusetzen. Eine davon ist die zivilrechtliche und von Amts wegen zu beachtende Unwirksamkeit des Rechtsgeschäfts über den Erwerb eines Grundstückes, für welches eine Bewilligung erforderlich ist, aber nicht vorliegt. In diesem Fall dürfen versprochene Leistungen nicht gefordert und erbrachte Leistungen können innerhalb bestimmter Fristen zurückgefordert werden (Art. 26 BewG). Die Bewilligungspflicht kann auch nachträglich festgestellt werden, wenn der Erwerber unrichtige oder unvollständige Angaben gemacht hat, und es können bereits erteilte Bewilligungen widerrufen werden, wenn sie durch unrichtige Angaben erschlichen worden sind oder Auflagen nicht eingehalten werden (Art. 25 BewG). Die zuständigen kantonalen Behörden oder das Bundesamt für Justiz können auf Widerherstellung des ursprünglichen Zustandes oder auf Zwangsverwertung des Grundstückes klagen (Art. 27 BewG). Nicht zuletzt sieht das Gesetz auch strafrechtliche Sanktionen vor (Art. 28 bis 35 BewG).

4.4 Kaufabwicklung

In der Praxis existiert eine Vielzahl von Möglichkeiten der Kaufabwicklung. Aus der Notwendigkeit der öffentlichen Beurkundung des Kaufvertrages sowie aus derjenigen zur amtlichen Mitwirkung des Grundbuchverwalters bei der Verfügung des Verkäufers sowie wegen der bei solchen Geschäften regelmäßig involvierten beträchtlichen Geldbeträgen ergeben sich aber Sachzwänge. So hat dem Gang zum Grundbuchverwalter zwingend derjenige zur Urkundsperson (i. d. R. der Notar) voranzugehen. Je nach Kanton, in welchem das Grundstück liegt, können Urkundsperson und Grundbuchverwalter auch identisch sein. So nimmt z. B. im Kanton Zürich das Notariat auch die Aufgaben des Grundbuchamts wahr,[67] was es den Kaufvertragsparteien ermöglicht, die öffentliche Beurkundung des Vertragsabschlusses und die durch die Abgabe der Grundbuchanmeldung eingeleitete Übertragung des Grundeigentums, an einem einzigen Amtstermin vorzunehmen.

Um den Verkäufer zu schützen, räumt ihm Art. 837 Abs. 1 Ziff. 1 ZGB am verkauften Grundstück ein sog. mittelbares gesetzliches Grundpfandrecht für seine Kaufpreisforderung ein. Damit erhält der Verkäufer das Recht, innert einer Frist von drei Monaten (Art. 838 ZGB) nach der Übertragung des Eigentums an den Käufer eine Grundpfandverschreibung im Grundbuch, auf dem Grundbuchblatt des verkauften Grundstückes, eintragen zu lassen. Kommt der Käufer seiner Zahlungspflicht nicht nach, kann der Verkäufer mithilfe dieses Grundpfandrechts somit letztlich das Grundstück zu seinen Gunsten verwerten lassen.[68] Um diesen Schutz des Grundstücksverkäufers nicht in Anspruch nehmen zu müssen, bedient man sich in der Schweiz oft des sog. unwiderruflichen Zahlungsversprechens einer Bank, in welchem die Bank unwiderruflich bestätigt, den Kaufpreis an die Verkäufer zu bezahlen (bzw. an deren Bank zu überweisen), sobald das Grundbuchamt bestätigt, dass der Käufer als neuer Eigentümer im Grundbuch eingetragen worden ist. Dieses Zahlungsversprechen händigt der Käufer i. d. R. auf dem Grundbuchamt dem Verkäufer gegen Abgabe der Grundbuchanmeldung aus, so dass gewissermaßen Zug um Zug erfüllt werden kann. Dasselbe Resultat wird mit der Verwendung von bankbestätigten Schecks erreicht. Für diese sind jedoch Bankspesen zu bezahlen.

Auch der Käufer hat bei der Kaufabwicklung legitime Schutzbedürfnisse. Es betrifft dies in erster Linie seinen Schutz vor einer Belastung seines Grundstückes mit den sog. Steuerpfandrechten, welche das kantonale Recht dem Staat für dessen Ansprüche aus der Grundstückgewinn- und der Handänderungssteuer einräumt. Bezahlt der Verkäufer diese Steuern nicht, kann sich der Staat dank dieses Grundpfandrechts schadlos halten, weil der Käufer – der neue Grundeigentümer – dann vor der Wahl steht, entweder anstelle des Verkäufers diese Steuern zu bezahlen oder aber der Zwangsverwertung seines neu erworbenen Grundstückes entgegenzusehen. Um den Eintritt einer solchen Situation zu vermeiden, wird üblicherweise im Kaufvertrag vereinbart, dass der verkäuferseits zu entrichtende Steuerbetrag (welcher vom zuständigen Steueramt zuvor geschätzt wird) vom Käufer auf Abrechnung an den Kaufpreis für Rechnung des Verkäufers entweder direkt an das Steueramt oder zunächst auf ein Sperrkonto bezahlt wird. Es existieren auch Formen der Sicherstellung dieser Steuerbeträge durch den Verkäufer, z. B. indem er die Steuer vorab an das Steueramt oder auf ein Sperrkonto bezahlt oder eine Bankgarantie beibringt.

4.5 Kosten und Steuern

Die Frage der bei einem Grundstückkauf anfallenden Kosten und Steuern ist größtenteils kantonal, zum Teil sogar kommunal geregelt. Eidgenössische Steuern (direkte Bundessteuer, Mehrwertsteuer) und Abgaben (Sozialversicherungsbeiträge, Wehrpflichtersatz) sind für den ausländischen Immobilienkäufer im Normalfall – allerdings mit Ausnahmen – von geringerer Relevanz. Die folgenden Ausführungen beschränken sich deshalb auf eine kurze Übersicht. Es wird empfohlen, die Kosten- und Steuersituation im konkreten Fall durch einen ortskundigen Notar oder Anwalt zu klären.

Der Abschluss des öffentlich beurkundeten Kaufvertrages sowie die Eintragung im Grundbuch ziehen Notariats- und Grundbuchgebühren nach sich, welche in der Regel an die Höhe des Kaufpreises anknüpfen, aber kantonal unterschiedlich geregelt und dementsprechend verschieden hoch sind.[69]

An die Tatsache der Handänderung des Grundstückes knüpft die von den Kantonen und z. T. auch von den Gemeinden erhobene Handänderungssteuer an.[70] In der Regel ist sie vom Erwerber zu tragen. Einzelne Kantone sehen dagegen die je hälftige Tragung durch die Kaufvertragsparteien vor. Der Kanton Uri belastet damit den Veräußerer.[71] Bemessungsgrundlage ist i. d. R. der Erlös, d. h. der Kaufpreis einschließlich aller weiteren Leistungen des Käufers. Gegebenenfalls ist hier auch der Werklohn zum Landkaufpreis hinzuzurechnen, wenn der Verkäufer mit dem Käufer einen Werkvertrag zur Erstellung einer Baute auf dem betreffenden Grundstück abgeschlossen hat.[72]

Die Grundstückgewinnsteuer ist ebenfalls eine kantonale Steuer, wobei die Kompetenz zu deren Erhebung in einzelnen Kantonen auch an die Gemeinden weitergegeben worden ist.[73] Besteuert wird der bei der Handänderung eines Grundstückes erzielte Gewinn.[74] Steuerpflichtig ist in allen Kantonen stets der Veräußerer, was durch die Parteien nicht anders vereinbart werden kann.[75] In den Kantonen mit dem sog. monistischen System (z. B. Zürich) werden sowohl die mit Grundstücken des Privat- als auch mit denjenigen des Geschäftsvermögens des Veräusserers bei Handänderungen erzielten Gewinne der Grundstückgewinnsteuer als Spezialsteuer belastet.[76] In den Kantonen mit dem dualistischen System (z. B. St. Gallen) unterliegen nur die mit Grundstücken des Privatvermögens erzielten Gewinne der Spezialsteuer, während die mit der Handänderung eines im Geschäftsvermögen stehenden Grundstückes erzielten Gewinne zusammen mit dem übrigen Gewinn bzw. Einkommen von der allgemeinen kantonalen und kommunalen Einkommens- bzw. Gewinnsteuer beim Veräußerer erfasst werden.[77]

Die bei der Veräußerung von Grundstücken des Geschäftsvermögens, insbesondere bei gewerbsmäßigem Liegenschaftshandel, erzielten Gewinne werden beim Veräußerer auch im Rahmen der direkten Bundessteuer besteuert.[78] Obwohl diesbezüglich nur der Veräusserer steuerpflichtig ist, haftet für die von einem Liegenschaftshändler oder Liegenschaftenvermittler ohne schweizerischen steuerrechtlichen Wohnsitz aufgrund sog. wirtschaftlicher Zugehörigkeit geschuldeten direkten Bundessteuer der Käufer solidarisch mit bis zu 3 % der Kaufsumme (Art. 13 Abs. 2 lit. c in Verbindung mit Art. 4 Abs. 1 lit. d Bundesgesetz über die direkten Bundessteuern DBG). Ist der Gewinn bei der direkten Bundessteuer beim Verkäufer steuerpflichtig, dann folgt daraus auch die Pflicht des Verkäufers, darauf die gesetzlichen Sozialversicherungsbeiträge zu leisten, wenn der Verkäufer eine natürliche Person ist, und Wehrpflichtersatz zu bezahlen, wenn der Verkäufer darüber hinaus wehrpflichtiger männlicher Schweizer Bürger ist, der seine Wehrpflicht nicht persönlich erfüllt.[79] Der Käufer hingegen hat im Rahmen eines Grundstückskaufes nie Sozialversicherungsbeiträge oder Wehrpflichtersatz zu leisten und er ist auch nicht für die Erfüllung einer diesbezüglichen Pflicht des Verkäufers haftbar.[80]

Grundstückverkäufe sind grundsätzlich von der schweizerischen Mehrwertsteuer ausgenommen (Art. 18 Ziff. 20 Mehrwertsteuergesetz MWSTG). Davon gibt es aber zwei Ausnahmen. Der Verkäufer kann sich in Bezug auf den Grundstückverkauf freiwillig der Mehrwertsteuerpflicht unterstellen (sog. Option), wenn er an eine in der Schweiz mehrwertsteuerpflichtige Person verkauft (Art. 26 Abs. 1 lit. b MWSTG). Mehrwertsteuer ist grundsätzlich auch zu entrichten, wenn ein mehrwertsteuerpflichtiges Grundstück verkauft wird, d. h. wenn bereits anlässlich einer früheren Handänderung für die Mehrwertsteuerpflicht optiert wurde oder wenn ein Mehrwertsteuerpflichtiger ein Grundstück veräußert, für welches er zuvor Vorsteuern geltend gemacht hat. Mehrwertsteuerpflichtig ist auf jeden Fall jedoch nur der Verkäufer, nicht der Käufer. Auf den Wert des Bodens ist keine Mehrwertsteuer zu entrichten.[81]

Anmerkungen

1 Peter Gauch / Walter R. Schluep / Jörg Schmid / Heinz Rey: Schweizerisches Obligationenrecht Allgemeiner Teil, 7.A. Zürich 1998 RZ 136–139.
2 Christian Brückner: Schweizerisches Beurkundungsrecht, Zürich 1993 § 2 RZ 5.
3 Christoph Leuenberger: Abschluss des Grundstückskaufvertrages, in: Alfred Koller: Der Grundstückskauf, Bern 2001, § 2 RZ 45–46
4 BGE 113 II 404
5 BGE 113 II 404, 107 II 216
6 BGE 113 II 402, Leuenberger, a.a.O., § 2 RZ 53–58
7 Berner Kommentar, Hans Giger: Das Obligationenrecht, Der Grundstückskauf, Bern 1997, Art. 216 N 235, 242, 245
8 BK Giger, Art. 216 N 235, 236, BGE 112 II 332 E.1a
9 BGE 112 II 332 E.1a
10 BK Giger, Art. 216 N 242
11 BGE 127 III 254f. E. 3d
12 BK Giger Art. 216 N 242. BGE 90 II 24
13 BGE 84 IV 165. BK Giger Art. 216 N 245 und 247 f.
14 BK Giger Art. 216 N 247

15 BK Giger Art. 216 N 265. BGE 39 II 224 ff.

16 BK Giger Art. 216 N 266 und 268

17 BK Giger Art. 216 N 269. BGE 68 II 229 ff; 86 II 258 ff.; 90 II 34 ff.; 90 II 282 ff.; 94 II 270, 273.

18 BK Giger Art. 216 N 270. BGE 95 II 527 ff.

19 BK Giger Art. 216 N 271

20 Leuenberger, a.a.O., § 2 RZ 75

21 BGE 113 II 404

22 BGE 113 II 404 f.

23 BGE 113 II 405

24 vgl. Aufzählung in BGE 113 II 405 E.2b

25 BK Giger Art. 261 N 281 und N 277 (letztere unter Verweis auf BK Schmidlin Art. 11 N 100 ff.)

26 Alfred Koller: Vom Formmangel und seinen Folgen, in: Alfred Koller „Der Grundstückkauf", Bern 2001, § 3 RZ 3

27 Urs Hess, in: Heinrich Honsell / Nedim Peter Vogt / Wolfgang Wiegand (Hg.): Kommentar zum Schweizerischen Privatrecht, Obligationenrecht I, 2.A. Basel und Frankfurt a.M. 1996, Art. 216 N 10

28 Hess, a.a.O., Art. 216 N 11 f.

29 Leuenberger, a.a.O. § 2 RZ 25. Art. 55 Abs. 1 SchlT ZGB

30 Leuenberger, a.a.O., § 2 RZ 30

31 Leuenberger, a.a.O., § 2 RZ 27 ff. Brückner a.a.O. § 35

32 Leuenberger, a.a.O., § 2 RZ 34

33 Leuenberger, a.a.O., § 2 RZ 35. Ivo Schwander: „Grundstückkauf: Internationales Privatrecht und Internationales Zivilprozessrecht" in; Alfred Koller, Der Grundstückkauf, Bern 2001, § 9 RZ 39. Brückner a.a.O. § 27 RZ 719 ff.

34 Leuenberger, a.a.O., § 2 RZ 35

35 Leuenberger, a.a.O., § 2 RZ 37. Brückner a.a.O. §§ 9 und 135

36 Vgl. zum Ganzen Leuenberger, a.a.O., § 2 RZ 39
    Kanton Bern: Gesetz betreffend die Einführung des Schweizerischen Zivilgesetzbuches vom 28. Mai 1911, Art. 11 Abs. 1 in Verbindung mit Art. 15 und 17 Notariatsgesetz vom 28. August 1980 (http://www.sta.be.ch/belex/d/home.htm)
    Kanton Graubünden: Einführungsgesetz zum Schweizerischen Zivilgesetzbuch vom 12. Juni 1994, Art. 17 (http://www.navigator.ch/gr)
    Kanton Tessin: Legge di applicazione e complemento del Codice civile svizzero vom 18. April 1911, Art. 19 ff., und Legge sul notariato vom 23. Februar 1983, Art. 2. (http://www.ti.ch/CAN/temi/fu/)
    Kanton Wallis: Einführungsgesetz zum Schweizerischen Zivilgesetzbuch vom 24. März 1998, Art. 20 und 197, sowie Art. 1 ff. Gesetz über das Notariat vom 15. Mai 1942 (http://www.vs.ch/Navig2/LoisVs/de/Frame450.htm)

37 *Kanton Graubünden:* Einführungsgesetz zum Schweizerischen Zivilgesetzbuch vom 12. Juni 1994, Art. 17. Notariatsverordnung vom 1. Dezember 1993, Art. 2.

38 Vgl. zum Ganzen: Bernhard Schnyder: Vertragserfüllung und deren Sicherung in sachenrechtlicher Sicht, in: Alfred Koller „Der Grundstückkauf", Bern 2001, § 4 RZ 1–3.

39 Bettina Deillon-Schegg: Grundbuchanmeldung und Prüfungspflicht des Grundbuchverwalters im Eintragungsverfahren, Diss. Zürich 1997, S. 28–29. Es gibt allerdings auch Fälle des ausserbuchlichen Erwerbs von Grundeigentum, z. B. bei Erbschaft.

40 Schnyder, a.a.O. § 4 RZ 9 und 14

41 Deillon-Schegg, a.a.O. S. 37 f.

42 Schnyder, a.a.O. § 4 RZ 13. BGE 115 II 221

43 Felix Schöbi: Das Bundesgesetz über den Grundstückerwerb durch Personen im Ausland, in: Alfred Koller „Der Grundstückkauf", Bern 2001, § 8 RZ 1 f. Bundesrat Kurt Furgler war 1972 bis 1982, Bundesrat Rudolf Friedrich 1983–1984 und Bundesrat Arnold Koller von 1989 bis 1999 Departementschef des Schweizer Justizministeriums, des Eidgenössischen Justiz- und Polizeidepartements.

44 Bundesamt für Justiz BAJ (Hg): Erwerb von Grundstücken durch Personen im Ausland, Wegleitung für die Grundbuchämter, Bern 3. Juni 2002, RZ 11.1

45 BAJ Wegleitung, a.a.O. RZ 12.2 und 13.3

46 Bundesamt für Justiz BAJ (Hg): Erwerb von Grundstücken durch Personen im Ausland, Merkblatt, Bern 3. Juni 2002, S. 1 Ziff. 3.

47 BAJ Merkblatt, a.a.O., S. 1 f. Ziff.4.

48 Schöbi, a.a.O. § 8 RZ 22–25. BAJ Merkblatt, a.a.O., S. 2

49 Schöbi, a.a.O. § 8 RZ 22–25

50 Schöbi, a.a.O. § 8 RZ 31–32

51 BAJ Merkblatt, a.a.O., S. 6

52 BAJ Merkblatt, a.a.O., S. 4 f. und Schöbi, a.a.O. § 8 RZ 11–17

53 BAJ Merkblatt, a.a.O., S. 4 f.

54 BAJ Merkblatt, a.a.O., S. 5 f.

55 BAJ Merkblatt, a.a.O., S. 12 ff.

56 Erwerb von Grundstücken durch Personen im Ausland, Wegleitung für die Grundbuchämter, a.a.O. RZ 22.1

57 BAJ Merkblatt, a.a.O., S. 8

58 BAJ Merkblatt, a.a.O., S. 9

59 BAJ Merkblatt, a.a.O., S. 10

60 § 1 Gesetz über das Notariatswesen vom 9. Juni 1985

61 Vgl. Josef Hofstetter, in: Heinrich Honsell / Nedim Peter Vogt / Thomas Geiser (Hg.) Kommentar zum Schweizerischen Privatrecht, Zivilgesetzbuch II, Basel und Frankfurt a.M. 1998, Art. 837/838 N 1

62 Vgl. Felix Richner, in: Alfred Koller „Der Grundstückkauf", Bern 2001, § 12 RZ 3–12

63 z. T. wird auch die bloß wirtschaftliche Handänderung, bei welcher nur die wirtschaftliche Verfügungsgewalt über ein Grundstück die Hand ändert, nicht jedoch das zivilrechtliche Eigentum als steuerpflichtige Handänderung behandelt: vgl. Richner, a.a.O. § 12 RZ 13–14.

64 Richner, a.a.O. § 12 RZ 18–21.

65 Richner, a.a.O. § 12 RZ 26–27. Auch der Abschluss des Werkvertrages von oder mit nahe stehenden Personen von Käufer oder Verkäufer kann eine solche Zusammenrechnung auslösen.

66 Richner, a.a.O. § 12 RZ 30

67 Richner, a.a.O. § 12 RZ 65 f.

68 Richner, a.a.O. § 12 RZ 57. Dennoch kann sich der Käufer zivilrechtlich dem Veräußerer gegenüber verpflichten, anstelle des Veräußerers zu bezahlen – an der Steuerpflicht des Veräußerers ändert das aber nichts.

69 Richner, a.a.O. § 12 RZ 37

70 Richner, a.a.O. § 12 RZ 36

71 Richner, a.a.O. § 12 RZ 146 f., 150 f.

72 Richner, a.a.O. § 12 RZ 215 ff. und 229 ff.

73 Richner, a.a.O. § 12 RZ 222 und 234

74 vgl. zum Ganzen: Richner, a.a.O. § 12 RZ 193, 202 ff., 207 ff.

5. Immobilienerwerb in Österreich
Alfred Nemetschke/Birgit Harasser

5.1 Kaufvertrag

5.1.1 Allgemeines zum Liegenschaftserwerb in Österreich

Der Immobilienerwerb und die Immobiliennutzung, wie z. B. Vermietung und Verpachtung, werden im Bereich des Zivilrechts oder verwandten Gebieten fast ausschließlich durch Bundesrecht geregelt. Die wichtigsten Rechtsvorschriften sind das Allgemeine Bürgerliche Gesetzbuch (ABGB), das Grundbuchsgesetz (GBG) und das Wohnungseigentumsgesetz 2002 (WEG). Durch Landesrecht werden hauptsächlich öffentlich-rechtliche Materien geregelt, die in den einzelnen Bundesländern oft beträchtlich voneinander abweichen können. Dazu gehören etwa die einzelnen Raumordnungsgesetze, Bauordnungen, Umweltschutzgesetze und insbesondere die Grundverkehrsgesetze, welche Beschränkungen betreffend den Erwerb von Liegenschaften enthalten.

Grundsätzlich gilt in Österreich, dass das Eigentum an einem Gebäude dem Eigentum am Grundstück folgt. Ein selbständiger Eigentumserwerb von Gebäuden auf fremden Grundstücken ist nur in Ausnahmefällen möglich.

Für die Übertragung des Eigentumsrechts ist sowohl ein gültiger Titel (z. B. Kaufvertrag) als auch eine geeignete Übertragungsart, der Modus (z. B. Eintragung in das Grundbuch) nötig. Ein Kaufvertrag kann auch mündlich abgeschlossen werden, jedoch ist für die Eintragung im Grundbuch eine schriftliche Urkunde nötig. Die einzigen diesbezüglichen Formvorschriften sind die Abgabe der sog. Aufsandungserklärung (Auflassung) durch den Verkäufer und die Beglaubigung der Unterschriften auf der Vertragsurkunde durch Notar oder Gericht. Daher ist im Gegensatz zu Deutschland die Beiziehung eines Notars nicht zwingend.

Beim Erwerb von Liegenschaften sind EU- und EWR-Bürger österreichischen Bürgern gleichgestellt. Somit unterliegt der Erwerb von

Grundstücken in Ausübung der europarechtlichen Grundfreiheiten (Niederlassungsfreiheit, Arbeitnehmerfreizügigkeit, Aufenthaltsrichtlinien, Kapitalverkehrsfreiheit) keinen ausländerspezifischen Beschränkungen. Die zahlreichen Beschränkungen des Grunderwerbs zur Schaffung eines Zweitwohnsitzes gelten für Österreicher sowie EU- und EWR-Bürger gleichermaßen.

5.1.2 Kaufvertrag/Vorvertrag

Nach österreichischem Recht sind Kaufverträge so genannte *Konsensualverträge*. Das bedeutet, dass der Kaufvertrag bereits mit der erklärten Willenseinigung (Konsens) von Käufer und Verkäufer zustande kommt (§§ 1053ff ABGB). Die bloße Einigung über Kaufsache und Kaufpreis ist für das Zustandekommen bereits ausreichend, eine weitere Einigung über den Inhalt ist grundsätzlich nicht erforderlich, da durch dispositives Recht geregelt. An bestimmte Formerfordernisse sind die Parteien nur in Ausnahmefällen gebunden, insbesondere dann, wenn diese gesetzlich vorgeschrieben sind (z. B. Kaufverträge zwischen Ehegatten bedürfen zur Gültigkeit eines Notariatsaktes). Ein rechtswirksamer Kaufvertrag kann also nicht nur schriftlich, sondern grundsätzlich auch mündlich und nicht nur ausdrücklich, sondern auch schlüssig, durch bestimmtes Verhalten, zustande kommen. Auch wenn die Parteien vereinbaren, nachträglich einen schriftlichen Vertrag aufzusetzen, ist der Vertrag bereits mit der erfolgten Willenseinigung der Parteien wirksam. Das gilt insbesondere auch, wenn die Parteien die Hauptpunkte des Vertrages bloß vorläufig schriftlich festhalten wollen und nach ihrem Willen die „förmliche" Vertragsurkunde erst errichtet werden soll. Für einen Vorvertrag als Vereinbarung, künftig einen Kaufvertrag bestimmten Inhalts abzuschließen, bleibt daher in der Regel kein Platz. Für die Gültigkeit des Vorvertrages ist erforderlich, dass er alle wesentlichen Punkte des Hauptvertrages enthält. Sofern ausnahmsweise ein Vorvertrag abgeschlossen wird, ist darauf zu achten, dass der Anspruch auf Abschluss des Hauptvertrags nur innerhalb eines Jahres durchsetzbar ist.

Mit dem Vorvertrag ist die Option verwandt. Anders als der Vorvertrag gibt sie nicht bloß ein Recht auf Abschluss des Hauptvertrages, mit Ausübung der Option werden unmittelbar die vertraglichen Pflichten begründet. Die Beiziehung eines Rechtsanwalts oder Notars ist zwar ratsam, deren Beteiligung aber für einen wirksamen und somit bindenden Vertragsabschluss nicht erforderlich. Für den eigentlichen Eigentumserwerb ist jedoch die Eintragung im Grundbuch erforderlich, hierfür ist ein schriftlicher Kaufvertrag erforderlich, auf dem die Unterschriften der Vertragsparteien beglaubigt sind. Die Beglaubigung kann, wie erwähnt, durch einen Notar oder auch bei Gericht erfolgen. Ungeachtet der Rechtswirksamkeit eines mündlichen Kaufvertrages ist daher zur Erlangung des Eigentums letztlich dessen schriftliche Ausfertigung erforderlich.

Darin liegt in der Praxis eine große Gefahr insbesondere für ausländische Kaufinteressenten, die im Vertrauen darauf, dass für einen bindenden Vertragsabschluss eine bestimmte Form eingehalten oder ein Rechtsanwalt bzw. ein Notar beigezogen werden müsse, oftmals gegenüber dem Verkäufer Erklärungen (mündliche oder schriftliche) abgeben, die in der Folge von den Gerichten bereits als verbindliche Annahmen ausgelegt werden. Im Verhandlungsstadium ist daher größte Vorsicht geboten. Ein fehlender Bindungswille sollte eindeutig zum Ausdruck gebracht werden. Aber auch schon vor Vertragsabschluss bestehen zwischen den Parteien bestimmte Rechte und Pflichten, das so genannte *vorvertragliche Schuldverhältnis*. Dieses sieht vor, dass bereits bei und während der Anbahnung eines Vertrages Aufklärungs-, Schutz- und Sorgfaltspflichten der Parteien zu wahren sind, deren Verletzung schadenersatzpflichtig machen kann. Der Abschluss des Kaufvertrages bewirkt allerdings für sich noch nicht den Erwerb des Eigentums. Die Parteien haben lediglich einen Anspruch gegeneinander auf Erbringung der jeweiligen Leistung. Der Käufer hat den Kaufpreis zu zahlen und der Verkäufer hat dem Käufer den Kaufgegenstand zu übergeben und zu übereignen (§ 1053 ABGB).

5.1.3 Vertragsabschluss und Eigentumsübergang

§ 380 ABGB bestimmt, dass ohne „Titel und rechtliche Erwerbungsart" kein Eigentum erlangt werden kann. Unter dem Begriff „Titel" ist jede rechtliche Möglichkeit Eigentum zu erwerben, zu verstehen. Der Titel kann ein Vertrag oder sonstiges Rechtsgeschäft (z. B. letztwillige Verfügung), eine gerichtliche Entscheidung oder eine Gesetzesbestimmung (z. B. beim gutgläubigem Erwerb vom Nichteigentümer) sein. Der Kaufvertrag allein bewirkt jedoch noch nicht den Erwerb des Eigentums, er gibt lediglich einen Anspruch darauf und wird daher auch als „schuldrechtliches Verpflichtungsgeschäft" bezeichnet.

Das Eigentum muss aufgrund dieser Berechtigung noch durch die „rechtliche Erwerbungsart", den *Modus*, erlangt werden. Der Modus wird auch als „sachenrechtliches Verfügungsgeschäft" bezeichnet. Man spricht daher auch von der „Zweiaktigkeit" des Eigentumserwerbes. Die Erwerbungsart, der Modus, besteht bei beweglichen Sachen grundsätzlich in der Übergabe der Sache, bei unbeweglichen Sachen (Immobilien) in der Eintragung in das Grundbuch. Es ist also zu unterscheiden zwischen dem Kaufvertrag als Verpflichtungsgeschäft (Titel) und der Übergabe bzw. Eintragung im Grundbuch als Verfügungsgeschäft (Modus). Nach österreichischem Recht ist die Kausalität des Verfügungsgeschäfts erforderlich, das heißt, dass ihm ein rechtsgültiger Titel zugrunde liegen muss, der den Rechtsgrund für den Eigentumsübergang bildet, ein (abstrakter) Modus allein bewirkt keinen Eigentumserwerb. Ist das Verpflichtungsgeschäft unwirksam, kann das Eigentum nicht wirksam übergehen. Die Eigentumsverhältnisse an der Kaufsache sollten daher unbedingt vorab geklärt werden. Ein Unterschied zum deutschen Recht besteht darin, dass die Auflassung (in Österreich „Aufsandung") weniger formal ist. So hat zwar die sog. Aufsandungserklärung bestimmten Erfordernissen hinsichtlich der Formulierung zu genügen, eine Erklärung der Aufsandung bei gleichzeitiger Anwesenheit der Vertragsparteien vor einem Notar ist jedoch nicht erforderlich. Die Vertragsparteien können also unabhängig voneinander an verschiedenen Orten, zu verschiedenen Zeitpunkten den Kaufvertrag unterzeichnen, erforderlich ist nur die Beglaubigung der Unterschrift durch Gericht oder Notar. Die Beglaubigung durch einen deutschen Notar ist aufgrund einer zwischenstaatlichen Vereinbarung zwischen Deutschland und Österreich ebenfalls möglich.

Nebenabreden
Die Vertragsfreiheit ermöglicht es den Parteien, im Kaufvertrag Nebenabreden zu vereinbaren. Typische Fälle sind das Wiederkaufsrecht, das Rückkaufsrecht und das Vorkaufsrecht.

Das Wiederkaufsrecht ist das dem Verkäufer eingeräumte höchstpersönliche Recht, die verkaufte Sache zu einem bestimmten Preis wieder zurückzukaufen. Es ist unvererblich, nicht pfändbar und nicht übertragbar. Das Wiederkaufsrecht wird durch einseitige Erklärung des Berechtigten gegenüber dem Käufer ausgeübt, die Sache wieder kaufen zu wollen. Ein Wiederkaufsrecht ist grundsätzlich nur an unbeweglichen Sachen möglich, jedoch ist zu beachten, dass gemäß Wohnungseigentumsgesetz 2002 Vereinbarungen oder Vorbehalte, die geeignet sind, Nutzungs- oder Verfügungsrechte des Wohnungseigentümers aufzuheben oder unbillig zu beschränken, rechtsunwirksam sind. Das Wiederkaufsrecht kann verbrieft (= in Österreich „verbüchert") werden und wirkt somit gegen jedermann. Wurde die Liegenschaft weiterverkauft, so kann bei Ausübung des Wiederkaufsrechtes daher auch die Liegenschaft vom (Zweit-)Käufer herausverlangt werden. Beim Kauf mit Vorbehalt des Rückkaufs (Rückkaufsrecht) wird dem Käufer das Recht eingeräumt vom Verkäufer den Rückkauf der Sache zu einem bestimmten Preis zu verlangen.

Ein Vorkaufsrecht begründet die Verpflichtung des Käufers die gekaufte Sache, wenn er sie wieder verkaufen will, zuerst dem Verkaufsberechtigten zur Einlösung anzubieten. In der Praxis sollte daher der Kaufvertrag mit einem Dritten bedingt abgeschlossen werden. Bei Liegenschaften kann das Vorkaufsrecht durch Eintragung in das Grundbuch verdinglicht werden; dann wirkt es wie ein Veräußerungsverbot und ist vom Grundbuchsgericht von Amts wegen zu beachten. Das Grundbuchsgericht muss daher die Einverleibung des Eigentumsrechts eines Käufers abweisen, wenn bei verbüchertem Vorkaufsrecht die Zustimmung des Vorkaufsberechtigten (oder die Ergebnislosigkeit des ihm gemachten Angebots) nicht nachgewiesen ist. Ein verbrieftes Vorkaufsrecht ist somit ein Eintragungshindernis. Im Anwendungsbereich des Wohnungseigentumsgesetzes sind Belastungen des Wohnungseigentumsbewerbers durch vertraglich vereinbarte Vorkaufsrechte unwirksam.

Bedingungen

Bedingungen lassen sich in zwei Kategorien unterteilen: In aufschiebende und auflösende Bedingungen. Steht ein Vertrag unter einer aufschiebenden Bedingung, bedeutet dies, dass die im Vertrag vorgesehenen Rechtswirkungen erst mit Eintritt dieser Bedingung beginnen. Kaufverträge, für welche eine grundverkehrsbehördliche Genehmigung notwendig ist, werden häufig unter der aufschiebenden Bedingung der Erteilung der entsprechenden Genehmigung durch die Grundverkehrsbehörden geschlossen, sind jedoch jedenfalls bis zur Erteilung der Genehmigung nicht wirksam. Der Eintritt der aufschiebenden Bedingungen muss grundsätzlich dem Grundbuch nachgewiesen werden, ansonsten ist die Einverleibung des Eigentums nicht möglich. Handelt es sich hingegen um eine auflösende Bedingung, treten die Rechtswirkungen sofort ein, der Vertrag ist wirksam. Bei Eintritt der Bedingung wird der Vertrag unwirksam. Beispielsweise kann ein Kaufvertrag unter der auflösenden Bedingung abgeschlossen werden, dass er rechtlich zu existieren aufhört, sofern die Einreichpläne für das angestrebte Bauprojekt auf dem Grundstück binnen einer bestimmten Frist behördlich nicht bewilligt werden.

5.1.4 Was kann erworben werden?

Liegenschaft und/oder Bauwerk
Grundsätzlich wird in Österreich mit dem Eigentum an einem Grundstück auch das Eigentum an dem darauf befindlichen Gebäude erworben. Ein selbständiger Eigentumserwerb an Gebäuden auf fremden Grundstücken ist nur in Ausnahmefällen möglich, auf die hier nicht näher eingegangen werden soll.

Eigentum an Teilen von Liegenschaften
Im Grundbuch kann nur das Eigentum an Liegenschaften (Grundstück samt den darauf errichteten Gebäuden) einverleibt werden, nicht das Eigentum an einem Gebäude oder einem Teil davon. Gewöhnlich steht das Eigentumsrecht an einer Sache nur einer Person allein zu, die auch verfügungsberechtigt ist (Alleineigentum). Sollen mehrere Personen Eigentümer einer Liegenschaft werden, so ist dies in Form schlichten Miteigentums oder in Form von Wohnungseigentum möglich. Beim schlichten Miteigentum haben die Miteigentümer Eigentum nach ideellen Anteilen, das bedeutet, dass das Eigentumsrecht an einer Liegenschaft zwischen den Miteigentümern nach Anteilen (1/2, 1/4 etc.) aufgeteilt ist. In allen Fällen des Miteigentums ist das Recht und nicht die Sache geteilt, dem einzelnen gehört also kein realer Teil, vielmehr bezieht sich sein Anteilsrecht immer auf die ganze Sache. Nur über den ihm zustehenden Teil kann der Miteigentümer allein verfügen. Real geteiltes Eigentum, bei dem jedem Miteigentümer nicht eine Quote, sondern ein ganz bestimmter Teil der Sache gehört (z. B. eine bestimmte

Wohnung), besteht in einzelnen Bundesländern aufgrund alter Rechtslage zwar noch weiter (etwa in Form des Stockwerkseigentums), Neubegründungen sind aber nicht mehr möglich.

Wohnungseigentum

Das Wohnungseigentumsgesetz (WEG) ermöglicht es, einen Miteigentumsanteil an einer Liegenschaft mit dem Recht auf ausschließliche Nutzung einer bestimmten Wohnung auf dieser Liegenschaft zu verbinden. Wohnungseigentum ist das dem Miteigentümer einer Liegenschaft eingeräumte dingliche Recht, eine selbständige Wohnung oder eine sonstige selbständige Räumlichkeit ausschließlich zu nutzen und hierüber alleine zu verfügen. Es ist kein Eigentumsrecht an Teilen des Hauses oder real geteiltes Eigentum. Der Wohnungseigentümer ist also Miteigentümer der ganzen Liegenschaft und erhält ein dingliches Nutzungs- und Verfügungsrecht an bestimmten Räumlichkeiten. Als Miteigentümer hat er alle Aufwendungen für die Liegenschaft, d. h. alle Kosten, die bei der Nutzung und Bewirtschaftung der Liegenschaft anfallen, anteilig zu tragen. Solche Aufwendungen können sein: Betriebskosten, Aufwendungen für Gemeinschaftsanlagen (Dach, Fassade, Stiegenhaus, etc), Verwaltungskosten, Kosten von Erhaltungs- und Verbesserungsarbeiten, Beiträge zur Rücklage (verpflichtende Rücklage zur Vorsorge für künftige Aufwendungen) und Annuitäten (Beim Bau von Eigentumswohnanlagen werden oft vom jeweiligen Bauträger Kredite für einen Teil der Herstellungskosten aufgenommen, welche übernommen und von den einzelnen Wohnungseigentümern anteilig zurückgezahlt werden). Jeder Wohnungseigentümer hat nach dem Verhältnis der Eigentumsanteile die anfallenden Aufwendungen gemäß seinem Anteil zu tragen.

Wohnungseigentum kann jede natürliche oder juristische Person erwerben sowie eine so genannte *Eigentümerpartnerschaft*. Eine Eigentümerpartnerschaft ist eine Rechtsgemeinschaft von zwei natürlichen Personen, die gemeinsam Wohnungseigentümer sind, unabhängig davon, ob sie verheiratet, verwandt oder verschwägert, verschiedenen oder gleichen Geschlechts sind. Wollen mehr als zwei Personen Wohnungseigentum erwerben, so bleibt die Möglichkeit der Vergesellschaftung etwa durch Gründung einer eingetragenen Erwerbsgesellschaft (OEG oder KEG).

Der Wohnungseigentumsvertrag wird zwischen allen Miteigentümern einer Liegenschaft geschlossen. Die Miteigentümer räumen sich gegenseitig das Recht auf ausschließliche Nutzung einer bestimmten Wohnung (oder auch Geschäftsräumlichkeit) ein. Die Schriftform ist hinsichtlich der für die Wohnungseigentumsbegründung wesentlichen Vertragspunkte zwingend. Außerdem können in einem Wohnungseigentumsvertrag Regelungen über die Verteilung besonderer Aufwendungen, über die Verwaltung oder auch über die Nutzung der allgemeinen Teile der Liegenschaft getroffen werden.

Wohnungseigentum wird erst mit der Verbücherung (= Verbriefung) im Grundbuch begründet. Daher sind zwei Fälle zu unterscheiden: es wird ein Miteigentumsanteil an einer Liegenschaft gekauft, an der erst Wohnungseigentum begründet wird oder es wird ein Anteil an einer Liegenschaft gekauft, auf der bereits Wohnungseigentum besteht. Wenn eine bereits bestehende Eigentumswohnung gekauft wird, so muss der Wohnungseigentumsvertrag in der bestehenden Form übernommen werden. Daher sollte vor dem Erwerb einer bestehenden Eigentumswohnung immer Einsicht in den Wohnungseigentumsvertrag genommen werden. Ist noch kein Wohnungseigentum begründet, so ist darauf zu achten, dass für die Verbücherung bestimmte Voraussetzungen nötig sind. Des Weiteren ist Folgendes im Hinblick auf die Zahlung des Kaufpreises zu beachten: Vor Eintragung der Anmerkung der Einräumung von Wohnungseigentum im Grundbuch, werden mit dem Wohnungseigentumserwerber vereinbarte Zahlungen nicht fällig, d. h. der Wohnungseigentumsorganisator darf Zahlungen weder annehmen noch fordern. Wurden dennoch Zahlungen geleistet, kann der Wohnungseigentumsbewerber diese zurückfordern. Wichtig ist auch, dass Zeitpunkt und Höhe der Zahlungen in einem angemessenen Verhältnis zum Baufortschritt und zur Bauausführung stehen und die stufenweise Zahlung des Kaufpreises je nach Baufortschritt erfolgt.

Voraussetzung für die Begründung von Wohnungseigentum sind ein Wohnungseigentumsvertrag und die so genannte Parifizierung. Unter Parifizierung versteht man die Anteilsermittlung anlässlich der erstmaligen Begründung von Wohnungseigentum durch einen Ziviltechniker (so genannte „Nutzwertermittlung"). Auf Basis der Nutzfläche einer Wohnung wird durch ein System von Zu- und Abschlägen der Nutzwert einer Wohnung berechnet. Der so ermittelte Nutzwert ist eine

Maßzahl, welche den Wert eines Wohnungseigentumsobjektes im Verhältnis zu den anderen Wohnungseigentumsobjekten angibt. Eine weitere Voraussetzung für die Verbücherungsfähigkeit des Wohnungseigentums ist das Bestehen einer selbständig abgeschlossenen Wohnung. Gegenstand des Wohnungseigentums können Wohnungen, Geschäftsräume, Garagen und damit verbundene Keller- und Dachbodenräume, Hausgärten, Kfz-Abstellplätze und andere unmittelbar zugänglich, deutlich abgegrenzte Teile der Liegenschaft sein. Kein Wohnungseigentum kann an allgemeinen Teilen des Hauses begründet werden.

Alle Wohnungseigentümer bilden zur Verwaltung der Liegenschaft die Eigentümergemeinschaft. Diese ist eine juristische Person mit einer nicht umfassenden Rechtsfähigkeit. Rechtspersönlichkeit kommt der Eigentümergemeinschaft in Angelegenheiten der Verwaltung der Liegenschaft zu. Der Begriff der Verwaltung kann dahingehend präzisiert werden, dass alles, was gemeinschaftliche Interessen bei der Nutzung und Erhaltung des Gemeinschaftsguts beeinträchtigen könnte, dazugehört. So obliegt beispielsweise der Eigentümergemeinschaft die Klageführung gegen einen säumigen Wohnungseigentümer wegen Nichtzahlung von Wohnbeiträgen, wie auch der allfällige Abschluss und die Beendigung eines Hausbesorgervertrags. Zur Vertretung der Eigentümergemeinschaft kann ein Verwalter oder ein Eigentümervertreter bestellt werden.

Die Eigentümergemeinschaft fasst ihre Beschlüsse entweder in der Eigentümerversammlung oder auf andere Weise (z. B. schriftlich). Die Mehrheit der Stimmen ergibt sich aus dem Verhältnis der Miteigentumsanteile, das bedeutet, dass nicht nach „Köpfen", sondern nach Anteilen an der Liegenschaft gezählt wird. Ein einfacher Mehrheitsbeschluss kommt demnach zustande, wenn die zustimmenden Wohnungseigentümer mehr als die Hälfte der verbrieften Anteile repräsentieren. Wichtig ist in diesem Zusammenhang, dass die Regelungen über die Beschlussfassung lediglich dispositiver Natur sind. Sie können durch abweichende Regelungen des Wohnungseigentümervertrages ersetzt werden (jedoch stehen jedem Wohnungseigentümer ein gewisser Mindeststandard an Rechten zu). Auch aus diesem Grund sollte vor einem Erwerb Einsicht in den Wohnungseigentumsvertrag genommen werden.

Vermietung/Verpachtung

Vermietung oder Verpachtung der Immobilie bzw. Liegenschaft kann in mehrer Hinsicht relevant für einen Erwerber sein: Es wird eine bereits vermietete oder verpachtete Immobilie/Liegenschaft gekauft oder der Käufer möchte diese in Zukunft ganz oder zeitweise vermieten oder verpachten. In diesem Zusammenhang ist zu beachten, dass die Landesgrundverkehrsgesetze sich nicht nur auf den Eigentumserwerb an Grundstücken beziehen, sondern teilweise auch auf deren Vermietung und Verpachtung. Miete und Pacht werden gemeinsam als Bestandverträge bezeichnet. Regelungen hinsichtlich Miete und Pacht finden sich im ABGB, für Mietverträge ist insbesondere das Mietrechtsgesetz (MRG) von Bedeutung. Verpachtet werden können grundsätzlich Betriebe und landwirtschaftliche Flächen. Auf eine Vorstellung der Einzelheiten soll jedoch hier verzichtet werden.

Gewährleistung und Haftung

Unter Gewährleistung versteht man das gesetzlich angeordnete Einstehen müssen des Schuldners für Sach- und Rechtsmängel, welche die Leistung im Zeitpunkt ihrer Erbringung aufweisen. Das ABGB regelt in den §§ 922 ff. die Gewährleistung bei der entgeltlichen Überlassung von Sachen, insbesondere also beim Kauf. Das Konsumentenschutzgesetz enthält zugunsten des Verbrauchers zwingende Bestimmungen über den Ort, an dem die Verbesserung und der Nachtrag des Fehlenden vorzunehmen sind und über die zulässigen Beschränkungen der Gewährleistung (§ 8 f. KSchG). Für die Gewährleistung ist gleichgültig, ob der Mangel der Sache schon ursprünglich, d. h. bei Abschluss des Vertrages, vorhanden war oder ob er erst nachträglich zwischen Vertragsabschluss und Leistung eingetreten ist. Ein Sachmangel liegt vor, wenn die Sache die ausdrücklich bedungenen oder die im Verkehr gewöhnlich vorausgesetzten Eigenschaften nicht aufweist. Ein Rechtsmangel liegt vor, wenn der Verkäufer den Käufern nicht die rechtliche Position verschafft, die er ihm nach dem Vertrag einräumen muss (wenn der Verkäufer etwa kein Eigentum verschaffen kann). Die Gewährleistungsfrist beträgt bei unbeweglichen Sachen drei Jahre, bei beweglichen zwei Jahre. Grundsätzlich sind die Gewährleistungsvorschriften des ABGB dispositives Recht und können daher vertraglich (innerhalb der Grenzen der Sittenwidrigkeit) abweichend vereinbart werden. Auch ein völliger Ausschluss der Gewährleistung ist zulässig, jedoch nicht bei Verbrauchergeschäften aufgrund der zwingenden Schutzvorschriften des Konsumentenschutzgesetzes. Grundsätzlich keine Gewähr ist für Mängel zu leisten, die zur Zeit des Vertragsabschlusses offenkundig sind oder aus den öffentlichen Büchern (z. B. Grundbuch) ersichtlich sind. Der Verkäufer haftet jedoch, wenn er die fehlende Eigenschaft ausdrücklich zugesichert oder arglistig verschwiegen hat. Bestand der Mangel der Sache schon zur Zeit des Vertragsabschlusses, so sind unter Umständen auch die Voraussetzungen für eine Anfechtung oder Anpassung des Vertrages wegen Irrtums gegeben. Da es sich dabei um verschiedene Anspruchsgrundlagen handelt, stehen diese dem Käufer zur Wahl. Sofern ein Verschulden des Verkäufers vorliegt, können auch Schadenersatzansprüche geltend gemacht werden. Dies ist vor allem deshalb bedeutend, da die Gewährleistungsfrist lediglich drei Jahre beträgt, Schadenersatzansprüche jedoch erst nach 30 Jahren ab Kenntnis von Schaden und Schädiger verjähren.

5.2 Grundbuch

5.2.1 Allgemeines zum Grundbuch

Das Grundbuch wird von den Bezirksgerichten geführt und ist ein öffentliches Verzeichnis, in das Grundstücke und die an ihnen bestehenden dinglichen Rechte und Lasten (Wohnungs-/Eigentum, Pfandrechte, Dienstbarkeiten, Reallasten, Vorkaufsrechte, Belastungs- und Veräußerungsverbot, Baurecht) eingetragen sowie rechtserhebliche Tatsachen durch Anmerkungen ersichtlich gemacht werden. Zuständig ist jeweils das Bezirksgericht, in dessen Verantwortungsbereich sich die Liegenschaft befindet. In Österreich sind die Grundbücher auf EDV umgestellt. Auszüge aus dem Grundbuch sind deswegen kostengünstig und können schnell bei Gericht oder online bei Anwälten oder Notaren bzw über das Internet abgefragt werden (auf der Website des Wirtschaftsministeriums www.bmwa.gv.at unter der Rubrik „Service" – Grundstücksdatenbank sind die Anbieter angeführt). Beglaubigte Grundbuchsauszüge können bei Gericht oder Notaren erlangt werden.

Die Bedeutung des Grundbuches liegt darin, dass – wie bereits erwähnt – dingliche Rechte, also u. a. der Erwerb des Eigentums erst mit Eintragung ins Grundbuch erworben werden. Zu beachten ist, dass aufgrund der Grundverkehrsgesetze der Bundesländer zur Verbücherung bestimmter Rechtserwerbe (Eigentum, Fruchtgenuss etc.) auch die jeweils verlangten Genehmigungen, Negativbestätigungen oder Erklärungen vorzulegen sind, ohne die der Rechtserwerb grundbücherlich nicht durchgeführt werden kann.

Das österreichische Grundbuch ist durch folgende Grundsätze gekennzeichnet:

- Der zum Eigentumserwerb bereits erwähnte erforderliche Modus spiegelt sich im Intabulationsgrundsatz (Eintragungsgrundsatz) wieder. Erst die Eintragung ins Grundbuch bewirkt den Eigentumserwerb. Die tatsächliche physische Übergabe der Liegenschaft ist für die Übertragung des Eigentumsrechtes bedeutungslos.

- Der Öffentlichkeitsgrundsatz gestattet jedermann in das Grundbuch einzusehen und Abschriften oder Auszüge daraus zu erheben.

- Das Vertrauen gutgläubiger Dritter, dass Eintragungen im Grundbuch richtig sind, wird durch den Vertrauensgrundsatz geschützt, der auch mit dem Satz: *„Was eingetragen ist, gilt"* umschrieben werden kann. Die Regelung ist im einzelnen kompliziert, lässt sich aber so zusammenfassen: Vertrauensschutz besteht, wenn die Eintragung des Vormannes rechtskräftig ist, keine Streitanmerkung aufweist und seit dem Zeitpunkt der Eintragung wenigstens drei Jahre vergangen sind. Der gute Glaube muss noch im Zeitpunkt des Ansuchens um Eintragung des Rechts vorhanden sein, guter Glaube bei Abschluss des dem Rechtserwerb zugrunde liegenden Rechtsgeschäftes reicht nicht aus.

- Der Grundsatz des bücherlichen Vormannes bewirkt, dass Eintragungen nur gegen den zulässig sind, der zur Zeit der Anfrage im Grundbuch als Eigentümer der Liegenschaft aufscheint.

- Der Rang einer Eintragung richtet sich nach dem Zeitpunkt des Einlangens des Gesuches beim Grundbuchsgericht. Dieser so genannte Prioritätsgrundsatz (auch Rangordnungsprinzip) kann auch mit dem Satz *„Der zeitlich Frühere ist auch der rechtlich Stärkere"* umschrieben werden. Dieser Grundsatz hat in der Praxis in zweifacher Hinsicht enorme Bedeutung. Zum einen richtet sich das Verhältnis der Eintragungen (insbesondere Pfandrechte) zueinander nach ihrem Rang. Zum anderen besteht die Möglichkeit der vorläufigen Sicherung eines Ranges für die beabsichtigte Veräußerung oder Verpfändung, die dann später in dem vorweg gesicherten Rang eingetragen werden kann; dies dient insbesondere dem Schutz potentieller Erwerber.

5.2.2 Aufbau des Grundbuches

Bestandteile des Grundbuches sind Hauptbuch, Urkundensammlung, Verzeichnis der gelöschten Eintragungen sowie die Hilfsverzeichnisse.

Das Hauptbuch ist der zentrale Teil des Grundbuches, für jeden Grundbuchskörper (Liegenschaft, auf die sich die Eintragungen beziehen) besteht eine Grundbuchseinlage. Die Aufschrift enthält den Gerichtsbezirk, die Katastralgemeinde (GRUNDBUCH Nummer der Katastralgemeinde, Name der KG) und die Einlagezahl, ferner ob Wohnungseigentum besteht und das Datum der letzten Tagebuchzahl (TZ), das ist das Datum zu dem die letzte Eingabe erfolgte.

```
GRUNDBUCH 82108 Kitzbühel Stadt        EINLAGEZAHL        1234

BEZIRKSGERICHT Kitzbühel

**************************************************************
*** ABFRAGEDATUM     2003-05-28

Letzte TZ     2881/2003

Wohnungseigentum
```

Jede Einlage besteht aus drei Teilen („Blättern"):

A-Blatt (Gutsbestandsblatt):

Im A1-Blatt sind alle zur Liegenschaft gehörigen Grundstücke mit ihrer Grundstücksnummer, Benützungsart, Fläche und Grundstücksadresse (soweit vorhanden) angeführt. Zu beachten ist, dass die im Grundbuch angeführte Widmungsart häufig nicht mit dem aktuellen Flächewidmungsplan übereinstimmt, daher sollte bei den Gemeinden Einsicht genommen werden.

```
************************** A1 **************************

   GST-NR  G BA (NUTZUNG)              FLÄCHE  GST-ADRESSE

   76/6    GST-Fläche                    2060

           Baufl.(Gebäude)               654

           Baufl.(begrünt)              1406   Alleestr. 35
```

Das A2-Blatt enthält mit dem Eigentum an Grundstücken verbundene
Rechte (z. B. das Recht des Zugangs zu dem Grundstück über ein
Nachbargrundstück) oder öffentlich-rechtliche Beschränkungen.
Auch Veränderungen des Grundbuchskörpers durch Zu- oder Ab-
schreibungen von Grundstücken werden hier eingetragen.

```
************************** A2 **************************

   1 a 7269/1999 RECHT der Duldung der Ein- u Ausfahrt u
   Durchfahrt gem Pkt II

   Servituts- u Reallastvertrag 1999-09-29 hins Gst 76/3 für
   Gst 76/6
```

B-Blatt (Eigentumsblatt)

Im Eigentumsblatt sind der bzw. die Eigentümer der Liegenschaft eingetragen. Nach einer laufenden Nummer ist jeweils die Größe des Anteils in Form einer Bruchzahl und der Eigentümer des Miteigentums-
anteils angegeben. Außerdem wird die Urkunde angeführt, die die
Grundlage für den Eigentumserwerb war (Kaufvertrag, Schenkungsvertrag, Übergabsvertrag, Einantwortungsurkunde etc). Diese Urkunden werden in der Urkundensammlung aufbewahrt.

Alleineigentum:

```
************************** B **************************

   1 ANTEIL: 1/1

   Nachname      Vorname

   GEB: 1970-06-02 ADR: Alleestr. 35   6345

   b 3864/1999 Kaufvertrag 1998-11-27 Eigentumsrecht
```

Wohnungseigentum:

```
************************ B ****************************
  1 ANTEIL: 74/1436

    Name      Vorname.

     GEB: 1939-07-26 ADR: Allestr 13   6370

     a 3177/1972 687/2001 Wohnungseigentum an W1G9

     b 3405/1973 Kaufvertrag 1973-06-19 Eigentumsrecht

     c 2678/2003 Rangordnung für die Veräußerung bis

       2004-03-27

  3 ANTEIL: 44/1436

    Name      Vorname

     GEB: 1967-07-07 ADR: Parkring 2   1010

     a 3177/1972 687/2001 Wohnungseigentum an W4G3

     g 949/1999 Schenkungsvertrag 1998-09-04 Eigentumsrecht

  4 ANTEIL: 34/1436

    Name      Vorname

     GEB: 1960-04-28 ADR: Kaigasse 1   5020

     a 3177/1972 687/2001 Wohnungseigentum an W 16 AP 29

     d 2662/2003 Kaufvertrag 2003-01-28 Eigentumsrecht

  5 ANTEIL: 36/1436
```

C-Blatt (Lastenblatt)

Das C-Blatt enthält die mit dem Eigentum an den Liegenschaftsanteilen verbundenen Belastungen (z. B. Pfandrechte, Veräußerungs- oder Belastungsverbote, Dienstbarkeiten, Vor- oder Wiederkaufsrechte). Solche Belastungen können sich auf die gesamte Liegenschaft erstrecken oder nur auf bestimmte Eigentumsanteile (z. B. auf einzelne Wohnungseigentumsanteile), worauf durch den Vermerk „auf Anteil B-LNR ..." hingewiesen wird. Belastungen gehen bei einem Eigentümerwechsel grundsätzlich nicht unter, sondern belasten den neuen

Eigentümer. Lässt der Verkäufer diese Belastungen beim Verkauf löschen, spricht man von Lastenfreistellung. Es ist noch darauf hinzuweisen, dass die grundbücherlichen Eintragungen über ein Pfandrecht nichts über die Höhe der tatsächlichen aktuellen Verbindlichkeiten aussagen, d. h. die Schulden können bereits teilweise bzw. auch ganz getilgt sein.

```
**************************** C ****************************
  1  a 274/1967
DIENSTBARKEIT der Durchleitung des Trink- und Nutzwassers
auf Gst .50
gem Pkt 1 Servitutsvertrag 1967-11-23 für Stadtgemeinde
Kitzbühel
  6    auf Anteil B-LNR 19
     a 2241/1984
     FRUCHTGENUSSRECHT gem Pkt 21 Kaufvertrag
     1984-04-17 für
     a) Name Vorname
     b) Name Vorname
  7    auf Anteil B-LNR 29
     a 3061/1998
     BELASTUNGS- UND VERÄUSSERUNGSVERBOT gem.
     Schenkungsvertrag
     1998-09-04 für Name Vorname, geb 1947-08-23
  9    auf Anteil B-LNR 31
     a 2881/2003 Schuldschein und Pfandurkunde
     2003-03-17
        PFANDRECHT            EUR 134.000,—
        6 % Z, 5 % VZ, NGS EUR 6.800,— für
        für Raiffeisen Bausparkasse Gesellschaft mbH
```

In das Verzeichnis der gelöschten Eintragungen werden die von der Löschung betroffenen Eintragungen des Hauptbuchs (EDV-unterstützt) übertragen.

Hilfsverzeichnisse stellen Abfragemöglichkeiten aus der Grundstücksdatenbank zur Verfügung, um über einen Suchbegriff die Katastralgemeinde und die Einlagezahl der gesuchten Liegenschaft zu finden (Personenverzeichnis mit beschränkter Abfragemöglichkeit aus Datenschutzgründen, Grundstücksverzeichnis, Adressverzeichnis).

Urkundensammlung: Eintragungen im Grundbuch können nur auf Grund von Urkunden (z. B. Kaufvertrag) erfolgen. Diese Urkunden werden in der Reihenfolge ihrer Tagebuchzahl (TZ) geordnet und bei dem Bezirksgericht verwahrt, das die Eintragung durchgeführt hat. Da die Urkundensammlung bis jetzt nicht auf EDV umgestellt worden ist, kann sie nur bei Gericht eingesehen werden.

5.2.3 Die Eintragungen im Grundbuch

Es gibt drei Arten von Eintragungen: Einverleibungen, Vormerkungen und Anmerkungen.

Einverleibungen bewirken den Erwerb, die Übertragung, Beschränkung oder Aufhebung (auch „Löschungen" werden einverleibt) eines bücherlichen Rechts. Die Einverleibung kann nur aufgrund einer einverleibungsfähigen Urkunde erfolgen, dies sind öffentliche Urkunden (z. B. Urteil, gerichtlicher Vergleich) und private Urkunden, die neben allgemeinen Erfordernissen auch gerichtlich oder notariell beglaubigte Unterschriften der Parteien enthalten müssen. Ungeachtet der Rechtswirksamkeit mündlich geschlossener Verträge besteht daher die Notwendigkeit, Verträge über den Immobilienerwerb schriftlich auszufertigen. Für den Fall, dass sich ein Vertragspartner weigern sollte, kann auf Ausstellung einer einverleibungsfähigen Urkunde geklagt werden. Die *Aufsandungserklärung* kann in der Urkunde über das Rechtsgeschäft (in der Praxis der Regelfall), einer gesonderten Urkunde (welche den Erfordernissen einer einverleibungsfähigen Urkunde genügen muss) oder im Ansuchen beim Grundbuchsgericht um Einverleibung abgegeben werden.

Grundsätzlich kann eine einverleibungsfähige Urkunde einschließlich Aufsandungserklärung von den Parteien selbst verfasst werden, da nur die Unterschriften zu beglaubigen sind. Auch das Verfassen des Grundbuchantrages, Einholen der Unbedenklichkeitserklärung, etwaiger Grundverkehrsgenehmigungen etc. kann grundsätzlich durch die Parteien selbst durchgeführt werden. Die richtige Formulierung des erforderlichen Kaufvertrages und des Einverleibungsantrages ist auf Grund der Formstrenge des Grundbuchsrechts jedoch fehleranfällig, und es besteht die Gefahr der Abweisung des Einverleibungsgesuches. Daher ist zu empfehlen sich bei der Vertragsverfassung und Verbücherung von einem Rechtsanwalt oder Notar beraten zu lassen.

Vormerkungen dienen dem bedingten Rechtserwerb oder Rechtsverlust. Eine Vormerkung ist vor allem dann möglich, wenn die private Urkunde zwar die allgemeinen, nicht aber die für die Einverleibung aufgestellten Erfordernisse aufweist (es fehlt z. B. die Unbedenklichkeitsbescheinigung des Finanzamtes). Erforderliche Genehmigungen der Grundverkehrsbehörde müssen jedoch auch bei Vormerkung bereits vorliegen. Die Rechtsänderung tritt erst ein, wenn die fehlenden Nachweise erbracht werden („Rechtfertigung") und das (Eigentums)Recht wird einverleibt.

Anmerkungen dienen der Ersichtlichmachung rechtserheblicher Umstände, wie z. B. die Anmerkung der Rangordnung oder die Anmerkung der Streitanhängigkeit. Voraussetzung für die Eintragung einer Anmerkung ist eine entsprechende Erwähnung im GBG oder in einem anderen Gesetz. Die Anmerkung der Rangordnung für die beabsichtigte Veräußerung ist besonders hervorzuheben. Diese ist das in der Praxis am häufigsten verwendete Sicherungsmittel zum Schutz eines potentiellen Käufers und dient zur vorläufigen Sicherung des bücherlichen Ranges. Der Verkäufer erhält einen so genannten Rangordnungsbescheid, der nur in einfacher Ausfertigung ausgestellt wird und ein Jahr Gültigkeit hat. Innerhalb dieses Zeitraums kann als Eigentümer im Range der Anmerkung nur jener eingetragen werden, der dem Grundbuchgericht den Bescheid vorlegt. Dieser Rangordnungsbescheid wird dem Käufer übergeben. Nach erfolgter Einverleibung in der angemerkten Rangordnung kann der neue Eigentümer die Löschung aller Zwischeneintragungen beantragen, die nachrangig eingetragen wurden und sein Recht beeinträchtigen. Eine entsprechende Rangordnung kann auch für die beabsichtigte Belastung erwirkt werden.

5.3 Erwerbsbeschränkungen

5.3.1 Grundverkehrsrecht

Die Grundverkehrsgesetze regeln, wer Liegenschaften erwerben darf. Daneben ist noch das Raumordnungsrecht zu beachten, das regelt, wie die Grundstücke genutzt werden dürfen. Hinsichtlich des Erwerbs von Zweitwohnsitzen sind daher sowohl die Bestimmungen der Raumordnung als auch jene der Grundverkehrsgesetze von Bedeutung.

Das Raumordnungsrecht ist eine so genannte „Querschnittsmaterie", d. h. es gibt Kompetenzen des Bundes, der Länder und der Gemeinden. Zu beachten sind in Bezug auf eine Nutzung als Freizeitwohnsitz insbesondere die Raumordnung des jeweiligen Bundeslandes sowie die Regelungen auf Gemeindeebene. Grundverkehrsrecht ist Landessache, es gibt daher neun Grundverkehrsgesetze der Bundesländer mit z. T. großen Unterschieden von Bundesland zu Bundesland in Bezug auf den Erwerb von Zweitwohnsitzen. Die Grundverkehrsgesetze sehen verschiedenen Maßnahmen zur Kontrolle des Verkehrs mit Grundstücken durch Behörden vor, wie z. B. Genehmigungsvorbehalte, Anzeigepflichten und Erklärungspflichten. Bis zur Erteilung einer allfälligen Genehmigung ist ein Kaufvertrag „schwebend unwirksam". Wird eine grundverkehrsbehördliche Genehmigung versagt, ist der Kaufvertrag (bzw. auch andere zivilrechtliche Rechtsgeschäfte) unwirksam und kann nicht ins Grundbuch eingetragen werden. Die Grundverkehrsgesetze sehen auch die Vorlage von Erklärungen beim Grundbuch vor, ohne die eine Eintragung des Rechtserwerbs nicht erfolgen kann. Werden Rechtswidrigkeiten begangen (z. B. Nichteinhaltung von Genehmigungs- oder Erklärungspflichten, rechtswidrige Nutzung als Zweitwohnsitz etc.), führt dies neben verwaltungsstrafrechtlichen Konsequenzen (mit z. T. empfindlichen Geldstrafen) zur Nichtigkeitsklage und in Folge zur Löschung der Eintragung des Eigentumserwerbs im Grundbuch. Geregelt werden der Verkehr mit land- und forstwirtschaftlichen Grundstücken („grüner Grundverkehr"), der Verkehr von Baugrundstücken („grauer Grundverkehr"), sowie der Erwerb von Grundstücken durch Ausländer. Der Erwerb von Grundstücken durch nicht EU-/EWR-Bürger (Ausländergrunderwerb) ist grundsätzlich genehmigungspflichtig. Gesonderte, sehr restriktive Beschränkungen, die für Inländer und EU/EWR-Bürger gleichermaßen gelten, enthalten die Grundverkehrsgesetze hinsichtlich des Erwerbes von land- und forstwirtschaftlichen Grundstücken.

Bürger aus EU/EWR Staaten sind in Ausübung der Personenverkehrsfreiheiten (Niederlassungsfreiheit, Dienstleistungsfreiheit, Arbeitnehmerfreizügigkeit und Aufenthaltsrichtlinien) und der Kapitalverkehrsfreiheit den österreichischen Staatsbürgern gleichgestellt und unterliegen daher nicht den Beschränkungen des Ausländergrunderwerbes.

Der Erwerb von Baugrundstücken zu Begründung eines Hauptwohnsitzes in Ausübung der europarechtlich garantierten Freiheiten ist nicht genehmigungspflichtig, es gibt jedoch Nachweispflichten im Hinblick auf Berufung auf eine der Freiheiten. In allen Grundverkehrsgesetzen ist vorgesehen, dass eine Erklärung abgegeben wird, der Erwerb erfolge in Ausübung dieser Freiheiten; auf Antrag des Erwerbers stellt die zuständige Behörde eine diesbezügliche Bestätigung aus. Diese werden teils als Negativbestätigungen, als Feststellungsbescheide oder als Negativbescheinigung bezeichnet. Üblicherweise wird die Erteilung der Negativbestätigung als aufschiebende Bedingung im Kaufvertrag vereinbart.

Fast alle Grundverkehrsgesetze enthalten jedoch Beschränkungen beim Erwerb von Freizeitwohnsitzen, welche für Österreicher und EU-Bürger gleichermaßen gelten. Das Grundverkehrsrecht verfolgt mehrere Ziele. In Bezug auf Freizeitwohnsitze soll – im Hinblick auf die Bodenknappheit – dem Bedarf nach Baugrundstücken für Wohn- und Betriebszwecke der Vorrang vor der Nutzung zu Freizeitzwecken gegeben werden. Im Raumordnungsrecht einiger Bundesländer wurde die Widmungsart „Freizeitwohnsitzgebiete" geschaffen, an die die Grundverkehrsgesetze anknüpfen. Das bedeutet, dass ein Rechtserwerb, der auf die Schaffung eines Freizeitwohnsitzes gerichtet ist, nur dann zulässig ist, wenn er in einem Gebiet mit solcher Widmung liegt bzw. wenn er schon bisher als Freizeitwohnsitz genutzt wurde.

Die Grundverkehrsgesetze der Bundesländer wurden im Zuge des EU-Beitritts und aufgrund mehrerer Entscheidungen des Europäischen Gerichtshofes und des Verfassungsgerichtshofes in den letzten Jahren mehrfach novelliert, weitere Änderungen, wiederum aufgrund einer aktuellen Entscheidung des EuGH, in nächster Zeit sind wahrscheinlich. In einem Vorabentscheidungsverfahren (Rs C-300/01) vom 15. Mai 2003 entschied der EuGH, dass Verfahren der vorherigen Genehmigung, wie im Vorarlberger Grundverkehrsgesetz vorgesehen, nicht mit der Kapitalverkehrsfreiheit vereinbar sind. Genehmigungsmodelle, die in mehreren Grundverkehrsgesetze noch vorgesehen sind, sind daher im Lichte dieser Entscheidung zu betrachten und könnten somit bald in dieser Form nicht mehr bestehen. Insgesamt ist das Grundverkehrsrecht eine komplexe Materie, so dass vor einem Kauf unbedingt eine Beratung durch einen mit der Materie vertrauten Rechtsanwalt erfolgen sollte. Die Grundverkehrsgesetze jener Bundesländer, die Beschränkungen des Grundverkehrs vorsehen, enthalten fast alle auch Bestimmungen über die Erteilung von Auflagen und die Auferlegung von Sicherheitsleistungen unter Bestimmten Umständen, sowie Strafbestimmungen bei Nichteinhaltung der grundverkehrsgesetzlichen Vorschriften. Die Nichtbeachtung der grundverkehrsgesetzlichen Bestimmungen hat z. T. gravierende Folgen: von der Unwirksamkeit des Kaufvertrages über empfindliche verwaltungsbehördliche Strafen bis hin zu einer Zwangsversteigerung der Liegenschaft.

Im Folgenden können auch nur die wichtigsten – derzeit gültigen – Bestimmungen im Rahmen eines ersten allgemeinen Überblicks wiedergegeben werden. Die folgende Kurzdarstellung bezieht sich lediglich auf den rechtsgeschäftlichen Erwerb (also z. B. nicht auf Vererbung) von Baugrundstücken zur Nutzung als Freizeitwohnsitz durch Österreicher und EU- bzw EWR-Bürger, die nicht mit dem Veräußerer verwandt sind (der Erwerb von nahen Angehörigen unterliegt meist erleichterten Bestimmungen). „Baugrundstücke" sind unbebaute oder bebaute Grundstücke oder Grundstücksteile (also etwa auch Eigentumswohnungen), die als Bauland ausgewiesen sind.

In diesem Zusammenhang ist zu beachten, dass „Zweitwohnsitz" und „Freizeitwohnsitz" keine deckungsgleichen Begriffe sind. Es ergeben sich Unterschiede zwischen der europarechtlichen und der österreichischen Terminologie einerseits, andererseits sind die Begriffe auch in den verschiedenen Grundverkehrsgesetzen nicht gleich definiert. Die Darstellung der Unterschiede und möglichen Auswirkungen kann in diesem Rahmen nicht erfolgen, es ist jedoch darauf hinzuweisen, dass nicht jeder Zweitwohnsitz ein Freizeitwohnsitz ist und den diesbezüglichen Beschränkungen unterliegt (etwa wenn der Zweitwohnsitz zu beruflichen Zwecken besteht). Grundsätzlich gelten die Beschränkungen der Grundverkehrsgesetze für Zweitwohnsitze in Form von Freizeitwohnsitzen, also der Verwendung zu Urlaubs-, Freizeit und Erholungszwecken. Im Folgenden wird auf die Anführung der einzelnen Gesetzesstellen verzichtet, die Grundverkehrsgesetze können jedoch, wie alle anderen österreichischen bundes- und landesrechtlichen Gesetze und Verordnungen (sowie die Entscheidungen der Höchstgerichte), kostenfrei im Internet abgefragt werden (www.ris.bka.gv.at). Grundsätzlich ist anzumerken, dass alle Grundverkehrsgesetze sich nicht nur auf die Eigentumsübertragung, sondern auch andere Formen des Rechtserwerbs, wie etwa Fruchtgenussrecht (§ 509 ABGB), Recht des Gebrauches (§ 504 ABGB) Dienstbarkeit der Wohnung (§ 521 ABGB), Erwerb des Baurechtes, aber auch Miete und Pacht, sowie sonstige Überlassungsarten etc. beziehen. Es gibt diesbezüglich einige Unterschiede zwischen den Bundesländern, daher sollte vor einem Rechtserwerb welcher Art auch immer, das jeweilige Grundverkehrsgesetz im Hinblick auf die Anwendbarkeit darauf eingesehen werden. Miete und Pacht sind grundsätzlich umfasst, in einigen Bundesländern jedoch nur, wenn die Dauer einen gewissen Zeitraum übersteigt.

Burgenland
Die Landesregierung legt durch Verordnung Vorbehaltsgemeinden fest. Bei diesen übersteigt die Anzahl der Freizeitwohnsitze ein gewisses Maß oder steht der Ortsentwicklung entgegen. Derzeit per Verordnung festgelegte Vorbehaltsgemeinden sind: Frankenau-Unterpullendorf, Kaisersdorf, Kobersdorf, Neudorf, Pilgersdorf, Potzneusiedl, Weiden bei Rechnitz.

In Vorbehaltsgemeinden ist eine Genehmigung erforderlich, wenn ein Grundstück als Freizeitwohnsitz genutzt werden soll. Eine solche darf nur erteilt werden, wenn das gegenständliche Grundstück schon innerhalb der letzten fünf Jahre als Freizeitwohnsitz genutzt wurde oder soziale, volkswirtschaftliche oder kulturelle Interessen für die Genehmigung sprechen. Eintragungen im Grundbuch dürfen nur erfolgen, wenn ein Genehmigungsbescheid vorgelegt wurde. Wenn das Grundstück in einem dem burgenländischen Raumplanungsgesetz entsprechend als Erholungs- oder Fremdenverkehrsgebiet gewidmeten Gebiet liegt, ist keine Genehmigung erforderlich. Für Miete/Pacht oder jede sonstige Überlassung zu Wohnzwecken gilt die Genehmigungspflicht in Vorbehaltsgemeinden nur, wenn der Rechtserwerb zur Begründung eines Freizeitwohnsitzes auf eine Dauer von über drei Jahren dient.

Kärnten
Die Landesregierung legt Genehmigungsgebiete für Freizeitwohnsitze per Verordnung fest. Es bestehen zahlreiche Genehmigungsgebiete, die hier aufgrund des Umfangs nicht aufgezählt werden können, jedoch sind grob gesagt alle Tourismusgebiete davon umfasst. Ob ein bestimmtes Grundstück in einem Genehmigungsgebiet liegt, sollte vor einem Erwerb unbedingt überprüft werden. Alle Gemeinden – unabhängig davon, ob es sich um ein Genehmigungsgebiet handelt – führen ein Freizeitwohnsitzkataster. In den Genehmigungsgebieten besteht grundsätzlich Genehmigungspflicht für den Erwerb von Grundstücken. Zur Begründung oder Errichtung von Freizeitwohnsitzen ist die Genehmigung nur zu erteilen, wenn es sich um Grundstücke handelt, für die eine Sonderwidmung als Apartmenthaus oder als sonstiger Freizeitwohnsitz besteht, oder die im Freizeitwohnsitzkataster enthalten sind. Miet- und Pachtverträge sind von der Genehmigungspflicht erfasst, wenn diese für eine Dauer von mehr als zehn Jahren begründet werden.

Niederösterreich
Derzeit gibt es keine beschränkenden Regelungen im Zusammenhang mit dem Erwerb von Baugrundstücken, auch nicht hinsichtlich Freizeitwohnsitzen.

Oberösterreich
Hier werden Vorbehaltsgebiete durch Verordnungen geschaffen. Derzeit sind 19 Gemeinden in den Tourismusgebieten im Salzkammergut, im Seengebiet und in der Pyhrn-Prielregion als Vorbehaltsgebiete ausgewiesen. Innerhalb der Vorbehaltsgebiete sind Rechtserwerbe zu Freizeitwohnsitzzwecken nur zulässig, wenn eine entsprechende Widmung als Freizeitwohnsitzgebiet nach dem Raumordnungsgesetz vorliegt oder wenn ein Grundstück bereits während der letzten fünf Jahre

ausschließlich als Freizeitwohnsitz genutzt wurde, oder von nahen Angehörigen erworben wird, wenn der Verkäufer mindestens die letzten zehn Jahre über Eigentümer war. Darüber hinaus muss der Erwerb genehmigt werden, wenn die Anzahl der Freizeitwohnsitze der Ortsentwicklung nicht entgegensteht und keine überdurchschnittliche Erhöhung der Preise durch die Nachfrage nach Freizeitwohnsitzen eingetreten ist oder unmittelbar droht.

Außerhalb der Vorbehaltsgebiete ist keine Genehmigung der Grundverkehrsbehörde nötig, es genügt die Abgabe einer Erklärung, dass der Rechtserwerb genehmigungsfrei zulässig ist. Die Erklärung muss den Zusatz enthalten, dass den Parteien die Strafbestimmungen und zivilrechtlichen Rechtsfolgen wie Nichtigkeit und Rückabwicklung, im Falle der Unrichtigkeit der Erklärung bekannt sind. Bei Unklarheit, ob Genehmigungspflicht besteht, kann ein Feststellungsbescheid bei der Grundverkehrsbehörde beantragt werden.

Salzburg
Das Salzburger Grundverkehrsgesetz selbst sieht keinerlei Beschränkungen des Baugrundstücksverkehrs für EU-Bürger mehr vor, jedoch sind die Beschränkungen des Raumordnungsgesetzes zu beachten.

Freizeitwohnungen (welche in diesem Raumordnungsgesetz als Zweitwohnungen bezeichnet werden) sind nur in Gebieten zulässig, die im Flächenwidmungsplan als Zweitwohnungsgebiete ausgewiesen sind. Ansonsten sind Zweitwohnungen nicht zulässig, außer die Wohnung wurde bereits vor dem 1. März 1993 als Zweitwohnung genutzt. Die Baubehörde kann die Nutzung als Zweitwohnung auf Antrag aus berücksichtigungswürdigenden Gründen (z. B. die Wohnung diente demselben Nutzer bisher zur Deckung des ganzjährigen Wohnbedarfs) genehmigen.

Steiermark
Das Grundverkehrsgesetz enthält eine Reihe von Vorbehaltsgemeinden (vor allem in Tourismusgebieten). In solchen Vorbehaltsgemeinden können im Flächenwidmungsplan „Beschränkungszonen für Zweitwohnsitze" (das sind Freizeitwohnsitze) festgelegt werden, in denen keine Zweitwohnsitze begründet werden dürfen. Dort sind grundsätzlich alle Rechtserwerbe erklärungspflichtig, dh es ist eine Erklärung abzugeben, dass das Grundstück nicht als Zweitwohnsitz ge-

nützt wird. Die Erklärung hat zu enthalten, dass die in diesem Gesetz vorgesehenen Rechtsfolgen einer dem Inhalt der Erklärung entgegenstehenden Nutzung bekannt sind. Keine Erklärungspflicht gilt, wenn das betreffende Grundstück vor Festlegung der Beschränkungszone mindestens ein Jahr lang als Zweitwohnsitz genutzt wurde und als dauernder Wohnsitz ungeeignet ist. Außerhalb der Vorbehaltsgemeinden gelten keine Beschränkungen, im Flächenwidmungsplan der Gemeinden können „Ferienwohngebiete" festgelegt werden, das sind Flächen, die vornehmlich für Zeitwohnsitze bestimmt sind.

Tirol
Grundsätzlich gilt für alle Rechtserwerbe ein Erklärungsmodell, d. h. der Erwerber hat zu erklären, dass das Grundstück nicht als Freizeitwohnsitz genutzt wird. Als Freizeitwohnsitze dürfen nur Wohnsitze verwendet werden, für die eine Bestätigung des Bürgermeisters über die Zulässigkeit der Verwendung als Freizeitwohnsitz vorliegt. Zulässig ist die Verwendung als Freizeitwohnsitz nur, wenn folgende Voraussetzungen vorliegen:

■ Das Gebäude (bzw. Gebäudeteile) oder die Wohnung ist – aufgrund rechtzeitiger Anmeldung – im Verzeichnis der Freizeitwohnsitze eingetragen. Wohnsitze, die vor dem 1. Januar 1994 rechtmäßig als Freizeitwohnsitze verwendet wurden, konnten bis 31. Dezember 1998 beim Bürgermeister angemeldet werden, der mit Bescheid feststellt, ob die Nutzung als Freizeitzeitwohnsitz zulässig ist. Nachträgliche Anmeldungen sind unzulässig. Die Gemeinde kann jedoch durch Verordnung festlegen, dass ein Rechtserwerb nur dann erfolgen darf, wenn nachweislich kein Erwerber gefunden werden kann, der den betreffenden Freizeitwohnsitz als dauernden Wohnsitz verwenden würde. Solche Verordnungen dürfen nur dann erlassen werden, wenn der Anteil der Freizeitwohnsitze in der betreffenden Gemeinde eine bestimmten Prozentsatz übersteigt und die Beschränkung zur Deckung des Wohnbedarfs der Bevölkerung nötig ist.

■ Ausnahmebewilligung des Bürgermeisters, die nur aus bestimmten Gründen erteilt werden darf: auf Antrag eines Erben oder wenn dem Eigentümer aufgrund besonderer Umstände eine andere Nutzung nicht möglich oder zumutbar ist und nicht anderen Personen der Befriedigung eines Wohnbedürfnisses dient. Der Inhaber einer

Ausnahmebewilligung darf den Freizeitwohnsitz nur für sich, seine Familie und Gäste verwenden.

■ Bei unbebauten Grundstücken muss eine Flächenwidmung vorliegen, mit der die Schaffung von Freizeitwohnsitzen für zulässig erklärt wird. Für diese Grundstücke ist auch die höchstzulässige Anzahl an Freizeitwohnsitzen festzulegen.

Rechtmäßig bestehende Freizeitwohnsitze dürfen um höchstens 25 Prozent Wohnnutzfläche erweitert werden. Der Bürgermeister jeder Gemeinde hat ein Verzeichnis der Freizeitwohnsitze zu führen, in die alle Wohnsitze eingetragen sind, als Freizeitwohnsitze verwendet werden dürfen (aufgrund eines Feststellungsbescheides, aufgrund einer Ausnahmebewilligung oder aufgrund einer Baubewilligung, die nur bei entsprechender Flächenwidmung erteilt wird). Die Grundverkehrsbeschränkungen gelten auch für Miet- und Pachtverträge mit einer Dauer von mehr als zehn Jahren.

Vorarlberg
Es ist eine Bescheinigung des Bürgermeisters erforderlich, dass eine Nutzung als Freizeitwohnsitz (hier Ferienwohnung genannt) nach den raumplanungsrechtlichen Bestimmungen zulässig ist. Nach diesen Bestimmungen ist die Errichtung und Nutzung als Freizeitwohnsitz nur zulässig, wenn entweder festgelegt ist, dass auf einer Fläche Ferienwohnungen errichtet werden dürfen und ein rechtswirksamer Bebauungsplan vorliegt oder die Errichtung bzw. Nutzung von der Gemeinde bewilligt wird. Die Bewilligung durch die Gemeinde darf jedoch nur erteilt werden, wenn die Erreichung der Raumplanungsziele nicht gefährdet wird.

Wohnungen und Wohnräume, die dem Eigentümer nachweislich mindestens fünf Jahre zur Deckung eines ganzjährig gegebenen Wohnbedarfs gedient haben, dürfen von diesem und seinen Familienangehörigen als Ferienwohnungen benutzt werden. Die Landesregierung kann jedoch durch Verordnung bestimmen, dass Bestimmungen über die Nutzung als Ferienwohnung für eine Gemeinde (oder eines Teiles) nicht anzuwenden sind, in diesem Fall wird keine Bescheinigung benötigt. Zu beachten ist auch, dass mit dem Zweitwohnsitzabgabegesetz die Gemeinden ermächtigt wurden, eine Zweitwohnsitzabgabe vom Eigentümer oder Mieter/Pächter einer Ferienwohnung einzuheben.

Wien
Hier gibt es keine beschränkenden Regelungen im Baugrundstücks-
verkehr.

5.3.2 Sonstige Erwerbsbeschränkungen

Weitere Erwerbs- bzw. Veräußerungsbeschränkungen können darin
bestehen, dass es Veräußerungs- und Belastungsverbote an der Liegenschaft oder Vorkaufs- und Wiederkaufsrechte Dritter gibt. Wenn diese
im Grundbuch eingetragen sind, wirken sie gegen jedermann und ein
Erwerb kann nicht grundbücherlich durchgeführt werden. Weitere Beschränkungen, die hier nicht näher ausgeführt werden, bestehen in Ge-
nehmigungspflichten bei denkmalgeschützten Gebäuden, Eintritts-
recht der Gemeinde in Kaufverträge über unbebaute Grundstücke nach
dem Bodenbeschaffungsgesetz oder Angebotsverpflichtung und Genehmigung in Assanierungsgebieten nach dem Stadterneuerungsgesetz.

5.4 Kaufabwicklung

Nach Abschluss des Kaufvertrages und seines rechtswirksamen Zu-
standekommens (z. B. Eintritt der aufschiebenden Bedingungen) erfolgt die Abwicklung: Die Bezahlung des vereinbarten Kaufpreises,
sofern erforderlich die Lastenfreistellung, die Einholung der grundverkehrsbehördlichen Genehmigungen, sofern dies nicht bereits erfolgt
ist, die Abgabenerklärung an das Finanzamt, Zahlung der Grunderwerbsteuer, Einholen der Unbedenklichkeitsbescheinigung und die
Übertragung der Liegenschaften in das Eigentum des Käufers durch
die Einverleibung seines Eigentumsrechtes im Grundbuch. In der
Regel kann ein Kaufvertrag nicht sofort verbrieft werden, da noch
Genehmigungen und/oder die Unbedenklichkeitsbescheinigung einzuholen sind. Zeitpunkt der Kaufpreiszahlung, Übergabe des Kaufgegenstandes und Eigentumsübertragung durch Eintragung im Grundbuch fallen daher zeitlich nicht zusammen. Deswegen müssen diese
wechselseitigen Vorausleistungen abgesichert werden.

Die Anmerkung der Rangordnung für die beabsichtigte Veräußerung
ist das am häufigsten verwendete Sicherungsmittel. Diese dient dazu,
dem Erwerber einen Rang im Grundbuch zu sichern. Die Anmerkung
der Rangordnung der beabsichtigten Veräußerung kann nur vom im

Grundbuch eingetragenen bücherlichen Eigentümer beantragt werden. Der Eigentümer erhält einen Rangordnungsbeschluss, der in einfacher Ausfertigung ausgestellt wird und ein Jahr Gültigkeit hat. Innerhalb dieses Zeitraums kann als Eigentümer im Range der Anmerkung nur jener eingetragen werden, der dem Grundbuchsbericht diesen Beschluss vorliegt. Nach erfolgter Einverleibung im angemerkten Rang kann der neue Eigentümer die Löschung aller Eintragungen im Grundbuch beantragen, die nach der angemerkten Rangordnung eingetragen wurden und sein Recht beeinträchtigen.

Mit der Übergabe des Kaufvertrages samt Aufsandungserklärung an den Käufer hat dieser alles, was er benötigt, um die Einverleibung im Grundbuch und damit den Erwerb des Eigentums zu erwirken. Der Verkäufer verfügt zu diesem Zeitpunkt aber über keinerlei Sicherheit für die Zahlung des Kaufpreises.

Hat umgekehrt der Käufer dem Verkäufer den Kaufpreis schon vor der Einverleibung seines Eigentumsrechts (oder vor einer Anmerkung der Rangordnung der beabsichtigten Veräußerung und Übergabe des Ranordnungsbeschlusses) bezahlt, besteht die Gefahr, durch zwischenzeitliche bücherliche Eintragungen geschädigt zu werden. Der Verkäufer könnte die Liegenschaft noch einmal verkaufen oder auch verpfänden oder es könnte zwischenzeitlich auch eine Exekution durch zwangsweise Versteigerung, Verwaltung oder Verpfändung der Liegenschaft eingeleitet werden. Auf Grund des grundbücherlichen Prioritätsgrundsatzes ist die spätere Anmerkung der Ranordnung oder Einverleibung des Verkäufers nachrangig und der Käufer kann entweder gar nicht einverleibt werden, da der Zweitkäufer schneller war bzw. muss er die Verpfändung oder die Vollstreckungsmaßnahmen gegen sich gelten lassen.

Aus diesen Gründen ist es in der Praxis ganz allgemein üblich und auch anzuraten, den Rechtsanwalt oder Notar, der den Kaufvertrag verfasst, als Treuhänder heranzuziehen, der den beiden Parteien des Kaufvertrages verantwortlich und bei Fehlern auch schadenersatzpflichtig ist. Dem Treuhänder wird der eintragungsfähige Kaufvertrag übergeben und der Kaufpreis überwiesen. Beide Parteien beauftragen den Treuhänder damit, nach der Überweisung des Kaufpreises die Einverleibung des Eigentums zu bewirken und nach Einverleibung den Kaufpreis an den Verkäufer weiterzuleiten.

Wird ein Teil des Kaufpreises durch Kredit finanziert, so verlangt der Kreditgeber meist die Bestellung eines Pfandrechtes (Hypothek). Der Treuhänder hat in diesem Fall der kreditgebenden Bank aufgrund eines gesonderten Treuhandauftrages zu garantieren, dass er gleichzeitig mit dem Eigentumsrecht auch eine Hypothek zugunsten der Bank oder des finanzierenden Kreditinstitutes im Grundbuch einverleiben lässt. Oft hat der Treuhänder auch die Lastenfreistellung, also die Löschung allenfalls noch im Grundbuch eingetragener Pfandrechte zu besorgen, die erst aus der Kaufpreiszahlung getilgt werden. Die Bank überweist den Kaufpreis nicht direkt an den Verkäufer, sondern an den Treuhänder, der den Geldbetrag in Verwahrung nimmt und zinsbringend anlegt. Die Auszahlung an den Verkäufer erfolgt erst dann, wenn alle Bedingungen zur ordnungsgemäßen Abwicklung des Kaufvertrages, z. B. die Lastenfreistellung des Grundstückes, die Eintragung des Käufers ins Grundbuch und die Eintragung des Pfandrechtes der Bank erfüllt sind. Der Treuhänder hat somit im Sinne einer mehrseitigen Treuhand eine für alle Beteiligten sichere Vertragsabwicklung zu gewährleisten.

Der Treuhänder ist verpflichtet, die Interessen aller Beteiligten zu wahren und eine ordnungsgemäße Erfüllung des Treuhandauftrages zu garantieren. Übernimmt ein Notar die Treuhandschaft, so hat er diese spätestens vor der ersten Verfügung über das Treugut in das Treuhandregister des österreichischen Notariats einzutragen. Die Rechtsanwaltskammern gewährleisten durch dort eingerichtete Treuhandbücher den korrekten Umgang mit anvertrautem Geld. Rechtsanwälte haben Beginn und Beendigung der Treuhandschaft dem Treuhandbuch zu melden, Duplikate der Kontoauszüge sind an den/die Treugeber (z. B. Verkäufer und Käufer) zu übermitteln. Damit ist ein entsprechender Versicherungsschutz für den/die Treugeber verbunden.

5.5 Kosten und Steuern

5.5.1 Kosten der Vertragserrichtung und Beratung

Wie bereits bemerkt, ist der Abschluss eines Kaufvertrages an keine Formvorschriften gebunden, jedoch wird für die Eintragung im Grundbuch eine schriftliche Kaufvertragsurkunde mit Beglaubigung der Echtheit der Unterschriften benötigt (Beglaubigung durch Gericht oder Notar). Die Errichtung der Vertragsurkunde durch einen Rechtsanwalt oder Notar ist jedoch zu empfehlen, insbesondere aufgrund der Formstrenge des Grundbuchgesetzes, welche das Risiko der Abweisung des Grundbuchsgesuches birgt, aufgrund der Erwerbsbeschränkungen des Grundverkehrsrechts, wofür eine Beratung durch einen mit der Materie vertrauten Rechtsanwalt/Notar erfolgen sollte und im Hinblick auf die vorzusehende Treuhandvereinbarung. Es können daher folgende Beratungsleistungen in Frage kommen: etwaige Beratungskosten im Vorfeld, z. B. über geltende Grundverkehrsbeschränkungen, Vertragserrichtung, Treuhandabwicklung, Einholen von grundverkehrsbehördlichen Genehmigungen, Abgabenerklärung Grunderwerbsteuer und grundbücherliche Durchführung.

Die Höhe der Kosten richtet sich primär nach dem Kaufpreis. Bei Verrechnung nach Einzelleistungen sind die jeweiligen Kammertarife der Rechtsanwälte und Notare für die einzelnen Leistungen (Grundbuchsgesuch, Vertragserrichtung etc.) heranzuziehen. Die Tarife der Rechtsanwälte können im Internet unter www.rechtsanwaelte.at unter „Kosten und Tarife" eingesehen werden. Darüber hinaus besteht die Möglichkeit, ein Pauschalhonorar zu vereinbaren. Eine weitere Möglichkeit besteht darin, eine Abrechnung nach Zeitaufwand zu vereinbaren. In jedem Fall sollte im Kaufvertrag geregelt werden, wer im Innenverhältnis die Kosten der Vertragserrichtung, der Treuhandvereinbarung und der grundbücherlichen Durchführung zu tragen hat.

5.5.2 Steuern und Gebühren

Umsatzsteuer
Grundsätzlich unterliegen Umsätze aus Grundstückskäufen keiner Umsatzsteuerpflicht, daher enthält der Kaufpreis keine Umsatzsteuer. Eine Ausnahme besteht jedoch für Grundstücke, die im Betriebsvermögen des Verkäufers stehen. In solchen Fällen hat der Verkäufer die Option zu Steuerpflicht gemäß § 6 Abs 2 UStG. Macht der Verkäufer von diesem Optionsrecht Gebrauch, so unterliegt der Kaufpreis der Umsatzsteuer.

Grunderwerbsteuer
Die Grunderwerbsteuer beträgt grundsätzlich 3,5 % des Kaufpreises, wird die Liegenschaft/Immobilie jedoch von einem nahen Verwandten gekauft, beträgt sie nur zwei Prozent. Zum Kaufpreis sind allerdings

sämtliche übernommene Lasten, wie z. B. etwa Hypotheken hinzuzurechnen, ebenfalls etwaige übernommene Fruchtgenussrechte etc. Der Kaufvertrag ist bis zum 15. des der Vertragsunterfertigung zweitfolgenden Monats dem Finanzamt unter Vorlage einer Abgabenerklärung (das amtliche Formular kann auf der Website des Finanzministeriums heruntergeladen werden: www.bmf.gv.at) anzuzeigen. Steuerschuldner der Grunderwerbsteuer sind gegenüber dem Finanzamt – unabhängig von einer anders lautenden vertraglichen Vereinbarung – alle am Erwerbsvorgang beteiligten Personen. In der Regel wird die Abgabenerklärung durch den Rechtsanwalt oder Notar als Vertragsverfasser angezeigt. Die Grunderwerbsteuer wird dann mit Bescheid vorgeschrieben, nach vollständiger Bezahlung stellt das Finanzamt die so genannte „Unbedenklichkeitsbescheinigung" aus, die zur Verbücherung des Vertrages beim Grundbuch zwingend vorzulegen ist. Rechtsanwälte und Notare haben die Befugnis zur Selbstberechnung, das heißt die Grunderwerbsteuer wird von den Parteienvertretern selbst berechnet und abgeführt. Es muss dann keine Unbedenklichkeitsbescheinigung vom Finanzamt ausgestellt werden, die Einverleibung im Grundbuch kann mit der Selbstberechnungserklärung erfolgen. Wird Inventar mitverkauft, so ist dies der Bemessungsgrundlage für die Grunderwerbsteuer nicht hinzuzurechnen. Es ist jedoch Vorsicht vor überhöhter Bewertung des Inventars, um Grunderwerbsteuer zu sparen, geboten, da das Finanzamt nicht an die Höhe der Berücksichtigung des Inventars gebunden ist.

Gebühr für Eintragungen im Grundbuch

- Eingabengebühren für den Antrag: derzeit 39 Euro;
- Einverleibung des Eigentumsrechts und des Baurechts: 1 Prozent vom Wert des Rechts;
- Einverleibung des Pfandrechts: 1,2 Prozent vom Wert des Rechts;
- Nachträgliche Einverleibung des Pfandrechts in der angemerkten Rangordnung der beabsichtigten Verpfändung: 0,6 % vom Wert des Rechts (wobei 0,6 % bei der Anmerkung der Rangordnung der beabsichtigten Verpfändung anfallen);
- Vormerkung zum Erwerb des Eigentums und des Baurechts: 55 Euro;

■ Anmerkung der Rechtfertigung der Vormerkung zum Erwerb des Eigentums und des Baurechts: 1 % vom Wert des Rechts.

Der Wert des Rechts ist jener Wert, der als Bemessungsgrundlage der Berechnung der Gebühren zugrunde liegt. Dies ist in der Regel der Verkehrswert (Kaufpreis), welcher im Rahmen der Erstellung der Unbedenklichkeitsbescheinigung vom Finanzamt überprüft wird.

Rechtsgeschäftsgebühr
Bestimmte schriftliche Urkunden unterliegen in Österreich der Rechtsgeschäftsgebühr, dazu gehören u. a. Bestandverträge, Kredit- und Darlehensverträge sowie Bürgschaften. Es gibt noch einige wenige Möglichkeiten, die Rechtsgeschäftsgebühr legal zu vermeiden, die Voraussetzungen müssen jedoch genauestens beachtet werden, um keine Gebühr auszulösen. Daher sollte diesbezüglich eine Beratung durch einen Rechtsanwalt oder Notar erfolgen.

Miet- und Pachtverträge: Üblicherweise hat der Mieter die Kosten der Vergebührung zu tragen. Die sog. Vergebührung wird meist vom Vermieter bzw. einem Rechtsanwalt oder Notar durchgeführt. Die Gebühr beträgt bei unbefristeten Mietverträgen ein Prozent der Summe des dreifachen Jahresbruttomietzinses (das ist ein Prozent des 36-fachen monatlichen Mietzinses). Bei befristeten Mietverträgen beträgt die Gebühr ein Prozent des Mietzinses der gesamten Vertragsdauer, bei Wohnungsmieten höchstens aber ein Prozent des 36-fachen monatlichen Mietzinses.

Kredit- und Darlehensverträge sind mit 0,8 % (bei Verfügung bis zu fünf Jahren) ansonsten mit 1,5 % der Kredit/Darlehenssumme zu vergebühren

Bürgschaft: Die Rechtgeschäftsgebühr beträgt hier 1 %. So ist aus Gebührenvermeidungsgründen zu empfehlen, anstelle einer Bürgschaft eine abstrakte Garantie zu verwenden, die keiner Gebührenpflicht unterliegt.

Teil 4

Vererbung und Schenkung
von Auslandsimmobilien

1. Vererbung und Schenkung von Immobilien in Italien

*Klaus Wigand**

1.1 Die internationale Erbrechtssituation in deutsch-italienischen Erbfällen

Das Erbstatut bestimmt sich in Italien nach den Art. 46 ff. des italienischen IPRG, d. h. wie im deutschen Recht ebenfalls nach dem Heimatrecht des Erblassers, d. h. nach seiner Staatsangehörigkeit beim Erbfall. Die Erbfolge eines deutschen Staatsbürgers, der eine Immobilie in Italien vererbt, richtet sich demnach auch auf Grundlage des italienischen IPRG nach deutschem Recht (Art. 46 Abs. 1). Die nach italienischem Recht für Italiener mögliche Rechtswahl (Art. 46 Abs. 2) ist deutschen Erblassern verwehrt. Daneben finden auf alle mit der in Italien belegenen Immobilie verbundenen Rechte die nationalen italienischen Gesetze Anwendung.

1.2 Das italienische Erbrecht

Da es bei italienischen Nachlassimmobilien eines deutschen Erblassers allein auf das deutsche Erbrecht ankommt, spielen die Regelungen des italienischen Erbrechts bei deutschen Erblassern keine oder nur eine untergeordnete Rolle. Zur Anwendung kommen diese Bestimmungen jedoch dann, wenn der deutsche Erblasser neben der deutschen Staatsangehörigkeit auch die italienische Staatsangehörigkeit hatte oder wenn es um die Erbfolge nach dem mit dem deutschen Erblasser verheirateten italienischen Ehegatten geht.

1.2.1 Die gesetzliche Erbfolge

Nachfolgend sollen daher nur einige grundsätzliche Unterschiede zum deutschen Erbrecht dargestellt werden. Insbesondere ist bei der gesetzlichen Erbfolge nach italienischen Erbrecht die Stellung der Abkömmlinge und des Ehegatten des Erblassers hervorzuheben.

Gesetzliches Noterbenrecht der Abkömmlinge

Anders als im deutschen Recht, ist es dem Erblasser nicht möglich, seine Abkömmlinge zu enterben, da ihnen aufgrund des italienischen Rechts als Pflichtteilsrecht ein gesetzliches Noterbenrecht zusteht. Hierbei handelt es sich nicht um einen Geldanspruch, sondern um eine gesetzlich fixierte unmittelbare Mindestteilhabe am Nachlass. Diese beträgt bei einem Kind neben dem Ehegatten ein Drittel, mehreren Kindern steht ein Noterbenrecht von insgesamt der Hälfte des Nachlasses zu (Art. 542 Codice Civile, c.c.)

Das Erbrecht des überlebenden Ehegatten

Ein solches gesetzliches Noterbenrecht sieht das italienische Erbrecht auch für den überlebenden Ehegatten eines italienischen Erblassers vor. Im Falle des Zusammentreffens mit einem Kind des Erblassers erhält der überlebende Ehegatte die Hälfte des Nachlasses des verstorbenen Ehegatten und bei mehreren Kindern 1/3 des Nachlasses (Art. 581 c.c.). Dem überlebenden Ehegatten des italienischen Erblassers steht ferner auf Lebenszeit ein Wohnrecht in der Familienwohnung des Erblassers und ein Gebrauchsrecht an den Einrichtungsgegenständen zu.

1.2.2 Form und Inhalt letztwilliger Verfügungen

Privatschriftliche und notarielle Testamente nach italienischem Recht

Auch aufgrund der entsprechenden italienischen Regelungen kann der Erblasser ein eigenhändiges Testament in deutscher oder italienischer Sprache errichten (Art. 608 c.c.). Hierbei gelten dieselben Formvorschriften, wie im deutschen Recht, jedoch ist die Angabe des Zeitpunktes der Errichtung zwingend vorgeschrieben. Auch ein notarielles Testament kann nach italienischem Recht errichtet werden, jedoch ist hierbei vorgesehen, dass grundsätzlich zwei Zeugen hinzugezogen werden müssen (Art. 603 c.c.). Ferner besteht die Möglichkeit, ein verschlossenes Testament dem Notar im Beisein zweier Zeugen zu übergeben (Art. 605 c.c.). Dies gilt dann ebenfalls als notarielles Testament.

Aufgrund der nahezu übereinstimmenden Formvorschriften für privatschriftliche Testamente sind die nach deutschem Recht errichteten privatschriftlichen Testamente in der Regel auch nach italienischem Recht formwirksam. Für deutsch-italienische Erbfälle bedeutet dies, dass ein Testament grundsätzlich unter Beachtung der deutschen und der italienischen Formvorschriften errichtet werden sollte, um in *beiden* Ländern als formwirksam und damit gültig anerkannt zu werden. Die Errichtung von zwei Testamenten, von denen sich ein jedes nur auf das Nachlassvermögen in einem der beiden Ländern bezieht, ist dagegen nicht erforderlich.

Das zentrale Nachlassregister
Die von italienischen Notaren errichteten letztwilligen Verfügungen werden laut Gesetz (n. 307/1981) von diesen automatisch an das zentrale Nachlassregister des *Notariatsarchivs* in Rom weitergeleitet. Dies gilt allerdings nur für solche testamentarische Verfügungen, die vom Notar gefertigt wurden und nicht für Testamente, die in verschlossener Form dem italienischen Notar übergeben werden.

Um aufzuklären, ob ein deutscher Erblasser mit Vermögen in Italien eine letztwillige Verfügung in Italien oder im Zusammenhang mit in Italien belegenem Vermögen errichtet hat, muss das zentrale italienische Nachlassregister konsultiert werden. Es besteht jedoch die Gefahr, dass durch ein späteres Testament, das in verschlossener Form dem Notar übergeben wurde, die Verfügung eines im Zentralregister verwahrten früheren Testaments widerrufen wurde. Dasselbe kann auch geschehen, falls ein Testament eines deutschen Erblassers mit Vermögen in Italien durch einen deutschen Notar errichtet wird, da dieser nicht befugt ist, die von ihm beurkundeten Testamente deutscher Erblasser beim italienischen Nachlassregister eintragen zu lassen. Dadurch kann es zu dem Ergebnis kommen, dass nach dem Erbfall der italienische Grundbesitz aufgrund des beim italienischen Zentralregister hinterlegten Testaments von den danach Berechtigten in Italien umgeschrieben wird, obgleich sich die Erbfolge nach dem späterem Widerrufstestament in Deutschland anders gestaltet.

Wirkung gemeinschaftlicher Ehegattentestamente in Italien
Nach italienischem Erbrecht ist die Errichtung eines gemeinsamen Ehegattentestaments *nicht* zulässig. Aufgrund des Staatsangehörigkeitsprinzips ist ein von einem italienischen Staatsbürger errichtetes gemeinschaftliches Testament hinsichtlich der letztwilligen Verfügung des Italieners nichtig, auch wenn dieses im Ausland errichtet wurde. Ein gemeinschaftliches Ehegattentestament einer gemischt deutsch-italienischen Ehe ist damit zumindest hinsichtlich der letztwilligen

Verfügung des italienischen Ehepartners unwirksam, da für diesen das italienische Erbrecht maßgeblich ist. Sofern die hierdurch unwirksame letztwillige Verfügung des italienischen Ehepartners jedoch wechselbezüglich zu der entsprechenden letztwilligen Verfügung des deutschen Ehepartners war, besteht die Gefahr, dass damit auch dessen Verfügungen und damit das gesamte Ehegattentestament unwirksam sind.

Eine andere Beurteilung ergibt sich aus dem Blickwinkel des italienischen IPR, wenn der italienische Staatsbürger, der zur Zeit der Testamenterrichtung in Deutschland wohnhaft war, die Nachlassregelung dem deutschen Recht unterstellt hat. Da diese Rechtswahl nach italienischem IPR zulässig, nach deutschem IPR jedoch mit Ausnahme der das Immobilienvermögen betreffenden Rechtswahl nicht möglich ist, ergeben sich in der Praxis komplexe Probleme. Aufgrund dieser Problematik und der damit verbundenen Rechtsunsicherheit ist deutsch-italienischen Staatsbürgern von der Errichtung eines gemeinschaftlichen Ehegattentestaments abzuraten.

Da auf den Erbfall deutscher Staatsangehöriger auch aus italienischer Sicht deutsches Erbrecht Anwendung findet, gilt dieses Verbot des gemeinschaftlichen Testaments nur für Italiener, nicht aber für Deutsche, deren Rechtsordnung gemeinschaftliche Testamente ausdrücklich zulässt. Ein formell und materiell ordnungsgemäß von deutschen Ehegatten errichtetes gemeinschaftliches Ehegattentestament ist deshalb auch in Italien als gültig anzuerkennen, da es dem deutschen Recht entspricht. Gleichwohl ist aus praktischen Erwägungen heraus deutschen Staatsangehörigen mit Vermögen in Italien nur dann die Errichtung eines gemeinschaftlichen Ehegattentestaments zu empfehlen, wenn davon auszugehen ist, dass in Italien kein Nachlassverfahren durchzuführen ist, sondern der Nachweis der Erbenstellung mittels eines deutschen Erbscheins genügt. Andernfalls ist zumindest mit Verzögerungen bei der Nachlassabwicklung wegen des mit dem gemeinschaftlichen Ehegattentestament in Italien verbundenen „Aufklärungsbedarfs" zu rechnen.

Wirkung deutscher Erbverträge in Italien
Anders als das deutsche Recht, verbietet das italienische Recht erbrechtliche Verfügungen mittels Erbvertrag. Wird ein Erbvertrag zwischen einem Deutschen und einem Italiener geschlossen, der dem

italienischen Erbrecht untersteht, ist der Erbvertrag grundsätzlich unwirksam. Erbverträge, die Deutsche untereinander schließen, unterliegen jedoch auch aus italienischer Sicht ausschließlich dem deutschen Erbstatut und sind damit auch in Italien als rechtswirksame letztwillige Verfügungen anzuerkennen. Auch hier sind jedoch in der Praxis Schwierigkeiten bei der Nachlassabwicklung nicht auszuschließen, wenn beispielsweise die Umschreibung von Grundstücken in Italien aufgrund eines vor einem deutschen Notar beurkundeten Erbvertrages erfolgen soll. Erbvertragliche Regelungen bei deutschen Erblassern mit italienischem Vermögen sind daher vor allem dann zu empfehlen, wenn abzusehen ist, dass die Nachlassabwicklung in Italien aufgrund eines in Deutschland erteilten Erbscheines vorgenommen werden kann, ohne dass der Erbvertrag in Italien vorzulegen ist.

1.2.3 Testamentsvollstreckung in Italien

Legitimation des deutschen Testamentsvollstreckers in Italien
Da sich die Ernennung sowie die Rechte und Pflichten des Testamentsvollstreckers bei einem deutschen Erblasser nach deutschem Recht richten, hat der nach deutschem Recht ernannte Testamentsvollstrecker hinsichtlich der in Italien belegenen Nachlassgegenstände grundsätzlich dieselben Befugnisse wie hinsichtlich des deutschen Nachlasses. In der Praxis tauchen jedoch bei der Legitimation des Testamentsvollstreckers gegenüber Dritten im Ausland gelegentlich Probleme auf.

Ein deutscher Testamentsvollstrecker erhält von einem deutschen Nachlassgericht ein *Testamentsvollstreckerzeugnis*, mit dem er seine Legitimation gegenüber Dritten nachweisen kann. Ein Verfahren zur Anerkennung des Testamentsvollstreckerzeugnisses in Italien existiert jedoch nicht. Damit der deutsche Testamentsvollstrecker in Italien seine Befugnisse nachweisen kann, empfiehlt es sich, das Testamentsvollstreckerzeugnis durch einen öffentlich bestellten und vereidigten Übersetzer ins Italienische übersetzen zu lassen. Eine Legalisierung durch die so genannte Haager Apostille ist nicht erforderlich. In der Regel gelingt es, dem Testamentsvollstrecker durch Vorlage dieser Unterlagen, seine Befugnisse in Italien nachzuweisen, um die notwendigen Verfügungen, insbesondere auch Umschreibungen von Grundbesitz im Grundbuch, vorzunehmen. Trotz dieser Nachweise stoßen jedoch Testamentsvollstrecker nach deutschem Recht bei der Nachlassabwicklung in Italien im Einzelfall auf Probleme, da der Testamentsvollstrecker nach italienischem Recht (Art. 700 ff. c.c.) zwar eine sehr ähnliche Funktion hat, wie der deutsche, jedoch ohne zusätzliche gerichtliche Genehmigung nicht berechtigt ist, über Nachlassgegenstände zu verfügen. Auch beschränkt sich die Tätigkeitsdauer des Testamentsvollstreckers nach italienischem Recht grundsätzlich auf ein Jahr. Da die maßgeblichen Befugnisse des Testamentsvollstreckers nach deutschem Recht in der Praxis häufig aus italienischer Rechtssicht betrachtet werden, erfordert die Tätigkeit des Testamentsvollstreckers in Italien in der Regel ein gewisses Beharrungs- und Durchsetzungsvermögen, um die örtlichen Behörden von seinen Befugnissen nach deutschem Recht zu überzeugen.

Ergänzung der Testamentsvollstreckung durch Vollmachten
Um dem Testamentsvollstrecker seine Tätigkeit in Italien zu erleichtern, ist es empfehlenswert, wenn er sich von jedem Erben und sonstigen Nachlassbeteiligten eine umfassende *Vollmacht* zur Nachlassabwicklung erteilen lässt, mit der er dann im italienischen Rechtsverkehr für diese auftritt. Zu dieser Vollmachtserteilung kann der Erblasser die Erben im Testament verpflichten.

1.2.4 Wirkung einer Vollmacht über den Tod hinaus in Italien

Nach italienischem IPR findet auf eine Vollmacht das Recht des Landes Anwendung, in dem sie ihre Wirkung entfalten soll, bei einer Verwendung in Italien also italienisches Recht. Dies gilt auch für die von einem deutschen Erblasser in Deutschland erteilte Vollmacht. Eine Rechtswahl für die Vollmacht sieht das italienische Recht nicht vor. Nach italienischem Zivilrecht erlischt eine Vollmacht mit dem Tod des Vollmachtgebers. Hierdurch verliert dieses Instrument seine Brauchbarkeit zur Organisation der Nachlassabwicklung in Italien, so dass der Testamentsvollstrecker zur Erleichterung seiner Tätigkeit gegenüber den Erben auf die Erteilung einer – gegebenenfalls notariell zu beglaubigenden – Nachlassabwicklungsvollmacht bestehen sollte.

1.3 Nachlassabwicklung/Hinweise für den Erbfall

1.3.1 Eintritt des Erbfalls/Sterbeurkunden

Ist der Tod des deutschen Erblassers in Italien eingetreten, sollte die nächste konsularische Vertretung der Bundesrepublik Deutschland informiert werden, die über den Tod eines jeden Deutschen im Ausland eine Niederschrift erstellt, die sie dem für diese Fälle zuständigen Standesamt I in Berlin übersendet, das die Sterbeurkunde erstellt. In internationalen Erbfällen sollte stets die mehrsprachige *„internationale Sterbeurkunde"* (Auszug aus dem Todesregister) angefordert werden.

1.3.2 Ablieferung von Testamenten/Testamentseröffnung in Italien

In Italien erfolgt die Eröffnung eines vor einem italienischen Notar errichteten Testaments vor einem italienischen Notar in der Regel in Abwesenheit der Erben. Der Notar benötigt hierfür eine Bescheinigung des zentralen Nachlassregisters, dass keine andere als die ihm vorliegende letztwillige Verfügung des Erblassers getroffen wurde. Diese Bescheinigung kann beim Nachlassregister angefordert werden, wobei eine beglaubigte Abschrift der Sterbeurkunde beizufügen ist sowie nähere Angaben über die Person des Antragstellers und über seine Beziehung zum Erblasser.

Hat der Erblasser dem italienischen Notar ein Testament übergeben und ist dies nicht öffentlich beurkundet worden, so ist im Erbfall nach notarieller Testamentseröffnung das Testament dem Nachlassgericht vorzulegen.

1.3.3 Annahme oder Ausschlagung der Erbschaft/ Haftungsbeschränkung

Anders als im deutschen Recht sieht das italienische Erbrecht vor, dass die Erben ausdrücklich die Annahme der Erbschaft zu erklären haben, um in die Rechtsstellung des Erblassers einzutreten (Art. 459 c.c.). Falls es sich allerdings um ein Vermächtnis handelt, ist keine Annahme erforderlich. Ist Gegenstand des Vermächtnisses das Eigentum an einer bestimmten Sache oder ein anderes dem Erblasser zustehendes Recht, geht das Eigentum oder das Recht auf den Vermächtnisnehmer im Zeitpunkt des Todes des Erblassers über.

Obwohl beim Erbfall eines Deutschen mit Vermögen in Italien deutsches Erbrecht gilt, ist zur Erleichterung der Nachlassabwicklung in Italien den Erben zu empfehlen, dass sie nach dem Erbfall auch in Italien ausdrücklich die Annahme der Erbschaft erklären, da die Vorlage dieser *Erbschaftsannahmeerklärung* die Umschreibung des Eigentumswechsels im italienischen Grundbuch erleichtert. Da Erbe nur derjenige ist, der die Erbschaft angenommen hat, ist diese Annahme nachzuweisen.

Das italienische Recht kennt – mit Ausnahme der sog. „neuen Provinzen", insbesondere Südtirol und Venezien, wo noch heute das österreichische Erbscheinsverfahren gilt, so dass dort der Erbnachweis mittels des „certificato di eredita" erfolgt – keinen Erbschein. Die Erbenstellung auch nach einem deutschen Erblasser wird daher in der Regel durch die Annahmeerklärung nachgewiesen. Dies erfolgt durch Vorlage einer öffentlichen Urkunde. Erfolgt die Annahme privatschriftlich, muss diese öffentlich beglaubigt werden. Im Falle der stillschweigenden Annahme kann diese durch Urteil nachgewiesen werden (Art. 474 ff. c.c.). Den Erben eines deutschen Erblassers mit Vermögen in Italien ist zu empfehlen, die Erbschaftsannahmeerklärung vor einem italienischen Notar beurkunden zu lassen, der die Erklärung entsprechend der italienischen Grundbucherfordernisse formuliert. Zwar ist die Beurkundung der Erbschaftsannahmeerklärung grundsätzlich auch durch einen deutschen Notar möglich, wenn diese mit beglaubigter Übersetzung ins Italienische versehen wird, jedoch verfügen nur wenige deutsche Notare über das Know-how, eine in jedem Fall den italienischen Grundbuchbedürfnissen entsprechende Erklärung zu formulieren.

1.3.4 Erbschein und Nachlasszeugnis

Liegt der deutsche Erbschein vor, kann hiermit in der Regel auch der Nachweis der Erbfolge in Italien erbracht werden, obwohl eine ausdrückliche Anerkennung des Erbscheins in Italien nicht vorgesehen ist. Allerdings muss der Erbschein von einem öffentlich bestellten und vereidigten Übersetzer ins Italienische übersetzt werden. Der Erbschein dient in Deutschland wie in Italien als Beweis für den Tod des Erblassers und das Bestehen des Erbrechts, insbesondere der Annahme der Erbschaft durch die Erben nach deutschem Recht. Da es gleichwohl denkbar ist, dass die Erben bei der Nachlassabwicklung in Italien trotz Vorlage des deutschen Erbscheins auf Probleme stoßen, da die nach deutschem Recht erfolgte Erbschaftsannahme aus dem deutschen Erbschein für fremde Dritte nicht ohne Weiteres (explizit) ersichtlich ist, empfiehlt sich in diesen Fällen die Vorlage einer in beglaubigter Form übersetzten Stellungnahme eines deutschen Rechtsanwalts oder Notars über die Wirkungen des Erbscheins nach deutschem Recht.

Nach Art. 9 des italienischen IPRG sind auch die italienischen Gerichte für Nachlassangelegenheiten deutscher Erblasser zuständig, wenn diese ihren letzten Wohnsitz oder Vermögenswerte in Italien hatten. Zuständig ist das Gericht des letzten Wohnsitzes oder das Gericht des Ortes, an dem der überwiegende Teil des Vermögens des Erblassers in Italien (z. B. die Immobilie) belegen ist.

Die Praxis zeigt, dass das Verfahren vor italienischen Gerichten zur Erlangung eines Erbnachweises – mit Ausnahme Südtirols – langwierig und umständlich ist und dass jeder Erblasser gut daran tut, dieses Verfahren zu vermeiden. Ist ein deutscher Erblasser mit Vermögen in Italien verstorben, ist es für Erben zweckmäßiger, das Erbschaftsverfahren vor dem zuständigen deutschen Nachlassgericht zu betreiben, das aufgrund der eigenen Kenntnis des deutschen Erbrechts in angemessener Zeit einen Erbschein erteilt. Mit diesem deutschen Erbschein kann dann – wie oben beschrieben – in den meisten Fällen der Nachweis der Erbenstellung in Italien erbracht werden.

1.4   Schenkung italienischer Immobilien

Ist die *italienische Immobilie* Gegenstand einer *Schenkung*, hängt es nach deutschem Recht in erster Linie vom Willen der Vertragsparteien ab, ob das unentgeltliche oder teilentgeltliche Rechtsgeschäft nach deutschem oder nach italienischem Recht zu beurteilen ist. Das Vertragsstatut ist durch die Parteien frei wählbar (Art. 27, 28 EGBGB). Treffen die Parteien keine Rechtswahl, gilt bei Schenkungen von Grundstücken das Recht des Lageorts, d. h. Italiens. Das italienische Recht verweist bei Schenkungen jedoch auf das Heimatrecht des Schenkers zurück (Art. 56 IPRG), d. h. auf das deutsche Recht. Außerdem kann der Schenker die Anwendbarkeit des Ansässigkeitsrechts wählen. Ein deutscher Staatsbürger, der in Italien ansässig ist, kann daher seine in Italien belegene Immobilie schenkweise übertragen und hierbei die Schenkung dem deutschen oder dem italienischen Recht unterstellen. Auch bei Geltung italienischen Rechts muss die Schenkung auch in Italien durch *öffentliche notarielle Urkunde* vorgenommen werden, da das Geschäft ansonsten nichtig ist. Die Beurkundung selbst kann von einem deutschen Notar vorgenommen werden, der jedoch mit den Gepflogenheiten des italienischen Grundbuchrechts vertraut sein sollte. Zweckmäßigerweise werden Schenker und Beschenkter jedoch zumindest für die Grundbuchumschreibung vor Ort einen italienischen Notar hinzuziehen oder die Schenkung in Italien beurkunden und vollziehen lassen.

1.5 Das italienische Erbschaft- und Schenkungsteuerrecht

1.5.1 Abschaffung der italienischen Erbschaft- und Schenkungsteuer

Nachdem das italienische Erbschaft- und Schenkungsteuerrecht bereits im Jahr 2000 einer grundlegenden Reform unterzogen wurde, die eine erhebliche Absenkung der Steuersätze mit sich brachte, wurde mit Gesetz Nr. 383 vom 18.10.2001 (veröffentlicht im Staatsanzeiger Nr. 248 vom 24.10.2001) die Erbschaft- und Schenkungsteuer vollständig abgeschafft. Die Abschaffung der Erbschaftsteuer gilt für alle Todesfälle und Schenkungen seit dem 25.10.2001.

Die vollständige Abschaffung der Erbschaftsteuer kam auch für die Fachwelt überraschend. Wahrscheinlich war (zumindest) das geringe Steueraufkommen und der hohe bürokratische Aufwand mitentscheidend für die formelle Abschaffung der Erbschaft- und Schenkungsteuer. Ob darüber hinaus auch „Partikularinteressen" eine Rolle spielten, ist nicht bekannt.

1.5.2 Besonderheiten bei lebzeitigen Übertragungen

Die Abschaffung der Erbschaft- und Schenkungsteuer in Italien führt jedoch nur im Erbfall tatsächlich zu einer vollständigen Steuerfreistellung. Im Falle der lebzeitigen Vermögensübertragung greifen anstatt der Schenkungsteuer nunmehr zum Teil die ordentlichen Verkehrsteuern für entgeltliche Übertragungsakte (Registersteuer, Hypothekar- und Katastersteuer). Vollständig steuerbefreit bleiben lebzeitige unentgeltlich Übertragungen nur, wenn sie zu Gunsten von Ehepartnern oder Verwandten bis zur 4. Seitenlinie erfolgen. Schenkungen an andere Personen sind nur bis zu einem Gesamtwert von 180.000 Euro vollständig steuerbefreit. Auf den diesen Wert übersteigenden Betrag sind die ordentlichen Verkehrsteuern anwendbar. Dabei gelten die normalen Steuersätze, die sich bei der Registersteuer insbesondere nach der Art des übertragenen Vermögens richten und bei Grundstücken 8–15 % und bei Gebäuden 7–8 % betragen.

1.5.3 Keine Doppelbesteuerungssituation

Nach der Abschaffung der Erbschaft- und Schenkungsteuer in Italien ist eine Doppelbesteuerung, also die Besteuerung desselben Erb- oder Schenkungsfall sowohl in Deutschland als auch in Italien, weitgehend ausgeschlossen.

Lediglich bei Schenkungen, die in Deutschland schenkungsteuerpflichtig sind und die in Italien die oben erwähnten Verkehrsteuern auslösen, kann es zu einer Doppelbesteuerungssituation kommen. Das deutsche Erbschaft- und Schenkungsteuerrecht berücksichtigt im Ausland gezahlte Steuern, die der deutschen Erbschaft- und Schenkungsteuer entsprechen und die auf den Vermögenserwerb anfallen, der auch in Deutschland der Erbschaft- und Schenkungsteuer unterliegt, grundsätzlich im Wege der Steueranrechnung (§ 21 ErbStG). Es ist allerdings nicht davon auszugehen, dass die italienischen Verkehrsteuern, also z. B. die Registersteuer, von der deutschen Finanzverwaltung als auf die deutsche Schenkungsteuer anrechenbare ausländische Steuer eingestuft werden, da es sich bei diesen Verkehrsteuern nicht um Schenkungsteuer im engeren Sinne handelt. Es ist vielmehr davon auszugehen, dass die deutsche Finanzverwaltung bei Schenkungen, die in Italien Verkehrsteuern auslösen, die Anrechenbarkeit der italienischen Steuern auf die deutsche Schenkungsteuer ablehnen wird.

---

* Dieser Beitrag wurde unter freundlicher Mithilfe von Stephan Grigolli verfasst.

2. Vererbung und Schenkung von Immobilien in Spanien

Klaus Wigand*

2.1 Die internationale Erbrechtssituation in deutsch-spanischen Erbfällen

Das Erbstatut des spanischen Rechts bestimmt sich nach Art. 9 Ziff. 8 CC – wie auch im deutschen Recht – nach dem Heimatrecht des Erblassers, d. h. nach seiner Staatsangehörigkeit im Erbfall. Auch hier kommt es auf die Belegenheit von Nachlassgegenständen oder dem Wohnsitz des Erblassers ebenso wenig an wie auf die Frage, ob es sich um bewegliches oder unbewegliches Vermögen handelt. Eine *Ausnahme* besteht nur dann, wenn die in Spanien nach wie vor geltenden *Foralrechte*, d. h. Landesrechte einzelner spanischer Provinzen, zur Anwendung kommen, die teilweise eigene erbrechtliche Regelungen enthalten. Folgende Regionen Spaniens sind noch weitgehend von den bestehenden *Foralrechten* geprägt: Aragón, Balearen, Katalonien, Biskaya, Allava, Galizien, Navarra.

Für deutsche Erblasser sind die *Foralrechte* in aller Regel ohne Bedeutung, da sich nach der zuvor zitierten Regelung des gemeinspanischen Zivilrechts die Erbfolge nach dem *Heimatrecht* des Erblassers, nämlich nach *deutschem Erbrecht* richtet. Verstirbt ein Deutscher mit Eigentum auf den Balearen oder in Marbella, wird das Eigentum in beiden Fällen nach *deutschem Recht* vererbt. Nur dann, wenn der deutsche Erblasser zugleich auch die *spanische* Staatsangehörigkeit hat und einem dieser Gebiete angehört oder mit einem spanischen Ehegatten verheiratet ist, können sich aufgrund der geltenden landesrechtlichen Bestimmungen abweichende erbrechtliche Regelungen ergeben, auf die jedoch hier nicht weiter eingegangen werden soll, da von der erbrechtlichen Vermögensnachfolge eines Deutschen mit Grundbesitz in Spanien ausgegangen wird. Hierbei wird unterstellt, dass der deutsche Erblasser kein weiteres Vermögen in Drittstaaten hat, mit einem deutschen Ehegatten verheiratet ist und seinen dauernden Wohnsitz in Deutschland hat.

2.2 Das spanische Erbrecht

2.2.1 Die gesetzliche Erbfolge

Da die Regelungen der gesetzlichen Erbfolge des spanischen Erbrechts für einen deutschen Erblasser in der Regel nicht von Bedeutung sind, werden nachfolgend nun einige grundsätzliche Unterschiede zum deutschen Erbrecht dargestellt. Diese können von Bedeutung sein, wenn der deutsche Erblasser oder seine Ehefrau auch die spanische Staatsangehörigkeit hatte. Bei der gesetzlichen Erbfolge nach spanischem Recht ist insbesondere die Stellung der Abkömmlinge und des Ehegatten des Erblassers hervorzuheben. Im Übrigen gilt sowohl im spanischen Erbrecht als auch im deutschen Erbrecht der Grundsatz der Gesamtrechtsnachfolge

Gesetzliches Noterbenrecht der Abkömmlinge
Anders als im deutschen Recht, ist es dem Erblasser nicht möglich, seine Abkömmlinge zu enterben, da ihnen aufgrund des spanischen Rechts als Pflichtteilsrecht ein gesetzliches Noterbenrecht („legitima") zustehen, bei dem es sich – wie auch in Italien – nicht um einen Geldanspruch, sondern um eine gesetzlich fixierte unmittelbare Mindestteilhabe am Nachlass handelt.

Gesetzliches Erbrecht des überlebenden Ehegatten
Dem gegenüber hat der überlebende Ehegatte eines spanischen Erblassers eine weniger starke Rechtsstellung. Während er in Deutschland ein eigenes gesetzliches Erbrecht hat, erhält der überlebende Ehegatte des spanischen Erblassers neben gemeinsamen Abkömmlingen lediglich einen anteiligen Nießbrauch am Nachlass. Dies bedeutet bei einer gemischt deutsch-spanischen Ehe eine starke Benachteiligung des überlebenden deutschen Ehegatten, weil dieser neben gemeinsamen Kindern nicht Erbe zu 1/2 wird, wie es sein spanischer Ehepartner nach ihm geworden wäre, sondern lediglich einen Anspruch auf Nießbrauch an einem Bruchteil des Nachlassvermögens erhält.

Um hier bei deutsch-spanischen Ehen eine erbrechtliche Gleichstellung beider Ehepartner zu erreichen, ist eine testamentarische Regelung unter Berücksichtigung des für beide Ehegatten jeweils geltenden Erbrechts von Nöten. Zu beachten ist jedoch, dass sich die vorstehenden Ausführungen zu den spanischen Regelungen der gesetzlichen

Erbfolge auf das gemeinspanische Zivilrecht des *Codico Civil* (Art. 806 ff. CC) beziehen, wogegen jedoch die jeweiligen Foralrechte in den einzelnen Landesteilen teilweise hiervon abweichende Regelungen vorsehen können. Von einer Darstellung dieser landesgesetzlichen Regelungen wird hier abgesehen.

2.2.2 Form, Inhalt und Wirkung letztwilliger Verfügungen

Privatschriftliche und notarielle Testamente nach spanischem Recht
Auch aufgrund der entsprechenden spanischen Regelungen kann der Erblasser ein eigenhändiges Testament in deutscher oder spanischer Sprache errichten. Hierbei gelten dieselben Formvorschriften, wie im deutschen Recht, jedoch ist die Angabe des Zeitpunktes der Errichtung zwingend vorgeschrieben. Auch ein notarielles Testament kann nach spanischem Recht errichtet werden, jedoch ist hierbei vorgesehen, dass grundsätzlich drei Zeugen hinzugezogen werden müssen. Ferner besteht die Möglichkeit, ein verschlossenes Testament dem Notar zu übergeben.

Aufgrund der nahezu übereinstimmenden Formvorschriften für privatschriftliche Testamente ist davon auszugehen, dass die nach deutschem Recht errichteten Testamente in der Regel auch nach spanischem Recht formwirksam sind. Darüber hinaus ergibt sich die Gültigkeit einer nach deutschen Formvorschriften errichteten letztwilligen Verfügung auch aus dem sog. Haager Testamentsabkommen von 1961, dem sowohl Spanien als auch Deutschland angehören. Hierzu wird auf die Ausführungen in Teil 1 verwiesen.

Für deutsch-spanische Erbfälle bedeutet dies, dass ein Testament, das unter Beachtung der deutschen oder spanischen Formvorschriften errichtet wurde, grundsätzlich in *beiden* Ländern als formwirksam und damit gültig anerkannt werden muss. Insbesondere müssen deshalb nicht zwei Testamente errichtet werden, von denen sich ein jedes nur auf das Nachlassvermögen in einem der beiden Ländern bezieht.

Das zentrale Nachlassregister
Vor spanischen Notaren errichtete letztwillige Verfügungen werden von diesen automatisch an das zentrale *spanische Nachlassregister* in Madrid weitergeleitet. Dies gilt auch für solche Testamente, die in verschlossener Form dem spanischen Notar übergeben werden, mit der

Erklärung, es handele sich hierbei um die letztwillige Verfügung des Erblassers.

Beim zentralen spanischen Nachlassregister können nicht nur die letztwilligen Verfügungen spanischer Staatsangehöriger registriert und verwahrt werden, sondern auch letztwillige Verfügungen deutscher Staatsangehöriger vor spanischen Notaren oder vor deutschen Notaren errichtete letztwillige Verfügungen deutscher Staatsangehöriger mit Vermögen in Spanien oder spanischer Staatsangehöriger mit Wohnsitz oder Aufenthalt in der Bundesrepublik Deutschland. Das zentrale spanische Nachlassregister ist damit ein wichtiges Mittel, um aufzuklären, ob ein deutscher Erblasser mit Vermögen in Spanien eine letztwillige Verfügung in Spanien oder im Zusammenhang mit in Spanien belegenem Vermögen errichtet hat.

Da deutsche Notare nicht verpflichtet sind, die von ihnen beurkundeten Testamente deutscher Erblasser mit Bezug zu spanischem Vermögen beim spanischen Zentralregister eintragen zu lassen, besteht die Gefahr, dass zwar ein einmal hinsichtlich des spanischen Vermögens errichtetes Testament beim Zentralregister eingereicht wurde, jedoch nicht ein späterer in Deutschland errichteter Testamentswiderruf oder ein späteres Testament, das die ursprüngliche Verfügung ersetzt. Für deutsche Staatsangehörige mit Vermögen in Spanien ist es in jedem Fall empfehlenswert, alle vor deutschen Notaren errichteten letztwilligen Verfügungen, versehen mit einer beglaubigten Übersetzung ins Spanische und eine Apostille in das spanische Zentralregister eintragen zu lassen. Der Eintragungsantrag ist an folgende Adresse zu richten:

Servició del Registro General de Actos de Ultima Voluntad
Dirección Général de los Regristros y del Notariado
Ministerio de Justicia
C/. San Bernardo 45 y 62
E-28071 Madrid

Wirkung gemeinschaftlicher Ehegattentestamente in Spanien
Nach dem gemeinspanischen Erbrecht des Codigo Civil ist es spanischen Staatsangehörigen untersagt, ein gemeinschaftliches Ehegattentestament zu errichten. Dieses Verbot ist für spanische Staatsangehöri-

ge absolut und bezieht sich auch auf die von diesen im Ausland errichteten gemeinschaftlichen Ehegattentestamente.

Ein gemeinschaftliches Ehegattentestament einer gemischt deutsch-spanischen Ehe ist damit zumindest hinsichtlich der letztwilligen Verfügung des spanischen Ehepartners unwirksam, da für diesen das spanische Erbrecht maßgeblich ist. Sofern die somit unwirksame letztwillige Verfügung des spanischen Ehepartners jedoch wechselbezüglich zu der entsprechenden letztwilligen Verfügung des deutschen Ehepartners war, ist davon auszugehen, dass damit auch dessen Verfügungen und damit das gesamte Ehegattentestament unwirksam sind. Da auf den Erbfall deutscher Staatsangehöriger auch aus spanischer Sicht deutsches Erbrecht Anwendung findet, gilt dieses Verbot des gemeinschaftlichen Testaments nur für Spanier, nicht aber für Deutsche, deren Rechtsordnung gemeinschaftliche Testamente ausdrücklich zulässt.

Ein formell und materiell ordnungsgemäß von deutschen Eheleuten errichtetes gemeinschaftliches Ehegattentestament ist deshalb – allein schon wegen des spanischen Beitritts zum Haager Testamentsabkommen – auch in Spanien gültig und muss anerkannt werden, da es dem deutschen Recht entspricht. Gleichwohl ist aus praktischen Erwägungen heraus deutschen Staatsangehörigen mit Vermögen in Spanien nur dann die Errichtung eines gemeinschaftlichen Ehegattentestaments zu empfehlen, wenn davon auszugehen ist, dass in Spanien kein Nachlassverfahren durchzuführen ist, sondern der Nachweis der Erbenstellung mittels eines deutschen Erbscheins genügt. Andernfalls ist zumindest mit Verzögerungen bei der Nachlassabwicklung wegen des mit dem gemeinschaftlichen Ehegattentestament in Spanien verbundenen „Aufklärungsbedarfs" zu rechnen.

Wirkung deutscher Erbverträge in Spanien
Anders als das deutsche Recht, verbietet das gemeinspanische Recht auch erbrechtliche Verfügungen mittels Erbvertrag. Andererseits ist in vielen spanischen Landesrechten (Foralrechte) – z. B. Katalonien, Balearen – die Errichtung letztwilliger Verfügungen mittels Erbvertrag ausdrücklich vorgesehen.

Wird ein Erbvertrag zwischen einem Deutschen und einem Spanier geschlossen, der dem gemeinspanischen Erbrecht unterliegt, ist der Erbvertrag grundsätzlich unwirksam. Wird ein Erbvertrag aber zwischen einem Deutschen und beispielsweise einer Katalanin abgeschlossen, muss der Erbvertrag den Bestimmungen beider Rechtsordnungen, d. h. auch dem katalanischen Foralrecht entsprechen, um gültig zu sein.

Erbverträge, die Deutsche untereinander schließen, unterliegen jedoch auch aus spanischer Sicht ausschließlich dem deutschen Erbstatut und sind damit auch in Spanien als rechtswirksame letztwillige Verfügungen anzuerkennen. Auch hier sind jedoch in der Praxis Schwierigkeiten bei der Nachlassabwicklung nicht auszuschließen, wenn beispielsweise die Umschreibung von Grundstücken in Spanien aufgrund eines vor einem deutschen Notar beurkundeten Erbvertrages erfolgen soll. Erbvertragliche Regelungen bei deutschen Erblassern mit spanischem Vermögen sind daher vor allem dann zu empfehlen, wenn abzusehen ist, dass die Nachlassabwicklung in Spanien aufgrund eines in Deutschland erteilten Erbscheins vorgenommen werden kann, ohne dass der Erbvertrag in Spanien vorzulegen ist.

2.2.3 Testamentsvollstreckung in Spanien

Legitimation des deutschen Testamentsvollstreckers in Spanien
Da sich die Ernennung sowie die Rechte und Pflichten des Testamentsvollstreckers bei einem deutschen Erblasser nach deutschem Recht richten, hat der nach deutschem Recht ernannte Testamentsvollstrecker hinsichtlich der in Spanien belegenen Nachlassgegenstände grundsätzlich dieselben Befugnisse wie hinsichtlich des deutschen Nachlasses. In der Praxis tauchen jedoch bei der Legitimation des Testamentsvollstreckers gegenüber Dritten im Ausland gelegentlich Probleme auf.

Ein deutscher Testamentsvollstrecker erhält von einem deutschen Nachlassgericht ein *Testamentsvollstreckerzeugnis*, mit dem er seine Legitimation gegenüber Dritten nachweisen kann. Ein Verfahren zur Anerkennung des Testamentsvollstreckerzeugnisses in Spanien existiert jedoch nicht. Damit der deutsche Testamentsvollstrecker in Spanien seine Befugnisse nachweisen kann, empfiehlt es sich, das Testamentsvollstreckerzeugnis durch einen öffentlich bestellten und vereidigten Übersetzer ins Spanische übersetzen zu lassen und sodann durch den Präsidenten des zuständigen Landgerichts mit einer *Apostil-*

le nach dem *Haager* Übereinkommen versehen zu lassen. Da sich dieses Testamentsvollstreckerzeugnis jedoch auf deutsches Erbrecht bezieht, die Rechtsstellung des Testamentsvollstreckers nach deutschem Recht in Spanien aber vielfach unbekannt ist, hat sich in der Praxis gezeigt, dass es sinnvoll ist, eine *Rechtsbescheinigung* eines deutschen Rechtsanwalts oder Notars oder auch des deutschen Konsulats bzw. der deutschen Botschaft in Spanien vorzulegen, in der die Rechte und Pflichten des Testamentsvollstreckers nach deutschem Recht, insbesondere seine Verfügungsbefugnisse, möglichst detailliert beschrieben werden. Auch diese Rechtsbescheinigung sollte mit spanischer Übersetzung und mit der sog. *Haager Apostille* vorgelegt werden können.

In der Regel gelingt es dem Testamentsvollstrecker durch Vorlage dieser Unterlagen, seine Befugnisse in Spanien nachzuweisen, um die notwendigen Verfügungen, insbesondere auch Umschreibungen von Grundbesitz im Grundbuch, vorzunehmen. Trotz dieser Nachweise stoßen jedoch Testamentsvollstrecker nach deutschem Recht bei der Nachlassabwicklung in Spanien im Einzelfall auf Probleme, da der Testamentsvollstrecker nach spanischem Recht (Art. 892 ff. CC) zwar eine sehr ähnliche Funktion hat, wie der deutsche, jedoch nicht berechtigt ist, über Nachlassgegenstände zu verfügen. Auch beschränkt sich die Tätigkeitsdauer des Testamentsvollstreckers nach spanischem Recht grundsätzlich auf ein Jahr. Da die maßgeblichen Befugnisse des Testamentsvollstreckers nach deutschem Recht in der Praxis häufig aus spanischer Rechtssicht betrachtet werden, erfordert die Tätigkeit des Testamentsvollstreckers in Spanien ein gewisses Durchsetzungsvermögen.

Ergänzung der Testamentsvollstreckung durch Vollmachten
Um dem Testamentsvollstrecker seine Tätigkeit in Spanien zu erleichtern, ist es empfehlenswert, wenn er sich von jedem Erben und sonstigen Nachlassbeteiligten eine umfassende *Vollmacht* zur Nachlassabwicklung erteilen lässt, mit der er dann im spanischen Rechtsverkehr für diese auftritt. Zu dieser Vollmachtserteilung kann der Erblasser die Erben im Testament verpflichten.

2.2.4 Wirkung einer Vollmacht über den Tod hinaus in Spanien

Ein unentbehrliches Hilfsmittel für die Nachlassabwicklung ist diese Art der Vollmacht nicht nur bei deutschen Nachlässen, sondern insbesondere auch bei Nachlassvermögen in Spanien. Hierbei ist jedoch die Besonderheit zu beachten, dass sich die Vollmacht nach der Rechtsordnung beurteilt, in der sie ihre Wirkung entfalten soll. Soll die vom Erblasser erteilte Vollmacht in Spanien verwendet werden, findet hierauf generell *spanisches Recht* Anwendung. Das spanische Recht sieht jedoch vor, dass *jede* Vollmacht mit dem Tod des Vollmachtgebers erlischt, wodurch eine Vollmacht auf der Grundlage spanischen Rechts für die Nachlassabwicklung unbrauchbar ist.

Andererseits sieht das spanische Recht aber vor, dass der Vollmachtgeber das Recht, das auf die Vollmacht Anwendung findet, frei wählen kann. Wählt der Vollmachtgeber für die Vollmacht *deutsches Recht*, bleibt entgegen den anders lautenden spanischen Bestimmungen die Vollmacht auch beim Tod des Vollgebers wirksam. Soll mit einer Vollmacht über den Tod des Erblassers hinaus die Nachlassabwicklung hinsichtlich der in Spanien belegenen Nachlassgegenstände erleichtert werden also unbedingt erforderlich, dass der Erblasser in der Vollmacht deutsches Recht wählt und bestenfalls ausdrücklich bestätigt, dass die Vollmacht nach deutschem Recht auch nach dem Tod des Vollmachtgebers wirksam bleibt. Die erbschaftsteuerlichen Pflichten der Erwerber in Spanien und Deutschland bleiben jedoch von der Vollmachtserteilung unberührt.

2.3 Nachlassabwicklung/Hinweise für den Erbfall

2.3.1 Eintritt des Erbfalls/Sterbeurkunden

In Spanien sind für die Ausstellung der Sterbeurkunden die Zivilregister zuständig. Ist der Tod des deutschen Erblassers in Spanien eingetreten, sollte die nächste konsularische Vertretung der Bundesrepublik Deutschland informiert werden, die über den Tod eines jeden Deutschen im Ausland eine Niederschrift erstellt, die sie dem für diese Fälle zuständigen Standesamt I in Berlin übersendet, das die Sterbeurkunde erstellt. In internationalen Erbfällen sollte stets die mehrsprachige *„internationale Sterbeurkunde"* (Auszug aus dem Todesregister) angefordert werden.

2.3.2 Ablieferung von Testamenten/Testamentseröffnung in Spanien

In Spanien erfolgt die Eröffnung eines vor einem spanischen Notar errichteten Testaments vor einem spanischen Notar in der Regel in Abwesenheit der Erben. Der Notar benötigt hierfür eine Bescheinigung des zentralen Nachlassregisters, dass keine andere als die ihm vorliegende letztwillige Verfügung des Erblassers getroffen wurde. Diese Bescheinigung kann beim zentralen Nachlassregister in Madrid frühestens 15 Tage nach dem Erbfall angefordert werden, wobei eine beglaubigte Abschrift der Sterbeurkunde beizufügen ist sowie nähere Angaben über die Person des Antragstellers und über seine Beziehung zum Erblasser.

Hat der Erblasser dem spanischen Notar ein Testament übergeben und ist dies nicht öffentlich beurkundet worden, so ist im Erbfall nach notarieller Testamentseröffnung das Testament dem Nachlassgericht vorzulegen.

2.3.3 Annahme oder Ausschlagung der Erbschaft/ Haftungsbeschränkung

Obwohl auch in Spanien der Grundsatz der Gesamtrechtsnachfolge im Erbfall gilt, sieht das spanische Erbrecht vor, dass die Erben ausdrücklich die Annahme der Erbschaft zu erklären haben, um die Rechtsnachfolge des Erblassers nachweisen zu können (Art. 988 ff. CC). Obwohl beim Erbfall eines Deutschen mit Vermögen in Spanien deutsches Erbrecht gilt, ist zur Erleichterung der Nachlassabwicklung in Spanien den Erben zu empfehlen, dass sie nach dem Erbfall in Spanien ausdrücklich die Annahme der Erbschaft erklären, da die Vorlage dieser *Erbschaftsannahmeerklärung* die Umschreibung des Eigentumswechsels im spanischen Grundbuch erleichtert. Obwohl die Annahme der Erbschaft privatschriftlich oder auch mündlich erklärt werden kann (Art. 999 CC), ist den Erben eines deutschen Erblassers mit Vermögen in Spanien zu empfehlen, die Erbschaftsannahmeerklärung vor einem spanischen Notar beurkunden zu lassen, der die Erklärung entsprechend den spanischen Grundbucherfordernissen formuliert. Zwar ist die Beurkundung der Erbschaftsannahmeerklärung grundsätzlich auch durch einen deutschen Notar möglich, wenn diese mit beglaubigter Übersetzung ins Spanische und Haager Apostille versehen wird, jedoch verfügen nur wenige deutsche Notare über das Know-how, eine in jedem Fall den spanischen Grundbuchbedürfnissen entsprechende Erklärung zu formulieren.

2.3.4 Erbschein und Nachlasszeugnis

Liegt der deutsche Erbschein vor, kann hiermit auch der Nachweis der Erbfolge in Spanien erbracht werden. Hierzu muss allerdings der Erbschein von einem öffentlich bestellten vereidigten Übersetzer ins Spanische übersetzt und mit der *Haager Apostille* versehen werden. Der Erbschein dient in Deutschland wie in Spanien als Beweis für den Tod des Erblassers und das Bestehen des Erbrechts.

Neben den deutschen Nachlassgerichten sind die spanischen Gerichte für Nachlassangelegenheiten deutscher Erblasser zuständig, wenn diese ihren letzten Wohnsitz oder Vermögenswerte in Spanien hatten. Zuständig ist das Gericht des letzten Wohnsitzes oder das Gericht des Ortes, an dem der überwiegende Teil des Vermögens des Erblassers in Spanien (z. B. die Immobilie) belegen ist. Diese Zuständigkeit der spanischen Nachlassgerichte besteht unter den vorgenannten Voraussetzungen parallel zur Zuständigkeit der deutschen Nachlassgerichte.

Auf Antrag erteilen auch die spanischen Nachlassgerichte ein Nachlasszeugnis, wenn ihnen außer der Sterbeurkunde auch eine Bescheinigung des zentralen Nachlassregisters in Madrid vorgelegt wird, in der bestätigt wird, welche letztwilligen Verfügungen des Erblassers vorhanden sind. Darüber hinaus sind weitere Nachweise, wie Geburtsurkunde des Antragstellers und Heiratsurkunde des Erblassers beizubringen.

Richtet sich die Erbfolge nach deutschem Recht, kann insbesondere bei Eintritt der gesetzlichen Erbfolge dem Nachlassgericht in der Regel durch je ein Rechtsgutachten zweier deutscher Rechtsanwälte oder Notare (mit beglaubigten Übersetzungen und Haager Apostille) die Erbfolge nachgewiesen werden. Ferner ist dem Nachlassgericht die notariell in Spanien beglaubigte Erbschaftsannahmeerklärung vorzulegen. Das zuständige Nachlassgericht entscheidet dann über die Erbfolge durch Beschluss.

Bereits diese Ausführungen zeigen, dass das Verfahren vor spanischen Nachlassgerichten zur Erlangung eines Erbnachweises langwierig und umständlich ist. Die Praxis zeigt daher, dass jeder Erbe gut daran tut, dieses Verfahren zu vermeiden. Ist ein deutscher Erblasser mit Vermögen in Spanien verstorben, ist es für Erben oft zweckmäßiger, das Erbschaftsverfahren vor dem zuständigen deutschen Nachlassgericht zu betreiben, das aufgrund der eigenen Kenntnis des deutschen Erbrechts in angemessener Zeit einen Erbschein erteilt. Mit diesem deutschen Erbschein kann dann – wie oben beschrieben – der Nachweis der Erbenstellung in Spanien erbracht werden.

2.4 Schenkung spanischer Immobilien

Da Vermögensübertragungen zu Lebzeiten ein wichtiger Baustein der Vermögensnachfolgeregelungen sind, soll hier auch kurz auf Schenkungen im Wege der vorweggenommenen Erbfolge hinsichtlich einer *spanischen Immobilie* eingegangen werden. Ist die *spanische Immobilie* Gegenstand einer *Schenkung*, hängt es nach deutschem Recht in erster Linie vom Willen der Vertragsparteien ab, ob das unentgeltliche oder teilentgeltliche Rechtsgeschäft nach deutschem oder nach spanischem Recht zu beurteilen ist. Das Vertragsstatut ist durch die Parteien frei wählbar (Art. 27, 28 EGBGB). Treffen die Parteien keine Rechtswahl, gilt bei Schenkungen von Grundstücken das Recht des Lageorts, d. h. Spaniens.

Das spanische Recht verweist bei Schenkungen jedoch auf das Heimatrecht des Schenkers zurück (Art. 10 Ziff. 7 CC), d. h. auf das deutsche Recht, so dass das deutsche Recht für die Schenkung maßgeblich ist. Will ein Deutscher seine in *Spanien* belegene Immobilie im Wege der vorweggenommenen Erbfolge schenkweise übertragen, bedarf daher die Schenkung in jedem Fall der notariellen Beurkundung. Höchstvorsorglich sollte in der Urkunde dann die Anwendbarkeit deutschen Rechts mit aufgenommen werden. Die Beurkundung kann von einem deutschen Notar vorgenommen werden, der jedoch mit den Gepflogenheiten des spanischen Grundbuchrechts vertraut sein sollte. Zweckmäßigerweise werden Schenker und Beschenkter jedoch zumindest für die Grundbucheintragung in Spanien einen spanischen Notar hinzuziehen oder die Schenkung vor Ort in Spanien notariell beurkunden lassen.

Zu den weiteren Formvorschriften für die Übertragung spanischer Immobilien wird auf die Ausführungen zum Erwerb von Auslandsimmobilien in Spanien im 3. Teil, Abschnitt B dieses Buchs verwiesen.

2.5 Das spanische Erbschaft- und Schenkungsteuerrecht

2.5.1 Die persönliche Steuerpflicht

Ein Vermögenserwerb von Todes wegen oder im Wege der Schenkung ist in Spanien *erb- und schenkungsteuerpflichtig*, wenn der *Erwerber* seinen *gewöhnlichen Aufenthaltsort* in *Spanien* hat. Die unbeschränkte persönliche Erbschaft- und Schenkungsteuerpflicht nach spanischem Recht knüpft also *nicht* an die Person des Erblassers/Schenkers an, sondern es sind ausschließlich die Verhältnisse des Erwerbers bzw. mehrerer Erwerber maßgeblich. Diese sind dann in Spanien unbeschränkt erbschaft- und schenkungsteuerpflichtig, wenn sie sich mehr als 183 Tage im Jahr dauernd in Spanien aufhalten. Insofern knüpft das spanische Erbschaft- und Schenkungsteuerrecht an die Vorschriften über die Einkommensteuer an. Ist in Spanien die unbeschränkte Erbschaft- und Schenkungsteuerpflicht der Erwerber gegeben, gilt diese wie in Deutschland für das weltweite Vermögen des Erblassers. Sind die Erwerber aber *nicht* in *Spanien* ansässig in diesem Sinne, so sind sie nur hinsichtlich der in Spanien belegenen Immobilie in Spanien (beschränkt) erbschaft- oder schenkungsteuerpflichtig. In den meisten Erbschaft- und Schenkungsfällen von deutschen Erblassern/Schenkern, die Immobilien in Spanien besitzen, dürften die Erwerber daher nur der beschränkten Erbschaft- und Schenkungsteuerpflicht in Spanien unterliegen.

2.5.2 Steuerklassen

Das spanische Erbschaftsteuerrecht teilt die Erwerber in *vier Steuerklassen* bzw. *-gruppen* ein:

Tabelle 1: Steuerklassen

Gruppe I	Gruppe II	Gruppe III	Gruppe IV
Abkömmlinge oder Adoptivkinder unter 21 Jahre	Abkömmlinge oder Adoptivkinder ab 21 Jahre, Ehegatten, Verwandte aufsteigender Linie und Adoptiveltern	Verwandte der Seitenlinie des zweiten und dritten Grads und verschwägerte Abkömmlinge	Verwandte der Seitenlinie ab dem vierten Grad und Nichtverwandte

2.5.3 Steuersätze

Die Gesetzgebungskompetenz zur Festlegung des Steuertarifes liegt in Spanien grundsätzlich bei den Autonomen Regionen, die hiervon zunehmend im Sinne eines Steuerwettbewerbs Gebrauch machen. Nachfolgend wird der Erbschaftsteuertarif der Zentralregierung in Madrid zugrunde gelegt, der gilt, sofern die einzelnen autonomen Regionen nicht von ihrem Recht zur Festlegung eigener Erbschaftsteuertarife Gebrauch gemacht haben. Die Steuertarife der einzelnen autonomen Regionen Spaniens weichen jedoch von denen der Zentralregierung – soweit sie zum Zeitpunkt der Drucklegung dieses Buches in Euro veröffentlicht waren – in der Regel nur geringfügig ab, so dass ihr weitgehende Allgemeingültigkeit bei der Ermittlung einer generell zu erwartenden Erbschaftsteuerlast zugesprochen werden kann.

Der *spanische Erbschaftsteuertarif* ist *progressiv* ausgestaltet. Auf die jeweiligen Erwerbsbeträge werden progressiv gestaffelte *Steuersätze* angewandt. Der so ermittelte Betrag wird mit einem *Multiplikationskoeffizienten* multipliziert, der den Verwandtschaftsgrad des Erwerbers (Steuerklasse) und die wirtschaftliche Leistungsfähigkeit des Erwerbers (Vorvermögen) berücksichtigt.

Für den Multiplikationskoeffizienten, der sich nach der Steuerklasse und dem schon vorhandenen Vermögen des Erwerbers bestimmt, gilt nachstehende Tabelle, wobei bei beschränkter Steuerpflicht als Vorvermögen in diesem Sinn nur die in Spanien befindlichen Vermögenswerte heranzuziehen sind.

Tabelle 2: Steuertarife

Steuerpflichtiger Erwerb bis zu €	Steuerbetrag in €	Maximaler Restbetrag bis €	Steuersatz auf Restbetrag
0,00	0,00	7.993,46	7,65 %
7.993,46	611,50	7.987,45	8,50 %
15.980,91	1.290,43	7.987,45	9,35 %
23.968,36	2.037,26	7.987,45	10,20 %
31.955,81	2.851,98	7.987,45	11,05 %
39.943,26	3.734,59	7.987,45	11,90 %
47.930,72	4.685,10	7.987,45	12,75 %
55.918,17	5.703,50	7.987,45	13,60 %
63.905,62	6.789,79	7.987,45	14.45 %
71.893,07	7.943,98	7.987,45	15,30 %
79.880,52	9.166,06	39.877,15	16,15 %
119.757,67	15.606,22	39.877,15	18,70 %
159.634,83	23.063,25	79.754,30	21,25 %
239.389,13	40.011,04	159.388,41	25,50 %
398.777,54	80.655,08	398.777,54	29,75 %
797.555,08	199.291,40	und höher	34,00 %

Tabelle 3: Multiplikationskoeffizienten

Vorhandenes Vorvermögen des Erwerbers in €			Multiplikationskoeffizient		
			I und II	III	IV
Von	0 bis	402.678,11	1,0000	1,5882	2,0000
über	402.678,11 bis	2.007.380,43	1,0500	1,6676	2,1000
über	2.007.380,43 bis	4.020.770,98	1,1000	1,7471	2,2000
über	4.020.770,98		1,2000	1,9059	2,4000

Die Steuerberechnung soll am nachfolgenden Beispiel verdeutlicht werden.

Tabelle 4: Beispiel

Steuerpflichtiger Erwerb: 100.000 €
Vorvermögen des Erwerbers: 500.000 €
Steuerklasse I (ohne Berücksichtigung von Freibeträgen)

Steuerberechnung:
Steuerbetrag (lt. Tabelle) bis 79.880,52 €

9.166,06 €

Restbetrag (lt. Tabelle)

100.000 € – 79.880,52 € = 20.119,48 €

Steuerbetrag auf Restbetrag (Steuersatz lt. Tabelle = 16,15 %)

3.249,30 €

Steuerbetrag insgesamt:

12.415,36 €

Anwendbarer Koeffizient: 1,05 (lt. Tabelle)

Steuer (= Steuerbetrag x Koeffizient):

13.036,13 €

2.5.4 Freibeträge

Ähnlich wie in Deutschland unterliegt nicht der gesamte Erwerb der Erbschaftsteuer. Das Gesetz räumt *Freibeträge* ein; versteuert werden muss auch in Spanien nur der Erwerb nach Abzug der Freibeträge.

Persönliche Freibeträge
Allerdings steht nur Erwerbern der Steuerklassen I bis III der Abzug von persönlichen Freibeträgen zu, die überdies deutlich bescheidener ausfallen als nach deutschem Recht (Artikel 20 spanisches Erbschaftsteuergesetz). Danach wird die Bemessungsgrundlage zur Ermittlung der Festsetzungsgrundlage beim Erwerb von Todes wegen wie folgt gekürzt:

- In der *Steuerklasse I* um 16.000 Euro, zuzüglich 4.000 Euro pro Jahr, falls der Erwerber jünger ist als 21 Jahre, wobei der gesamte Freibetrag die Summe von 48.000 Euro nicht übersteigen darf.

- in der *Steuerklasse II* um 16.000 Euro

- und in der *Steuerklasse III* um 8.000 Euro

Beim Erwerb durch *geistig oder körperlich behinderte Personen* wird ein zusätzlicher Freibetrag von 48.000 Euro gewährt, der unabhängig von der Steuerklasse ist. Diese persönlichen Freibeträge gelten *nicht* für Schenkungen. Anders als nach deutschem Recht gelten die persönlichen Freibeträge nach spanischem Recht auch für Erwerber, die nur beschränkt steuerpflichtig sind (Art. 20 Abs. 4 spanisches Erbschaftsteuergesetz). Dies ist vor allem für die nicht in Spanien ansässigen Erben eines deutschen Erblassers bedeutsam, der auch in Spanien belegenes Vermögen (auch vor allem dortigen Immobilienbesitz) hinterlässt.

Steuerbefreiungen
Neben diesen persönlichen Freibeträgen, die nicht von der Art und dem Umfang des erworbenen Vermögens abhängen, kennt das spanische Erbschaftsteuerrecht auch diverse *sachliche Freibeträge und Steuerbefreiungen* (z. B. beim Erwerb von Bezugsrechten aus Lebensversicherungen). Grundsätzlich zu 95 % steuerfrei bleibt auch der Übergang eines *selbstgenutzten Familienwohnheims* (nicht: bei Objekten, die als Ferienhäuser genutzt werden) auf den Ehegatten oder auf Verwandte in ab- oder aufsteigender gerader Linie. Bei Verwandten der Seitenlinien zweiten und dritten Grades gilt dies nur, wenn sie älter als 65 Jahre sind und mit dem Verstorbenen die letzten beiden Jahre vor seinem Tod zusammengelebt haben. Steuerfrei belassen wird aber höchstens ein Betrag von 120.202,42 Euro. Ein darüber hinausgehender Wert unterliegt der Besteuerung. Außerdem muss der Erwerber die Immobilie 10 Jahre behalten, es sei denn, er verstirbt während dieser Behaltensfrist. Veräußert er vor Fristablauf, muss er also mit einer Nachversteuerung rechnen. Diese Freibetragsregelung gilt nicht für Schenkungen.

2.5.5 Bewertung von Nachlassvermögen

Maßgeblichkeit des Verkehrswertes
Das spanische Erbschaftsteuerrecht enthält bei der *Wertermittlung* keine privilegierenden Sonderregelungen für einzelne Vermögensarten oder Vermögensgruppen. Bewertungsmaßstab ist der *gemeine oder wirkliche Wert* (Artikel 9, 18 Abs. 2 spanisches Erbschaftsteuergesetz). Da dieser Wert in aller Regel im Wege der Schätzung ermittelt werden muss, sieht das spanische Erbschaftsteuergesetz ein *Wertermittlungsverfahren* vor, an dem auch die Erwerber mitwirken müssen.

Grundsätze der Bewertung im Besteuerungsverfahren
Die Erwerber müssen nach Art. 18 Abs. 2 des spanisches Erbschaftsteuergesetz in der von ihnen abzugebenden Steuererklärung (Art. 31 spanisches Erbschaftsteuergesetz) den gemeinen Wert – d. h. den Betrag der nach ihrer Einschätzung dem gemeinen Wert entspricht – angeben. Will die Steuerbehörde diesen Wertansatz nicht akzeptieren, kann sie eigene Wertermittlungen durchführen und unter Umständen auch Sachverständige einschalten.

Von besonderer praktischer Bedeutung ist in der steuerlichen Praxis der für Immobilien maßgebliche *Katasterwert*. Dieser ist in vielen Fällen nicht nur der Ausgangs-, sondern auch der Endwert der erbschaftsteuerlichen Wertermittlung. Hierzu liegen Notaren und Steuerbehörden entsprechende Listen vor, in denen die Katasterwerte je nach Datum ihrer letzten Aktualisierung mit einem Korrekturfaktor zu multiplizieren sind. Auch die Rechtsnachfolger eines deutschen Erblassers, zu dessen Nachlass in Spanien belegene Immobilien gehören, haben deshalb gute Aussichten, dass der Berechnung der in Spanien anfallenden Erbschaftsteuer Werte zugrunde gelegt werden, die sich nicht wesentlich von den Katasterwerten unterscheiden.

2.5.6 Anzeige- und Erklärungspflichten des Erwerbers

Erklärungspflicht des Erwerbs
Nach spanischem Recht besteht zwar keine Anzeigepflicht, wohl aber eine *Erklärungspflicht des Erwerbers*, die nicht von einer besonderen Aufforderung durch die Steuerbehörde abhängig ist. Die Erklärung ist mit den erforderlichen Unterlagen bei Erwerben von Todes wegen binnen sechs Monaten nach dem Todestag abzugeben und zwar von

Personen, die in Spanien ansässig sind, bei der für sie zuständigen Steuerbehörde (*Delegación de Hacienda*), und von beschränkt steuerpflichtigen Erwerbern bei einer besonderen Abteilung (*Gestión Tributaria de Sucessiones*) der *Agencia Estatal de Administración Tributaria* in Madrid. Die Erklärungsfrist kann auf Antrag um weitere sechs Monate verlängert werden.

Strafzuschläge bei Verspätungen
Überschreitet der Erklärungspflichtige die Frist, erhöht sich seine Steuerschuld um einen gestaffelten Zuschlag von bis zu 20 %, zuzüglich Verzugszinsen. Zumindest bei einem Erwerb von einem deutschen Erblasser kann der Erwerber der Erklärungspflicht nicht mit dem Einwand begegnen, dass er die Erbschaft noch nicht angenommen habe und dass deshalb die Erbschaftsteuer in seiner Person noch nicht entstanden sei, da es nach deutschem Erbstatut keiner Annahme der Erbschaft bedarf.

Steuerveranlagung
Das spanische Recht sieht für alle Steuerarten – also auch für die Erbschaftsteuer – die *Selbstveranlagung* vor. Mit Abgabe der Steuererklärung hat der Erklärende die Steuer selbst zu errechnen und *sofort zu zahlen*. Der Steuerpflichtige kann aber auch die Festsetzung der Steuerschuld durch die Steuerbehörde beantragen. Die Festsetzungs- und Verjährungsfrist beträgt vier Jahre. Sie beginnt im Regelfall mit dem Ablauf der Erklärungsfrist.

Auch die Steuerfestsetzungen der spanischen Steuerbehörden können *angefochten* werden. Als außergerichtliche Rechtsbehelfe kommen der „*Recurso de Reposición*", über den die Behörde zu entscheiden hat, die den angefochtenen Steuerbescheid erlassen hat, und die „*Reclamacíon Economico-administrativa*" in Betracht, über die selbständige Rechtsbehelfsbehörden entscheiden. Dem Steuerpflichtigen steht insoweit ein Wahlrecht zu. Er kann aber nicht beide Rechtsbehelfe gleichzeitig einlegen. Entscheidet er sich für den *Recurso de Reposicíon*, der innerhalb von 15 Werktagen nach Bekanntgabe des Steuerbescheides einzulegen ist, und bleibt dieser Rechtsbehelf erfolglos, kann er zur *Reclamacíon* übergehen. Hat er auch damit keinen Erfolg, kann er *Klage* erheben, über die dann spezielle Kammern eines *Tribunal Superior de Justicia* zu befinden haben.

2.5.7 Plus Valia

Auch beim Immobilienerwerb von Todes wegen oder durch Schenkung wird in Spanien neben der staatlichen Erbschaft- und Schenkungsteuer die so genannte *„Plus Valia"* als *gemeindliche (Einkommen-) Steuer auf den fiktiven Wertzuwachs* erhoben. Von dieser Steuer befreit sind allerdings Übertragungen auf Ehegatten und auf Kinder. Maßstab für den Wertzuwachs, der sich auf die Wertsteigerung von Grund und Boden (bei Eigentumswohnungen auf den jeweiligen Anteil am Grund und Boden) bezieht, ist ein Schätzwert, der von den Gemeinden alljährlich fortgeschrieben wird. Der Steuersatz beträgt zwischen 15 und 40 %, in der Regel aber ca. 20 % (im Schenkungsfall) und ca. 8 % (im Todesfall) der so ermittelten Wertsteigerung zwischen Erwerb und der im Erb- oder Schenkungsfall fiktiv angenommenen Veräußerung. Diese Wertzuwachssteuer tritt neben die Erbschaft- und Schenkungsteuer und fällt auch dann an, wenn nur eine beschränkte Erbschaft- oder Schenkungsteuerpflicht des Erwerbers besteht.

2.5.8 Vermeidung einer Doppelbesteuerung

Steuermehrbelastung beim Erwerb von Auslandsvermögen
Im Verhältnis zu Spanien kann es zu einer doppelten steuerlichen Erfassung des Erwerbs von Todes wegen oder durch Schenkung kommen, da der Erwerb sowohl der spanischen als auch der deutschen Steuer unterliegen kann und für die Erbschaftsteuer kein deutsch/spanisches Doppelbesteuerungsabkommen existiert. Die daraus resultierende Doppelbelastung kann zwar mit Hilfe der *Steueranrechnung*, die sowohl nach deutschem (§ 21 ErbStG) als auch nach spanischem Recht (Art. 23 ErbStG) möglich ist, weitgehend gemildert werden. Gleichwohl ergibt sich für einen Erwerber, der Steuerinländer ist, aus der Tatsache, dass ein Teil des erworbenen Vermögens in Spanien belegen ist, meist eine höhere Steuerbelastung als bei einem Erwerb gleichwertigen Inlandsvermögens.

Steueranrechnung nach § 21 ErbStG:
Die Steueranrechnung nach § 21 ErbStG setzt die *unbeschränkte persönliche Steuerpflicht* des Erblassers (Schenkers) oder aber des jeweiligen Erwerbers in Deutschland voraus. Hinzu kommen muss, dass der Erwerb von Todes wegen auch *im Ausland besteuert* wird und dass die

dort erhobene Steuer der deutschen Erbschaftsteuer entspricht. Für die spanische Erbschaftsteuer ist dies gegeben. Hingegen ist diese Frage für die Wertzuwachssteuer auf den Grund und Boden (plus valia), die in Spanien als Gemeindesteuer erhoben und nach dem Wertzuwachs beim Grund und Boden bemessen wird, noch nicht abschließend geklärt.

---

* Dieser Beitrag wurde unter freundlicher Mithilfe von Philipp Kirchheim verfasst.

3. Vererbung und Schenkung von Immobilien in Frankreich
Klaus Wigand*

3.1 Die internationale Erbrechtssituation in deutsch-französischen Erbfällen

Beim Tod eines deutschen Erblassers mit Immobilienbesitz in Frankreich findet grundsätzlich die deutsche Erbrechtsordnung Anwendung. In Frankreich gilt für *unbewegliches* Vermögen, d. h. Immobilien des Erblassers, das so genannte Belegenheitsprinzip (lex rei sitae) mit der Folge, dass für in Frankreich belegene Immobilien eines deutschen Erblassers das französische Erbrecht anzuwenden ist, während für den übrigen Nachlass (z. B. Mobiliarvermögen, Konten etc. sowie z. B. deutsche Immobilien) das deutsche Erbrecht, d. h. das Heimatrecht des Erblassers gilt. Die dadurch eintretende Nachlassspaltung bewirkt, dass der Nachlass rechtlich aufgeteilt wird in einen Teil, der nach französischem Recht (französische Immobilien) und einen Teil, der nach deutschem Recht (übriges Vermögen) zu behandeln ist. In Bezug auf sämtliche erbrechtlichen Rechtsbeziehungen (außer im Steuerrecht) ist der jeweilige Nachlassteil ausschließlich nach dem für diesen Nachlassteil maßgeblichen Erbstatut zu behandeln, als ob der andere Nachlassteil nicht existent wäre.

Die Anwendung des französischen Erbrechts auf alle Erbfälle bei denen in Frankreich belegenen Immobilien betroffen sind, ergibt sich aus § 3 Abs. 2 Code Civil. Diese teilweise Geltung des französischen Erbrechts in Bezug auf dort belegene Immobilien wird auch in Deutschland rechtlich anerkannt.

Hatte der Erblasser mit deutscher Staatsbürgerschaft in Frankreich darüber hinaus auch seinen letzten Wohnsitz, können im Erbfall weitere Abwicklungsschwierigkeiten entstehen, da nach französischer Rechtsauffassung für die Erbfolge in das bewegliche Vermögen (z. B. Mobiliar, Konten etc.) das Recht des letzten Wohnsitzes des Erblassers, d. h. französisches Recht und nicht das deutsche Heimatrecht des

Erblassers maßgeblich ist. Auf diese Konstellation kann jedoch hier nicht näher eingegangen werden.

3.2 Die französische Erbrecht

3.2.1 Die gesetzliche Erbfolge

Bei der gesetzlichen Erbfolge nach französischem Recht, die vom deutschen Erbrecht teilweise erheblich abweicht, ist insbesondere die Stellung der Abkömmlinge und des Ehegatten des Erblassers hervorzuheben.

Gesetzliches Noterbenrecht der Abkömmlinge
Anders als im deutschen Recht ist es dem Erblasser nicht möglich, seine Abkömmlinge zu enterben, da ihnen im französischen Recht als Pflichtteilsrecht ein gesetzliches Noterbenrecht zusteht. Hierbei handelt es sich nicht um einen Geldanspruch, sondern um eine gesetzlich fixierte unmittelbare Mindestteilhabe am Nachlass.

Erbrechtsstellung des überlebenden Ehegatten
Demgegenüber hat der überlebende Ehegatte nach französischem Recht grundsätzlich eine weniger starke Rechtsstellung neben gemeinsamen Abkömmlingen. Die Rechtsstellung des überlebenden Ehegatten wurde zwar durch die am 20. November 2001 überraschend von der französischen Nationalversammlung verabschiedete „Erbrechtsreform" verbessert, jedoch bleibt sie immer noch hinter der starken erbrechtlichen Stellung des überlebenden Ehegatten im deutschen Recht zurück.

Der Code Civil (c.c.) teilt die Erbberechtigten nach wie vor grundsätzlich nur in vier Ordnungen ein:

- Abkömmlinge des Erblassers (descendants), wozu sowohl die ehelichen als auch die als Abkömmlinge anerkannten unehelichen Kinder gehören,
- Eltern und Geschwister nebst Abkömmlingen (ascendents et collatéraux priviligés),
- sonstige Aszendenten (ascendents non-priviligés), also die direkten Vorfahren des Erblassers (Großeltern, Urgroßeltern) und
- sonstige Seitenverwandte (collatéraux), also Onkel, Tanten, Vettern, Cousinen, Großonkel, Großtanten etc.

Der überlebende Ehegatte erbt auch nach dem neuen Recht grundsätzlich nur subsidiär gegenüber den Verwandten des verstorbenen Ehegatten. Hierbei ist jedoch zu berücksichtigen, dass dem überlebenden Ehegatten vorab mindestens die Hälfte des Gesamtguts einer nach französischem Recht bestehenden Gütergemeinschaft zusteht (vgl. nachfolgend Ziffer 3), während die andere Hälfte in den Nachlass des vorverstorbenen Ehegatten fällt.

Das französische Erbrecht geht von dem Grundsatz aus, dass das Eigentum an allen Nachlassgegenständen grundsätzlich der Familie des Erblassers erhalten bleiben soll. Daher wurde nach bisher geltendem Recht der überlebende Ehegatte neben den Verwandten 1., 2. und 3. Ordnung *nicht* gesetzlicher Erbe, sondern erhielt nur ein Nießbrauchsrecht an einem Teil des Nachlasses – an 1/4, wenn Abkömmlinge des Erblassers vorhanden waren; anderenfalls an 1/2 des Nachlasses.

Die „Erbrechtsreform" des Jahres 2001 verbessert diese Rechtsstellung. So erhält der Ehegatte nun neben Abkömmlingen des Erblassers einen Nießbrauch an dem gesamten Nachlass (Totalnießbrauch). Dieser Nießbrauch stellt den überlebenden Ehegatten weitgehend einem nicht befreiten Vorerben nach deutschem Recht gleich. Der überlebende Ehegatte kann jedoch auch auf diesen Totalnießbrauch verzichten und statt dessen nach neuem Recht für ein Erbrecht an 1/4 des Nachlasses optieren.

Eine Einschränkung der Option ergibt sich, wenn der Erblasser ein oder mehrere Kinder hinterlässt, die nicht der Ehe mit dem überlebenden Ehegatten entstammen. Diese Stiefkinder des Erblassers brauchen den Nießbrauch des überlebenden Ehegatten nicht zu dulden. Der überlebende Ehegatte wird in diesen Fällen Erbe zu 1/4, ohne zum Nießbrauchsrecht optieren zu können.

Auch wenn die Eltern des Erblassers Erben werden, erhält der überlebende Ehegatte nach neuem Recht zwingend ein Erbteil von 1/2, ohne die Möglichkeit, zum Nießbrauch optieren zu können.

Eine weitere Einschränkung des Nießbrauchsrechts des überlebenden Ehegatten ergibt sich daraus, dass die Kinder des Erblassers die Umwandlung des Nießbrauchs in eine Leibrente verlangen können.

Neu ist, dass der überlebende Ehegatte nun (bereits) bei Fehlen von Abkömmlingen und Vorversterben der Eltern Alleinerbe wird (vgl. Art. 757 Abs. 2 c.c.). Hierbei ist jedoch zu beachten, dass weitere Aszendenten bei Bedürftigkeit Unterhaltsansprüche gegenüber dem überlebenden Ehegatten geltend machen können und auch die Geschwister des Erblassers bzw. ihre Abkömmlinge Ansprüche hinsichtlich der Güter geltend machen können, die der Erblasser von seinen Eltern durch Erbgang oder Schenkung erhalten hat und die sich noch im Nachlass befinden.

Erbrecht nichtehelicher Kinder

Ähnlich wie in Deutschland wurde nunmehr auch in Frankreich durch die „Erbrechtsreform" die erbrechtliche Stellung nichtehelicher Kinder an die ehelichen Kinder angepasst. Ausnahmsweise mit Rückwirkung für alle Erbfälle, die zum Zeitpunkt der Veröffentlichung der „Erbrechtsreform" noch nicht abgewickelt oder rechtskräftig entschieden worden sind, wurden nun die nichtehelichen Kinder den ehelichen erbrechtlich gleichgestellt, was in der Praxis zu noch nicht absehbaren Schwierigkeiten bei der Abwicklung dieser Nachlässe führen dürfte.

Kein gesetzliches Erbrecht von Lebenspartnern

Auch das französische Recht kennt seit Ende 1999 das Institut der Lebenspartnerschaft (PACS), mit dem es – anders als im deutschen Recht – gleichgeschlechtlichen Partnern, aber auch Partnern unterschiedlichen Geschlechts ermöglicht wird, eine eheähnliche Bindung einzugehen. Anders als das deutsche Recht sieht das französische Recht kraft Gesetzes kein Erbrecht oder Pflichtteils- bzw. Noterbenrecht des Lebenspartners vor.

Im Gegensatz zum deutschen Recht führt die französische PACS aber in erbschaftsteuerlicher Hinsicht zu Vergünstigungen. Zwar erfolgt diesbezüglich keine vollständige Gleichstellung mit Ehegatten. Gegenüber sonstigen Erwerbern, die generell Erbschaftsteuer in Höhe von bis zu 60 % bezahlen müssen, werden die Partner einer PACS jedoch besser gestellt. Bei ihnen liegt der Erbschaftsteuersatz zwischen 40 % und 50 %. Ihnen steht zudem ein Freibetrag in Höhe von 57.000 Euro zu, der bei lebzeitigen Schenkungen allerdings nur zur Anwendung kommt, wenn die PACS bereits mindestens zwei Jahre besteht.

3.2.2 Das französische Güterrecht

Darüber hinaus steht dem überlebenden Ehegatten in Frankreich im Regelfall aus güterrechtlichen Regelungen (gesetzlicher Güterstand oder Ehevertrag) heraus im Erbfall ein Ausgleichsanspruch zu. Allerdings unterliegen die güterrechtlichen Wirkungen einer Ehe grundsätzlich dem Recht des Staates, dem beide Ehegatten im Zeitpunkt der Eheschließung angehören (vgl. Art. 15 Abs. 1 und Art. 14 Abs. 1 EGBGB). Im Regelfall wird für deutsche Ehepaare also das deutsche Güterrecht das anwendbare Statut sein.

Auch für deutsche Ehegatten besteht die Möglichkeit, durch Urkunde eines französischen Notars für ihre in Frankreich belegene Immobilie die partielle Geltung des französischen Güterrechts und im Rahmen dessen „Gütergemeinschaft" nach französischem Recht (communauté de biens) zu vereinbaren (vgl. Art. 15 Abs. 2 Satz 3 EGBGB). In dieser Notarurkunde kann zusätzlich vereinbart werden, dass der Gesamtgutsanteil des erstversterbenden Ehegatten an der französischen Immobilie dem überlebenden Ehegatten im Erbfall kraft Güterrechts und nicht von Todes wegen aufgrund Erbrechts anwächst (clause d'attribution de la communauté au survivant). Vorteilhaft ist eine solche Vereinbarung schon deshalb, da in diesem Fall hinsichtlich des französischen Grundbesitzes keine Erbschaftsteuer in Frankreich anfällt. Nach französischem Recht bestehende Pflichtteilsansprüche (Noterbenrechte) müssen aufgrund des güterrechtlichen Charakters dieses Vermögensübergangs ebenfalls nicht berücksichtigt werden. Auch die französischen Nachlassformalitäten bleiben dem überlebenden Ehepartner weitgehend erspart.

Allerdings ist zu beachten, dass ein Ehevertrag nach französischem Recht – um einen solchen handelt es sich bei der vorgestellten Vereinbarung – mit einer Reihe von Formalitäten verbunden ist. Diese Formalitäten gelten zumindest nach der herrschenden Meinung auch für Eheverträge nach französischem Recht zwischen deutschen Eheleuten. So müssen für die Wirksamkeit eines nach Eheschließung beurkundeten Vertrags seit der Eheschließung oder der letzten ehevertraglichen Regelung mindestens zwei Jahre vergangen sein. Zudem muss der Vertrag vom örtlich zuständigen Landgericht genehmigt werden, wozu es der Beantragung durch einen französischen Rechtsanwalt bedarf (Verfahrensdauer bis zu 6 Monate); ferner muss der Vertragsinhalt im Amtsblatt veröffentlicht werden. Gleichwohl handelt es sich hierbei um eine häufig praktizierte, zweckmäßige und steuergünstige Regelung des Übergangs der französischen Immobilie auf den überlebenden Ehegatten im Erbfall.

3.2.3 Form, Inhalt und Wirksamkeit letztwilliger Verfügungen

Testamentserrichtung nach französischem Recht
Da für die in Frankreich belegene Immobilie im Erbfall nicht deutsches Erbrecht, sondern französisches Erbrecht zur Anwendung kommt, entfalten die Testamentsregelungen eines „deutschen" Testaments in Frankreich nicht notwendigerweise die gleiche rechtliche Wirkung wie in Deutschland, sind sogar mitunter in Frankreich unwirksam. In der Regel ist es daher empfehlenswert, ein gesondertes Testament nach französischem Recht zu verfassen, das die Nachfolge für die französische Immobilie regelt, wobei deren Inhalt eng mit dem deutschen Testament abzustimmen ist.

Testamentsgestaltungen/Grenzen der Testierfreiheit im französischen Recht
Zwar geht auch das französische Erbrecht vom Grundsatz der Gesamtrechtsnachfolge aus, jedoch unterscheiden sich deutsches und französisches Erbrecht schon in der Gesetzessystematik erheblich. Im deutschen Recht besteht grundsätzlich Testierfreiheit, was bedeutet, dass in der Regel die Vorschriften der gesetzlichen Erbfolge durch testamentarische Verfügungen frei abänderbar sind, woran auch das deutsche Pflichtteilsrecht im Grunde nichts ändert. Die meisten Vorschriften des französischen Code Civil sind dagegen zwingendes Recht und können nicht durch Testament geändert werden. Beispielsweise kann durch Testament die gesetzliche Erbfolge nicht wirksam beseitigt oder verändert werden.

Vermächtnisse im französischen Recht
In einem französischen Testament erfolgt daher keine Erbeinsetzung, sondern die Zuwendung von Vermächtnissen. Man kann durch diese Vermächtnisse jedoch praktisch dieselben Rechtsfolgen herstellen wie mit der Erbeinsetzung in einem deutschen Testament. Möglich sind Universalvermächtnisse (ein einzelner Vermächtnisnehmer erhält den

Gesamtnachlass), Erbteilsvermächtnisse (ein Vermächtnisnehmer erhält einen bestimmten prozentualen Anteil am Nachlass) und Stückvermächtnisse (ein Vermächtnisnehmer erhält einen bestimmten Nachlassgegenstand).

Frei verfügbarer Nachlassteil im französischen Recht
Alle unentgeltlichen Verfügungen, also testamentarische Zuwendungen und Schenkungen unter Lebenden, sind nach dem Code Civil nur innerhalb der Grenzen des gesetzlichen Pflichtteilsrechts zugelassen. Im Gegensatz zum deutschen Recht steht dem Pflichtteilsberechtigten nicht nur ein schuldrechtlicher Anspruch auf einen finanziellen Ausgleich gegen die Erben zu, sondern ein echter Eigentumsanteil am Nachlass (so genanntes Noterbenrecht). Die Höhe des Pflichtteils richtet sich nach der Anzahl und dem Verwandtschaftsgrad der Pflichtteilsberechtigten. Das Gesetz definiert nicht die Höhe des Pflichtteils, sondern umgekehrt die Höhe des für den Erblasser frei verfügbaren Nachlassteils (quotité disponible).

Erstmals erhält der überlebende Ehegatte aufgrund der „Erbrechtsreform" des Jahres 2001 mit Wirkung seit 1. Juli 2002 ebenfalls ein gesetzlich geregeltes Noterbenrecht in Höhe von 1/4 des Nachlasses – allerdings erst dann, wenn der Erblasser weder Abkömmlinge noch Aszendenten hinterlässt. Sind diese vorhanden, bleibt es dem Erblasser unbenommen, durch letztwillige Verfügung dem überlebenden Ehegatten die „Vergünstigungen" des neuen Erbrechts zu entziehen – ihn zu „enterben".

Bei Vorhandensein von Abkömmlingen (= 1. Ordnung) beträgt *der frei verfügbare Teil des Nachlasses*:

- 1/2 bei einem Kind
- 1/3 bei zwei Kindern
- 1/4 bei drei und mehr Kindern.

Bei Vorhandensein von Aszendenten steht je 1/4 der väterlichen und der mütterlichen Linie zu, so dass der frei verfügbare Teil des Nachlasses 1/2 beträgt.

Unter Berücksichtigung dieser „Pflichtteilsansprüche" bestehen daher folgende Möglichkeiten der letztwilligen Begünstigung des überlebenden Ehegatten nach (neuem) französischem Recht:

- eine verfügbare Erbquote von 1/2, 1/3 oder 1/4 (je nach Kinderzahl);
- eine Erbquote von 1/4 und ein Nießbrauchsrecht von 3/4 des Nachlasses (unabhängig von der Kinderzahl);
- ein Nießbrauchsrecht am Gesamtnachlass.

Kein Erb- und Pflichtteilsverzicht im französischen Recht
Nach französischem Recht besteht nicht die Möglichkeit, auf das gesetzliche Erbrecht oder das Pflichtteilsrecht zu verzichten. Ein nach deutschem Recht wirksamer Erb- und Pflichtteilsverzicht bleibt daher bei Anwendbarkeit des französischen Erbrechts (d. h. hier für die in Frankreich belegene Immobilie) ohne Wirkung.

Keine Vor- und Nacherbeneinsetzung im französischen Recht
Die im deutschen Recht geläufige Vor- und Nacherbeneinsetzung sowie Vor- und Nachvermächtnisse sind ebenfalls grundsätzlich nicht zulässig. Der Vor- und Nacherbeneinsetzung kommt jedoch wirtschaftlich der nach neuem Recht schon von Gesetzes wegen vorgesehene Totalnießbrauch des überlebenden Ehegatten am Nachlass des vorverstorbenen Ehegatten gleich.

Auflagen u. a. im französischen Recht
Im Testament nach französischem Recht kann der Erblasser Auflagen definieren (z. B. Veräußerungsverbote), er kann eine oder mehrere Testamentsvollstrecker einsetzen und er kann Teilungsverfügungen für seine Abkömmlinge (testament-partage) aufnehmen, die anders als im deutschen Recht unmittelbare dingliche (d. h. „eigentumszuordnende") Wirkung haben. Allerdings kommt die testamentarische Teilungsverfügung in der Praxis seltener vor als die Aufteilung im Zuge einer vorweggenommenen Erbfolge (donation-partage).

3.2.4 Testamentsvollstreckung in Frankreich

Legitimation des deutschen Testamentsvollstreckers in Frankreich
Die Rechte und Pflichten eines Testamentvollstreckers in Bezug auf die französisches Immobilie richten sich wegen der bestehenden Nachlassspaltung nicht nach deutschem, sondern nach französischem Recht. Dieser Umstand sowie die Legitimation des Testamentsvollstreckers gegenüber Dritten im Ausland können in der Praxis Probleme bereiten.

Ein deutscher Testamentsvollstrecker erhält von einem deutschen Nachlassgericht ein *Testamentsvollstreckerzeugnis*, mit dem er seine Legitimation gegenüber Dritten nachweisen kann. Ein Verfahren zur Anerkennung des Testamentsvollstreckerzeugnisses in Frankreich existiert nicht. Damit der deutsche Testamentsvollstrecker in Frankreich im Hinblick auf das dem deutschen Erbrecht unterstellte bewegliche Vermögen (nicht hinsichtlich der in Frankreich belegenen Immobilie, für die französisches Erbrecht gilt) seine Befugnisse (nach deutschem Recht) nachweisen kann, empfiehlt es sich, das Testamentsvollstreckerzeugnis durch einen öffentlich bestellten und vereidigten Übersetzer ins Französische übersetzen zu lassen. Da sich dieses Testamentsvollstreckerzeugnis jedoch auf deutsches Erbrecht bezieht, die Rechtsstellung des Testamentsvollstreckers nach deutschem Recht in Frankreich aber vielfach unbekannt ist, hat sich in der Praxis gezeigt, dass es sinnvoll ist, eine *Rechtsbescheinigung* eines deutschen Rechtsanwalts oder Notars oder auch des deutschen Konsulats bzw. der deutschen Botschaft in Frankreich vorzulegen, in der die Rechte und Pflichten des Testamentsvollstreckers nach deutschem Recht, insbesondere seine Verfügungsbefugnisse, beschrieben werden. In der Regel gelingt es dem Testamentsvollstrecker durch Vorlage dieser Unterlagen, seine Befugnisse in Frankreich nachzuweisen, um die notwendigen Verfügungen über bewegliche Nachlassgegenstände, insbesondere Konten etc. vorzunehmen. Trotz dieser Nachweise stoßen jedoch Testamentsvollstrecker nach deutschem Recht bei der Nachlassabwicklung in Frankreich im Einzelfall auf Probleme, da der Testamentsvollstrecker nach französischem Recht andere Befugnisse hat.

Aufgaben und Befugnisse des französischen Testamentsvollstreckers
Der Testamentsvollstrecker hat nach französischem Recht grundsätzlich die Aufgabe, den Nachlass zu inventarisieren und die ordnungsgemäße Ausführung des Testaments zu überwachen. Soweit diese zur Erfüllung von Vermächtnissen notwendig ist, kann er zudem bewegliche Nachlassgegenstände veräußern. Der Verkauf von Immobilien kann dem Testamentsvollstrecker aber nur übertragen werden, falls keine Pflichtteilsberechtigten vorhanden sind. Auch ist sein Amt zeitlich begrenzt auf ein Jahr. Die Kompetenzen des Testamentsvollstreckers in Frankreich sind somit viel enger umgrenzt als nach deutschem Recht.

So ist beispielsweise auch eine langfristige Verwaltungstestamentsvollstreckung nicht zulässig.

Ein besonderes Testamentsvollstreckerzeugnis gibt es in Frankreich nicht. Der französische Testamentsvollstrecker weist seine Befugnisse mittels dem *acte de notoriéte* eines französischen Notars und dem Testamentsinhalt nach.

Aufgrund dieser Rechtsunterschiede und der oben geschilderten Abwicklungsprobleme empfiehlt es sich, für den französischen Teil des Nachlasses einen eigenen Testamentsvollstrecker nach französischem Recht einzusetzen, der gegebenenfalls personenidentisch mit dem Testamentsvollstrecker für den deutschen Nachlass sein kann. Sofern für den französischen Nachlassteil, wie hier vorgeschlagen, ein eigenes Testament nach französischem Recht errichtet wird, wird die Einsetzung dieses Testamentsvollstreckers zweckmäßigerweise in dieser Urkunde erfolgen.

Ist eine Dauerverwaltungstestamentsvollstreckung im Sinne des deutschen Rechts auch im Hinblick auf die französische Immobilie gewünscht, empfiehlt es sich auch hier, die französische Immobilie in eine Immobiliengesellschaft nach französischem Recht (SCI) einzubringen (siehe den nachfolgenden Exkurs unter Ziffer 5) und diese damit dem französischen Erbstatut zu „entziehen". Da die Gesellschaftsanteile an der Gesellschaft bewegliches Vermögen im Sinne des französischen IPR darstellen, gilt hierfür deutsches Erbrecht, sie können daher grundsätzlich auch einer Dauerverwaltungstestamentsvollstreckung nach deutschem Recht unterstellt werden. Ob der Testamentsvollstrecker in diesem Fall auch umfassende gesellschaftsrechtliche Befugnisse innerhalb der SCI wahrnehmen kann, ist gesondert zu beurteilen und kann nicht Gegenstand dieser Darstellung sein. Gegebenenfalls kommen jedoch auch hier „Hilfskonstruktionen" in Betracht, die die dauerhafte Tätigkeit des Testamentsvollstreckers in der SCI möglich machen.

Ergänzung der Testamentsvollstreckung durch Vollmachten
Um dem Testamentsvollstrecker seine Tätigkeit in Frankreich zu erleichtern, ist es empfehlenswert, wenn er sich von jedem Erben und sonstigen Nachlassbeteiligten eine umfassende *Vollmacht* zur Nachlassabwicklung erteilen lässt, mit der er dann im französischen Rechts-

verkehr für diese auftritt. Zu dieser Vollmachtserteilung kann der Erblasser die Erben im Testament verpflichten.

3.2.5 Exkurs:
Gründung einer französischen Immobiliengesellschaft (SCI)

Um zu verhindern, dass im Erbfall für die französische Immobilie französisches Erbrecht gilt, besteht die Möglichkeit, die französische Immobilie dem französischen Erbrecht zu entziehen, indem die Immobilie nicht unmittelbar im Eigentum des Erblassers gehalten wird, sondern mittelbar über eine französische Immobiliengesellschaft bürgerlichen Rechts (société civile immobilière, SCI, Art. 1845 ff. CC). Ohnehin werden in Frankreich zahlreiche Immobilien statt als Miteigentum bereits im Rahmen von solchen Gesellschaftsbeteiligungen vermarktet (z. B. société civile de construction-vente, société immobilière d´attribution usw.).

Die SCI besitzt eine eigene Rechtspersönlichkeit, sobald sie im Handels- und Gesellschaftsregister eingetragen ist und kann selbst Grundeigentum erwerben. Die Anteile an einer SCI werden im französischen internationalen Privatrecht als so genanntes bewegliches Vermögen angesehen. Dies gilt auch dann, wenn einziger Vermögensgegenstand der SCI eine französische Immobilie ist. Die Qualifizierung der Geschäftsanteile als bewegliches Vermögen hat zur Konsequenz, dass für einen deutschen Erblasser mit letztem Wohnsitz in Deutschland diese Geschäftsanteile auf Grundlage des deutschen Erbrechts vererbt werden. Französisches Erbrecht gilt in diesem Fall nicht. Eine Nachlassspaltung und die daraus resultierenden materiellrechtlichen und verfahrensrechtlichen Nachteile lassen sich auf diese Weise vermeiden. Allerdings lässt sich über den „Umweg" einer SCI nicht die französische Erbschaftsteuer vermeiden. Die französische Erbschaftsteuer wird auch auf die Vererbung von SCI-Anteilen fällig, und zwar unabhängig vom Wohnort oder tatsächlichen Aufenthaltsort der Gesellschafter. In diesem Zusammenhang ist darauf hinzuweisen, dass die Geschäftsführer und Gesellschafter einer SCI in Frankreich jährlich bis Mitte Mai dem Finanzamt gegenüber den Verkehrswert der in der SCI gehaltenen Immobilien sowie die Beteiligungsverhältnisse an der SCI mitteilen müssen, da andernfalls eine Steuer von 3 % des Verkehrswertes des Immobilienbesitzes anfällt.

3.2.6 Wirkung einer Vollmacht über den Tod hinaus in Frankreich

Ein geeignetes Hilfsmittel für die Nachlassabwicklung ist die Vollmacht über den Tod hinaus, insbesondere auch bei Nachlassvermögen in Frankreich. Nach dortigem Recht erlischt zwar die Vollmacht grundsätzlich mit dem Tod des Vollmachtgebers; anders verhält es sich aber mit der besonderen postmortalen Vollmacht, wenn deren Geltung über den Tod hinaus ausdrücklich angeordnet wurde. Diese erlischt nicht mit dem Tod des Erblassers, sondern muss – wie im deutschen Recht auch – von den Erben widerrufen werden, um unwirksam zu werden. Es empfiehlt sich daher in jedem Fall, die Nachlassabwicklung durch Ausfertigung entsprechender – gegebenenfalls notarieller – Vollmachten über den Tod hinaus zu unterstützen und diese öffentlich beglaubigt ins Französische übersetzen oder vor einem französischen Notar errichten zu lassen.

3.2.7 Form letztwilliger Verfügungen

Privatschriftliche und notarielle Testamente nach französischem Recht
Die Formvorschriften für die Testamentserrichtung sind im französischen Recht ähnlich wie im deutschen Recht. Es besteht auch hier die Möglichkeit, ein eigenhändig geschriebenes und unterschriebenes Testament zu errichten, jedoch ist die Angabe des Zeitpunkts der Errichtung zwingend vorgeschrieben.

Auch ein notarielles Testament kann nach französischem Recht errichtet werden. Hierbei müssen aber grundsätzlich zwei Zeugen mit französischer Staatsbürgerschaft hinzugezogen werden müssen. Ferner besteht die Möglichkeit, ein verschlossenes Testament in Anwesenheit von zwei Zeugen dem Notar zu übergeben.

Aufgrund der nahezu übereinstimmenden Formvorschriften für privatschriftliche Testamente ist davon auszugehen, dass die nach deutschem Recht errichteten privatschriftlichen Testamente in der Regel auch nach französischem Recht formwirksam sind. Darüber hinaus ergibt sich die Gültigkeit einer nach deutschen Formvorschriften errichteten letztwilligen Verfügung auch aus dem sog. Haager Testamentsabkommen von 1961, dem sowohl Frankreich als auch Deutschland angehören. Hierzu wird auf die entsprechenden Ausführungen in Teil 1 verwiesen.

Für deutsch-französische Erbfälle bedeutet dies, dass ein Testament, das unter Beachtung der deutschen oder französischen Formvorschriften errichtet wurde, grundsätzlich in *beiden* Ländern als formwirksam und damit gültig anerkannt werden muss. Dies gilt jedoch für die Sonderformen des gemeinschaftlichen Ehegattentestaments und des Erbvertrages nur eingeschränkt.

Wie oben dargestellt, ist aber der nach materiellem Recht zulässige Inhalt eines Testaments im französischen und im deutschen Recht sehr unterschiedlich. Aus diesem Grund wird es daher häufig der Fall sein, dass ein nach deutschem Recht errichtetes Testament, das den Gesamtsnachlass einschließlich der französischen Immobilie regelt, zwar auch nach französischem Recht formgültig errichtet ist, das jedoch aus materiell-rechtlichen Gründen dieses Testament für den französischen Nachlassteil keine Gültigkeit entfaltet. Deshalb ist es zu empfehlen, zwei Testamente zu errichten, von denen sich ein jedes nur auf das Nachlassvermögen in einem der beiden Ländern bezieht.

Das zentrale französische Nachlassregister
Vor französischen Notaren errichtete letztwillige Verfügungen werden von diesen automatisch an das zentrale französische *Nachlassregister* in Aix en Provence weitergeleitet. Bei diesem Zentralregister können alle Arten von Testamenten und letztwilligen Verfügungen gegen eine geringe Gebühr hinterlegt und registriert werden. Dies gilt auch für letztwillige Verfügungen deutscher Staatsangehöriger, die vor französischen Notaren errichtet wurden oder für vor deutschen Notaren errichtete letztwillige Verfügungen deutscher Staatsangehöriger mit Vermögen in Frankreich. Das französische Zentralregister ist damit ein wichtiges Mittel, um aufzuklären, ob ein deutscher Erblasser mit Vermögen in Frankreich eine letztwillige Verfügung in Frankreich oder im Zusammenhang mit in Frankreich belegenem Vermögen errichtet hat. Es hat folgende Anschrift:

Fichier central des dispositions de dernières volontés
Les Logissons
F-13107 Venelles Cedex

Da deutsche Notare nicht verpflichtet sind, die von ihnen beurkundeten Testamente deutscher Erblasser mit Bezug zu französischem Vermögen beim französischen Zentralregister eintragen zu lassen, besteht die Gefahr, dass zwar ein einmal hinsichtlich des französischen Vermögens errichtetes Testament beim Zentralregister eingereicht wurde, jedoch nicht ein späterer in Deutschland errichteter Testamentswiderruf oder ein späteres Testament, das die ursprüngliche Verfügung ersetzt. Für deutsche Staatsangehörige mit Vermögen in *Frankreich* ist es in jedem Fall empfehlenswert, zumindest alle vor deutschen Notaren errichteten letztwilligen Verfügungen, versehen mit einer beglaubigten Übersetzung ins Französische und einer so genannten Haager Apostille, in das französische Zentralregister eintragen zu lassen.

Das gemeinschaftliche Ehegattentestament
Nach dem französischen Erbrecht ist es untersagt, ein gemeinschaftliches Ehegattentestament zu errichten. Gemeinschaftliche Ehegattentestamente nach französischem Recht sind daher unwirksam. Ein formell und materiell ordnungsgemäß von deutschen Eheleuten nach deutschem Recht errichtetes gemeinschaftliches Ehegattentestament ist jedoch davon abweichend – allein schon wegen des französischen Beitritts zum Haager Testamentsabkommen – auch in Frankreich gültig und muss anerkannt werden, da es dem deutschen Recht entspricht. Nach französischer Rechtsauffassung enthält ein gemeinschaftliches Ehegattentestament jedoch zwei Einzeltestamente, ohne die für das deutsche Recht charakteristische wechselseitige Bindungswirkung der testierenden Eheleute. Dementsprechend ist nach französischer Auffassung auch jedes dieser Einzeltestamente frei widerruflich und abänderbar, ohne dass dadurch automatisch das andere Einzeltestament seine Gültigkeit verliert. Dies gilt es bei dem Widerruf oder der Abänderung von gemeinschaftlichen Ehegattentestamenten deutscher Erblasser zu Lebzeiten beider Ehegatten ebenso zu beachten wie bei der Beurteilung der Testierfreiheit des überlebenden Ehegatten nach dem Vorversterben des anderen Ehegatten.

Wirkung deutscher Erbverträge in Frankreich
Anders als das deutsche Recht, verbietet das französische Recht grundsätzlich erbrechtliche Verfügungen mittels Erbvertrages. Dies gilt auch für Erbverträge, die deutsche Ehegatten untereinander schließen und die Regelungen über eine französische Immobilie betreffen, da die erbrechtliche Bindungswirkung des Erbvertrages erbrechtlich nicht nur formalen Regelungsgehalt hat und damit im Hinblick auf den franzö-

sischen Grundbesitz dem französischen Erbstatut unterliegt. Insoweit werden gemeinschaftliche Ehegattentestamente und Erbverträge deutscher Ehegatten in Frankreich unterschiedlich behandelt.

Das französische Recht kennt nur Erbverträge zwischen Ehegatten im Rahmen von Eheverträgen und auch diese sind strengen Formvorschriften unterworfen. Aus diesem Grunde wird ein Erbvertrag nach deutschem Recht nur ausnahmsweise in Frankreich Geltung entfalten. Regelmäßig wird dies für voreheliche Erbverträge und für während der Ehe geschlossene Erbverträge gelten, wenn diese mit einem Ehevertrag verbunden sind. Alle sonstigen Erbverträge nach deutschem Recht sind aufgrund des Verstoßes gegen ein gesetzliches Verbot in Frankreich unwirksam. Auch eine Umdeutung derartiger Verträge in zwei Einzeltestamente wird regelmäßig nicht zugelassen.

3.3 Nachlassabwicklung/Hinweise für den Erbfall

3.3.1 Eintritt des Erbfalls/Sterbeurkunden

In Frankreich sind für die Ausstellung der Sterbeurkunden die Zivilregister zuständig. Ist der Tod des deutschen Erblassers in Frankreich eingetreten, sollte die nächste konsularische Vertretung der Bundesrepublik Deutschland informiert werden, die über den Tod eines jeden Deutschen im Ausland eine Niederschrift erstellt, die sie dem für diese Fälle zuständigen Standesamt I in Berlin übersendet, das die Sterbeurkunde erstellt. In internationalen Erbfällen sollte stets die mehrsprachige *„internationale Sterbeurkunde"* (Auszug aus dem Todesregister) angefordert werden.

3.3.2 Ablieferung von Testamenten/Testamentseröffnung

Wie das materielle Erbrecht unterliegt auch das Nachlassverfahrensrecht hinsichtlich der in Frankreich belegenen Immobilie dem französischen Recht. So ist es durchaus denkbar und zulässig, dass ein Erbe den französischen Teilnachlass ausschlägt und den Restnachlass annimmt oder umgekehrt.

Ausdrückliche Erbschaftsannahme/Erbausschlagung
Grundsätzlich gilt auch im französischen Erbrecht, dass die Gesamtheit der Vermögensrechte und Verbindlichkeiten nach dem Tod ohne

weiteres auf die Erben übergeht. Da einem Erben die Erbschaft jedoch nicht aufgezwungen werden kann, gewährt das französische Recht folgende Wahlmöglichkeiten:

Die vorbehaltslose Annahme der Erbschaft an keine Form oder Frist gebunden und kann auch stillschweigend erfolgen. Die Folge ist die uneingeschränkte Haftung der Erben für Nachlassverbindlichkeiten.

Durch die Annahme der Erbschaft unter dem Vorbehalt der Inventarerrichtung kann die Haftung des Erben für Nachlassverbindlichkeiten auf den Nachlass begrenzt werden. Diese Form der Annahme geht jedoch mit Verfügungsbeschränkungen des Erben einher.

Durch die Erbausschlagung wird der Ausschlagende so gestellt, als ob er niemals Erbe geworden wäre. Sein Erbteil wächst den Miterben zu bzw. geht auf den nachfolgenden Verwandtschaftsgrad über.

Sowohl die Erbausschlagung als auch die Annahme unter dem Vorbehalt der Inventarerrichtung muss gegenüber dem örtlich zuständigen Gericht zweiter Instanz ausdrücklich erklärt werden. Beide sind jedoch nicht fristgebunden.

3.3.3 Erbschein und Nachlasszeugnis

Nachweis der Erbfolge durch deutschen Erbschein
Da sich die Erbfolge des in Frankreich belegenen Vermögens nach französischem Recht richtet, genügt der deutsche Erbschein regelmäßig nicht zum Nachweis des Erbrechts. Ein Anerkennungsverfahren gibt es nicht.

Nachweis der Erbfolge in Frankreich
Die Institution des Erbscheins oder ein dem Erbscheinverfahren vergleichbares gerichtliches Verfahren war in Frankreich bisher unbekannt. Der Nachweis der Erbenstellung erfolgte bisher regelmäßig durch Vorlage eines so genannten acte de notoriété, den der Notar nach Feststellung der Erbenstellung in Verbindung mit der Sterbeurkunde auf Antrag des Erben ausstellte. Der Nachweis der Erbfolge durch acte de notoriété (Offenkundigkeitsurkunde) wurde nun durch die Erbrechtsreform vom November 2001 erstmals gesetzlich geregelt (vgl. Art. 730 Abs. 1 c.c.). Wie schon bisher kann die acte de notoriété durch den Notar und bei gesetzlicher Erbfolge auch durch den leitenden

Rechtspfleger (greffier en chef) ausgestellt werden. Die acte de notoriété begründet nunmehr Dritten gegenüber guten Glauben bis zum Beweis des Gegenteils dahingehend, dass die dort ausgewiesenen Personen zu den genannten Quoten als Erben berufen sind und über den Nachlass frei verfügen können. Hieraus ergibt sich eine erhebliche Erleichterung des Rechtsverkehrs. Dies ist in Frankreich um so notwendiger, als testamentarisch übergangene Noterben bis zu 30 Jahre nach dem Erbfall durch Herabsetzungsklage mit dinglicher Rückwirkung (!) ihre Beteiligung an der Erbengemeinschaft herbeiführen können.

Durch die gesetzliche Regelung der acte de notoriété steht nunmehr in Frankreich erstmals ein gesetzlich geregelter, dem deutschen Erbschein ähnlicher Erbnachweis zur Verfügung, den auch die Erben des deutschen Erblassers hinsichtlich der im Nachlass befindlichen französischen Immobilie benötigen.

3.4 Schenkung französischer Immobilien

Da Vermögensübertragungen zu Lebzeiten ein wichtiger Baustein der Vermögensnachfolgeregelungen sind, soll hier auch kurz auf Schenkungen im Wege der vorweggenommenen Erbfolge hinsichtlich einer *französischen Immobilie* eingegangen werden.

Ist die *französische Immobilie* Gegenstand einer *Schenkung*, so ist nach französischem internationalem Privatrecht – wie für die Vererbung von Immobilien – französisches Recht anzuwenden. Nach deutschem Recht hängt es in erster Linie vom Willen der Vertragsparteien ab, ob das unentgeltliche oder teilentgeltliche Rechtsgeschäft nach deutschem oder nach französischem Recht zu beurteilen ist. Das Vertragsstatut ist durch die Parteien frei wählbar (Art. 27, 28 EGBGB). Treffen die Parteien keine Rechtswahl, gilt auch nach deutschem Recht bei Schenkungen von Grundstücken das Recht des Lageorts, d. h. Frankreichs.

Wie bereits erwähnt, sind Schenkungen nach französischem Recht nur in den Grenzen des gesetzlichen Pflichtteilsrechts zulässig. Als Gestaltungsmöglichkeit für die Nachfolge kommen entweder die Schenkung unter Lebenden (donation entre vifs) oder die Schenkung auf den Todesfall in Betracht (donation à cause de mort). Nachfolgend werden gängige Gestaltungsvarianten mit ihren jeweiligen Besonderheiten sowie den Vor- und Nachteilen dargestellt.

3.4.1 Schenkung auf den Todesfall zwischen Ehegatten

Schenkungen auf den Todesfall können grundsätzlich auf zwei Arten geschehen: im Rahmen eines notariell beurkundeten Ehevertrags mit ähnlicher Bindungswirkung (institution contractuelle) wie ein deutscher Erbvertrag (Ausnahme vom Verbot bindender letztwilliger Verfügungen) oder in Form eines notariell beurkundeten Schenkungsvertrages. Der Unterschied besteht darin, dass die Schenkung auf den Todesfall jederzeit frei widerruflich ist, während der Ehevertrag grundsätzlich mit bindender Wirkung abgeschlossen wird. Allerdings sind bei der *institution contractuelle* die schon dargestellten strengen Formvorschriften zu beachten. Beide Arten der Schenkung auf den Todesfall sind nur zulässig im Rahmen des gesetzlichen Pflichtteilsrechts. Auch fällt in beiden Fällen Erbschaftsteuer an, da es sich nicht um eine güterrechtliche Zuwendung handelt. Aus diesem Grund ist die bereits vorgeschlagene Gestaltungsmöglichkeit auf Basis des ehelichen Güterrechts sowohl für Ehegatten mit pflichtteilsberechtigten Kindern als auch für kinderlose Ehegatten regelmäßig die günstigere Gestaltung.

3.4.2 Schenkung unter Lebenden

Als Besonderheit des französischen Rechts muss hervorgehoben werden, dass bei der Bewertung von verschenkten Immobilien hypothekarische Belastungen nicht abgezogen werden können. Eine befreiende Schuldübernahme durch den Beschenkten kommt in der Rechtspraxis nicht vor. Der Hypothekengläubiger behält auch nach einer schenkweisen Übertragung der Immobilie stets den bisherigen Eigentümer als persönlichen Schuldner. Für die Schenkungsteuer folgt aus diesem Umstand, dass eine etwaige Finanzierung bei der Berechnung der Steuer nicht berücksichtigt wird.

Nachfolgend werden einige im Zusammenhang mit der vorweggenommenen Erbfolge in Immobilien besonders gebräuchliche Arten der Schenkung und ihre schenkungsteuerlichen Auswirkungen vorgestellt.

3.4.3 Einfache Schenkung zwischen Ehegatten

Derartige Schenkungen mit sofortiger Wirkung sind zulässig, aber wenig gebräuchlich, weil sie jederzeit widerruflich sind und auch die übrigen Nachteile zutreffen, die bei Schenkungen von Todes wegen an den Ehegatten dargestellt wurden (Pflichtteilsrecht der Kinder, Erbschaft- bzw. Schenkungsteuer).

3.4.4 Einfache Schenkung an Kinder

Derartige Schenkungen sind zulässig und können auch mit Bedingungen versehen werden. Übliche Bedingungen sind etwa der Vorbehalt des lebenslangen Nießbrauchs oder ein Rückforderungsrecht. Die Rückforderung wirkt zivilrechtlich als auflösende Bedingung und ist daher steuerneutral möglich. Auch die Vereinbarung eines Veräußerungsverbots ist zulässig. Erbschaftsteuerlich ist die Schenkung vorteilhaft, weil sich die Bemessungsgrundlage durch Anrechnung eines Wohnrechts oder Nießbrauchrechts reduzieren lässt. Außerdem bietet das französische Erbschaft- und Schenkungsteuerrecht einen Anreiz für frühzeitige Schenkungen. Ist der Schenker jünger als 65 Jahre, so wird ein Abschlag von der tariflichen Erbschaft- und Schenkungsteuer von derzeit 50 % vorgenommen; bei Schenkungen vor dem 75. Lebensjahr beträgt der Abschlag immerhin noch 30 %. Allerdings sind auch diese Schenkungen nur unter Beachtung der Pflichtteilsansprüche der übrigen Pflichtteilsberechtigten möglich.

Schenkung an Kinder im Rahmen einer vorweggenommenen Erbfolge (donation-partage)
Hier erfolgt die Übertragung der Immobilie auf mehrere Kinder oder unter gleichzeitiger Ausgleichszuwendung an die übrigen pflichtteilsberechtigten Kinder. Die auf diese Weise übertragenen Vermögenswerte gelten als Vorempfang auf das Pflichtteilsrecht jeden Kindes. Es können dieselben Vorbehalte vereinbart werden, wie bei der normalen Schenkung (Nießbrauch, Rückforderungsrecht, Verfügungsverbot). Der Vorteil der donation-partage liegt in der größeren Rechtssicherheit in Bezug auf die Pflichtteilsrechte und darin, dass spätere Streitigkeiten der Kinder untereinander über einen etwaigen Wertausgleich praktisch ausgeschlossen werden können. Notwendige Voraussetzung ist hierbei allerdings die Mitwirkung sämtlicher Pflichtteilsberechtigter.

3.5 Das französische Erbschaft- und Schenkungsteuerrecht

Die französischen Erbschaft- und Schenkungsteuerregeln wurden mit Wirkung zum 01.01.1999 grundlegend reformiert. Nach wie vor besteht jedoch in Frankreich ein erheblich höheres Belastungsniveau als in Deutschland.

Die wesentlichen Besteuerungsregeln werden nachfolgend dargestellt.

3.5.1 Persönliche Steuerpflicht

Unbeschränkte Erbschaft-/Schenkungsteuerpflicht
Ein Vermögenserwerb von Todes wegen oder im Wege der Schenkung ist in Frankreich *erb- und schenkungsteuerpflichtig*, wenn der *Erwerber* seinen *gewöhnlichen Aufenthaltsort in Frankreich* hat. Hierfür genügt es, wenn der Mittelpunkt der privaten oder wirtschaftlichen Interessen in Frankreich liegt. Das ist beispielsweise der Fall, wenn Ehegatte und Kinder in Frankreich wohnen. Der gewöhnliche Aufenthalt in Frankreich wird angenommen, wenn ein Erblasser oder Schenkender sich mehr als 183 Tage im Jahr in Frankreich aufhalten. Ist in Frankreich die unbeschränkte Erbschaft- und Schenkungsteuerpflicht gegeben, gilt diese wie in Deutschland für das *weltweite Vermögen* des Erblassers.

Beschränkte Erbschaft-/Schenkungsteuerpflicht
Ist weder der Erblasser noch der Schenkende in Frankreich wohnhaft oder ansässig, so sind sie nur hinsichtlich des in Frankreich belegenen Vermögens in Frankreich beschränkt erbschaft- oder schenkungsteuerpflichtig. Als in Frankreich in diesem Sinne belegenes Vermögen gilt nicht nur eine in Frankreich belegene Immobilie, sondern gelten auch Wertpapiere und Anleihen, wenn die emittierende Gesellschaft ihren Sitz in Frankreich hat. Daher sind Beteiligungen an französischen Gesellschaften oder Guthaben bei französischen Banken in Frankreich erbschaft- und schenkungsteuerpflichtig. Seit der Gesetzesreform ist auch eine Mehrheitsbeteiligung, die der Erblasser bzw. Schenker gegebenenfalls zusammen mit dessen Ehegatten und Kindern an einer ausländischen Gesellschaft hält, die ihrerseits in Frankreich belegene Grundstücke in ihrem Vermögen hat, in Frankreich zu versteuern. Hierdurch soll vermieden werden, dass sich ein Erblasser der französi-

schen Erbschaftsteuer durch Einbringung einer französischen Immobilie in eine ausländische Gesellschaft entzieht.

In den meisten Erbschaft- und Schenkungsfällen von deutschen Erblassern/Schenkern, die Immobilien in Frankreich besitzen, dürften die Erwerber wohl nur der beschränkten Erbschaft- und Schenkungsteuerpflicht in Frankreich unterliegen.

3.5.2 Steuerklassen

Das französische Erbschaftsteuerrecht teilt die Erwerber in *sechs Steuerklassen* ein:

Tabelle 5: Steuerklassen

Steuerpflichtiger Erwerb	Steuerklasse I	Steuerklasse II	Steuerklasse III	Steuerklasse IV	Steuerklasse V	Steuerklasse VI
In €	Ehegatten	Abkömmlinge und Verwandte in gerader Linie	Partner einer PACS (Lebenspartnerschaft)	Geschwister	Sonstige Verwandte bis zum 4. Grad	Sonstige

3.5.3 Steuersätze

Der französischen Erbschaftsteuertarif ist nur teilweise, insbesondere in den Steuerklassen naher Verwandter progressiv ausgestaltet. Entferntere Verwandte oder sonstige Personen unterliegen einem einheitlichen Steuersatz von 55 % bzw. 60 %!

Für die Berechnung der Steuer werden die Erwerbe von derselben Person innerhalb der letzten 10 Jahre zusammengezählt. Die Tarife gelten grundsätzlich für die Erbschaft- und die Schenkungsteuer gleichermaßen. Es wird auch kein Unterschied gemacht zwischen beschränkter und unbeschränkter Steuerpflicht. Es gibt in kleinerem Umfang Steuerermäßigungen für kinderreiche Erwerber.

Um die frühzeitige Vermögensübertragung zu fördern gibt es, wie bereits erwähnt, bei Schenkungen Abschläge von der Steuer in Abhän-

Tabelle 6: Steuersätze

Steuerpflichtiger Erwerb in €	Steuer- klasse I	Steuer- klasse II	Steuer- klasse III	Steuer- klasse IV	Steuer- klasse V	Steuer- klasse VI
0– 7.600	5 %	5 %	40 %	35 %	55 %	60 %
7.600– 11.400	10 %	10 %	40 %	35 %	55 %	60 %
11.400– 15.000	10 %	15 %	40 %	35 %	55 %	60 %
15.000– 23.000	10 %	20 %	50 %	35 %	55 %	60 %
23.000– 30.000	15 %	20 %	50 %	45 %	55 %	60 %
30.000– 520.000	20 %	20 %	50 %	45 %	55 %	60 %
520.000– 850.000	30 %	30 %	50 %	45 %	55 %	60 %
850.000–1.700.000	35 %	35 %	50 %	45 %	55 %	60 %
über 1.700.000	40 %	40 %	50 %	45 %	55 %	60 %

gigkeit vom Alter des Schenkenden. Bei Schenkenden, die jünger als 75 Jahre sind, wird ein Abschlag von 30 % gewährt; bei Schenkenden, die jünger als 65 Jahre sind, erhöht sich der Abschlag auf 50 %.

3.5.4 Freibeträge

Ähnlich wie in Deutschland, unterliegt nicht der gesamte Erwerb der Erbschaftsteuer. Das Gesetz räumt *Freibeträge* ein; versteuert werden muss auch in Frankreich nur der Erwerb nach Abzug der Freibeträge. Diese Freibeträge gelten in gleicher Weise für Schenkungen und Erbschaft. Wie in Deutschland können die Freibeträge nach 10 Jahren erneut genutzt werden.

Persönliche Freibeträge
Anders als nach deutschem Recht gelten die persönlichen Freibeträge nach französischem Recht auch für Erwerber, die nur beschränkt steuerpflichtig sind. Folgende Freibeträge sind anwendbar:

Tabelle 7: Persönliche Freibeträge

Ehegatten (für Erbschaft und Schenkung)	76.000 €
Kinder (für Erbschaft und Schenkung)	46.000 €
Enkel (für Schenkung nicht für Erbschaft)	15.000 €
Lebenspartnerschaft (PACS) (für Erbschaft und Schenkung; bei Schenkung muss PACS bereits zwei Jahre bestehen)	57.000 €
Geschwister (alleinstehend; über 50 Jahre alt; mit dem Erblasser zusammenlebend) (für Erbschaft nicht für Schenkung)	15.000 €
Behinderte zusätzlicher Freibetrag für Angehörige der Steuerklassen I–V Erbschaft und Schenkung	46.000 €
Sonstige Erwerber (für Erbschaft nicht für Schenkung)	1.500 €

Steuerbefreiungen
Neben diesen persönlichen Freibeträgen, die nicht von der Art und dem Umfang des erworbenen Vermögens abhängen, gewährt das französische Erbschaftsteuerrecht auch diverse *sachliche Freibeträge und Steuerbefreiungen* (z. B. beim Erwerb von Bezugsrechten aus Lebensversicherungen oder von landwirtschaftlichem Vermögen), auf die im Rahmen dieser Darstellung jedoch nicht näher eingegangen werden soll.

3.5.5 Bewertung von Nachlassvermögen

Maßgeblichkeit des Verkehrswerts
Das französische Erbschaftsteuerrecht enthält bei der *Wertermittlung* keine privilegierenden Sonderregelungen für einzelne Vermögensarten oder Vermögensgruppen. Bewertungsmaßstab für den Erwerb von Todes wegen und für Schenkungen ist der gemeine Veräußerungswert

(valeur vénale réelle), d. h. der Verkehrswert. Dies gilt auch für Betriebsvermögen. Hausrat wird grundsätzlich mit 5 % des Nachlasses bewertet. Kunstgegenstände, Schmuck, etc., werden mit dem Versteigerungswert oder dem Versicherungswert angesetzt. Eine Besonderheit gilt für die Bewertung des Grundstückes, das als Erstwohnsitz des Erblassers diente. Bei der Vererbung an die Ehefrau oder an zum Haushalt gehörende Kinder wird vom Veräußerungswert ein Abschlag von 20 % vorgenommen. Dieser Bewertungsabschlag gilt allerdings nur im Erbfall, nicht auch bei Schenkung.

Grundsätze der Bewertung im Besteuerungsverfahren
Im Rahmen der Erbschaftsteuer wird der Nettowert des Vermögens nach Abzug von Schulden angesetzt. Für Schenkungen hingegen gilt ein Schuldenabzugsverbot, d. h. die Steuer wird auf der Grundlage des Bruttovermögens berechnet. Bei der lebzeitigen Übertragung einer Immobilie bedeutet dies, dass bestehende Hypothekenschulden den Schenkungsteuerwert der Immobilie nicht reduzieren.

3.5.6 Anzeige- und Erklärungspflichten des Erwerbers

Erklärungspflicht des Erwerbers im Erbfall
Innerhalb von sechs Monaten nach dem Todestag muss die Erbschaftsteuererklärung beim Finanzamt des letzten Wohnsitzes des Erblassers eingereicht werden. Bei Erblassern, die keinen Wohnsitz in Frankreich hatten (beschränkt Steuerpflichtige), genügt die Abgabe der Erbschaftsteuererklärung innerhalb einer Jahresfrist. Zuständig ist in diesem Fall das

> Centre des Impôts des non-résidents,
> 9, rue d'Uzès,
> F-75094 Paris Cedex 02.

Die Steuer ist grundsätzlich sofort zu entrichten.

Erklärungspflicht des Erwerbers bei Schenkungen
Bei Schenkungen ist grundsätzlich nur die Schenkung von Grundstücken und von Geschäftsbetrieben erklärungspflichtig, und zwar innerhalb eines Monats nach Vollzug. Andere Schenkungen werden nur erfasst, wenn sie schriftlich oder durch ein Gericht bestätigt erfolgen

oder der Finanzbehörde auf andere Weise offen gelegt werden. Allerdings darf die Finanzbehörde die Steuer sowie sämtliche seit Vollzug der Schenkung angefallenen Verspätungszuschläge und Zinsen auch einfordern, wenn ihr die Schenkung nur zufällig bekannt wird. Diese Schenkungen sind also nicht schenkungsteuerbefreit.

3.5.7 Vermeidung einer Doppelbesteuerung

Steuermehrbelastung beim Erwerb von Auslandsvermögen
Im Verhältnis zu Frankreich kann es zu einer doppelten steuerlichen Erfassung des Erwerbs von Todes wegen oder durch Schenkung kommen, da der Erwerb sowohl der französischen als auch der deutschen Steuer unterliegen kann und für die Erbschaftsteuer kein deutsch – französisches Doppelbesteuerungsabkommen existiert. Die daraus resultierende Doppelbelastung kann zwar mit Hilfe der *Steueranrechnung*, die sowohl nach deutschem (§ 21 ErbStG) als auch nach französischem Recht möglich ist, weitgehend gemildert werden. Gleichwohl ergibt sich für einen Erwerber, der Steuerinländer ist, aus der Tatsache, dass ein Teil des erworbenen Vermögens in Frankreich belegen ist, meist eine höhere Steuerbelastung als bei einem Erwerb gleichwertigen Inlandsvermögens.

Steueranrechnung nach § 21 ErbStG
Die Steueranrechnung nach § 21 ErbStG setzt die *unbeschränkte persönliche Steuerpflicht* des Erblassers (Schenkers) oder aber des jeweiligen Erwerbers in Deutschland voraus. Hinzu kommen muss, dass der Erwerb von Todes wegen auch *im Ausland besteuert* wird und dass die dort erhobene Steuer der deutschen Erbschaftsteuer entspricht. Für die französische Erbschaftsteuer ist dies gegeben.

---

* Dieser Beitrag wurde unter freundlicher Mithilfe von Jacky Petitot verfasst.

4. Vererbung und Schenkung von Immobilien in der Schweiz

Klaus Wigand*

4.1 Die internationale Erbrechtssituation in deutsch-schweizerischen Erbfällen

Anders als das deutsche Recht geht das schweizerische Recht bei der Ermittlung des Erbstatuts grundsätzlich vom Wohnsitzprinzip aus, während sich das deutsche Recht am Staatsangehörigkeitsprinzip orientiert.

Ein *deutscher* Erblasser, der Eigentümer einer Immobilie in der Schweiz ist, jedoch seinen letzten Wohnsitz in Deutschland hatte, wird daher aus Sicht beider Rechtsordnungen aufgrund seiner deutschen Staatsangehörigkeit (nach deutscher Rechtsansicht) und aufgrund seines letzten Wohnsitzes (nach schweizerischer Rechtsansicht) auch hinsichtlich seiner Immobilie in der Schweiz nach *deutschem Erbrecht* beerbt. Insoweit ist die Rechtssituation weitgehend unproblematisch.

Hatte der deutsche Erblasser jedoch seinen letzten Wohnsitz in der Schweiz, kommt es zu einer sog. „unechten Nachlassspaltung". Das bedeutet, dass aus deutscher Sicht wegen der Staatsangehörigkeit des deutschen Erblassers weltweit deutsches Erbrecht gilt und aus schweizerischer Sicht wegen des letzten Wohnsitzes des Erblassers in der Schweiz weltweit schweizerisches Erbrecht zur Anwendung kommt (Art. 86 Abs. 1 i.V.m. Art. 90 Abs. 1 IPRG). Den Wohnsitz hat eine Person nach schweizerischem Recht in dem Staat, in dem sie sich mit der Absicht dauernden Verbleibens aufhält (Art. 20 IPRG). Ein Feriendomizil begründet in der Regel keinen Wohnsitz in diesem Sinne.

Hatte der Erblasser seinen letzten Wohnsitz in diesem Sinne in der Schweiz, kollidieren beide Rechtsordnungen. Die Anwendung des jeweiligen Rechts hängt in der Praxis u. a. davon ab, ob Ansprüche vor einem deutschen oder schweizerischen Gericht geltend gemacht werden. Um diese Kollisionssituation zu vermeiden, kann der deutsche Erblasser nach Maßgabe des aus schweizerischer Sicht anwendbaren schweizerischen Rechts eine zulässige Rechtswahl zugunsten des deutschen Erbrechts treffen und dadurch den Gleichklang beider Erbrechtsordnungen (deutsches Erbstatut) wiederherstellen (Art. 90 Abs. 2 IPRG). Voraussetzung für die Wirksamkeit der Rechtswahl ist jedoch, dass der Erblasser die deutsche Staatsangehörigkeit sowohl im Zeitpunkt der Rechtswahl als auch zum Todeszeitpunkt besitzt. Die Rechtswahl muss den gesamten Nachlass umfassen und kann in einer Verfügung von Todes wegen getroffen werden. Zu einer solchen Rechtswahl ist deutschen Erblassern mit Immobilieneigentum in der Schweiz dringend zu raten, um die Anwendbarkeit deutschen Erbrechts auch in der Schweiz zu gewährleisten und um Probleme bei der Nachlassabwicklung zu vermeiden. Diese Empfehlung gilt auch für deutsche Erblasser mit Immobilieneigentum in der Schweiz, die ihre Immobilie (noch) als Ferienwohnsitz nutzen, da nicht auszuschließen ist, dass nach Errichtung der letztwilligen Verfügung der (letzte) Wohnsitz auch in die Schweiz verlegt wird.

Sollte es trotz dieser (rechtlichen) Gestaltungsmöglichkeit zu der oben geschilderten sog. „unechten Nachlassspaltung" kommen, ist für einen deutschen Erblasser nicht nur das deutsche, sondern für den schweizerischen Immobilienbesitz des Erblassers daneben auch das schweizerische Erbrecht maßgeblich.

Die folgende Darstellung geht von der erbrechtlichen Vermögensnachfolge eines Deutschen mit Grundbesitz in der Schweiz und dauerndem (letztem) Wohnsitz in Deutschland aus. Hierbei wird unterstellt, dass der deutsche Erblasser kein weiteres Vermögen in Drittstaaten hat und mit einem deutschen Ehegatten verheiratet ist. Die erbrechtliche Situation unter Anwendung schweizerischen Erbrechts für den Fall, dass der deutsche Erblasser seinen (letzten) Wohnsitz in der Schweiz hatte, soll jedoch im Rahmen der dargestellten Konstellationen nicht unberücksichtigt bleiben.

4.2 Das schweizerische Erbrecht

4.2.1 Die gesetzliche Erbfolge

Im schweizerischen Erbrecht gilt wie in Deutschland der Grundsatz der Gesamtrechtsnachfolge sowie das so genannte Parentelsystem. Dieses teilt die gesetzlichen Erben in 3 Parentelen ein:

- Kinder des Erblassers und ihre Abkömmlinge
- Eltern des Erblassers und ihre Abkömmlinge
- Großeltern des Erblassers und ihre Abkömmlinge

Nach Art. 457 ff. ZGB sind Erben erster Ordnung die Kinder des Erblassers. Sie gehen anderen Erben nachfolgender Ordnungen vor. Die Eltern des Erblassers und ihre jeweiligen Abkömmlinge sind Erben zweiter Ordnung. Leben im Todesfall des Erblassers noch dessen beide Eltern, so erben sie zu je 1/2. Ist ein Elternteil bereits vorverstorben, so treten seine Abkömmlinge an seine Stelle. Großeltern und deren Abkömmlinge sind als Erben dritter Ordnung berufen.

Gesetzliches Erbrecht des überlebenden Ehegatten
Der überlebende Ehegatte erhält nach schweizerischem Recht einen Anspruch auf Zuweisung der Ehewohnung und des Hausrats in Anrechnung auf den Erbteil oder in besonderen Fällen statt dessen ein Wohnrecht und die Einräumung eines Nießbrauchs; sollten weder Erben erster noch Erben zweiter Ordnung vorhanden sein, erhält der überlebende Ehegatte den gesamten Nachlass als Alleinerbe. Sind Erben erster Ordnung vorhanden, erhält der Ehegatte 1/2, neben Erben der zweiten Ordnung 3/4 des Nachlasses als Miterbe.

Gesetzliches Noterbenrecht
Das Pflichtteilsrecht ist anders als im deutschen Erbrecht als echtes Erbrecht („Noterbenrecht") ausgestaltet (Art. 470, 471 ZGB) und gewährt ihnen eine gesetzlich fixierte unmittelbare Mindestteilhabe am Nachlass. Das Noterbenrecht beträgt für Kinder 3/4 und für die Eltern sowie den überlebenden Ehegatten des Erblassers je 1/2 des gesetzlichen Erbteils. Letztwillige Verfügungen, die dieses Noterbenrecht verletzen, bleiben gleichwohl wirksam. Die „Pflichtteilsberechtigten" sind in diesem Fall jedoch berechtigt, ihre Ansprüche mit Hilfe der sog. „Herabsetzungsklage" durchzusetzen.

Gesetzliche Erbfolge bei nichtehelicher Lebensgemeinschaft
Wie im deutschen Recht hat auch eine nichteheliche Lebensgemeinschaft nach schweizerischem Recht grundsätzlich keine erbrechtlichen Auswirkungen, solange er nicht durch letztwillige Verfügung bedacht wurde. Die Partner einer Lebensgemeinschaft sollten hier bereits aufgrund der Rechtslage in Deutschland aktiv werden und eine Planung

des Nachlasses vornehmen. Tun sie dies nicht, ergibt sich aus dem schweizerischen Recht keine Besonderheit.

Gesetzliches Erbrecht in der Partnerschaft gleichgeschlechtlicher Paare
Im schweizerischen Recht existiert keine der „eingetragenen Lebenspartnerschaft" des deutschen Rechts vergleichbare Institution. Im schweizerischen Erbrecht ist der gleichgeschlechtliche Lebenspartner dem Lebenspartner einer heterosexuellen Partnerschaft gleichgestellt. Solange die Partner einer in Deutschland eingetragenen Lebenspartnerschaft ihren Wohnsitz in Deutschland haben, ist dafür auch das deutsche Recht maßgeblich, so dass auch, wenn Immobilienbesitz in der Schweiz vorhanden ist, keine zusätzlichen Vorkehrungen im Vergleich zur deutschen Erbrechtssituation getroffen werden müssen. Wohnen beide Partner in der Schweiz, so gilt nach dem Wohnsitzprinzip schweizerisches Erbrecht, so dass sich auch in diesem Fall wie bei Ehegatten eine Rechtswahl zugunsten des deutschen Erbrechts empfiehlt.

Gesetzliches Erbrecht nichtehelicher Kinder
Schon vor der Gesetzesänderung in Deutschland (1998) wurden in der Schweiz mit der Reform des Kindesrechts durch das Bundesgesetz vom 25.06.1975 sowohl die ehelichen als auch die außerehelichen Kinder gleichgestellt. Sollte in den Fällen, in denen der Erblasser seinen letzten Wohnsitz nicht in Deutschland, sondern in der Schweiz hatte und keine Rechtswahl zugunsten des deutschen Rechts vorgenommen wurde, schweizerisches Recht zur Anwendung kommen, so ergibt sich hier keine Abweichung zwischen den beiden Rechtssystemen.

4.2.2 Das schweizerische Güterrecht

Gesetzlicher Güterstand des schweizerischen Rechts ist die Errungenschaftsbeteiligung (Art. 181 und 196 ff. ZGB). Sie entspricht im Grundsatz der Zugewinngemeinschaft des deutschen Rechts, so dass die Ehepartner am Zugewinn des jeweils anderen beteiligt sind (in der Schweiz „Vorschlag" genannt). Daneben kennt das schweizerische Familienrecht die Gütergemeinschaft und die Gütertrennung.

Vor der erbrechtlichen Auseinandersetzung der Erbengemeinschaft nach schweizerischem Erbrecht muss immer erst die güterrechtliche Auseinandersetzung mit dem überlebenden Ehegatten erfolgen. Dieser erhält daher – auch wenn er Miterbe geworden ist – die Erfüllung seiner güterrechtlichen Ausgleichsansprüche vorab aus dem Nachlass. Dies gilt jedoch nur, wenn die güterrechtlichen Wirkungen der Ehe auch dem schweizerischen Recht unterstehen. Ein Wahlrecht der Ehegatten besteht nach schweizerischem Recht zugunsten des jeweiligen Heimatrechts der Ehegatten und zugunsten des Rechts des Wohnsitzstaats der Eheleute. Ein pauschalierter Zugewinnausgleich durch Erhöhung des gesetzlichen Erbteils des überlebenden Ehegatten wie es § 1371 BGB im deutschen Recht vorsieht ist im ZGB der Schweiz nicht vorgesehen.

Sofern für deutsche Ehegatten, die im deutschen gesetzlichen Güterstand der Zugewinngemeinschaft leben, schweizerisches Erbrecht zur Anwendung kommt, weil diese ihren (letzten) Wohnsitz in die Schweiz verlegt und keine Rechtswahl getroffen haben, ist bislang nicht abschließend geklärt, ob der überlebende deutsche Ehegatte ebenfalls vorab aus dem Nachlass Erfüllung eines güterrechtlichen Zugewinnausgleichs verlangen kann wie bei Bestehen der sog. „Errungenschaftsbeteiligung" nach schweizerischem Recht. Die damit verbundene rechtliche und wirtschaftliche Problematik kann jedoch hier nicht umfassend dargestellt werden. Um die sich durch einen Wohnsitzwechsel der Ehegatten in die Schweiz etwa ergebenden Probleme bei der Nachlassabwicklung zu vermeiden, ist deutschen Erblassern auch an dieser Stelle nochmals zu empfehlen, testamentarisch eine Rechtswahl zugunsten des deutschen Erbrechts herbeizuführen.

4.2.3 Form, Inhalt und Wirkung letztwilliger Verfügungen

Inhalt letztwilliger Verfügungen
Sollte Schweizer Erbrecht zur Anwendung kommen – wenn der Erblasser seinen letzten Wohnsitz in der Schweiz hatte und keine Rechtswahl zugunsten des deutschen Erbrechts getroffen hat – können die bereits erwähnten testamentarischen Anordnungen in der Regel wirksam getroffen werden, da diese auch dem schweizerischen Erbrecht bekannt sind und diesem weitgehend entsprechen. Das gilt insbesondere auch für das Gestaltungsinstrument der Vor- und Nacherbschaft.

Privatschriftliche und notarielle Testamente
nach schweizerischem Recht

Auch nach schweizerischem Recht kann der Erblasser ein eigenhändiges Testament errichten. Hierbei gelten grundsätzlich dieselben Formvorschriften, wie im deutschen Recht. Auch ein notarielles Testament kann nach schweizerischem Recht errichtet werden, jedoch ist hier vorgesehen, dass zwei Zeugen hinzugezogen werden müssen. Bei der Errichtung teilt der Erblasser dem Notar seinen letzten Willen mit, der diesen in einer Urkunde niederschreibt. Diese liest der Erblasser anschließend selbst oder sie wird ihm vom Notar vorgelesen. Zum Schluss unterzeichnen alle Beteiligten die Urkunde. Im letztgenannten Fall des Vorlesens muss der Erblasser nicht unterzeichnen.

Aufgrund der nahezu übereinstimmenden Formvorschriften für privatschriftliche Testamente ist davon auszugehen, dass die nach deutschem Recht errichteten Testamente in der Regel auch nach schweizerischem Recht formwirksam sind. Darüber hinaus ergibt sich die Gültigkeit einer nach deutschen Formvorschriften errichteten letztwilligen Verfügung auch aus dem sog. Haager Testamentsabkommen von 1961, dem sowohl die Schweiz als auch Deutschland angehören.

Für deutsch-schweizerische Erbfälle bedeutet dies, dass ein Testament, das unter Beachtung der deutschen oder schweizerischen Formvorschriften errichtet wurde, grundsätzlich in *beiden* Ländern als formwirksam und damit gültig anerkannt werden muss.

Das zentrale Testamentsregister

Die Hinterlegung eines eigenhändigen Testaments ist bei den jeweiligen kantonalen Hinterlegungsstellen möglich. Ein öffentliches Testament soll amtlich bei den jeweils zuständigen Hinterlegungsstellen verwahrt werden. Ein zentrales Testamentsregister wird vom Schweizerischen Notarverband geführt. Hier können sämtliche Verfügungen von Todes wegen, die bei einer schweizerischen Hinterlegungsstelle (inkl. schweizerische Botschaft im Ausland) lagern, registriert, jedoch nicht verwahrt werden. Die Registrierung ist in den Kantonen Freiburg, Genf, Wallis und Neuenburg bereits vorgeschrieben. In den übrigen Kantonen ist sie freiwillig. Das zentrale Testamentsregister befindet sich unter folgender Adresse:

Zentrales Testamentsregister
c/o Schweizerischer Notarverband
Gerechtigkeitsgasse 50/52
CH-3000 Bern 8

Um zu klären, ob ein deutscher Erblasser mit Vermögen in der Schweiz eine letztwillige Verfügung in der Schweiz im Zusammenhang mit in der Schweiz belegenem Vermögen hinterlegt hat, kann im zentralen Testamentsregister nachgeforscht werden. Auch dann bleibt jedoch die Gefahr bestehen, dass durch ein späteres Testament die Verfügung eines im zentralen Testamentsregister geführten früheren Testaments widerrufen wurde.

Wirkung gemeinschaftlicher Ehegattentestamente in der Schweiz
Nach schweizerischem Erbrecht ist die Errichtung eines gemeinsamen Ehegattentestaments nicht zulässig. Ein formell und materiell ordnungsgemäß von deutschen Eheleuten mit Wohnsitz in Deutschland errichtetes gemeinschaftliches Ehegattentestament ist jedoch – allein schon wegen des Beitritts der Schweiz zum Haager Testamentsabkommen – auch in der Schweiz formgültig und muss anerkannt werden, da es dem deutschen Recht entspricht. Gleichwohl ist aus praktischen Erwägungen heraus deutschen Staatsangehörigen mit Vermögen in der Schweiz nur dann die Errichtung eines gemeinschaftlichen Ehegattentestaments zu empfehlen, wenn die Anwendung des deutschen Erbrechts sichergestellt ist. Dies ist – wie bereits dargestellt – dann der Fall, wenn beide Ehegatten ihren letzten Wohnsitz in Deutschland hatten oder aber im Testament ausdrücklich eine Rechtswahl zugunsten des deutschen Erbrechts getroffen haben. Letzteres ist in jedem Fall zu empfehlen.

Wirkung deutscher Erbverträge in der Schweiz
In der Schweiz ist der Erbvertrag in der Form des Erbzuwendungsvertrages und des Erbverzichtsvertrags möglich. Der Erbvertrag muss in der Form der öffentlichen letztwilligen Verfügung getroffen werden, das heißt, die Vertragsschließenden müssen vor einem Notar persönlich ihren Willen erklären, nach Abfassung der Urkunde diese unterzeichnen und sie anschließend ebenfalls von zwei Zeugen unterschreiben lassen. Die erbvertraglichen Anordnungen sind bindend, das heißt,

sie können grundsätzlich ohne Mitwirkung des anderen Vertragsteils nicht widerrufen werden. Daneben können aber auch einseitige testamentarische Bestimmungen aufgenommen werden. In diesem Bereich bestehen keine Besonderheiten gegenüber dem deutschen Recht. Grundsätzlich kann der Erbvertrag von den Parteien nur einvernehmlich aufgehoben werden. Sonst ist ein Rücktritt nur unter den sehr engen Grenzen einer Enterbung möglich. Darüber hinaus wird der Erbvertrag zwischen Ehegatten bei Nichtigerklärung, Aufhebung oder Scheidung der Ehe wirkungslos. Erbverträge, die von deutschen Erblassern in Anwendung deutschen Rechts wirksam abgeschlossen wurden, sind auch in der Schweiz nach Maßgabe des Haager Testamentsabkommens als rechtswirksame letztwillige Verfügungen anzuerkennen. Schwierigkeiten bei der Nachlassabwicklung sind in diesem Zusammenhang nicht bekannt.

4.2.4 Testamentsvollstreckung in der Schweiz

Legitimation des deutschen Testamentsvollstreckers in der Schweiz
Da sich die Ernennung sowie die Rechte und Pflichten des Testamentsvollstreckers eines deutschen Erblasser mit letztem Wohnsitz in der Schweiz in jedem Fall nach deutschem Recht richten, hat der nach deutschem Recht ernannte Testamentsvollstrecker hinsichtlich der in der Schweiz belegenen Nachlassgegenstände grundsätzlich dieselben Befugnisse wie hinsichtlich des deutschen Nachlasses.

Ein deutscher Testamentsvollstrecker erhält von einem deutschen Nachlassgericht ein *Testamentsvollstreckerzeugnis*, mit dem er seine Legitimation gegenüber Dritten nachweisen kann. Ein Verfahren zur Anerkennung des Testamentsvollstreckerzeugnisses in der Schweiz existiert nicht. Der deutsche Testamentsvollstrecker kann jedoch auch in der Schweiz seine Befugnisse durch Vorlage des Testamentsvollstreckerzeugnisses nachweisen.

Da die Rechtsstellung des Testamentsvollstreckers nach deutschem Recht und nach schweizerischem Recht vergleichbar ist, stößt der deutsche Testamentsvollstrecker bei der Wahrnehmung seiner Aufgaben in der Schweiz in der Praxis nur im Einzelfall auf Probleme.

Der Willensvollstrecker nach schweizerischem Recht
Die „Willensvollstreckung" des schweizerischen ZGB ist großteils mit der Testamentsvollstreckung des deutschen BGB vergleichbar. Die Ernennung des „Willensvollstreckers" erfolgt durch letztwillige Verfügung des Erblassers (§ 517 I ZGB). In einem Erbvertrag kann sie nur als einseitige, jederzeit widerrufliche Bestimmung getroffen werden. Obwohl die Auswahl der Person des Willensvollstreckers – anders als im deutschen Recht – nicht dem Nachlassgericht oder einer sonstigen Behörde übertragen werden kann, unterliegt der Willensvollstrecker nach schweizerischem Recht der Aufsicht der jeweils zuständigen kantonalen Behörde, die sowohl auf Beschwerde der Erben als auch von Amts wegen eingreifen kann, etwa bei Vorliegen einer Interessenkollision. Persönliche Hindernisse, wie z. B. die Stellung als Miterbe oder Vermächtnisnehmer stehen der Ernennung nicht entgegen.

Der Willensvollstrecker hat die Aufgabe, die Erbschaft bis zu ihrer Aufteilung zu verwalten, Nachlassforderungen einzutreiben, Nachlassschulden zu bezahlen, die ausgesetzten Vermächtnisse zu erfüllen und die Teilung des Nachlasses vorzubereiten. Darüber hinaus kann der Erblasser aber auch Dauervollstreckung als Verwaltungsvollstreckung auf beliebige Zeit anordnen, jedoch nur im Hinblick auf den Nachlass ohne Berücksichtigung etwaiger Pflichtteilsrechte, so dass diese durch die Willensvollstreckung nicht beeinträchtigt werden. Im Rahmen seiner Aufgabenstellung ist er auch zur Verfügung über Nachlassgegenstände befugt. Die Einwilligung der Erben benötigt er hierzu nicht. Lediglich unentgeltliche Verfügungen sind ihm, außer z. B. bei Anstandsschenkungen, nicht möglich. Gegenüber Behörden und sonstigen Dritten kann sich der Willensvollstrecker durch eine beglaubigte Abschrift der letztwilligen Verfügung oder durch ein Vollstreckerzeugnis ausweisen, das von der zuständigen kantonalen Behörde ausgestellt werden kann.

Ergänzung der Testamentsvollstreckung durch Vollmachten
Um dem Testamentsvollstrecker seine Tätigkeit in der Schweiz zu erleichtern, ist es empfehlenswert, wenn er sich von jedem Erben und sonstigen Nachlassbeteiligten eine umfassende *Vollmacht* zur Nachlassabwicklung erteilen lässt, mit der er dann im schweizerischen Rechtsverkehr für diese auftritt. Zu dieser Vollmachtserteilung kann der Erblasser die Erben im Testament verpflichten.

4.2.5 Wirkung einer Vollmacht über den Tod hinaus in der Schweiz

Nach schweizerischem Zivilrecht erlischt eine Vollmacht grundsätzlich mit dem Tod des Vollmachtgebers, außer es liegt eine ausdrücklich davon abweichende Erklärung vor. Zwar ist die Erteilung der Vollmacht auch grundsätzlich formfrei wirksam, es empfiehlt sich jedoch aus Nachweisgründen zumindest Schriftform, wenn nicht sogar eine notarielle Beglaubigung. Nach schweizerischem IPR findet auf eine Vollmacht grundsätzlich das Recht des Landes Anwendung, in dem der Bevollmächtigte seinen Wohnsitz oder gewöhnlichen Aufenthaltsort hat. Ein deutscher Erblasser mit letztem Wohnsitz in Deutschland kann somit eine über den Tod hinaus wirksame Vollmacht grundsätzlich auch zum Gebrauch in der Schweiz errichten. Grundsätzlich kann ein deutscher Erblasser mit letztem Wohnsitz in Deutschland oder der Schweiz durch postmortale Vollmachten die Handlungsfähigkeit seines Nachlasses sicherstellen. Das gilt jedoch ausdrücklich nicht im Grundbuchverkehr, wo nach deutschem oder schweizerischem Recht erstellte postmortale Vollmachten regelmäßig nicht anerkannt werden, da sie im Widerspruch zum schweizerischen Grundbuchrecht stehen. Als Mittel zur Nachlassverwaltung in der Schweiz, sind sie daher insbesondere bei Immobilieneigentum, nur beschränkt geeignet. Sie empfehlen sich vor allem bei Nachlässen ohne Schweizer Grundbesitz.

4.3 Nachlassabwicklung/Hinweise für den Erbfall

4.3.1 Eintritt des Erbfalls/Sterbeurkunden

In der Schweiz sind für die Ausstellung der Sterbeurkunden die Zivilregister zuständig. Ist der Tod des deutschen Erblassers in der Schweiz eingetreten, sollte die nächste konsularische Vertretung der Bundesrepublik Deutschland informiert werden, die über den Tod eines jeden Deutschen im Ausland eine Niederschrift erstellt, die sie dem für diese Fälle zuständigen Standesamt I in Berlin übersendet, das die Sterbeurkunde erstellt.

4.3.2 Ablieferung von Testamenten/Testamentseröffnung

Letztwillige Verfügungen sind in der Schweiz bei der zuständigen Kantonalbehörde abzuliefern und von dieser innerhalb eines Monats nach Ablieferung zu eröffnen. Zu diesem Termin werden sowohl die eingesetzten Erben als auch die gesetzlich Erbberechtigten geladen. Die Eröffnung des Testaments besteht im Wesentlichen aus der Verlesung des Testamentsinhalts. Anschließend teilt die Behörde den Erben ihre Erbenstellung nochmals schriftlich mit.

4.3.3 Annahme oder Ausschlagung der Erbschaft/Haftungsbeschränkung

Auch nach schweizerischem Recht rücken die Erben in die Rechtsstellung des Erblassers ein, ohne dass es einer ausdrücklichen Annahme der Erbschaft bedarf. Die Erbschaft gilt nach einer Frist von drei Monaten nach Mitteilung von der Verfügung des Erblassers durch die Behörde bzw. nach Kenntnis vom Erbfall als angenommen, wenn die Erben sich in dieser Zeit nicht äußern. Innerhalb dieser Zeit kann die Erbschaft durch Erklärung gegenüber der zuständigen Nachlassbehörde auch ausgeschlagen werden.

Die Haftung des Erben ist zunächst nicht auf das Nachlassvermögen beschränkt, vielmehr haftet er für Nachlassverbindlichkeiten auch mit seinem bisherigen Vermögen. Daneben hat der Erbe aber die Möglichkeit, die Annahme der Erbschaft unter öffentlichem Inventar zu erklären. Der Erbe haftet dann nur noch für solche Verbindlichkeiten auch mit seinem eigenen Vermögen, die in das Verzeichnis (Inventar) aufgenommen werden. Das Inventar wird ebenfalls von der zuständigen kantonalen Behörde aufgrund des Ergebnisses eines öffentlichen Rechnungsrufes aufgestellt. Gläubiger des Erblassers müssen hier ihre Forderungen anmelden. Eine persönliche Haftung mit dem eigenen Vermögen des Erben kann vollständig nur mit dem Institut der amtlichen Liquidation des Nachlasses ausgeschlossen werden. Hierbei werden von Amts wegen alle Aktiva und Passiva ermittelt und verwertet. Ein eventueller Überschuss wird an die Erben ausbezahlt.

4.3.4 Erbschein und Nachlasszeugnis

Liegt der deutsche Erbschein vor, kann hiermit auch der Nachweis der Erbfolge (Erbschaftsannahme) erbracht und die Grundbuchumschreibung in der Schweiz vollzogen werden (Art. 96 I IPRG). Eine nochmalige Annahme der Erbschaft in der Schweiz ist dann nicht mehr erforderlich.

In der Schweiz ist für die Eröffnung und Durchführung des Nachlassverfahrens die Behörde des letzten Wohnorts des Erblassers zuständig. Für das in der Schweiz belegene Vermögen eines außerhalb der Schweiz wohnhaften Erblassers ordnet die zuständige Behörde am Ort der gelegenen Sache Sicherungsmaßnahmen an, wenn dies zum Erhalt notwendig ist. Damit die schweizerischen Erben in der Schweiz ihre Stellung vor Dritten nachweisen können, wird ihnen auf entsprechenden Antrag hin eine Erbbescheinigung ausgestellt. Dadurch wird jedoch die Erbberechtigung nicht abschließend festgestellt, so dass der Erbberechtigung auch keine Gutglaubenswirkung – wie im deutschen Recht – zukommt. Dennoch kann damit eine Umschreibung des Grundbuches erreicht werden.

4.4 Schenkung schweizerischer Immobilien

Da Vermögensübertragungen zu Lebzeiten ein wichtiger Baustein der Vermögensnachfolgeregelung sind, soll hier kurz auf Schenkungen im Wege der vorweggenommenen Erbfolge hinsichtlich einer *schweizerischen Immobilie* eingegangen werden.

Ist die *schweizerische Immobilie* Gegenstand einer *Schenkung*, hängt es nach deutschem Recht in erster Linie vom Willen der Vertragsparteien ab, ob das unentgeltliche oder teilentgeltliche Rechtsgeschäft nach deutschem oder nach schweizerischem Recht zu beurteilen ist. Das Vertragstatut ist durch die Parteien frei wählbar (Art. 27, 28 EGBGB). Treffen die Parteien keine Rechtswahl, gilt bei Schenkungen von Grundstücken das Recht des Lageorts, der Schweiz. Das schweizerische Recht verweist bei Schenkungen ebenfalls auf das Recht des Staates, in dem sich die Immobilie befindet. Ein deutscher Staatsbürger kann daher seine in der Schweiz belegene Immobilie zwar ohne Weiteres schenkweise übertragen, sollte die Schenkung aber hiernach dem schweizerischen Recht unterstellen, um einen Gleichklang beider Rechtsordnungen zu gewährleisten.

Verträge über Grundstücke bedürfen auch in der Schweiz der öffentlichen Beurkundung. Diese erfolgt in der Regel durch Notare, jedoch können die Kantone auch andere Personen (z. B. Grundbuchverwalter, öffentlich bestellte Rechtsanwälte) dazu ermächtigen. Die Beurkundung muss im jeweiligen Kanton, in dem die Immobilie belegen ist, erfolgen. Die Beurkundungsgebühren sind in der Schweiz regelmäßig niedriger als in Deutschland.

Bislang galten in der Schweiz für den Erwerb von schweizerischem Immobilieneigentum durch Ausländer strenge Erwerbsbeschränkungen (z. B. sog. „Lex Friedrich") in Form eines kantonalen Bewilligungsvorbehalts. Dieser galt für jeden Grundstückserwerb durch Ausländer – auch im Wege der Schenkung.

Mit Wirkung zum 1. Juni 2002 wurden diese Erwerbsbeschränkungen weitgehend reformiert und liberalisiert, um sie den bestehenden Abkommen zur Freizügigkeit bzw. zum Freihandel zwischen der Schweiz einerseits und der EU sowie der EFTA andererseits anzupassen. Hierzu wird auf die Ausführungen zum Immobilienerwerb in der Schweiz im 3. Teil, Ziffer 4. dieses Buches verwiesen.

4.5 Das schweizerische Erbschaft- und Schenkungsteuerrecht

Die Besteuerungshoheit steht in der Schweiz den einzelnen Kantonen und teilweise den Gemeinden zu. Die Steuersätze und Freibeträge sind in den jeweiligen Kantonen sehr unterschiedlich. Teilweise gibt es Bestrebungen in einzelnen Kantonen die Erbschaft- und Schenkungsteuer abzuschaffen. Aufgrund der vielen Unterschiede kann deshalb hier nur ein kursorischer Überblick gegeben werden.

Eine Doppelbesteuerung zwischen mehreren Kantonen wird innerhalb der Schweiz in der Regel dadurch vermieden, dass bewegliches Vermögen am Ort des letzten Wohnsitzes des Erblassers/Schenkers besteuert wird. Unbewegliches Vermögen, d. h. Immobilien, werden daher in der Regel im Belegenheitskanton besteuert.

Die Erbschaftsteuer wird in der Schweiz großteils als sog. Erbanfallsteuer (wie in Deutschland) erhoben, d. h. besteuert wird das bei jedem Erben durch Erbfall oder Schenkung angefallene Vermögen. Darüber hinaus kennen einzelne Schweizer Kantone jedoch auch eine sog. Nachlasssteuer, bei der Objekt der Besteuerung der gesamte Nachlass des Erblassers vor Aufteilung auf die jeweiligen Erben ist. Diese Nachlasssteuer wird von einzelnen Kantonen neben der Erbanfallsteuer der Erben erhoben (z. B. Kantone Solothurn und Neuenburg) oder anstelle der Erbanfallsteuer (z. B. Kanton Graubünden mit Ausnahme der Stadt Chur, die ihrerseits wieder eine gesonderte Erbanfallsteuer erhebt).

Bei Erbfällen/Schenkungen, bei der die Anwendung des schweizerischen Erbschaft- und Schenkungsteuerrechts in Betracht kommt, ist also sowohl auf eine etwaige interkantonale Doppelbesteuerung (z. B. bei Grundvermögen in mehreren Kantonen) als auch auf eine etwaige internationale Doppelbesteuerung zu achten.

4.5.1 Persönliche Steuerpflicht

Unbeschränkte Erbschaft-/Schenkungsteuerpflicht
Ein Vermögenserwerb von Todes wegen oder im Wege der Schenkung ist in der Schweiz erb- und schenkungsteuerpflichtig, wenn der Erblasser/Schenker zur Zeit des Todes bzw. zur Zeit der Schenkung in einem schweizerischen Kanton ansässig war. In diesem Fall unterliegt das weltweite Vermögen des Erblassers der Erbschaft- bzw. Schenkungsteuerpflicht dieses Kantons. Ausgenommen hiervon ist aber Grundvermögen, das in einem anderen Kanton (oder im Ausland) belegen ist. Dieses wird aber bei der Ermittlung des anwendbaren Steuersatzes berücksichtigt (sog. „Progressionsvorbehalt"). Die Ansässigkeit des Erblassers/Schenkers wird bei einem kantonalen Wohnsitz bejaht.

Beschränkte Erbschaft-/Schenkungsteuerpflicht
Wie im deutschen Recht unterliegt darüber hinaus auch dann, wenn der Erblasser/Schenker nicht die Voraussetzungen für eine unbeschränkte Erbschaft-/Schenkungsteuerpflicht in einem Schweizer Kanton erfüllt, insbesondere dort nicht ansässig ist, der erb- oder schenkweise Erwerb von Grundvermögen, das in einem Kanton belegen ist, der jeweiligen kantonalen Erbschaft-/Schenkungsteuer (beschränkte Erbschaft-/Schenkungsteuerpflicht). Nur ausnahmsweise erstreckt sich die beschränkte Erbschaft- und Schenkungsteuerpflicht auch auf das im Kanton belegene bewegliche Vermögen in unterschiedlichem Ausmaß (z. B. in den Kantonen Zug, Thurgau, Appenzell A.R.h.). Für deutsche Erben oder Beschenkte schweizerischer Immobilien kommt somit zumindest eine beschränkte Erbschaft- und Schenkungsteuerpflicht in der Schweiz in Betracht.

4.5.2 Steuersätze

Die Steuersätze für die Erbschaft- und Schenkungsteuer sind in den einzelnen Kantonen – teilweise auch in einzelnen Gemeinden – sehr unterschiedlich, gelten jedoch in der Regel für die Erbschaft- und die Schenkungsteuer gleichermaßen. Meist ist der anwendbare Steuersatz progressiv gestaltet und steigt, je entfernter die verwandtschaftliche Beziehung des Erwerbers zum Erblasser und je höher das ererbte Vermögen (Erbanfallsteuer) oder das Nachlassvermögen (Nachlasssteuer) ist. Steuerklassen im Sinne des deutschen Erbschaft- und Schenkungsteuerrechts kennen die meisten Schweizer Kantone nicht. Die Steuersätze liegen bei nahen Verwandten im Rahmen von 1–8 %, bei nicht mehr verwandten Begünstigten zwischen 12–50 %.

4.5.3 Steuerbefreiungen

Auch hier räumen die einzelnen Kantone sehr unterschiedliche Steuerbefreiungen ein, die hier nicht abschließend dargestellt werden können. So sind von der Erbschaftsteuer insbesondere befreit:

- Erwerbe des überlebenden Ehegatten in 22 Kantonen (Aargau, Appenzell-Ausserrhoden, Appenzell-Innerrhoden, Basel-Land, Basel-Stadt, Bern, St. Gallen, Luzern, Neuenburg, Obwalden, Nidwalden, Glarus, Freiburg, Schaffhausen, Solothurn, Schwyz, Tessin, Thurgau, Uri, Wallis, Zug, Zürich)
- Erwerbe der Nachkommen in 18 Kantonen (Aargau, Appenzell-Ausserrhoden, Basel-Land, Freiburg, St. Gallen, Luzern, Obwalden, Nidwalden, Glarus, Thurgau, Tessin, Schwyz, Neuenburg, Schaffhausen, Soluthurn, Uri, Wallis, Zug, Zürich)
- Erwerbe gemeinnütziger Organisationen in den meisten Kantonen

In manchen Kantonen bestehen daneben je nach Erwerber noch weitere persönliche Freibeträge (beispielsweise 100.000 SFR im Kanton Bern), Freigrenzen oder sonstige Vergünstigungen unterschiedlicher Art, die hier nicht dargestellt werden können.

4.5.4 Bewertung von Nachlassvermögen

Bemessungsgrundlage für die Erbschaftsteuer ist das ererbte Vermögen abzüglich der damit zusammenhängenden Schulden sowie Bestat-

Tabelle 8: Steuersätze

Bei einem ererbten Vermögen von sfr 500.000 ergibt sich beispielsweise folgende Steuerbelastung in Prozent (vgl. Thomas Wachter: Grundbesitz in der Schweiz, RNotZ 2001).

	Ehe-gatten	Kinder	Ge-schwis-ter	Neffen und Nichten	Onkel und Tanten	Nicht-ver-wandte
Aargau	0,0	0,0	12,0	17,0	18,0	24,0
Appenzell-Ausserrhoden	0,0	0,0	19,2	28,8	28,8	41,6
Appenzell-Innerrhoden	0,0	1,8	8,0	12,0	16,0	20,0
Basel-Landschaft	0,0	0,0	15,2	25,4	25,4	40,6
Basel-Stadt	0,0	3,8	11,7	15,5	19,4	35,0
Bern	0,0	1,4	12,8	17,1	21,4	34,2
Genf	4,3	4,3	21,6	25,8	25,8	53,7
Freiburg	0,0	0,0	6,0	9,0	9,0	30,0
Glarus	0,0	0,0	15,5	27,4	27,4	58,7
Graubünden	0,0	4,0	4,0	4,0	4,0	4,0
Jura	1,9	1,9	14,1	23,4	23,4	37,5
Luzern	0,0	0,0	11,4	11,4	28,5	38,0
Neuenburg	0,0	0,0	9,0	12,0	12,0	36,0
Nidwalden	0,0	0,0	5,0	5,0	10,0	15,0
Obwalden	0,0	0,0	0,0	10,0	10,0	20,0
Schaffhausen	0,0	0,0	14,1	21,2	21,2	28,2
Schwyz	0,0	0,0	0,0	0,0	0,0	0,0
Solothurn	0,0	0,0	10,0	22,5	22,5	30,0
St. Gallen	0,0	0,0	24,5	35,0	35,0	42,0
Tessin	0,0	0,0	14,1	18,3	18,3	42,3
Thurgau	0,0	0,0	14,0	21,0	21,0	28,0
Uri	0,0	0,0	10,0	15,0	15,0	30,0
Waadt	2,9	2,9	12,5	16,5	16,5	25,0
Wallis	0,0	0,0	10,0	10,0	15,0	25,0
Zug	0,0	0,0	5,7	8,5	8,5	14,2
Zürich	0,0	0,0	15,0	25,6	25,6	30,7
Gemeinden:						
Chur	0,0	1,9	9,7	9,7	29,1	29,1
Freiburg	2,0	0,0	4,0	6,0	6,0	20,0
Lausanne	2,9	2,9	12,5	16,5	16,5	25,0
Luzern	0,0	1,9	0,0	0,0	0,0	0,0

tungskosten. Die meisten Kantone regeln für die Erbschaft- und/oder Schenkungsteuer eine Zusammenrechnung vorheriger Erwerbe, die auf die vorangegangenen 5–10 Jahre oder auf Missbrauchsfälle begrenzt ist.

Die Bewertung zum Zwecke der Erbschaft- und Schenkungsteuer richtet sich grundsätzlich nach dem Verkehrswert. Die Bewertung von Grundbesitz erfolgt in den einzelnen Kantonen sehr unterschiedlich. Die kantonalen Steuergesetze unterscheiden hierbei in der Regel zwischen land- und forstwirtschaftlichem und sonstigem Grundbesitz, wobei hierbei jeweils Verkehrs- und Ertragswertaspekte in unterschiedlichem Umfang angewendet werden. Im Ergebnis liegen die zum Zwecke der Festsetzung von Erbschaft- und Schenkungsteuer ermittelten Werte des Grundbesitzes weit unter den Verkehrswerten.

4.5.5 Besteuerungsverfahren

Die Besteuerung erfolgt durch die jeweiligen Kantone in der Regel auf der Grundlage des Nachlassinventars. Sofern dieses von den zuständigen Behörden im Nachlassverfahren nicht erstellt wurde, müssen die Erben ein solches selbst erstellen und beim Steueramt der jeweils zuständigen kantonalen Behörde mit einer entsprechenden Steuererklärung einreichen. Das Steueramt führt dann auf dieser Grundlage die Besteuerung durch und erlässt einen Bescheid. Bei der Schenkungsteuer erfolgt die Veranlagung in der Regel auf der Grundlage einer Steuererklärung, die vom Beschenkten innerhalb jeweils unterschiedlicher Fristen abzugeben ist. In manchen Kantonen trifft auch den Schenker eine Erklärungspflicht.

4.5.6 Vermeidung einer Doppelbesteuerung

Doppelbesteuerungsabkommen für Erbschaft- und Nachlasssteuern
Ob der Erwerb einer schweizerischen Immobilie in Deutschland oder der Schweiz zu besteuern ist, wird in dem zwischen der Schweiz und Deutschland abgeschlossenen Doppelbesteuerungsabkommen (DBA) hinsichtlich der Erbschaftsteuer geregelt. Hierbei muss zwischen beweglichem und unbeweglichem Vermögen (Immobilien) unterschieden werden.

Voraussetzung für die Anwendung des Doppelbesteuerungsabkommens ist, dass der Erblasser seinen letzten Wohnsitz in Deutschland oder der Schweiz hatte. Der Staat des letzten Wohnsitzes hat danach auch grundsätzlich das Besteuerungsrecht. Lediglich für Grundvermögen hat der Belegenheitsstaat nach den Regelungen des Abkommens ein vorrangiges Besteuerungsrecht, so dass das in der Schweiz belegene Grundvermögen in der Schweiz besteuert – die dort entrichtete Erbschaftsteuer jedoch auf die in Deutschland anfallende Erbschaftsteuer angerechnet wird (sog. Anrechnungsmethode).

Eine (echte) Doppelbesteuerung der schweizerischen Immobilie in Deutschland und in der Schweiz wird dadurch weitgehend vermieden. Allerdings wird für die Berechnung des Steuersatzes, der in Deutschland hinsichtlich des restlichen Nachlasses des deutschen Erblassers zur Anwendung kommt, der im Nachlass befindliche schweizerische Grundbesitz dem deutschen Nachlass fiktiv mit seinem Verkehrswert hinzugerechnet, so dass die in Deutschland zu entrichtende Erbschaftsteuer nach einem höheren Steuersatz ermittelt wird (sog. „Progressionsvorbehalt").

Steueranrechnung bei Schenkungen
Das zwischen der Schweiz und Deutschland bestehende Doppelbesteuerungsabkommen vom 30.11.1978 gilt jedoch nur im Bereich der Erbschaftsteuer, nicht aber im Bereich der Schenkungsteuer. Für Schenkungen schweizerischer Immobilien gelten somit die allgemeinen Vorschriften über die Steueranrechnung in Deutschland (§ 21 ErbStG). Die Steueranrechnung nach § 21 ErbStG setzt die *unbeschränkte persönliche Steuerpflicht* des Schenkers oder des jeweiligen Erwerbers in Deutschland voraus. Die Steueranrechnung bewirkt im Ergebnis eine Reduzierung der Steuerlasten, die mit der Doppelbesteuerung der in der Schweiz belegenen Immobilie verbunden sind. Gleichwohl ergibt sich für einen Erwerber, der in Deutschland Steuerinländer ist, aus der Tatsache, dass er Immobilienvermögen in der Schweiz erworben hat, meist eine höhere Steuerbelastung als bei einem Erwerb gleichwertigen Inlandsvermögens.

---

* Dieser Beitrag wurde unter freundlicher Mithilfe von Walter Häberling und Roger Cadosch verfasst.

5. Vererbung und Schenkung von Immobilien in Österreich

Klaus Wigand*

5.1 Die internationale Erbrechtssituation in deutsch-österreichischen Erbfällen

Im Verhältnis von Deutschland zu Österreich gibt es bei der Nachlassplanung und -abwicklung weniger rechtliche und praktische Probleme als in vielen anderen Ländern. Sowohl im deutschen als auch im österreichischen Recht gilt in Erbfällen das *Staatsangehörigkeitsprinzip* und zwar uneingeschränkt sowohl für *bewegliches* als auch für *unbewegliches* Vermögen, d. h. Immobilien des Erblassers. Das Erbstatut bestimmt sich in Österreich nach dem österreichischen IPRG nach dem Heimatrecht des Erblassers (§ 9 Abs. 1 i.V.m. § 28 ff. IPRG). Auf den letzten Wohnsitz des Erblassers oder die Belegenheit einzelner Nachlassgegenstände kommt es grundsätzlich nicht an. Eine Rechtswahl ist nach österreichischem Recht im Erbrecht nicht möglich.

Neben dem Erbrecht des Heimatstaates des Erblassers kommen jedoch beim Erwerb des Eigentums an einer österreichischen Immobilie und im Hinblick auf alle mit der österreichischen Immobilie verbundenen Rechte die nationalen österreichischen Gesetze zur Anwendung (§§ 28 Abs. 2 , 32 IPRG). Besonderheiten ergeben sich hieraus auch für den Immobilienerwerb von Todes wegen. So kommt es in Österreich im Erbfall zwar zur sog. Gesamtrechtsnachfolge der Erben. Diese treten jedoch nicht unmittelbar mit dem Erbfall in die Rechtsstellung des Erblassers ein. Erforderlich ist vielmehr die sog. „Einantwortung" der Erben. Hierzu ist ein Einantwortungsbeschluss des Nachlassgerichts erforderlich. Die Einleitung dieses Verfahrens erfolgt von Amts wegen. Die Einantwortung bewirkt, dass die gesamte Erbschaft in einem Akt durch die Erben erworben wird. Nach erfolgter Einantwortung händigt das Nachlassgericht den Erben die sog. Einantwortungsurkunde aus, mit der diese die Eigentumsüberschreibung der österreichischen Immobilie im Grundbuch erreichen können. Die Notwendigkeit einer

Einantwortung in diesem Sinne besteht auch, wenn der Erblasser als deutscher Staatsangehöriger mit letztem Wohnsitz in Deutschland verstorben ist und Eigentümer einer österreichischen Immobilie war.

5.2 Das österreichische Erbrecht

5.2.1 Die gesetzliche Erbfolge

Da die Regelungen der gesetzlichen Erbfolge des österreichischen Erbrechts für einen deutschen Erblasser in der Regel nicht von Bedeutung sind, werden nachfolgend nur einige grundsätzliche Unterschiede zum deutschen Erbrecht dargestellt. Bei der gesetzlichen Erbfolge nach österreichischem Recht sind insbesondere die Erbteile der Abkömmlinge und des Ehegatten des Erblassers hervorzuheben. Im Übrigen geht auch das österreichische Erbrecht vom Grundsatz der Gesamtrechtsnachfolge aus und kennt das dem deutschen Erbrecht entsprechende Parentelensystem. Darüber hinaus gelten für die gesetzliche Erbfolge in Österreich weitgehend identische – zumindest aber ähnliche Regelungen wie in Deutschland.

Gesetzliches Erbrecht der Kinder
Der gesetzliche Erbteil der Kinder des Erblassers beträgt unabhängig vom ehelichen Güterstand der Eltern 1/3.

Das gesetzliche Pflichtteilsrecht
Der Pflichtteilsanspruch beträgt für Kinder und Ehegatten des Erblassers die Hälfte des gesetzlichen Erbteils – für Eltern und Großeltern des Erblassers dagegen nur 1/3 des gesetzlichen Erbteils. Anders als seine Bezeichnung „Noterbenrecht" vermuten lässt, handelt es sich bei dem Pflichtteilsanspruch – wie im deutschen Recht – aber um einen Geldanspruch und nicht um ein „Zwangserbrecht" (wie z. B. in Spanien, Italien, Frankreich).

Das gesetzliche Erbrecht des überlebenden Ehegatten
Der überlebende Ehegatte des Erblassers erhält als gesetzliches Vorausvermächtnis die zum ehelichen Haushalt gehörenden beweglichen Sachen und das Recht, in der Ehewohnung weiter zu wohnen. Sollten weder Kinder noch Eltern oder Großeltern des Erblassers vorhanden sein, erhält der überlebende Ehegatte den gesamten Nachlass als Alleinerbe. Sind Kinder des Erblassers vorhanden, erhält der Ehegatte

1/3, neben Eltern des Erblassers und ihren Nachkommen 2/3 des Nachlasses als Miterbe.

5.2.2 Das österreichische Güterrecht

Anders als im deutschen Recht hat der eheliche Güterstand des Erblassers keinen unmittelbaren Einfluss auf das gesetzliche Erbrecht des überlebenden Ehegatten. Gesetzlicher Güterstand des österreichischen Rechts ist die Gütertrennung (§ 1237 ABGB, jedoch dispositives Recht). Die Vermögensmassen der Ehegatten bleiben rechtlich getrennt. Die Verwaltung darüber obliegt jedem Ehegatten selbst.

5.2.3 Form, Inhalt und Wirkung letztwilliger Verfügungen

Privatschriftliche, schriftliche, mündliche und notarielle Testamente
Auch aufgrund der entsprechenden österreichischen Regelungen kann der Erblasser ein eigenhändiges Testament errichten. Hierbei gelten dieselben Formvorschriften wie im deutschen Recht.

Ein Testament kann nach österreichischem Recht – anders als im deutschen Recht – aber auch fremdhändig oder mittels Schreibmaschine/PC (!) verfasst werden, wenn es ausdrücklich als solches bezeichnet wird, es also den letzten Willen des Erblassers enthält und drei fähige Zeugen hinzugezogen werden, die jeweils mit dem Erblasser das Schriftstück unterzeichnen. Anders als im deutschen Recht kann der Erblasser seinen Willen aber auch mündlich gegenüber drei Zeugen erklären. Diese müssen anschließend den Inhalt selbst (oder durch einen anderen) schriftlich festlegen und unterzeichnen oder vor dem Abhandlungsgericht zu Protokoll erklären.. Dies dient lediglich der Beweissicherung, stellt jedoch kein Gültigkeitserfordernis für das Testament dar. Auch ein notarielles Testament kann nach österreichischem Recht errichtet werden, jedoch ist auch hier vorgesehen, dass grundsätzlich zwei Zeugen oder ein zweiter Notar hinzugezogen werden müssen. Ferner besteht auch in Österreich die Möglichkeit, ein verschlossenes Testament dem Notar zu übergeben oder bei Gericht zu hinterlegen (§ 65 AußerstrG, § 1487 ABGB).

Als die in Österreich ebenfalls verbreitete Form des sog. Kodizills wird eine Verfügung von Todes wegen bezeichnet, die keine Erbeinsetzung enthält, sondern nur eine Vermächtnisanordnung. Besonderheiten ergeben sich teilweise hinsichtlich des Widerrufs. Ein Kodizill wird durch ein späteres nur insoweit aufgehoben, als dieses zu dem früheren in Widerspruch steht (§ 714 ABGB). Ein Testament wird durch ein späteres im Zweifel stets vollumfänglich aufgehoben, sofern ausdrücklich nichts anderes bestimmt wird (§ 713 ABGB).

Aufgrund der nahezu übereinstimmenden Formvorschriften – zumindest für privatschriftliche Testamente – ist davon auszugehen, dass die nach deutschem Recht errichteten Testamente in der Regel auch nach österreichischem Recht formwirksam sind. Darüber hinaus ergibt sich die Gültigkeit einer nach deutschen Formvorschriften errichteten letztwilligen Verfügung auch aus dem sog. Haager Testamentsabkommen von 1961, dem sowohl Österreich als auch Deutschland angehören.

Für deutsch-österreichische Erbfälle bedeutet dies, dass ein Testament, das unter Beachtung der deutschen oder österreichischen Formvorschriften errichtet wurde, d. h. gegebenenfalls auch ein mündlich wirksam nach österreichischem Recht errichtetes Testament, grundsätzlich in *beiden* Ländern als formwirksam und damit gültig anerkannt werden muss.

Das zentrale österreichische Testamentsregister
Vor österreichischen Notaren und Rechtsanwälten errichtete letztwillige Verfügungen werden nach Kundgabe in gerichtliche Verwahrung genommen. Alle bei den Notaren und Rechtsanwälten verwahrten letztwilligen Anordnungen und Erbverzichtsverträge werden in einem zentralen Testamentsregister (JABl. 1972, 52) vermerkt. Dieses befindet sich bei:

Zentrales Testamentsregister
c/o Österreichische Notariatskammer
Landgerichtsstraße 20
A-1010 Wien

Um zu klären, ob ein deutscher Erblasser mit Vermögen in Österreich eine letztwillige Verfügung in Österreich im Zusammenhang mit in Österreich belegenem Vermögen errichtet hat, muss im zentralen Testamentsregister nachgeforscht werden. Auch dann bleibt jedoch die Gefahr bestehen, dass durch ein späteres Testament die Verfügung eines im zentralen Testamentsregister gespeicherten früheren Testaments widerrufen wurde.

Wirkung gemeinschaftlicher Ehegattentestamente in Österreich
Auch nach österreichischem Recht ist die Errichtung eines gemeinsamen Ehegattentestaments zulässig. Wie im deutschen Erbrecht liegt eine wechselbezügliche Verfügung immer dann vor, wenn sich die Ehegatten gegenseitig als Erben einsetzen. Ansonsten nur, wenn die Geltung der einen von der Geltung der anderen Verfügung abhängen soll. Im Zweifel wird hierbei nicht von einer wechselbezüglichen Verfügung ausgegangen.

Hinsichtlich der Form gilt das bereits zum Testament Gesagte entsprechend, allerdings gilt es zu beachten, dass es nicht wie im deutschen Recht ausreicht, wenn das eigenhändige Testament von einem Ehegatten geschrieben und anschließend von beiden unterschrieben wird, sondern jeder Ehegatte muss seine Verfügung eigenhändig schreiben, beide müssen dann die gemeinschaftliche Urkunde eigenhändig und gemeinsam unterschreiben.

Jeder der Ehegatten kann seine Verfügung frei widerrufen und zwar grundsätzlich in der Form, die auch bei der wirksamen Errichtung zu beachten war (§ 719 ABGB); anders als im deutschen Recht ist daher die notarielle Form des Widerrufs nicht zwingend vorgeschrieben; vielmehr ist auch ein mündlicher oder fremdhändiger Widerruf unter Hinzuziehung entsprechender Zeugen ebenso zulässig wie ein privatschriftlicher Widerruf. Die Verfügung des anderen Ehegatten wird bei Wechselbezüglichkeit im Falle des Widerrufs ebenfalls unwirksam.

Ein formell und materiell ordnungsgemäß von deutschen Eheleuten errichtetes gemeinschaftliches Ehegattentestament nach deutschem Recht ist – allein schon wegen des österreichischen Beitritts zum sog. Haager Testamentsabkommen – auch in Österreich gültig und muss anerkannt werden, da es den deutschen Formvorschriften entspricht.

Wirkung deutscher Erbverträge in Österreich
In Österreich ist – anders als in Deutschland – ein Erbvertrag nur zwischen Ehegatten bzw. Brautleuten – bedingt durch die künftige Eheschließung – zulässig. Eine Besonderheit im österreichischen Erbrecht ist, dass durch einen Erbvertrag nur über 3/4 des Nachlasses letztwillig

verfügt werden kann. Über dieses letzte Viertel (sog. „reines" Viertel, weil es frei von Belastungen und Schulden sein muss) kann der Erblasser immer letztwillig in einem Testament bzw. gemeinschaftlichen Testament – widerruflich – verfügen.

Der Vertrag muss persönlich vor einem Notar geschlossen werden. Hierbei muss die einseitig nicht widerrufliche Erbeinsetzung des anderen Ehegatten erfolgen. Andere Verfügungen zugunsten sonstiger Dritter können in den Erbvertrag ebenfalls mit aufgenommen werden. Diese Verfügungen sind aber jederzeit frei widerruflich.

Durch den Erbvertrag werden die Ehegatten nicht gehindert, durch Schenkungen zu Lebzeiten und auf den Todesfall Vermögen an Dritte zu übertragen, solange die im Erbvertrag getroffenen Verfügungen nicht beeinträchtigt werden. Unter anderem wird der Erbvertrag bei Nichtigerklärung, Aufhebung oder Scheidung der Ehe wirkungslos.

Erbverträge, die Deutsche untereinander schließen, unterliegen jedoch auch aus österreichischer Sicht ausschließlich dem deutschen Erbstatut und sind damit auch in Österreich als rechtswirksame letztwillige Verfügungen anzuerkennen.

5.2.4 Testamentsvollstreckung

Testamentsvollstreckung nach österreichischem Recht
Die Testamentsvollstreckung spielt im Vergleich zum deutschen Recht in Österreich wegen der noch darzustellenden behördlichen „Abhandlungspflege" durch das Nachlassgericht nur eine untergeordnete Rolle. Nach österreichischem Recht hat der „reine" Testamentsvollstrecker lediglich Überwachungsfunktion, damit die Anordnungen des Erblassers auch seinem Willen entsprechend von den Erben vollzogen werden. Dies gilt insbesondere für die Erfüllung von Vermächtnissen oder die Überwachung der Aufnahme des Nachlasses. Entsprechen die Erben hierbei nicht dem Erblasserwillen, so kann der Testamentsvollstrecker hiergegen nur gerichtlich vorgehen. Grundsätzlich hat er – anders als der deutsche Testamentsvollstrecker – kein eigenes Verwaltungs- oder Verfügungsrecht über den Nachlass. Darüber hinausgehend kann der Erblasser einem Testamentsvollstrecker testamentarisch bis zur sog. „Einantwortung" des Nachlasses durch das Nachlassgericht ein

eigenes Verwaltungsrecht einräumen („verwaltender" Testamentsvollstrecker).

Soll der Testamentsvollstrecker nach österreichischem Recht auch nach der Einantwortung noch die Verwaltung des Nachlasses übernehmen, so sind Umfang und Pflichten des Testamentsvollstreckers gesetzlich nicht geregelt bzw. umstritten. Insoweit bestehen im Vergleich zur Testamentsvollstreckung nach deutschem Recht weitgehende Unterschiede.

Legitimation des deutschen Testamentsvollstreckers in Österreich
Ein deutscher Testamentsvollstrecker erhält von einem deutschen Nachlassgericht ein *Testamentsvollstreckerzeugnis*, mit dem er seine Legitimation gegenüber Dritten nachweisen kann. Ein Verfahren zur Anerkennung des Testamentsvollstreckerzeugnisses in Österreich existiert jedoch nicht. In der Regel gelingt es dem Testamentsvollstrecker durch Vorlage des Testamentsvollstreckerzeugnisses, seine Befugnisse in Österreich nachzuweisen, um die notwendigen Verfügungen, insbesondere auch Umschreibungen von Grundbesitz im Grundbuch, vorzunehmen. Trotzdem stoßen jedoch deutsche Testamentsvollstrecker bei der Nachlassabwicklung in Österreich im Einzelfall auf Probleme. Da die maßgeblichen Befugnisse des Testamentsvollstreckers nach deutschem Recht in der Praxis häufig aus österreichischer Rechtssicht betrachtet werden, erfordert die Tätigkeit des Testamentsvollstreckers in Österreich ein gewisses Durchsetzungsvermögen.

Ergänzung der Testamentsvollstreckung durch Vollmachten
Um dem Testamentsvollstrecker seine Tätigkeit in Österreich zu erleichtern, ist es empfehlenswert, wenn er sich von jedem Erben und sonstigen Nachlassbeteiligten eine umfassende Vollmacht zur Nachlassabwicklung erteilen lässt, mit der er dann im österreichischen Rechtsverkehr für diese auftritt. Zu dieser Vollmachtserteilung kann der Erblasser die Erben im Testament durch Auflage verpflichten.

5.2.5 Wirkung einer Vollmacht über den Tod hinaus in Österreich

Nach österreichischem IPR findet auf eine Vollmacht das Recht des Landes Anwendung, in dem sie ihre Wirkung entfalten soll, bei einer Verwendung in Österreich also österreichisches Recht. Dies gilt auch für die von einem deutschen Erblasser in Deutschland erteilte Vollmacht. Eine Rechtswahl für die Vollmacht sieht das österreichische Recht nicht vor. Nach österreichischem Zivilrecht erlischt eine Vollmacht grundsätzlich mit dem Tod des Vollmachtgebers. Hierdurch verliert dieses Instrument seine Brauchbarkeit zur Organisation der Nachlassabwicklung in Österreich.

5.3 Nachlassabwicklung/Hinweise für den Erbfall

5.3.1 Eintritt des Erbfalls/Sterbeurkunden

Wie in Deutschland sind auch in Österreich für die Ausstellung der Sterbeurkunden die Standesämter zuständig. Ist der Tod des deutschen Erblassers in Österreich eingetreten, sollte die nächste konsularische Vertretung der Bundesrepublik Deutschland informiert werden, die über den Tod eines jeden Deutschen im Ausland eine Niederschrift erstellt, die sie dem für diese Fälle zuständigen Standesamt I in Berlin übersendet, das die Sterbeurkunde erstellt.

5.3.2 Ablieferung von Testamenten/Testamentseröffnung

Im Erbfall beauftragen die zuständigen Bezirksgerichte am letzten Wohnsitz des Erblassers in Österreich bzw. seinem letzten gewöhnlichen Aufenthaltsort den zuständigen Notar als Gerichtskommissär mit der Errichtung der sog. Todfallsaufnahme. In dieser Funktion eröffnet der Notar vorliegende Testamente und stellt den ungefähren Umfang des gesamten Nachlasses fest. Sollte kein Testament vorhanden sein, muss der Notar die gesetzlichen Erben und die Pflichtteilsberechtigten ermitteln. Anschließend wird in einem mit allen Beteiligten stattfindenden Gespräch die erb- und pflichtteilsrechtliche Situation des Nachlasses geklärt. Dieser Termin („Tagsatzung") ist mit der in Deutschland üblichen Testamentseröffnung vergleichbar. Für die Errichtung der Todfallsaufnahme durch den Notar ist eine geringe Gebühr fällig (im Durchschnitt ca. 0,2 % des Nachlasswertes).

5.3.3 Annahme oder Ausschlagung der Erbschaft/Haftungsbeschränkung

Anders als im deutschen Recht sieht das österreichische Erbrecht vor, dass die Erben ausdrücklich die Annahme der Erbschaft dem Abhandlungsgericht gegenüber zu erklären haben (sog. „Erbserklärung"), um in die Rechtsstellung des Erblassers einzutreten (§ 799 ABGB). Anders verhält es sich jedoch, wenn der Begünstigte lediglich Vermächtnisnehmer ist. In diesem Fall ist keine Annahme des Vermächtnisses erforderlich. Ist Gegenstand des Vermächtnisses das Eigentum an einer bestimmten Sache oder ein anderes dem Erblasser zustehendes Recht, geht der Anspruch darauf auf den Vermächtnisnehmer schon im Zeitpunkt des Todes des Erblassers über. Das Eigentumsrecht selbst kann von dem Vermächtnisnehmer aber nur nach den Vorschriften über den Eigentumserwerb erlangt werden (§ 684 ABGB). Obwohl beim Erbfall eines Deutschen mit Vermögen in Österreich deutsches Erbrecht gilt, ist zur Erleichterung der Nachlassabwicklung in Österreich den Erben zu empfehlen, nach dem Erbfall in Österreich ausdrücklich die Annahme der Erbschaft zu erklären.

Die unbedingte Erbserklärung hat zur Folge, dass der Erbe allen Gläubigern des Erblassers für ihre Forderungen sowie allen Vermächtnisnehmern gegenüber unbeschränkt haften muss, und zwar auch dann, wenn der Nachlass nicht ausreicht (§ 801 ABGB). Die bedingte Erbserklärung bringt dagegen die Verpflichtung der Erben zur Errichtung eines Nachlassinventars mit sich. Nach Erstellung des Nachlassinventars haften die Erben den Gläubigern und Vermächtnisnehmern beschränkt auf den Nachlass (§ 802 ABGB).

Die Vorlage eines deutschen Erbscheins ist zur Abgabe der Erbserklärung vor dem österreichischen Notar nicht zwingend erforderlich. Ist ein deutscher Erbschein jedoch vorhanden, so reicht dieser in der Regel aus, um die Erbenstellung und die Erbquote nach deutschem Erbrecht – und damit inzident auch die Annahme der Erbschaft nach deutschem Recht – nachzuweisen. Gleichwohl ist den Erben eines deutschen Erblassers trotz Vorlage eines deutschen Erbscheins die Abgabe der (bedingten oder unbedingten) „Erbserklärung" gegenüber dem zuständigen österreichischen Notar zu empfehlen bzw. ist diese erforderlich zur Durchführung der sog. „Einantwortung", durch die die Erben erst Eigentümer der Nachlassgegenstände werden und zur Herbeiführung der beschränkten Haftung der Erben für Schulden des Erblassers in Österreich.

5.3.4 Erbschein und Nachlasszeugnis

Erbnachweis durch deutschen Erbschein

Liegt der deutsche Erbschein vor, kann hiermit grundsätzlich auch der Nachweis der Erbfolge in Österreich erbracht werden, da sich das materielle Erbrecht, insbesondere also die Erbenstellung und Erbquote der Erben nach deutschem Recht richtet. Eine Eintragung der Erben des österreichischen Grundbesitzes im Grundbuch kann jedoch allein mittels des deutschen Erbscheins nicht erreicht werden, da hierfür die „Einantwortung" durch das österreichische Nachlassgericht erforderlich ist.

Einantwortungsurkunde des österreichischen Verlassenschaftsgerichts

Um die Umschreibung des Nachlassgrundbesitzes im Grundbuch zu erreichen, müssen auch die Erben des deutschen Erblassers die sog. (bedingte/unbedingte) „Erbserklärung" abgeben. Daraufhin stellt das österreichische Verlassenschaftsgericht die sog. „Einantwortungsurkunde" aus, mit der die Umschreibung des Grundbesitzes auf die Erben im Grundbuch erfolgen kann. Die Einantwortungsurkunde nach österreichischem Recht hat damit in etwa die Funktion des Erbscheins in Deutschland.

5.4 Schenkung österreichischer Immobilien

Da Vermögensübertragungen zu Lebzeiten ein wichtiger Baustein der Vermögensnachfolgeregelungen sind, soll hier kurz auf Schenkungen im Wege der vorweggenommenen Erbfolge hinsichtlich einer *österreichischen Immobilie* eingegangen werden.

Ist die *österreichische Immobilie* Gegenstand einer *Schenkung*, hängt es *nach deutschem Recht* in erster Linie vom Willen der Vertragsparteien ab, ob das unentgeltliche oder teilentgeltliche Rechtsgeschäft nach deutschem oder nach österreichischem Recht zu beurteilen ist. Das Vertragstatut ist durch die Parteien frei wählbar (Art. 27, 28 EGBGB). Treffen die Parteien keine Rechtswahl, gilt bei Schenkungen von Grundstücken das Recht des Lageortes.

Das österreichische IPR verweist bei Schenkungen auf das Recht des Staates, in dem sich die Immobilie befindet. Ein deutscher Staatsbürger kann daher seine in Österreich belegene Immobilie zwar ohne weiteres schenkweise übertragen, muss die Schenkung aber hiernach dem österreichischen Recht unterstellen und die Formvorschriften des österreichischen Rechts beachten.

Zu den Einzelheiten der Übertragung österreichischer Immobilien wird auf die Ausführungen in Teil 3 verwiesen.

5.5 Das österreichische Erbschaft- und Schenkungsteuerrecht

5.5.1 Persönliche Steuerpflicht

Unbeschränkte Erbschaft-/Schenkungsteuerpflicht
Ein Vermögenserwerb von Todes wegen oder im Wege der Schenkung ist in Österreich *erbschaft- und schenkungsteuerpflichtig*, wenn entweder der Erblasser bzw. Schenker oder der Erwerber bzw. der Beschenkte im Erb- oder Schenkungsfall „Inländer" sind. Inländer in diesem Sinne sind nicht nur österreichische Staatsbürger, sondern auch Ausländer, die in Österreich einen Wohnsitz oder einen gewöhnlichen Aufenthalt haben, wozu grundsätzlich auch Ferienimmobilien gehören. Ist die unbeschränkte persönliche Steuerpflicht gegeben, bezieht sich diese grundsätzlich auf das weltweite Vermögen des Erblassers.

Beschränkte Erbschaft-/Schenkungsteuerpflicht
Wie im deutschen Recht unterliegen darüber hinaus auch dann, wenn weder der Erblasser/Schenker noch der Erwerber Inländer in diesem Sinne sind, bestimmte in Österreich belegene Vermögenswerte („Inlandsvermögen") der beschränkten Erbschaft- und Schenkungsteuerpflicht. Hierzu gehört insbesondere land- und forstwirtschaftliches Vermögen, Betriebsvermögen und Immobilienvermögen in Österreich. Für deutsche Eigentümer österreichischer Immobilien kommt somit zumindest eine beschränkte Erbschaft- und Schenkungsteuerpflicht in Österreich in Betracht.

5.5.2 Steuerklassen

Das österreichische Erbschaftsteuerrecht teilt die Erwerber in fünf Steuerklassen ein:

Tabelle 9: Steuerklassen

Steuerklasse I	Steuerklasse II	Steuerklasse III	Steuerklasse IV	Steuerklasse V
Ehegatte, Kinder, Adoptivkinder, uneheliche Kinder	Enkelkinder	Eltern, Großeltern, Geschwister, Urgroßeltern	Schwiegereltern, Schwiegerkinder, Neffen/Nichten	Übrige Personen, Lebensgefährten, geschiedene Ehegatten

5.5.3 Steuersätze

Die österreichischen Erbschaftsteuersätze sind – wie auch in Deutschland – progressiv ausgestaltet und ebenfalls abhängig vom Verwandtschaftsgrad des Erwerbers zum Erblasser/Schenker (§ 8 Abs. 1 ÖErbStG).

Tabelle 10: Steuersätze

€	Steuer-klasse I Ehegatte, Kinder	Steuer-klasse II Enkelkinder	Steuer-klasse III Eltern, Großeltern, Ge-schwister	Steuer-klasse IV Schwieger-eltern, Schwieger-kinder	Steuer-klasse V Übrige Personen
7.300	2	4	6	8	14
14.600	2,5	5	7,5	10	16
29.200	3	6	9	12	18
43.800	3,5	7	10,5	14	20
58.400	4	8	12	16	22
73.000	5	10	15	20	26
109.500	6	12	18	24	30
146.000	7	14	21	28	34
219.000	8	16	24	32	38
365.000	9	18	27	36	42
730.000	10	20	30	40	46
1.095.000	11	21	32	42	48
1.460.000	12	22	34	44	51
2.920.000	13	23	36	46	54
4.380.000	14	24	38	48	57
darüber	15	25	40	50	60

5.5.4 Freibeträge

Ähnlich wie in Deutschland unterliegt nicht der gesamte Erwerb der Erbschaftsteuer. Das Gesetz räumt den Erwerbern *Freibeträge* ein; versteuert werden muss auch in Österreich nur der Erwerb nach Abzug der Freibeträge.

Persönliche Freibeträge
Die persönlichen Freibeträge für die jeweiligen Erwerber der Steuerklassen I–V sind wesentlich geringer als in Deutschland (§ 14 Abs. 1 ÖErbStG) .

Tabelle 11: Persönliche Freibeträge

	Steuerklasse I	Steuerklasse II	Steuerklasse III	Steuerklasse IV	Steuerklasse V
	Ehegatte, Kinder, Adoptivkinder, uneheliche Kinder	Enkelkinder	Eltern, Großeltern, Geschwister, Urgroßeltern	Schwiegereltern, Schwiegerkinder, Neffen/ Nichten	Übrige Personen, Lebensgefährten, geschiedene Ehegatten
Freibetrag	2.200 €	2.200 €	440 €	440 €	110 €

Bei beschränkter Steuerpflicht beträgt der Freibetrag nur 110 Euro (§ 14 Abs. 2 ÖErbStG).

Steuerbefreiungen
Bei Schenkungen unter Lebenden zwischen Ehegatten bleiben zusätzlich 7.300 Euro steuerfrei (14 Abs. 3 ÖErbStG). Neben diesen persönlichen Freibeträgen, die nicht von der Art und dem Umfang des erworbenen Vermögens abhängen, kennt das österreichische Erbschaftsteuerrecht auch diverse *sachliche Freibeträge und Steuerbefreiungen.*

Steuerfrei bleiben außerdem (§ 15 ÖErbStG):

■ Hausrat, beim Erwerb durch Personen der Steuerklasse I und II ohne Beschränkung, ansonsten bis zu 1.460 Euro;

■ sonstige bewegliche, körperliche Gegenstände – ausgenommen Gegenstände, die zum land- und forstwirtschaftlichen Vermögen, Grundvermögen oder Betriebsvermögen gehören, Zahlungsmittel und Edelmetalle und Edelsteine – beim Erwerb durch Personen der Steuerklasse I und II bis zu 1.460 Euro, ansonsten bis zu 600 Euro;

■ Schenkungen unter Lebenden zwischen Ehegatten unmittelbar zum Zwecke der gleichteiligen Anschaffung oder Errichtung einer Wohnstätte mit maximal 150 qm Nutzfläche als gemeinsame Wohnung der Ehegatten. Da der Zweck nach dem Gesetzeswortlaut auf die Befriedigung des dringenden Wohnbedürfnisses begrenzt ist, sind Übertragungen von Zweit- und Ferienwohnungen nicht erfasst;

■ übliche Gelegenheitsgeschenke.

Soweit privat gehaltene Bankeinlagen und Forderungswertpapiere in Österreich der 25 %-igen einkommenssteuerlichen Endbesteuerung unterliegen (KESt; § 15 Abs. 1 Z 17 und 19 ÖErbStG), ist bei einem Erwerb von Todes wegen die darauf entfallende Erbschaftsteuer und war bisher auch bei Schenkungen zu Lebzeiten die darauf entfallende Schenkungsteuer bereits abgegolten. Diese Regelung gilt bei Schenkungen von Geldeinlagen und sonstigen Forderungen gegenüber Kreditinstituten allerdings nur noch bis zum 31. Dezember 2003. Maßgeblicher Zeitpunkt ist dabei der Zeitpunkt der Übergabe. Auch über dieses Datum hinaus bleibt es jedoch für Erwerbe von Todes wegen bei der Abgeltungswirkung für die Erbschaftsteuer wie bisher. Bei Schenkungen an Personen der Steuerklasse V gilt die Steuerbefreiung nur bis zu einer Höhe von 100.000 Euro (§ 15 Abs. 1 Z 19 a und b ÖErbStG).

5.5.5 Bewertung von Nachlassvermögen

Maßgeblichkeit des Verkehrswerts
Grundsätzlich ist Bemessungsgrundlage der österreichischen Erbschaft- und Schenkungsteuer der Verkehrswert des übergegangenen Vermögens, der gegebenenfalls im Wege der Schätzung zu ermitteln ist.

Besonderheiten bei der Bewertung österreichischer Immobilien
Immobilienvermögen wird dagegen nicht nach dem Verkehrswert, sondern nach dem Dreifachen des (steuerlichen) Einheitswertes zum Zwecke der Erbschaft- und Schenkungsteuer bewertet. Da der einfache Einheitswert einer österreichischen Immobilie in der Regel nur etwa ein Zehntel des tatsächlichen Verkehrswerts beträgt, ergibt sich beim Erwerb von österreichischem Grundvermögen gegenüber sonstigem Vermögen bei der Erbschaftsbesteuerung in Österreich ein beträchtlicher Steuervorteil.

5.5.6 Anzeige- und Erklärungspflichten des Erwerbers

Erklärungspflicht des Erwerbs
Der Erwerber von Vermögen muss sowohl im Erb- als auch im Schenkungsfall den Erwerb dem zuständigen Finanzamt in Österreich innerhalb von drei Monaten nach Kenntnis vom Anfall anzeigen (§ 22 I ÖErbStG). *Rechtsanwälte und Notare sind befugt, die Erbschafts- und Schenkungssteuer selbst zu berechnen, wodurch die Anzeige entfällt (§ 23a ÖErbStG).*

Steuerveranlagung
Nachdem das Finanzamt vom Erwerb Kenntnis erlangt hat, fordert es regelmäßig den steuerpflichtigen Erwerber zur Abgabe einer Erbschaft- und Schenkungsteuererklärung auf. Die Frist zur Abgabe der Erbschaft-/Schenkungsteuererklärung muss dabei mindestens einen Monat betragen. Der Erbschaftsteuererklärung muss dabei ein entsprechendes Nachlassverzeichnis auf amtlichem Vordruck beigefügt werden.

5.5.7 Bezahlung des sog. Grunderwerbsteueräquivalents

Auch beim Immobilienerwerb von Todes wegen oder durch Schenkung wird in Österreich – gegebenenfalls neben der Erbschaft- und Schenkungsteuer – die Bezahlung des sog. „Grunderwerbsteueräquivalents" gefordert, die dem für die österreichische Immobilie zuständigen Grundbuchgericht durch Vorlage einer finanzamtlichen Unbedenklichkeitsbescheinigung nachzuweisen ist. Das sog. „Grunderwerbsteueräquivalent" beträgt 2 % des dreifachen (steuerlichen) Einheitswerts beim Erwerb durch Ehegatten, Eltern und Kinder sowie 3,5 % (seit 2001) beim Erwerb durch sonstige Personen (§ 8 Abs. 4 ÖErbStG).

5.5.8 Vermeidung einer Doppelbesteuerung

Doppelbesteuerungsabkommen für die Erbschaftsteuer
Ob der Erwerb einer österreichischen Immobilie in Deutschland oder in Österreich zu besteuern ist, wird in dem zwischen Österreich und Deutschland schon im Jahr 1954 (!) abgeschlossenen Doppelbesteuerungsabkommen (DBA) hinsichtlich der Erbschaftsteuer geregelt. Hierbei muss zwischen beweglichem und unbeweglichem Vermögen (Immobilien) sowie Betriebsvermögen unterschieden werden.

Grundsätzlich geht das deutsch-österreichische Doppelbesteuerungs-abkommen beim Erwerb von Todes wegen von der sog. „Freistellungsmethode" aus. Unbewegliches Vermögen wird danach in dem Staat der Erbschaftsteuer unterworfen, in dem es liegt. Österreichische Immobilien werden daher grundsätzlich in Österreich der Erbschaftsteuer unterworfen. Dies gilt auch im Hinblick auf etwaige Nutzungsrechte an österreichischen Immobilien. Eine (echte) Doppelbesteuerung der österreichischen Immobilie in Deutschland und Österreich wird dadurch vermieden. Allerdings wird für die Berechnung des Steuersatzes, der in Deutschland hinsichtlich des restlichen Nachlasses des deutschen Erblassers zur Anwendung kommt, der im Nachlass befindliche österreichische Grundbesitz dem deutschen Nachlass fiktiv mit seinem Verkehrswert (nicht mit dem steuerlichen Einheitswert nach österreichischem Recht) hinzugerechnet, so dass die in Deutschland zu entrichtende Erbschaftsteuer nach einem höheren Steuersatz ermittelt wird (sog. „Progressionsvorbehalt").

Steueranrechnung bei Schenkungen

Das zwischen Österreich und Deutschland bestehende Doppelbesteuerungsabkommen gilt jedoch nur im Bereich der Erbschaftsteuer, nicht aber im Bereich der Schenkungsteuer. Für Schenkungen österreichischer Immobilien gelten somit die allgemeinen Vorschriften über die Steueranrechnung in Deutschland (§ 21 ErbStG).

Die Steueranrechnung nach § 21 ErbStG setzt die unbeschränkte persönliche Steuerpflicht des Schenkers oder des jeweiligen Erwerbers in Deutschland voraus. Die Steueranrechnung bewirkt im Ergebnis eine Reduzierung der Steuerlasten, die mit der Doppelbesteuerung der in Österreich belegenen Immobilien verbunden sind. Gleichwohl ergibt sich für einen Erwerber, der in Deutschland Steuerinländer ist, aus der Tatsache, dass er Immobilienvermögen in Österreich erworben hat, meist eine höhere Steuerbelastung als bei einem Erwerb gleichwertigen Inlandsvermögens.

---

* Dieser Beitrag wurde unter freundlicher Mithilfe von Alfred Nemetschke und Birgit Harasser verfasst.

Teil 5

Überblick über weitere Länder

1. Portugal

Hier sollen Besonderheiten des Erwerbsprocedere sowie der Vererbungs- und Schenkungsthematik bei Auslandsimmobilien in weiteren Ländern Europas dargestellt werden, die aus wirtschaftlichen oder touristischen Gründen für deutsche Immobilienkäufer von Bedeutung sind. Aufgrund der derzeit noch verhaltenen Nachfrage deutscher Käufer nach Immobilien in diesen Ländern, wird hier aber lediglich ein Überblick gegeben.

1.1 Suche und Finanzierung einer Immobilie in Portugal
Stefan Albert

1.1.1 Objektauswahl

Vor allem die *Algarve*-Küste ist bei deutschen Urlauber gleichermaßen bekannt wie beliebt. Diese Nachfrage im touristischen Bereich hat Auswirkungen auf den Immobilienmarkt: Mehr als 20 Golfplätze, diverse Luxusressorts, Urbanisationen sowie eine perfekte Infrastruktur haben dem ursprünglichen Portugal ein neues Gesicht gegeben. Freistehende Häuser mit 120 Quadratmeter Wohnfläche und einer Grundstücksgröße von ca. 1.000 Quadratmeter werden hier in einer Preisspanne von ca. 190.000 bis ca. 380.000 Euro gehandelt. Eine Preissteigerung dürfte wahrscheinlich sein, da Baugenehmigungen nur bei vorhandener Altsubstanz erteilt werden. Dennoch sind die Neubauten, vor allem westlich der lebendigen Stadt *Faro*, in der Überzahl, während Bestandsbauten hingegen schwer zu finden sind.

Nur wenige Kilometer von der Küste entfernt, z. B. im Hinterland bei *Loulé*, ist von Deutschen, Holländern und Engländern die an der *Algarve* vermisste Ursprünglichkeit wieder entdeckt worden. Eine Alternative zur *Algarve* für Liebhaber von Ruhe und Einsamkeit stellt das hügelige *Alentejo* dar; großzügige Grundstücke und Ländereien mit Herrenhäusern und Höfen sind hier für vergleichsweise niedrige Preise zu erwerben.

Als Trend kann der Erwerb im nördlichen Portugal bezeichnet werden, wo weit um die Kulturhauptstadt des Jahres 2001, *Porto*, grüne

Hügel, von zahlreichen Flüssen bewässert, das Landschaftsbild kennzeichnen. Erste Golfplätze sind hier, an der *Costa Verde*, ein bereits sicheres Signal für steigende Nachfrage nach Wohnimmobilien für ausländische Erwerber.

Fazit: Auch wenn die Investition in eine Ferienimmobilie kaum unter Renditegesichtspunkten betrachtet werden sollte, gibt es im Hinterland der *Algarve* oder aber im nördlichen Portugal gute Chancen, Wertsteigerungen im Laufe der kommenden fünf bis zehn Jahre zu realisieren; wie in anderen Regionen sind in den Wachstumszonen anfänglich Beschränkungen hinsichtlich der Infrastruktur einzukalkulieren.

1.1.2 Finanzierung

Der Erwerb von Immobilien in Portugal für ausländische Erwerber unterliegt juristisch keinerlei Beschränkungen; demzufolge können grundsätzlich die Immobilien im Ausland von deutschen Banken durch ein Hypothekendarlehen oder ein Bauspardarlehen mit hypothekarischer Absicherung auf dem Objekt finanziert werden.

Gemeinsam haben die finanzierenden deutschen Institute für alle Länder, dass generell ein geringerer Beleihungswert der Finanzierung zugrunde liegt, d. h. prozentual ein geringerer Darlehensbetrag als in Deutschland angefragt werden kann. Grundlage für die Bemessung des Beleihungswertes ist wiederum der Verkehrswert, der durch einen unabhängigen, von der Bank beauftragten oder über die Bank vermittelten Gutachter festgelegt wird. Der Verkehrswert kann vom tatsächlich zu zahlenden Kaufpreis abweichen: Da bei der Berechnung des Verkehrswertes vor allem die tatsächlich entstandenen Kosten einerseits sowie die tagesaktuelle Wahrscheinlichkeit einer Veräußerung der Immobilie aufgrund der regionalen Marktsituation andererseits berücksichtigt werden, können Faktoren wie Liebhaberei, Innenprovisionen (häufig bei Bauträger-Objekten!) und Mikrostandortvorteile nur selten berücksichtigt werden. Deswegen empfehlen die meisten der deutschen Kreditinstitute, etwa die Hälfte des zu zahlenden Kaufpreises sowie die anfallenden Erwerbsnebenkosten und Gebühren aus Eigenkapital zu entrichten. Die unter Ziffer II. aufgeführten Dokumente zum Erwerb der Immobilie sind bei der Finanzierungsanfrage vorzulegen und durch den Abschluss des notariellen Kaufvertrages zu bestätigen. Die jeweiligen zusätzlichen Gebühren für die Finanzierung einer Immobilie in Portugal über ein deutsches Kreditinstitut müssen dort einzeln erfragt werden. Unterschiede können vor allem in der Bezahlung des beauftragten Gutachters vorhanden sein.

1.2 Erwerb einer Immobilie in Portugal
Klaus Wigand

1.2.1 Verfahren

Zu prüfende Unterlagen
Auch vor dem Kauf einer Immobilie in Portugal sollten rechtzeitig vorab alle rechtlichen und tatsächlichen Gegebenheiten der Immobilie abgeklärt werden. Hierzu sollte sich der Interessent insbesondere folgende Unterlagen vorlegen lassen:

- Grundbuchauszug (registro predial)
- Baugenehmigung (licenca construcao)
- Wohnnutzungsgenehmigung (licenca de utilizacao) sowie
- ein Finanzamtsauszug (caderneta urbano/misto)

Anhand dieser Unterlagen sollte insbesondere die tatsächliche Bebaubarkeit sowie die Rechtmäßigkeit der bestehenden Bebauung gegebenenfalls unter Hinzuziehung eines Fachmannes geprüft werden, ebenso wie die Grundstücksgröße sowie etwa noch offene Steuerforderungen gegen den bisherigen Eigentümer.

Vorvertrag
Auch in Portugal wird vor dem eigentlichen Grundstückskaufvertrag ein Vorvertrag zwischen den Parteien abgeschlossen (Contrato promessa compra e venda). Dieser Vorvertrag bindet die Parteien auch ohne notarielle Beurkundung. Nur wenn der Vorvertrag aber notariell beurkundet ist, kann der Käufer seinen sich daraus ergebenden schuldrechtlichen Anspruch auf Eigentumserwerb als „Eigentumsvormerkung" auf bestimmte Zeit im Grundbuch sichern. Der Vorvertrag sollte insbesondere Regelung über folgende Punkte enthalten:

- Die genaue Bezeichnung der Parteien und des Grundstückes samt Grundbuchdaten;

- Kaufpreis sowie Zahlungsbedingungen und Vereinbarung über eine Anzahlung (üblich sind ca. 10 % bei Abschluss des Vorvertrages);
- Hinweis oder Vereinbarung über die Lastenfreiheit des Grundstückes (z. B. Hypotheken, Wegerechte, Nutzungsrechte etc.);
- Vereinbarung über die Bestellung einer Finanzierungshypothek und die Mitwirkung des Verkäufers hierbei;
- Vollstreckungsregelungen sowie Regelung für den Fall des Vertragsbruches;
- Regelung für rückständige Steuern und Abgaben.

Kaufvertrag
Der eigentliche Grundstückskaufvertrag (contrato compra e venda) bedarf der notariellen Beurkundung. Das Eigentumsrecht am Grundstück geht schon mit Abschluss des notariellen Kaufvertrages auf den Erwerber über. Der notarielle Kaufvertrag hat daher für das Eigentum konstutitive Bedeutung. Eine Ausfertigung des Notarvertrags ist beim zuständigen Grundbuchamt (conservatória) einzureichen. Er wird im Grundbuch eingetragen. Dadurch und ab diesem Zeitpunkt ist sicher gestellt, dass der Verkäufer die Immobilie nicht ein zweites Mal an einen anderen gutgläubigen Erwerber verkauft oder das Grundstück mit einer Hypothek belastet.

Voraussetzung für die Eintragung des Kaufvertrages im Grundbuch ist die Bezahlung der Steuern durch den Erwerber, der hierfür eine portugiesische Steuernummer beantragen muss. Die Eintragung des Kaufvertrages im Grundbuch erfolgt nicht von Amts wegen oder auf Veranlassung des Urkundsnotars; vielmehr muss jeder Erwerber für die Eintragung selbst Sorge tragen. Deshalb empfiehlt es sich, den notariellen Kaufvertrag durch einen Rechtsanwalt vor Ort abwickeln zu lassen, der die hierfür erforderlichen Bescheinigungen und Unterlagen beschafft. Diese Aufgabe nimmt in Portugal nicht der Notar wahr, der als Beamter die Parteien auch nicht in dem von deutschen Erwerbern gewohnten Umfang berät.

Beschränkungen für den Immobilienerwerb von EU-Bürgern in Portugal bestehen grundsätzlich nicht. Einschränkungen sind allenfalls im Bereich von landwirtschaftlichen Flächen denkbar.

1.2.2 Kosten und Steuern

Beim Erwerb einer Ferienimmobilie in Portugal können folgende Kosten und Steuern anfallen.

Grunderwerbsteuer (Sisa)
Diese ist bis zu einem Gesamtkaufpreis von 162.000 Euro gestaffelt und beträgt darüber hinaus einheitlich 10 % des Kaufpreises. Sie ist in der Regel bereits vor Unterzeichnung des notariellen Kaufvertrages zu bezahlen und die Bezahlung im Grundbuch nachzuweisen. Beim Immobilienkauf durch eine so genannte Offshore-Gesellschaft entfällt die Grunderwerbsteuer.

Notargebühren und sonstige Kosten und Steuern
Die Notarkosten liegen bei ca. 1,2 % des Kaufpreises. Hinzukommen die Gebühren für die Grundbucheintragung (ca. 0,7 % des Kaufpreises) sowie sonstige Gerichtskosten in Höhe von 1 bis 3 % des Kaufpreises. Soweit der Erwerber Unterstützung eines Rechtsanwalts beim Grundstückserwerb in Anspruch nimmt, müssen hierfür ca. 2 bis 3 % des Kaufpreises angesetzt werden. Eine gesetzliche Anwaltsgebührenordnung gibt es in Portugal bislang nicht. Die Erwerbsnebenkosten (ohne Maklerprovision) können damit leicht 16 % des Kaufpreises überschreiten.

Laufende Kosten
Darüber hinaus fallen beim Eigentümer laufende Kosten, insbesondere in Form von Grundsteuer an, die – gemeindeabhängig – zwischen 0,7 % und 1,3 % des Steuerwertes (valor tributavel) beträgt.

1.3 Vererbung und Schenkung einer Immobilie in Portugal
Klaus Wigand

1.3.1 Anwendbares Erbrecht

Auch nach portugiesischem internationalen Privatrecht richtet sich die Erbfolge nach dem Heimatrecht des Erblassers zum Zeitpunkt seines Todes (Art. 62 des portugiesischem Codigo civil). Damit wird ein deutscher Erblasser auch hinsichtlich seiner in Portugal belegenen Immobilie grundsätzlich nach deutschem Erbrecht beerbt. Die Errichtung eines gesonderten Testaments nach portugiesischem Recht im Hinblick auf die portugiesische Immobilie ist daher nicht erforderlich.

Die Umschreibung des Eigentums auf die Erben im portugiesischem Grundbuch gelingt in der Regel durch Vorlage des deutschen Erbscheins mit beglaubigter Übersetzung, dem gegebenenfalls eine juristische Stellungnahme über die Bedeutung des Erbscheins nach deutschem Recht beizufügen ist. Unter Umständen kann es sich empfehlen, zur Erleichterung der Nachlassabwicklung in Portugal, notariell vor Ort nochmals eine Erbschaftsannahmeerklärung der Erben beurkunden zu lassen.

1.3.2 Das portugiesische Erbschaft- und Schenkungsteuerrecht

In Portugal gibt es kein eigenständiges Erbschaft- und Schenkungsteuergesetz; vielmehr sind die entsprechenden Regelungen im Grunderwerbsteuergesetz enthalten. Erbschaft- und schenkungsteuerpflichtig sind demnach alle Erwerbe von Todes wegen und Schenkungen von beweglichen und unbeweglichen Gütern, die sich in Portugal befinden. Portugal knüpft damit eng an die Belegenheit von Vermögenswerten an.

Das portugiesische Erbschaft- und Schenkungsteuerrecht kennt keine Freibeträge im herkömmlichen Sinne, sondern nur relativ geringe Freigrenzen, die bei Übertragungen an Ehegatten, Kinder und Enkelkinder 3.491,59 Euro betragen. Wird dieser Betrag überschritten, ist der gesamte Erwerb erbschaft- bzw. schenkungsteuerpflichtig.

Bemessungsgrundlage des portugiesischem Grundvermögens ist der steuerliche Einheitswert (valor tributável) der in der Regel unter dem tatsächlichen Verkehrswert des Grundbesitzes liegt.

Die Erbschaft- und Schenkungsteuersätze liegen beim Erwerb minderjähriger Kinder zwischen 3 und 24 %, beim Erwerb von Ehegatten, volljährigen Kindern und Geschwistern zwischen 7 und 32 % und bei sonstigen Verwandten oder nicht verwandten Personen zwischen 13 und 50 %, wobei der höchste Steuersatz bereits jeweils bei einem Vermögenserwerb ab 355.343,63 Euro erreicht wird. Bei Anwendung der Erbschaftsteuertarife kommt es zu einer Tarifaufspaltung mit der Folge einer gegenüber dem so genannten absoluten Steuersätzen reduzierten Erbschaft- und Schenkungsteuerbelastung.

Zwischen Deutschland und Portugal besteht im Bezug auf Erbschaft- und Schenkungsteuern kein Doppelbesteuerungsabkommen, so dass es im Hinblick auf das in Portugal belegene und dort besteuerte Vermögen zu einer Doppelbesteuerungssituation kommt. Die Doppelbesteuerung wird weitgehend durch Anrechnung der portugiesischen Erbschaft- und Schenkungsteuer auf die in Deutschland erhobene Erbschaft- bzw. Schenkungsteuer (vgl. § 21 ErbStG) vermieden. Zu den Einzelheiten wird auf die Ausführungen im 1. Teil, Abschnitt C verwiesen.

2. Griechenland

2.1 Suche und Finanzierung einer Immobilie in Griechenland
Stefan Albert

2.1.1 Objektauswahl

Griechenland hat nicht nur im touristischen Bereich eine rege Nachfrage erfahren dürfen, sondern erhält durch die 2004 in und um *Athen* stattfindenden Olympischen Spiele neuen Auftrieb: Enorme staatliche Subventionen, z. B. U-Bahn-Projekte, die Realisierung des neuen Flughafens *Spata* sowie diverse Großprojekte stellen auch für den Markt von Zweit- und Ferienimmobilien die Ursache einer Sogwirkung dar. Dass annähernd 14.000 Küstenkilometer den Wunsch nach einem schneeweißen Haus am türkisfarbenen Meer wecken, erscheint nur verständlich; dass allerdings in der Nachfrage nach Kaufangeboten Griechenland im Jahr 2002 hinter Spanien und Italien den Dritten Platz einnimmt und damit Frankreich verdrängt, verwunderte auch die Fachwelt. Denn aufgrund der zerklüfteten Inselwelt Griechenlands ist die Infrastruktur überwiegend von den Urlauberbewegungen beeinflusst, d. h. die für deutsche Erwerber interessanten Gebiete sind in den Wintermonaten oftmals nur bedingt erreichbar. Zudem erschweren Beschränkungen in grenznahen Regionen, archäologische Schutzgebiete und Mindestgrößen für Grundstücke den Erwerb. Zusätzlich zu der auch für andere Länder zutreffende meistens vorhandenen Sprachbarriere, bedeutet die griechische Schriftart ein weiteres Kommunikationsproblem.

Die Interessen der ausländischen Erwerber müssen sich also nach etwas Einzigartigem richten, das in anderen südeuropäischen Ländern in diesem Maße nicht vorhanden ist: Die Ursprünglichkeit. Abgesehen von der Insel *Kreta*, wo der Massentourismus als Wegbereiter für größere Appartementanlagen diente, sind sowohl auf dem Festland, z. B. dem *Peleponnes*, als auch auf den zahlreichen Inseln vor allem renovierte Natursteinhäuser oder aber die landestypischen Neubauten gefragt. Mit steigender Individualität und Reduzierung des Touristenandrangs nimmt aber auch die Erreichbarkeit der attraktiven Plätze ab.

Da sich die einzelnen Märkte voneinander so stark unterscheiden, ist eine Aussage zum Preisniveau für ganz Griechenland nicht darstellbar. Da zudem das Kataster als Personenregister geführt wird (und damit für Ausländer uneinsehbar ist), kommt dem Preisvergleich vor Ort in Griechenland eine noch stärkere Bedeutung zu als in anderen Ländern.

Fazit: Die Investition in eine Ferienimmobilie sollte auch in Griechenland nicht unter Renditegesichtspunkten betrachtet werden. Der vehemente Einfluss der Olympischen Sommerspiele im Jahr 2004 auf die griechische Infrastruktur sollte den potenziellen Erwerber nicht davon abhalten, exakte Preisvergleiche am Mikrostandort einerseits und die Erreichbarkeit der Immobilie zu den gewünschten Zeiträumen genau zu prüfen.

2.1.2 Finanzierung

Der Erwerb von Immobilien in Griechenland für ausländische Erwerber unterliegt juristisch keinerlei Beschränkungen; demzufolge können grundsätzlich die Immobilien im Ausland von deutschen Banken durch ein Hypothekendarlehen oder ein Bausspardarlehen mit hypothekarischer Absicherung auf dem Objekt finanziert werden. Allerdings gibt es in Griechenland einige Besonderheiten zu beachten:

■ Die Hypothek ist mittels eines notariellen Vertrages zu beurkunden, was für den Fall der Hypothekenbestellung bei gleichzeitiger Wirksamkeit des Darlehensvertrages mit einer Beurkundung des letzteren einhergeht. Aufgrund der hohen Kosten (ca. 7,5 % des Darlehensbetrages) hat diese rechtlich einwandfreie Möglichkeit keine praktische Bedeutung.

■ In der Praxis erfolgt häufig die privatschriftliche Darlehensvereinbarung mit der einseitigen Verpflichtung des Darlehensnehmers, dem Darlehensgeber den Eintrag einer Hypothek zu dessen Gunsten einzutragen.

■ Die Auszahlung des Darlehens bei der geschilderten Vorgehensweise ist dann an die Eintragung der Hypothek geknüpft. Um den Zeitraum von erforderlichen Zahlungen bis zu erfolgten Eintragung der Hypothek zu überbrücken, gibt es verschiedene Möglichkeiten für die deutschen Kreditinstitute; im Regelfall wird entweder die Auszahlung des Darlehens mit einem Dispositionskredit überbrückt oder aber es wird ein Betrag zur Sicherung der Forderung eingetragen, welcher deutlich niedriger als der Darlehensbetrag ist. Gleichzeitig wird vereinbart, dass die finanzierende Bank oder Bausparkasse sich das Recht zur Eintragung der Hypothek über den vollen Betrag bei Gericht vormerken lässt. Diese Vormerkung ermöglicht dem Finanzierungsinstitut im Bedarfsfall die Erlangung eines Vollstreckungstitels zur zwangsweisen Verwertung der Immobilie.

2.2 Erwerb einer Immobilie in Griechenland
Klaus Wigand

2.2.1 Verfahren

Für EU-Bürger bestehen in Griechenland keine besonderen Erwerbsbeschränkungen für Grundbesitz mehr. Sie sind insoweit Griechen gleichgestellt. Für diese bestehen jedoch noch in einigen Gebieten, insbesondere in Naturschutzgebieten, archäologischen Zonen und Forstgebieten Bau- und Erwerbsbeschränkungen. Beschränkungen bestehen darüber hinaus in bestimmten grenznahen Gebieten nahe der Grenzen zu der Türkei, Albanien, Mazedonien und Bulgarien. Baubeschränkungen bestehen außerhalb geschlossener Ortschaften insoweit, als zur Erlangung einer Begenehmigung eine Grundstücksgröße von mindestens 4.000 qm erforderlich ist.

Der Immobilienerwerb in Griechenland wird dadurch erschwert, dass es weder ein Grundbuch im deutschen Sinne noch ein zuverlässiges Kataster gibt, in dem Grund und Boden erfasst werden. Liegenschaften werden in der Regel durch einen von einem Ingenieur unterzeichneten Lageplan (Topographiko) nachgewiesen. Zwar ist der Aufbau eines landesweiten Grundbuches geplant, jedoch kann hiermit nicht kurzfristig gerechnet werden.

Das griechische „Grundbuch", das grundsätzlich nur von Rechtsanwälten eingesehen werden kann, ist ein „Personenregister" und sehr unübersichtlich. Grundbucheintragungen gewähren in Griechenland in aller Regel keinen Gutglaubensschutz, so dass auf die Richtigkeit der dortigen Eintragungen grundsätzlich nicht vertraut werden kann. Zwar bedarf der Übergang der Eigentums an griechischem Grundbesitz konstitutiv der Eintragung im Grundbuch; jedoch wird ein auf diese Weise eingetragener Eigentumsübergang nur dann rechtlich wirksam, wenn der Erwerber des Eigentums auch vom früheren wahren Eigentümer erworben hat. In der Praxis bedeutet das, dass jeder Erwerber anhand der Grundbucheintragungen der letzten 20 Jahre prüfen muss, ob der im Grundbuch eingetragene Eigentümer, von dem er die Immobilie erwerben möchte, auch der wahre Eigentümer ist. Nur wenn die Eigentümer in ununterbrochener Folge über 20 Jahre hinweg im Grundbuch eingetragen sind, ist dessen Eintragung Nachweis für das Eigentumsrecht des Veräußerers, da der Erwerber dann davon ausgehen kann, vom eingetragenen Eigentümer gutgläubig im Wege der Ersitzung zu erwerben. Kann das Eigentumsrecht des Veräußerers im Grundbuch aber nicht für 20 Jahre nachgewiesen werden, muss der Verkäufer sein Eigentumsrecht in anderer Weise, etwa durch Vorlage entsprechender Kaufverträge, nachweisen.

Schon aufgrund dieser schwierigen und umfangreichen Vorprüfungen ist es zweckmäßig, einen Rechtsanwalt vor Ort einzuschalten. Die Mitwirkung eines Rechtsanwalts ist darüber hinaus in Griechenland sogar gesetzlich vorgeschrieben, da eine Beratung der Vertragsparteien durch den beurkundenden Notar vor Ort nicht stattfindet.

Der Immobilienerwerb selbst, d. h. der Eigentumserwerb erfolgt durch Abschluss eines notariellen Kaufvertrages und anschließender Eintragung des Erwerbers als neuem Eigentümer im Grundbuch (Artikel 1192, 1193 griechischer Codezivil). Unterbleibt die Grundbuchumschreibung bzw. Eintragung, wird der Erwerber nicht Eigentümer der Immobilie. Andererseits heilt aber die spätere Eintragung des Erwerbers im Grundbuch etwaige Mängel des notariellen Kaufvertrages nicht.

Der Abschluss eines notariellen Vorvertrages ist insbesondere dann empfehlenswert, wenn bis zum Abschluss des eigentlichen Kaufvertrages noch unklare Punkte, insbesondere das Eigentumsrecht des Veräußerers durch Grundbucheinsicht geklärt werden müssen. In der Regel verpflichtet sich der Erwerber bei Abschluss des Vorvertrags zur Leistung einer Anzahlung von ca. 10 % des Kaufpreises, wobei im Vorvertrag eindeutige Regelungen im Hinblick auf die Rückzahlung der Anzahlung getroffen werden sollten, für den Fall, dass der Veräußerer nicht in der Lage ist, sein Eigentumsrecht hinreichend nachzuweisen. Der Abschluss eines Vorvertrages empfiehlt sich auch insbesondere dann, wenn bis zum Abschluss des eigentlichen Kaufvertrages noch eine Vermessung des Grundbesitzes erforderlich ist.

2.2.2 Kosten und Gebühren

Vor Abschluss des notariellen Kaufvertrages hat der beteiligte Rechtsanwalt des Erwerbers für diesen eine griechische Steuernummer zu beantragen.

Grunderwerbsteuer
Bei Erwerb einer Immobilie in Griechenland ist mit der Erhebung von Grunderwerbsteuer zwischen 9 und 13 % zu rechnen. Die genaue Höhe ist abhängig vom Kaufpreis und der Gemeinde, in der das Grundstück liegt. Maßgeblich für die Berechnung der Grunderwerbsteuer ist der steuerliche Wert der Immobilie („objektiver Wert"), der vom zuständigen Finanzamt unter Berücksichtigung der Grundstücksfläche, der Gebäudefläche und der Grundstückslage festgesetzt wird und in der Regel niedriger ist als der tatsächliche Verkehrswert der Immobilie.

Notargebühren und sonstige Kosten und Steuern
Ferner fallen beim Grundstückserwerb für Notar, Eigentumsregister etc. weitere Kosten zwischen 2 und 3 % des Kaufpreises an sowie Anwaltsgebühren zwischen 0,5 und 2 %. Etwaige Maklergebühren betragen in der Regel ca. 2 % des Kaufpreises.

Nach Erwerb der Immobilie wird der Erwerber mit der so genannten Kapitalsteuer (TAP) in Höhe von ca. 0,4 % des Steuerwertes des Objektes belastet.

2.3 Vererbung und Schenkung einer Immobilie in Griechenland
Klaus Wigand

2.3.1 Das anwendbare Erbrecht

Auch nach dem internationalen Erbrecht Griechenlands beurteilt sich die Erbfolge nach einem deutschen Erblasser mit Grundbesitz in Griechenland nach der Staatsangehörigkeit des Erblassers zum Zeitpunkt seines Todes, d. h. nach deutschem Erbrecht (Art. 28 ZGB Griechenland).

Die Testamentsform richtet sich nach dem so genannten Haager Abkommen über das auf die Form letztwilliger Verfügungen anzuwendende Recht. Wie in zahlreichen anderen Ländern auch, kann es jedoch insbesondere beim Nachweis der Erbfolge durch ein gemeinschaftliches Ehegattentestament nach deutschem Recht in Griechenland zu Problemen kommen, da gemeinschaftliche Testamente nach griechischem Erbrecht nichtig sind. Der deutsche Erbschein eines deutschen Erblassers genügt in der Regel auch in Griechenland, um den Nachweis der Rechtsnachfolge im örtlichen Grundbuch zu führen, da es einen dem deutschen Recht sehr ähnlichen Erbschein nach griechischem Erbrecht gibt (Artikel 1956 bis 1966 ZGB – Griechenland).

2.3.2 Das griechische Erbschaft- und Schenkungsteuerrecht

Der griechischen Erbschaft- und Schenkungsteuer unterliegt der gesamte in Griechenland belegene Nachlass eines Ausländers. Sofern dieser in Griechenland zum Zeitpunkt seines Todes auch seinen letzten Wohnsitz hatte, unterfällt auch das im Ausland belegene bewegliche Nachlassvermögen der griechischen Erbschaftsteuer. Entsprechendes gilt für Schenkungen.

Die griechische Erbschaftsteuer ist eine Erbanfallsteuer. Besteuert wird nicht der Nachlass als solcher, sondern der Erwerb durch jeden einzelnen Erwerber (Erbe, Vermächtnisnehmer, Auflagenbegünstigter etc.). Bemessungsgrundlage für die Erbschaftsteuer ist bei Grundbesitz der Verkehrswert des Grundbesitzes zum Zeitpunkt des Erbfalls, der aus gleichartigen Grundstücksverfügungen, aus den Erträgen oder anhand anderer Anhaltspunkt zu schätzen ist (vgl. Artikel 10 ErbStG – Griechenland). Besonderheiten der Grundstücksbewertung zum Zwecke der Erbschaftsteuer gelten bei der Belastung eines Grundstückes mit einem Nießbrauchsrecht (vgl. Artikel 15, 16 ErbStG – Griechenland).

Die persönlichen erbschaftsteuerlichen Freibeträge liegen, abhängig von der jeweiligen Steuerklasse des Erwerbers, zwischen 88 Euro und 587 Euro und sind daher weitgehend zu vernachlässigen. De facto greift eine Erbschaftsbesteuerung bei Ehegatten und Kindern des Erblassers erst ab einem erbschaftsteuerlichen Erwerb von 19.075 Euro und bei entfernteren Verwandten ab einem Erwerb von 14.674 Euro sowie bei Nichtverwandten ab einem Betrag von 3.522 Euro ein.

Die griechischen Erbschaftsteuersätze liegen – abhängig von der jeweiligen Steuerklasse des Erwerbers (4 Steuerklassen) – zwischen 5 und 25 % bei Ehegatten und Kindern des Erblassers, 10 und 35 % bzw. 20 und 50 % bei entfernteren Verwandten des Erblassers sowie zwischen 35 und 60 % bei Nichtverwandten des Erblassers. Dabei wird eine etwaige Erbschaftsteuer minderjähriger Kinder des Erblassers um nochmals 60 % (bei einem Erwerb bis zu 35.216 Euro) und um 30 % (bei einem Erwerb bis zu 137.931 Euro) vermindert. Diese Vergünstigungen gelten jedoch nur für Erwerbe von Todes wegen und nicht für Erwerbe minderjähriger Kinder aufgrund lebzeitiger Schenkungen.

Da sich die griechische Erbschaftsteuer auf die in Griechenland belegene und zum Nachlass eines deutschen Erblassers gehörende Immobilie bezieht, kommt es im Verhältnis zum deutschen Erbschaftsteuerrecht zu einer Doppelbesteuerungssituation. Ein zwischen Deutschland und Griechenland bestehendes (altes) Übereinkommen über die Besteuerung von Nachlassvermögen vom 18.11.1910 gilt insoweit nicht, da es sich nur auf die Besteuerung beweglichen Nachlassvermögens bezieht. Die Doppelbesteuerung wird aber weitgehend durch die Anrechnung der in Griechenland erhobenen Erbschaftsteuer auf die deutsche Erbschaftsteuer nach § 21 ErbStG vermieden. Auch hierzu wird auf die Ausführungen im 1. Teil, Abschnitt C sowie in den einzelnen Länderteilen verwiesen.

3. Niederlande

3.1 Suche und Finanzierung einer Immobilie in den Niederlanden
Stefan Albert

3.1.1 Objektsuche

Obwohl Holland nicht zu den traditionell nachgefragten Ferienregionen für ausländische Immobilienkäufer zählt, gehört der kleine Staat an der Nordsee vor allem im Rheinland und im Ruhrgebiet zu den beliebten Urlaubsländern; kurze Anfahrtswege mit dem PKW und das gesunde, aber deutlich mildere Nordseeklima als an der deutschen Küste lassen die Möglichkeit zu, auch kurzfristig ein paar Ferientage hier zu verbringen. Der Wohlstand der Niederländer und die immer noch geringe Arbeitslosenquote spiegelt sich in den Immobilienpreisen und deren steigender Tendenz wider; gleichwohl sind in den Niederlanden im Vergleich zu den südeuropäischen Nachbarn die Preise für Häuser und Apartements vergleichsweise niedriger.

Aufgrund der räumlichen Nähe ist besonders *Zeeland* attraktiv und frequentiert; eine Gruppierung hauptsächlich von Halbinseln bietet Seenähe und niederländische Gemütlichkeit zugleich. Etwas zurückgesetzt entstehen beispielsweise in *Vrouwenpolder* und *Zoutelande* Villen- und Wohnparks, die der Nachfrage nach hoher Bauqualität und sehr gutem Serviceangebot entgegenkommen. Apartements werden hier ab ca. 150.000 Euro angeboten. Für luxuriöse Villen am *Verse Meer* mit Bootsanleger sind hingegen zwischen 500.000 und 800.000 Euro einzukalkulieren.

Eine Trendwende ist bei der Nationalität der Käufer zu verzeichnen: Während die deutschen Erwerber vorrangig Mitte bis Ende der 90er Jahre am Markt aktiv waren, wechseln sie nun in die Rolle des Verkäufers (und generieren den durch die selbst produzierte Nachfrage herbeigeführten Wertzuwachs); vorrangige Käufer sind nun meist niederländischer Nationalität.

3.1.2 Finanzierung

Auch für den Erwerb niederländischer Immobilien sind grundsätzlich keine Beschränkungen für deutsche Erwerber vorgesehen. Allerdings gibt es so genannte „rote Zonen", welche in den dicht besiedelten Gebieten nur denjenigen Käufern den Erwerb ermöglichen, die sich mit ihrem hauptsächlichen Wohnsitz mindestens neun Monate in Holland aufhalten und in der betreffenden Gemeinde steuerlich veranlagt werden. Die allgemeinen Ausführungen in Teil 1 dieses Buches zur Finanzierung einer ausländischen Immobilie durch eine deutsche Bank oder Bausparkasse gelten auch für die Niederlande. Aufgrund der unterschiedlichen Anforderungen und Ausführungen am Bau tun sich deutsche Finanzierer allerdings mit der Bewertung von privat genutzten Immobilien schwer; im Einzelfall ist deswegen der Erwerber gut beraten, eine höhere Eigenkapitaldecke als anderswo im Ausland üblich zu berücksichtigen.

Für die Auszahlung der Darlehenssumme wird der von beiden Parteien unterzeichnete notarielle Kaufvertrag benötigt; da die Unterzeichnung des Verkäufers jedoch den Erhalt der vollen Kaufpreissumme bedingt, wird im Finanzierungsfall das auch in Deutschland bekannte Notaranderkonto eingesetzt; das Finanzierungsinstitut zahlt vor Unterzeichnung des Notarvertrages auf das Anderkonto aus und Zug um Zug erfolgen Unterzeichnung seitens des Verkäufers, Auszahlung der Kaufpreissumme vom Anderkonto an den Verkäufer und Unterzeichnung des Käufers. Ferner bestätigt der Notar vorab der finanzierenden Bank oder Bausparkasse die Sorgfalt für die Eintragung der Hypothek. Darlehnsauszahlung und notarieller Kaufvertrag werden also in einer Handlung vollzogen.

3.2 Erwerb einer Immobilie in den Niederlanden
Klaus Wigand

3.2.1 Verfahren

Anders als in Deutschland ist in den Niederlanden für den Erwerb von Grundbesitz der Abschluss eines bindenden Vorvertrages oder eines privatschriftlichen „vorläufigen Kaufvertrages" üblich. Eine solche Vereinbarung kann nach niederländischem Recht auch mündlich zustande kommen und ist für Käufer und Verkäufer auch ohne notarielle Beurkundung bereits rechtlich bindend. In der Regel wird bei Abschluss eines solchen Vorvertrags oder „vorläufigen Kaufvertrages", insbesondere in Formularkaufverträgen eine Vertragsstrafe in Höhe von ca. 10 % des Kaufpreises vereinbart für den Fall, dass der Käufer an dem Vertrag nicht festhalten will. Diese Zahlungsverpflichtung wird von deutschen Käufern häufig unterschätzt.

Der Vorvertrag oder „vorläufige Kaufvertrag" wird in den Niederlanden in der Regel von einem Makler entworfen und sollte bereits sämtliche Details des Kaufes, insbesondere die genauen Daten der Immobilie, der Bebaubarkeit des Grundstückes sowie die Zahlungsmodalitäten enthalten. Im Gegensatz zu Deutschland ist die Berufsbezeichnung „makelaar" in Holland rechtlich geschützt. Niederländische Makler unterliegen strengen Vorschriften über ihre Berufsausübung, was eine Mindestgewähr für die ordnungsgemäße Kaufvertragsabwicklung bietet.

Für den Eigentumserwerb selbst genügt jedoch der vorläufige Kaufvertrag nicht, sondern es bedarf des Abschlusses eines notariell beurkundeten Grundstückskaufvertrages und dessen Registrierung bzw. der Eintragung des neuen Eigentümers im Grundbuch. Der notarielle Kaufvertrag bestätigt in der Regel die bereits im „vorläufigen Kaufvertrag" getroffenen Regelungen. Der beurkundende Notar veranlasst die Eintragung im Grundbuch. Ein Schutz des Erwerbers durch die in Deutschland bekannte Auflassungsvormerkung besteht in den Niederlanden nicht.

3.2.2 Steuern und Gebühren

Beim Immobilienkauf in Holland fällt eine Übertragungssteuer (die so genannte Overtrachtsbelasting) an in Höhe von 6 % des Kaufpreises. Diese Steuer entspricht der Grunderwerbsteuer. Die Übertragungssteuer entfällt jedoch bei Erwerb eines Neubaus (Erstbezug). In diesem Fall wird auf den Kaufpreis nur die jeweils geltende MwSt in Höhe von derzeit 19 % erhoben.

Die Notargebühren betragen ca. 2 % des Kaufpreises. Hinzu kommen die Kosten des Grundbuch- bzw. des Katasteramtes für die Eigentumsumschreibung, die gemeindeabhängig sind. Insgesamt muss beim

Erwerb einer Immobilie in den Niederlanden mit Erwerbsnebenkosten (ohne Makler) zwischen 8 und 10 % des Kaufpreises gerechnet werden.

3.3 Vererbung und Schenkung einer Immobilie in den Niederlanden
Klaus Wigand

3.3.1 Das anwendbare Erbrecht

Das internationale Privatrecht der Niederlande ging bei Erbfällen bis zum 30.09.1996 aufgrund Gewohnheitsrechts davon aus, dass der Erblasser nach seinem Heimatrecht beerbt wird (Staatsangehörigkeitsprinzip). Zum 1.10.1996 ist in den Niederlanden das Gesetz über das Kollisionsrecht bei der Erbfolge in Kraft getreten, dass auf alle Erbfälle ab diesem Tag anwendbar ist und inhaltlich die Regelungen des so genannten „Haager Übereinkommens über das auf die Erbfolge anwendbare Recht" vom 1.8.1989 übernimmt. Nur für die Nachlassabwicklung, insbesondere die Erbauseinandersetzung findet niederländisches Erbrecht dann Anwendung, wenn der Erblasser seinen letzten gewöhnlichen Aufenthalt in den Niederlanden hatte.

Die Neuregelung geht vom Grundsatz der Nachlasseinheit aus und enthält eine Kombination von Staatsangehörigkeits- und Wohnsitzprinzip. Danach findet auf den Erbfall das Recht des Staates Anwendung, in dem der Erblasser zum Zeitpunkt seines Todes seinen letzten gewöhnlichen Aufenthalt hatte, wenn er gleichzeitig Staatsangehöriger dieses Staates war. Für deutsche Staatsangehörige mit Wohnsitz in Deutschland bedeutet dies, dass deutsches Erbrecht zur Anwendung kommt.

Sollte der deutsche Erblasser seinen gewöhnlichen Aufenthalt in den letzten 5 Jahren vor seinem Tod in den Niederlanden gehabt haben, findet das Erbrecht des Staates Anwendung, dem der Erblasser näher verbunden war. Um etwaige Unklarheiten in diesem Punkt zu vermeiden, sieht das niederländische Recht vor, dass der Erblasser durch letztwillige Verfügung unter anderem das Erbrecht des Staates wählen kann, dessen Staatsangehörigkeit er zum Zeitpunkt der Rechtswahl oder zum Zeitpunkt seines Todes hat.

Deutschen Erblassern mit Grundbesitz in den Niederlanden ist daher vorsorglich in jedem Fall zu empfehlen, in einer letztwilligen Verfügung die Anwendung deutschen Erbrechts ausdrücklich zu wählen bzw. dies klarzustellen. Dieses gilt dann auch für den niederländischen Grundbesitz. Dies gilt insbesondere auch für ein gemeinschaftliches Ehegattentestament deutscher Erblasser, das aufgrund der 1996 erfolgten Neuregelung des niederländischen Kollisionsrechts auch dort gilt. Im Übrigen gelten im Hinblick auf die Form einer Verfügung von Todes wegen in den Niederlanden Bestimmungen des „Haager Übereinkommens auf die Form letztwilliger Verfügungen anwendbare Recht". Insoweit wird auf die diesbezüglichen Ausführungen im 1. Teil Abschnitt C sowie in den einzelnen Länderteilen verwiesen.

Sofern doch niederländisches Erbrecht zur Anwendung kommen sollte, ist darauf hinzuweisen, dass die Niederlande zum 1.1.2003 ein neues Erbrecht eingeführt haben, dass vielfach erhebliche Veränderungen gegenüber dem bisherigen Rechtszustand bringt. So wurde in den Niederlanden das auch in Deutschland bekannte Parentelsystem bei der gesetzlichen Erbfolge eingeführt und die erbrechtliche Stellung des überlebenden Ehegatten bei der gesetzlichen Erbfolge verstärkt. Die Einzelheiten können im Rahmen dieser Übersicht nicht vertieft werden.

Der Nachweis der Rechtsnachfolge nach einem deutschen Erblasser erfolgt in den Niederlanden in der Regel durch Vorlage des deutschen Erbscheins mit beglaubigter Übersetzung, da ein Erbschein im Sinne des deutschen Rechts in den Niederlanden nicht bekannt ist.

3.3.2 Das niederländische Erbschaft- und Schenkungsteuerrecht

Im Zusammenhang mit der Erbschaft- und Schenkungsteuer werden in den Niederlanden drei Steuerarten unterschieden; die Erbschaft- und die Schenkungsteuer, die nur dann Anwendung finden, wenn der Erblasser bzw. der Schenker in den Niederlanden ansässig ist und die so genannte Nachfolgesteuer, die die Erbschaft- und Schenkungsteuer für nicht in den Niederlanden ansässige Erblasser bzw. Schenker regelt.

Auf den Erball eines Deutschen mit Wohnsitz in Deutschland und Grundbesitz in den Niederlanden findet daher in erster Linie diese so genannte Nachfolgesteuer Anwendung. Die Nachfolgesteuer erstreckt sich auf das so genannte niederländische Inlandsvermögen, insbesondere auf den in den Niederlanden belegenen Grundbesitz. Dessen Bewertung zu Steuerzwecken erfolgt grundsätzlich zum Marktwert zum Zeitpunkt des Todes bzw. zum Zeitpunkt der Schenkung. Ein eigengenutztes Grundvermögen wird nur mit 60 % des Marktwertes angesetzt.

Im Gegensatz zur Erbschaft- und Schenkungsteuer für in den Niederlanden ansässige Erblasser bzw. Schenker gibt es bei der Nachfolgesteuer für nicht ansässige Erblasser bzw. Schenker keine persönlichen Freibeträge bzw. Steuerbefreiungen.

Die Steuersätze sind auch in den Niederlanden abhängig von dem Verwandtschaftsgrad zwischen Erblasser bzw. Schenker einerseits und Begünstigten andererseits. Sie liegen in der Steuerklasse I zwischen 5 und 27 %, in der Steuerklasse II zwischen 26 und 53 % und in der Steuerklasse III zwischen 41 und 68 %,

Ein Doppelbesteuerungsabkommen zwischen den Niederlanden und Deutschland besteht im Bereich der Erbschaft- und Schenkungsteuer nicht, so dass eine Doppelbesteuerung in der Regel durch Anrechnung der niederländischen Nachfolgesteuer auf die deutsche Erbschaftsteuer nach § 21 ErbStG vermieden bzw. reduziert wird.

4. Türkei

4.1 Suche und Finanzierung einer Immobilie in der Türkei
Stefan Albert

4.1.1 Objektsuche

Die Debatte um die Zugehörigkeit der Türkei zur Europäischen Union hat gemeinsam mit dem anhaltenden Tourismusboom für ein besseres Image des Landes am Bosporus an den Immobilienmärkten gesorgt: War die Türkei vor zehn Jahren bereits ein beliebtes Urlaubsziel der Deutschen aus allen Gebieten der Bundesrepublik, ist ein breiteres Angebot an Ferienimmobilien für private Erwerber erst in den letzten fünf Jahren zu vermerken. Da das Geschäft mit der Ware Urlaub und Erholung im Ausland bekanntermaßen Signal und Ursache für Aktivitäten auf dem Ferienimmobilienmarkt gleichermaßen darstellt, lässt der Markt Türkei in naher Zukunft Einiges erwarten.

Ebenso wie der Tourismusmarkt weniger individuelles Reisen, sondern gut ausgestattete Hotels zu verhältnismäßig günstigen Preisen bei gutem Servicestandard bietet, sind auf dem Immobilienmarkt überwiegend schlüsselfertig zu liefernde Häuser oder Neubauapartements im Angebot; zusätzlich werden Ferienwohnungen in Hotelanlagen geboten. Da der Verkauf in per Definition „touristischen" Gebieten außerhalb der Stadtverwaltungsgrenze sowohl an Einheimische als auch an Ausländer genehmigungspflichtig ist, befinden sich die meisten Objekte in geringerer Entfernung zum Meer, häufig jedoch mit Meerblick. Schlüsselfertig gelieferte Häuser z. B. mit zwei Schlafzimmern und Swimmingpool sind bereits ab ca. 80.000 Euro zu erwerben; unbedingt empfehlenswert erscheint neben der Beachtung der rechtlichen Gegebenheiten die Begutachtung der Bauausführung und -qualität, besonders in den erdbebengefährdeten Regionen.

4.1.2 Finanzierung

Nach aktuellem Kenntnisstand des Herausgebers werden für die Türkei derzeit von deutschen Kreditinstituten nur dann Immobiliendarlehen ausgezahlt, wenn hierfür Ersatzsicherheiten oder freie Grundschulden auf inländische Immobilien zur Verfügung stehen. Im Einzelfall mögen Finanzierungen größeren Volumens zu privaten Zwecken (z. B. Luxusvilla) durchaus individuell gestaltet werden.

4.2 Erwerb einer Immobilie in der Türkei
Klaus Wigand

4.2.1 Verfahren

Erwerbsbeschränkungen
Ausländer könnten in bestimmten Gebieten der Türkei keine Immobilien erwerben und benötigen in anderen Gebieten der Genehmigung des türkischen Ministerrats. Grundsätzlich gilt in der Türkei für den Immobilienerwerb das Gegenseitigkeitsprinzip, wonach Ausländer immer dann Immobilien erwerben können, wenn es türkischen Staatsbürgern im Herkunftsland des Ausländers ebenfalls möglich ist, Immobilien zu erwerben. Dies ist in Deutschland der Fall.

Der Immobilienerwerb ist für Ausländer generell verboten in militärischen Sperr- und Sicherheitszonen. Ob die Immobilie in einer solchen Zone liegt, muss vor Grundbucheintragung von den zuständigen Grundbuchämtern ermittelt werden. Dies ist von nicht zu unterschätzender praktischer Bedeutung, da in der Türkei besonders große Gebiete, wie z. B. die Ägäisküste unter diese Bestimmungen fallen. Von Ausländern erworbene Grundstücke dürfen grundsätzlich auch nicht größer als 30 ha sein, da sonst der Erwerb der Genehmigung des Ministerrats bedarf.

Beschränkungen bestehen für den Immobilienerwerb von Ausländern darüber hinaus außerhalb von Stadtverwaltungsgrenzen und innerhalb von Dorfgebieten. So können ausländische Staatsangehörige Immobilien grundsätzlich nur innerhalb der Stadtverwaltungsgrenzen erwerben. Innerhalb eines so genannten Dorfgebietes oder eines Entwicklungsgebietes kann ein Ausländer eine Immobilie grundsätzlich nicht erwerben, auf einen Bebauungsplan kommt es hierbei nicht an. Diese Beschränkungen gelten jedoch grundsätzlich nicht für türkische Firmen mit ausländischer Kapitalbeteiligung. Beschränkungen des Immobilienerwerbes gelten darüber hinaus für Ausländer in ausgewiesenen Tourismuszentren und Regionen. Hier benötigen Ausländer für den Immobilienerwerb der vorherigen Anfrage bei der so genannten Generaldirektion für Grundstücks- und Katasterwesen, um eine Zersiedelung attraktiver Ferienhauslagen zu verhindern. Dies gilt insbesondere für die unmittelbaren Küstenstreifen. Juristischen Personen mit Sitz im Ausland ist der Erwerb von Immobilien in der Türkei generell untersagt, so dass zunächst eine türkische Erwerbergesellschaft gegründet werden muss, die den Grundbesitz in der Türkei dann erwirbt.

Jedem Deutschen, der den Erwerb türkischen Grundbesitzes plant, ist daher dringend zu empfehlen, mögliche Erwerbsbeschränkungen rechtzeitig vor Abgabe rechtlich bindender Erklärungen, gegebenenfalls durch Einschaltung eines Rechtsanwalts vor Ort zu prüfen.

Ausländer, die in der Türkei Grundbesitz erworben haben, dürfen diesen jederzeit an jede beliebige Person wieder veräußern und den Erlös ohne Beschränkungen ins Ausland transferieren.

Kaufvertrag und Grundbuchamt
Das türkische Recht unterscheidet – wie das deutsche Recht – zwischen dem schuldrechtlichen Kaufvertrag und dem dinglichen Eigentumsübergang am Grundbesitz. Der schuldrechtliche Grundstückskaufvertrag ist nur dann wirksam, wenn er vor dem zuständigen Grundbuchbeamten geschlossen wurde (TAPU). Ein vor dem türkischen Notar abgeschlossener und beurkundeter Grundstückskaufvertrag reicht allein nicht aus. Er bietet dem Erwerber lediglich die Möglichkeit, das Grundstücksverkaufsversprechen des Veräußerers durch eine Vormerkung im Grundbuch zu besichern und kann die Grundlage für eventuelle Schadensersatzansprüche sein, falls eine der Parteien vom Grundstücksgeschäft Abstand nimmt. Der eigentliche Eigentumserwerb am Grundstück kann aufgrund notarieller Urkunde allein nicht vollzogen werden.

Das türkische Grundbuch ist durchaus mit dem deutschen Grundbuch vergleichbar. Dies gilt für die Aufteilung des Grundbuches ebenso wie für die Eintragung und Beschreibung von Grundstücken auf der Grundlage von amtlichen Vermessungsplänen, die Eintragung der Eigentumsverhältnisse und der Belastungen sowie für die Tatsache, dass auch türkische Grundbücher öffentlichen Glauben genießen. Wie in Deutschland geht das Eigentum an türkischem Grundbesitz erst mit Eintragung des Erwerbers im Grundbuch auf diesen über. Hierfür ist der vom Grundbuchbeamten beglaubigte Kaufvertrag (TAPU) erforderlich. Aufgrund der Vergleichbarkeit des türkischen Grundbuches mit dem deutschen Grundbuch sollte jeder Erwerber vor Kauf einer Immobilie Grundbucheinsicht nehmen bzw. nehmen lassen.

Wie in Deutschland existiert für Eigentumswohnungen in der Türkei ein separates Grundbuch, das so genannte Stockwerkseigentumsregister, wobei das Stockwerkseigentum nach türkischen Recht durchaus mit dem deutschen Wohnungseigentum vergleichbar ist. Grundstückskaufverträge, die durch einen Bevollmächtigten abgeschlossen werden, können nur dann im türkischen Grundbuch eingetragen werden, wenn die dem Kaufvertrag zugrunde liegende Bevollmächtigung notariell beurkundet wurde.

4.2.2 Kosten und Steuern

Da der Kauf einer Immobilie in der Türkei beim Grundbuchamt abzuwickeln ist, entfallen in der Regel notarielle Beurkundungskosten. Für die Beurkundung des Kaufvertrages beim Grundbuchbeamten wird in der Regel eine Grundbuchgebühr in Höhe von 48 vT des Kaufpreises berechnet.

Die Grunderwerbsteuer beträgt in der Türkei 2 % der Kaufsumme.

Als weitere Erwerbsnebenkosten sind Kosten eines vereidigten Dolmetschers sowie Rechtsanwaltskosten zu berücksichtigen.

Immobilieneigentümer werden von der örtlichen Stadtverwaltung jährlich zur Entrichtung einer Immobiliensteuer auf der Grundlage des vom Eigentümer an die Stadtverwaltung gemeldeten Wertes des Grundeigentums herangezogen. Diese Immobiliensteuer beträgt je nach gemeldeten Wert für Häuser 4 v. T., für Geschäftshäuser 5 v. T., für Grundstücke 4 v. T. und für Ländereien 3 v. T.

4.3 Vererbung und Schenkung einer Immobilie in der Türkei
Klaus Wigand

4.3.1 Das anwendbare Erbrecht

Grundsätzlich richtet sich das anwendbare Erbrecht sowohl nach deutschem als auch nach türkischem internationalen Privatrecht nach der Staatsangehörigkeit des Erblassers zum Zeitpunkt des Todes, so dass aufgrund dieser Regelung eigentlich auf den Erbfall eines deutschen Erblassers nach beiden Rechtsordnungen deutsches Erbrecht Anwendung finden müsste. Jedoch gilt zwischen der Türkei und Deutschland nach wie vor der deutsch-türkische Konsularvertrag vom 28. Mai 1929, der vom Prinzip der Nachlassspaltung ausgeht. So wird bewegliches Nachlassvermögen nach dem Recht des Staates vererbt, dessen Staatsangehörigkeit der Erblasser hatte, während für unbeweglichen Nachlass, d. h. Grundbesitz, das Belegenheitsprinzip gilt. Für einen deutschen Erblasser mit Grundbesitz in der Türkei bedeutet das, dass die türkische Immobilie nach türkischem Erbrecht vererbt wird, während für den übrigen Nachlass deutsches Erbrecht gilt.

Da das türkische Zivilgesetzbuch, das die maßgeblichen erbrechtlichen Regelungen enthält, stark an das schweizerische Zivilgesetzbuch angelehnt und vom Inhalt und der Systematik her mit dem Zivilrecht anderer europäischer Länder, z. B. dem deutschen BGB, vergleichbar ist, kommt es in der Praxis trotz der Anwendbarkeit des türkischen Erbrechts nicht zu nennenswerten rechtlichen Schwierigkeiten.

Die gesetzliche Erbfolge einschließlich des Ehegattenerbrechts und des Pflichtteilsrechts sowie die Regelung über Form und Inhalt letztwilliger Verfügungen, insbesondere über Erbeinsetzung, Vermächtnisse, Testamentsvollstreckung und über das Nachlassverfahren sind mit dem deutschen bzw. dem schweizerischen Erbrecht durchaus vergleichbar, ohne das dies jedoch im konkreten Fall die eingehende Prüfung des türkischen Erbrechts entbehrlich macht. Grundsätzlich ist auf dieser Rechtsähnlichkeit jedoch davon auszugehen, das erbrechtliche Regelungen, insbesondere letztwillige Verfügungen nach deutschem Erbrecht auch nach türkischem Erbrecht vergleichbare Wirkungen entfalten.

Da sich das deutsche Erbrecht nicht auf den zum Nachlass gehörenden türkischen Grundbesitz erstreckt, kann die erbrechtliche Nachfolge in der Türkei auch nicht unmittelbar mit dem deutschen Erbschein nachgewiesen werden. Erforderlich ist vielmehr, dass die Erben den deutschen Erbschein konsularisch beglaubigen lassen und vor dem zuständigen türkischen Friedensgericht auf der Grundlage des deutschtürkischen Konsularvertrages einen türkischen Erbschein beantragen. Dieser weist dann die Erben als berechtigte Eigentümer des türkischen

Grundstückes aus, so dass auf dieser Grundlage die Erben beim türkischen Grundbuchamt die Umschreibung des Grundbesitzes beantragen können. Hierfür sollte entweder ein Rechtsanwalt vor Ort mit der Abwicklung beauftragt oder das zuständige deutsche Konsulat in der Türkei um Unterstützung gebeten werden.

4.3.2 Das türkische Erbschaft- und Schenkungsteuerrecht

Das türkische Erbschaft- und Schenkungsteuerrecht knüpft – anders als das deutsche Steuerrecht – ausschließlich an die Person des Erwerbers bzw. des Erben an. Ist der Erwerber/Erbe Ausländer, ist er mit dem in der Türkei befindlichen Teil des Nachlasses (Inlandsvermögen) dort erbschafts- und schenkungsteuerpflichtig und zwar ungeachtet dessen, ob es sich um bewegliches und unbewegliches Nachlassvermögen handelt.

Die Erbschaftsbesteuerung in der Türkei ist unabhängig vom verwandtschaftlichen und persönlichen Verhältnis zwischen Erblasser und Erwerber, so dass alle Erwerbe einheitlichen progressiven Erbschaftsteuersätzen unterworfen werden, die zwischen 1 und 10 % liegen. Die Staatsangehörigkeit des Erwerbers ist dabei unerheblich. Die Einteilung in Steuerklassen ist in der Türkei abgeschafft worden.

Für Ehegatten, Kinder und Adoptivkinder stehen dabei persönliche Erbschaftsteuerfreibeträge von ca. 19.410 Euro und für einen Ehegatten ohne Nachkommen in Höhe von ca. 38.843 Euro zur Verfügung.

Da der Erwerber türkischen Grundbesitzes sowohl in der Türkei als auch in Deutschland erbschafts- und schenkungsteuerpflichtig ist und zwischen beiden Ländern kein entsprechendes Doppelbesteuerungsabkommen existiert, wird die Doppelbesteuerung in Deutschland durch Steueranrechnung gemäß § 21 ErbStG vermieden bzw. reduziert.

5. Großbritannien

5.1 Suche und Finanzierung einer Immobilie in Großbritannien
Stefan Albert

Da sich das Interesse deutscher Erwerber an britischen Immobilien zur privaten Zweit- oder Feriennutzung noch nicht spürbar durchgesetzt hat, sind nur wenige Anbieter auf dem Markt. Gleichwohl wird von einigen Finanzierungsinstituten eine Immobilienfinanzierung mit Eintragung einer Hypothek auf dem ausländischen Objekt angeboten. Aber auch hier ist die individuelle Lösung angestrebt. Die Gebühren hierfür werden, wenn überhaupt, in Preisspannen angegeben, zusätzliche Kosten werden als „nach Absprache zu vereinbaren" vermerkt; die Tatsache, dass üblicherweise Käufer und Verkäufer zum Erwerb bzw. Verkauf durch Anwälte vertreten lassen, verwundert nicht bei der Kenntnis von der Uneinheitlichkeit des britischen Rechtssystems im Immobilienbereich. Nordirland und Wales werden von einigen Kreditinstituten ausgeschlossen.

5.2 Erwerb einer Immobilie in Großbritannien
Klaus Wigand

5.2.1 Allgemeines

Aus historischen Gründen gibt es in Großbritannien formal kein uneingeschränktes privates Grundeigentum, sondern nur zeitlich oder inhaltlich mehr oder weniger beschränkte Berechtigungen oder Nutzungsrechte an Grund und Boden. Das umfassendste Recht an Grund und Boden ist der so genannte freehold, der am ehesten noch dem Eigentum nach deutschen Recht entspricht. Bei dem „freehold" handelt es sich um einen zeitlich unbegrenzten Eigentumstitel, der nicht durch einen besseren Rechtsanspruch verdrängt werden kann. Der Inhaber des freehold kann das Grundstück auf Dauer nutzen, belasten und darüber verfügen (Beate Kopp, Immobilienerwerb und -vererbung in England, MittBayNot 2001, S. 287 ff.). Dagegen ist der „leasehold" ein befristetes Recht an einem Grundstück, dass je nach seiner Laufzeit entweder mit dem deutschen Erbbaurecht oder der Miete vergleichbar ist.

In Abhängigkeit von der Laufzeit des „leasehold" unterscheidet man den so genannten „longterm lease", der in der Regel eine Laufzeit zwischen 99 und 125 Jahren hat. Der Inhaber dieses „leasehold" ist als wirtschaftlicher Eigentümer des Grund und Bodens anzusehen. Dagegen handelt es sich bei dem kurzfristigen let in der Regel um ein Rechtsverhältnis, das der Vermietung ähnlich ist und auf die Dauer von einigen Monaten bis zu 25 Jahren begrenzt ist.

Im Zusammenhang mit dem Erwerb von Grundbesitz in Großbritannien steht der Erwerb von „freehold" oder „longterm lease" im Vordergrund.

5.2.2 Verfahren

In Großbritannien existieren Grundbücher erst seit dem Jahr 1925. Zur Eintragung in diese Grundbücher kommen Grundstücksverfügungen, die einen freehold oder einen lease betreffen, der eine Laufzeit von mindestens 21 Jahren hat. In den Gründbüchern (destrict land registry) sind die meisten Grundstücke in Großbritannien bereits registriert. Soweit insbesondere in ländlichen Gebieten einige Grundstücke noch nicht in den Grundbüchern registriert sind, muss der Veräußerer den Nachweis seines Eigentums durch eine lückenlose Kette von Vorerwerbsurkunden (title deeds) erbringen. Die Einsicht in das öffentliche Grundbuch ist in Großbritannien jedermann gestattet. Obwohl grundsätzlich die Richtigkeit der Grundbucheintragung gewährleistet ist, gewährt das Grundbuch in Großbritannien keinen öffentlichen Glauben im Sinne des deutschen Grundbuchrechts.

Anders als in Deutschland werden Grundstückstransaktionen in Großbritannien nicht durch einen Notar beurkundet; vielmehr ist es üblich, dass beide Vertragsparteien jeweils einen Anwalt einschalten, der – auf Erwerberseite – die Grundbesitzverhältnisse prüft und den Kaufvertrag vorbereitet.

Beim Erwerb von Grundbesitz in Großbritannien unterscheidet man zwischen dem schuldrechtlichen Kaufvertrag einerseits und der Vertragserfüllung andererseits. Der Abschluss des schuldrechtlichen Kaufvertrages (exchange of contracts) bedarf der Schriftform, ohne das eine Beurkundung erforderlich ist. Im Rahmen des Kaufvertrages finden meist die Standardkaufvertragsklauseln der Anwaltskammer Anwendung. In der Regel wird bei Abschluss des Kaufvertrages eine sofort fällige Anzahlung des Erwerbers in Höhe von 10 % des Kaufpreises vereinbart (deposit), die meist beim Anwalt des Verkäufers hinterlegt wird, bis der Kaufvertrag erfüllt worden ist. In der Regel innerhalb von innerhalb 20 Arbeitstagen nach dem Abschluss des privatschriftlichen Kaufvertrages kommt es zur Vertragserfüllung. Diese besteht zum einen in der Abfassung und Unterzeichnung einer streng formalisierten Übertragungsurkunde (deed) einerseits und der Zahlung des Restkaufpreises andererseits. Anschließend beantragt der Anwalt des Käufers unter Vorlage der Übertragungsurkunde die Umschreibung der Eigentumsrechte für den Erwerber im Grundbuch.

Erwerbsbeschränkungen für Ausländer gibt es in Großbritannien nicht.

5.2.3 Kosten und Steuern

Die Grunderwerbsteuer (stamp duty) trägt in Großbritannien 1 % des Kaufpreises. MwSt fällt nicht an. Die Grundbuchkosten betragen 0,5 bis 2 % des Kaufpreises. Notargebühren fallen nicht an, dagegen haben Verkäufer und Erwerber die Kosten ihres jeweiligen Anwalts zu tragen (vgl. Beate Kopp, a.a.O.).

5.3 Vererbung und Schenkung einer Immobilie in Großbritannien
Klaus Wigand

5.3.1 Das anwendbare Erbrecht

Das internationale Privatrecht Großbritanniens geht vom Grundsatz der Nachlassspaltung aus, so dass im Hinblick auf den in Großbritannien belegenen Grundbesitz stets das Erbrecht Großbritanniens zur Anwendung kommt. Da Großbritannien insofern ein „Mehrrechtsstaat" ist, kommt je nach Belegenheit der Immobilie das Erbrecht von England oder Schottland zur Anwendung.

Da das Erbrecht Großbritanniens von den kontinentaleuropäischen Erbrechtsordnungen abweicht, ist den deutschen Erblassern mit Wohnsitz in Deutschland und Grundbesitz in Großbritannien zu empfehlen, für ihren dort belegenen Grundbesitz ein gesondertes

Testament nach britischem Recht zu errichten, das sowohl für die Nachlassabwicklung als auch für die Nachlassverteilung im Hinblick auf die Immobilie gilt. Hierbei ist zu beachten, das nach britischem Recht das Grundeigentum mit dem Erbfall nicht unmittelbar kraft Gesetzes auf die Erben übergeht, sondern zunächst auf einen so genannten personal representative, der entweder vom Erblasser (executor) oder vom Nachlassgericht (administrator) ernannt wurde. Dieser wird – quasi als Treuhänder – rechtlicher Inhaber des Nachlasses, nimmt diesen in Besitz, treibt Forderungen ein und begleicht Nachlassschulden. Anschließend überträgt er den verbleibenden Nachlass auf die berechtigten Erben (beneficiaries).

Um die Nachlassabwicklung hinsichtlich des Großbritannien belegenen Grundbesitzes nicht einem vom Nachlassgericht bestellten Verwalter zu überlassen, ist es zu empfehlen, im Testament einen executor – im Sinne eines deutschen Testamentsvollstreckers – zu benennen. Um die Nachlassabwicklung in Großbritannien darüber hinaus zu erleichtern, empfehlen sich im Hinblick auf den dortigen Grundbesitz einfache und klare Regeln, wie z. B. die Einsetzung eines Alleinerben oder die Vermächtnisanordnung hinsichtlich des dortigen Grundbesitzes.

Die Form eines nach britischem Recht zu errichtenden Testaments richtet sich nach dem „Haager Übereinkommen über das auf die Form letztwilliger Verfügungen anzuwendende Recht". Der deutsche Erblasser mit Grundbesitz in Großbritannien kann daher ein Testament nach deutschen Formvorschriften errichten. Wie in anderen Ländern auch, sollte im Hinblick auf die in Großbritannien belegene Immobilie von der Errichtung eines Ehegattentestaments oder Erbvertrages nach deutschem Recht abgesehen werden.

Die Rechtsnachfolge nach einem deutschen Erblasser mit letztem Wohnsitz in Deutschland und Grundbesitz in Großbritannien kann dort nicht durch einen deutschen Erbschein nachgewiesen werden. Erforderlich ist vielmehr die Durchführung eines nachlassgerichtlichen Verfahrens in Großbritannien, einem sog. probate, in dem die Wirksamkeit eines etwaigen (deutschen) Testaments und dessen Auswirkungen auf die Erbfolge nach britischem Recht geprüft werden.

5.3.2 Das Erbschaft- und Schenkungsteuerrecht in Großbritannien

Nach dem britischen Inheritance Tax Act, der die Nachlass- und Schenkungsteuer regelt, wird ein deutscher Erblasser mit letztem Wohnsitz in Deutschland und Grundbesitz in Großbritannien nur mit seinem dort belegenen Grundvermögen und etwa sonstigem in Großbritannien belegenen „Inlandsvermögen" der Nachlass- und Schenkungsteuer unterworfen.

Maßgeblich für die steuerliche Bewertung des Grundbesitzes ist grundsätzlich der Verkehrswert. Von der Nachlass- und Schenkungsteuer befreit sind grundsätzlich alle Vermögensübertragungen an Ehegatten. Für andere Vermögensübertragungen zu Lebzeiten oder von Todes wegen gilt grundsätzlich ein einheitlicher Freibetrag von 250.000 brit. Pfund. Darüber hinaus gilt ein einheitlicher Steuersatz von 40 % für die Nachlasssteuer und 20 % für die Schenkungsteuer. Sofern bei der Berechnung der Nachlasssteuer Vorschenkungen des Erblassers innerhalb der letzten 7 Jahre vor dem Erbfall einfließen, ergibt sich nach einem abgestuften Steuersatz eine schrittweise Erhöhung der Schenkungsteuer für die Vorschenkungen auf bis zu 40 %. Im Erbfall haftet für die Erbschaftsteuer auch der personal representative (executor).

Wie in vielen anderen Ländern auch, kommt es beim Erbfall eines Deutschen mit Grundvermögen in Großbritannien zu einer Doppelbesteuerungssituation. Eine Doppelbesteuerung wird durch Anrechnung der ausländischen Steuer auf die deutsche Erbschaftsteuer nach § 21 ErbStG vermieden bzw. reduziert.

Besonderheit des britischen Steuerrechts ist die so genannte Capital Gains Tax, der unter Umständen auch Schenkungen unter Lebenden unterliegen können. Diese Steuer soll jedoch hier unberücksichtigt bleiben, da sie die Ansässigkeit des Schenkers in Großbritannien zur Voraussetzung hat.

6. Irland

6.1 Suche und Finanzierung einer Immobilie in Irland
Stefan Albert

Irland (ohne Nordirland) ist immer noch ein kleiner, wenig nachgefragter Markt mit günstigen Grundstücksangeboten für Erwerber
von Zweit- oder Ferienhäusern. Der Erhalt einer Baugenehmigung
stellt sich jedoch vor allem in unmittelbarer Küstennähe als zunehmend schwieriger dar; Zusicherungen eines Verkäufers hinsichtlich der
Rechtmäßigkeit der Errichtung eines Gebäudes bzw. der Renovierung
eines Landhauses in umfangreichem Maße sollten also durchaus überprüft werden; da auch in Irland die Kaufverträge über Anwälte ver-
handelt werden, ist hier die Überprüfung von kompetenter Seite anzuraten.

Die Finanzierung einer irischen Immobilie durch private Erwerber aus
Deutschland stellt bei den Finanzierungsinstituten einen Einzelfall dar,
kann aber bei einigen Häusern angefragt werden.

6.2 Erwerb einer Immobilie in Irland
Klaus Wigand

6.2.1 Verfahren

Hinsichtlich der Besonderheiten des Grundeigentums in Irland des
Grundbuchrechts und des Verfahrens beim Kauf bzw. Verkauf einer
Immobilie in Irland kann weitgehend auf die vorstehenden Ausführungen zum Immobilienerwerb in Großbritannien Bezug genommen
werden. Historisch bedingt ergeben sich nur geringe Unterschiede.
Das irische Grundstücksrecht kennt ebenfalls kein absolutes Grundeigentum, sondern lediglich Berechtigungen bzw. Nutzungsrechte
(estates und interests). Die stärkste Berechtigung ist auch hier der
„freehold" in der Form des „freehold fee simple" (uneingeschränkte
Berechtigung), des „freehold in fee tail" (mit Beschränkungen) und des
„life estate" (Berechtigung auf Lebenszeit). Daneben existieren in
Großbritannien die „leaseholds" als befristete Nutzungsrechte, die
ebenfalls im Grundbuch eingetragen werden.

Auch in Irland unterscheidet man Grundbesitz, der im Grundbuch („land registry") registriert ist und so genannten unregistrierten Grundbesitz, bei dem der Erwerber seine Eigentumsstellung durch eine lückenlose Kette von Übertragungsurkunden („deeds") nachweisen muss.

Wie in Großbritannien, empfiehlt sich auch in Irland zur Überprüfung der Grundstückssituation und der recht komplizierten Kaufvertragsabwicklung die Beauftragung eines Rechtsanwaltes, insbesondere für den Erwerber. Meist sind bei Grundstückskaufverträgen auf Erwerber – und Verkäuferseite Anwälte tätig.

6.2.2 Kosten und Steuern

Da beim Kaufvertragsabschluss kein Notar mitwirkt, fallen auch in Irland keine Notargebühren an, dafür aber Anwaltskosten etwa in Höhe von 1 % des Kaufpreises jeweils auf Seiten des Erwerbers und des Veräußerers an. Die Registergebühren beim Grundbuchamt liegen zwischen 1 und 1,5 % des Kaufpreises.

Die Grunderwerbsteuer („stamp duty") beträgt auch bei unentgeltlichen Übertragungen 0,5 bis 9 % des Kaufpreises, ermäßigt sich jedoch bei Übertragungen unter Angehörigen auf 1 %. Bei Übertragung von zeitlich beschränkten leaseholds wird die Grunderwerbsteuer nach Höhe der Raten und Dauer der Nutzung berechnet. Eine Befreiung von der Grunderwerbsteuer ist bei Übertragung von Neubauten möglich. Mehrwertsteuer fällt auf die Grundbesitzübertragung von Privatpersonen nicht an.

6.3 Vererbung und Schenkung einer Immobilie in Irland
Klaus Wigand

6.3.1 Das anwendbare Erbrecht

Wie in Großbritannien gilt auch in Irland der Grundsatz der Nachlassspaltung, so dass eine in Irland belegene Immobilie stets nach irischem Erbrecht vererbt wird. Auch hinsichtlich der Wirksamkeit letztwilliger Verfügungen eines deutschen Erblassers gilt das zur erbrechtlichen Situation in Großbritannien Gesagte entsprechend, da Irland durch den

Succession Act 1965 für letztwillige Verfügungen die Formvorschriften des entsprechenden Haager Übereinkommens übernommen hat.

Zur Rolle des personal representative („executer/administrator") und im Hinblick auf die Grundzüge des Verfahrens vor den irischen Nachlassgerichten („"probate courts") kann ebenfalls auf die entsprechenden Ausführung zu Großbritannien verwiesen werden.

6.3.2 Das irische Erbschaft- und Schenkung-steuerrecht

Seit 1976 gilt für Erbfälle der Capital Aquisitions Tax Act (CAT), der eine Erbanfall- bzw. Schenkungsteuer vorsieht. Steuerpflichtig ist der jeweilige Erwerber in Abhängigkeit vom Umfang seines Erwerbs und dem Grad der verwandtschaftlichen Beziehung zum Erblasser/Schenker.

Der irischen Erbschaftsteuer unterliegt beim Tod eines Deutschen mit letztem Wohnsitz in Deutschland nur das in Irland belegene Nachlassvermögen. Für die Berechnung der Erbschaft ist der Verkehrswert des Grundbesitzes maßgeblich.

Die Erbschaftsteuerfreibeträge liegen in Abhängigkeit von der jeweiligen Steuerklasse zwischen 15.000 und 300.000 irischen Pfund und werden laufend der Preisentwicklung angepasst. Erwerbe des überlebenden Ehegatten von Todes wegen sind erbschaftssteuerfrei. Seit 01.12.1999 wurden die bisher progressiven Erbschafts- und Schenkungsteuersätze von 0 bis 40 % durch einen einheitlichen Erbschaft- und Schenkungsteuersatz von 20 % ersetzt. Bei lebzeitigen Schenkungen wird der steuerpflichtige Betrag nochmals um 75 % gekürzt, sodass die Schenkungsteuer 75 % der Erbschaftsteuer beträgt; dabei gelten jedoch Schenkungen des Erblassers innerhalb der letzten 2 Jahre vor seinem Tod kraft Gesetzes als Erwerb von Todes wegen.

Neben der eigentlichen Erbschaft- und Schenkungsteuer wurde 1993 eine besondere Nachlasssteuer („probate tax") in Höhe von 2 % des in Irland belegenen Nachlassvermögens eingeführt, die jedoch nur für solche Nachlässe gilt, deren Erblasser seinen letzten Wohnsitz („domicile") in Irland hatte. Kommt diese Nachlasssteuer zum Tragen, kann sie von der Bemessungsgrundlage der eigentlichen Erbschaftsteuer abgezogen werden.

Literaturverzeichnis

Allgemeine Informationen zu Auslandsimmobilien

Dörner, Heinrich: J. von Staudingers Kommentar zum Bürgerlichen Gesetzbuch, Einführungsgesetz zum bürgerlichen Gesetzbuch/IPR, Artikel 25, 26 EGBGB, Berlin 2000 (mit Ausführungen zu vielen der hier behandelten Länder)

Ferid/Firsching/Dörner/Hausmann: Internationales Erbrecht, München 2003 (mit Ausführungen zu vielen der hier behandelten Länder)

Flick, Hans/Piltz, Detlev J.: Der internationale Erbfall, München 1999 (mit Ausführungen zu vielen der hier behandelten Länder)

HypoVereinsbank AG: Erben und Vererben von Auslandsimmobilien, München 2002

Ludwig, Wolfgang/Müller, Stefanie: Der beste Weg zur Auslandsimmobilie, München, 2000

Meincke, Jens-Peter: Erbschaftsteuer- und Schenkungsteuergesetz, Kommentar, München 2002

Reichel, Doris: Ferienimmobilien in Europa, Freiburg im Breisgau 1999

Steiner, Anton: Testamentsgestaltung bei kollisionsrechtlicher Nachlassspaltung, Schriften der Deutschen Notar-rechtlichen Vereinigung, Band 10, Köln 2002

Stürner, Rolf: Die notarielle Urkunde im europäischen Rechtsverkehr, Deutsche Notar Zeitung (DNotZ) 1995, 343

Thiele-Mühlhan, Irene: Grundstücksverkehr, in: Schulte, Karl-Werner (Hrsg.), Immobilienökonomie, Bd. 2, München, Wien, Oldenburg 2001

www.auslandsimmobilienportal.de; www.bellevue.de; www.bhw-immobilien.de; www.dsa-ev.de; www.gis-real-estate.com; www.hypovereinsbank.de (Stichwortsuche: „Auslandsimmobilien"); www.immobilienscout24.de; www.immobiliesuchen.com; www.immonet.de; www.immopool.de

Länderspezifische Informationen

Italien:

Drexel, Thomas: Casa Italiana, Traumhäuser in Italien kaufen, renovieren, einrichten; München 2003

HypoVereinsbank AG: Privater Immobilienerwerb in Italien, München 2002

HVB Expertise: Immobilienmarktanalyse Gardasee, München 2001

Koch, Oliver: Immobilien in Italien: Erwerben, Besitzen, Verkaufen, Vererben; München 2001

Merten, Hans-Lothar: Mein Zuhause in Italien. Erwerben – Verkaufen – Vererben; Regensburg 2001

Schaub, Volker: Benvenuti in Italien, Frankfurt am Main 1996

Schaub, Volker: Nachbar Italien, Frankfurt am Main 1996

Schrader, Halwart: Ihre zweite Heimat, Stuttgart 2000

Zeitschrift Bellevu: Toskana, Hamburg 2002

Spanien:

Borngräber, Katja: Immobilien in Spanien, München 2001

Gantzer, Peter: Spanisches Immobilienrecht, Frankfurt 2003

Gebel, Dieter: Erbschaftsteuer bei deutsch-spanischen Nachlässen, Heidelberg 1999

Hellwege, Sabine: Die Besteuerung deutsch-spanischer Erb- und Schenkungsfälle, Internationales Erbschaftsteuer-recht und Nachlassplanung, Band 11, Köln 2002

HypoVereinsbank AG: Privater Immobilienerwerb in Spanien, München 2002

HVB Expertise: Immobilienmarktanalyse Mallorca, München 2000

Löber, Burkhardt: Grundeigentum in Spanien, Frankfurt 2000

Löber, Burkhardt: Erben und Vererben in Spanien, Frankfurt 1998

Löber, Burkhardt: Ausländer in Spanien, Frankfurt 2000

Martinez López, Manuel/Alfonso, Lucia: Grundstücksrecht in Spanien, Münster 2001

Meyer, Stefan/Kirchheim, Philipp: Das neue private Baurecht in Spanien, in: Recht der spanischen Wirtschaft, Dezember 2000, S. 910 ff.

Meyer, Stefan: Darlehen in Deutschland, Hypothek in Spanien, in: Zeitschrift für Immobilienrecht (ZfIR), Heft 6/2000, S. 431 ff.

Piske, Peer: Kaufvertrag in Spanien, Münster 1998

Schöllhorn, Peter: Spanienimmobilien erwerben, besitzen und vererben, Freiburg im Breisgau 2002

Sohst, Wolfgang: Das Spanische Bürgerl. Gesetzbuch (Código Civil) Text und Kommentar, Berlin 2002

Steuerberaterverband: Grundstückserwerb u. Besteuerung von Nicht-Residenten in Spanien, Stgt. 2001

Wachter, Thomas: Gestaltungsüberlegungen zur steueroptimalen Übertragung von Immobilien in Spanien, Zeitschrift für Erbrecht und Vermögensnachfolge (ZEV) 2003, 137

Zeitschrift Bellevue: Guide Ibiza, Hamburg 2000

Zeitschrift Bellevue: Guide Marbella/ Costa del Sol, Hamburg 2000

Zeitschrift Bellevue: Guide Mallorca, Hamburg 2000

Zeitschrift Bellevue: Immobilienkauf in Spanien, Sonderheft Nr. 1, Hamburg 2002

Frankreich:

Andrier, Thierry: Les sociétés civiles immobilières: guide pratique, Paris 2002

Bühl, Michel/Alvera, Daniel: Sociétés civiles immobilières: création, gestion, évolution, Paris 2003

Bureau Francis Lefebvre (Hrsg.): Mémento pratique fiscal, Paris 2003

Bureau Francis Lefebvre (Hrsg.): Mémento pratique gestion immobilière, Paris 2002

Collart Dutilleul, François/Magois, Bernard: Acheter ou vendre un bien immobilier, Paris 2002

Döbereiner, Christoph: Ehe- und Erbverträge im deutsch-französischen Rechtsverkehr, Schriften der Deutschen Notarrechtlichen Vereinigung Band 6, Köln 2001

Editions du Jurisclasseur (Hrsg.): Jurisclasseur Notarial, Loseblattsammlung, Bde. 31 und 32, Paris

Gareau, Pascal: Construction et gestion de l'immeuble: édification, vente, location, maintenance, Paris 2000

Gobert-Chéramy, Pierre: Fiscalité immobilière des non-résidents, Paris 2002

Groslière, Jean-Claude: La vente d'immeubles, Paris 1996

Hechler, Manuela: Die Besteuerung deutsch-französischer Erbfälle, Internationales Erbschaftsteuerrecht und Nachlassplanung Band 5, Köln 1998

HypoVereinsbank AG: Privater Immobilienerwerb in Frankreich, München 2002

HVB Expertise: Immobilienmarktanalyse Côte d'Azur, München 2002

Kirner, Oliver: Frankreichimmobilien, Freiburg im Breisgau 2002

Klingelhöffer, Hans: Ein lohnender Blick über die Grenze: Änderungen des französischen Ehegattenerbrechts, Zeitschrift für Erbrecht und Vermögensnachfolge (ZEV) 2003, 148

Lafond, Jacques/Pillebout, Jean-François: Le propriétaire et son logement, Paris 2001.

Merten, Hans-Lothar: Immobilien kaufen in Frankreich, Regensburg, Berlin 2001

Moyse, Jean-Maris/Amoyel, Guy/Le Roy, Martine: Agent immobilier: vente, achat, location, Paris 2000

Süss, Rembert: Reform des Erbrechts in Frankreich, Zeitschrift für die Steuer- und Erbrechtspraxis (Zerb) 2002, 62

Wehrens, Hans/Gresser, Edmond: Der Kauf von Immobilien in Frankreich, in: Notar Zeitung (NZ) 1997, 105–112

Schweiz:

Siehe auch die Literaturhinweise am Ende des Kapitels „Immobilienerwerb in der Schweiz"

Sieghörtner, Robert: Trans- und postmortale Vollmachten im Deutsch-Schweizerischen (Grundbuch-) Rechtsverkehr, ZEV 1999, 461

Wachter, Thomas: Grundbesitz in der Schweiz, Rheinische Notarzeitung (RNotZ) 2001, 65

Österreich:

Hackl-Miheljak/Holzapfel/Kohlmaier: Der Liegenschaftskauf, Wien 2001

Koziol/Welser: Bürgerliches Recht, 12. Auflage, Wien 2000/2002

Maurer, Ewald: Erben und Vererben auf Österreichisch, 5. Auflage Wien 1999

Gesetze und Verordnungen, Entscheidungen der Höchstgerichte in Österreich und Links zu Behörden: www.ris.bka.gv.at

Informationen zum Grundstückskauf bei HELP-Amtshelfer: www.help.gv.at

Rechtsanwälte in Österreich: www.rechtsanwaelte.at

Notare in Österreich: www.notar.at

Formulare (z. B. Grunderwerbsteuer): www.bmf.gv.at

Weitere Länder:

Kesen, Nebi: Erbfall in der Türkei: Rechtliche und steuerliche Aspekte, Zeitschrift für Erbrecht und Vermögensnachfolge (ZEV) 2003, 152

Kopp, Beate: Immobilienerwerb und -vererbung in England, Mittelbayerische Notarzeitung (MitBayNot) 2001, 287

Schimansky, Annika: Reform des niederländischen Erbrechts, Zeitschrift für Erbrecht und Vermögensnachfolge (ZEV) 2003, 149

Stein, Klaus: Die Besteuerung deutsch-irischer Erbfälle, Internationales Erbschaftsteuerrecht und Nachlassplanung, Band 4, Köln 1998

Die Herausgeber

Stefan Albert studierte Diplom-Pädagogik an der Universität der Bundeswehr in Hamburg und arbeitete als Personal- und Vertriebstrainer in der italienischen Niederlassung einer deutschen Bausparkasse; er übernahm die Verantwortung für den Vertrieb desselben Unternehmens in der Provinz Varese am Lago Maggiore und organisierte den Vertrieb zur Vermittlung von Ferienimmobilien in Italien für deutsche Kunden. Er arbeitet im Top-Privatkundensegment bei der Hypo Vereinsbank AG in München und ist dort bundesweit für das Immobilienmanagement tätig. Aufgrund der umfangreichen Erfahrungen in Italien gehört die Beratung in allen Fragen des internationalen Immobilienerwerbs zu seinem Spezialgebiet.

Stefan Albert, Immobilienmanagement, HypoVereinsbank AG,
Am Sederanger 5, 80538 München,
Tel.: 089/37 82 79 10, Fax.: 089/37 83 32 79 10,
E-Mail: stefan.albert@hvb.de

Klaus Wigand, Rechtsanwalt, ist Gründungspartner der Kanzlei Wigand, München, die sich an der Schnittstelle von Erb-, Familien-, Gesellschafts-, Stiftungs- und Steuererrecht überwiegend mit Fragen der Vermögens- und Unternehmensnachfolge, von Nachlassplanungen und Nachlassabwicklungen/Testamentsvollstreckungen und mit Stiftungsberatung befasst. Bis 2001 war Klaus Wigand Partner der Kanzlei BBLP Beiten Burkhardt Mittl & Wegener in München. Zuvor war er ein Jahr anwaltlich in Barcelona tätig. Er ist Mitglied der Deutsch-Spanischen Juristenvereinigung, der Deutschen Vereinigung für Erbrecht und Vermögensnachfolge und des Bundesverbandes Deutscher Stiftungen. Er ist Autor zahlreicher Veröffentlichungen zu Themen der Vermögens- und Unternehmensnachfolge sowie des Stiftungsrechts und ist zu diesen Themen bundesweit als Referent tätig. Klaus Wigand spricht Englisch, Spanisch und Französisch.

Klaus Wigand, Kanzlei Wigand, Oettingenstraße 25, 80538 München,
Tel.: 089/24 21 290; Fax.: 089/24 21 29 10,
E-Mail: klaus.wigand@bridges-kw.de

Die Autoren

Dr. jur. Stephan Grigolli, Kanzlei Schaub, May & Partner, Mailand, Studium der Rechtswissenschaften an den Universitäten Bielefeld und Köln. Seit 1999 bei den Landgerichten München I und II zugelassen, seit 2002 bei der Anwaltskammer Mailand. Zunächst Rechtsanwalt in einer internationalen Kanzlei in München und Redakteur einer internationalen juristischen Fachzeitschrift; tätig insbesondere in den Bereichen Immobilienrecht sowie Handels- und Gesellschaftsrecht. Teilnahme an Kongressen und Seminaren in Europa zu verschiedenen Themen des Internationalen Öffentlichen Rechts und Privatrechts. Er ist Autor zahlreicher Veröffentlichungen und Mitglied der Deutsch-Italienischen Juristenvereinigung.

Dr. Stephan Grigolli, Schaub May & Partner, Avvocati-Rechtsanwälte, Via Gesu´11, 20121 Milano, Italien, Tel.: 0039-02/76 01 42 04, Fax.: 0039-02/76 01 41 52, E-Mail: s.grigolli@schaub.it

Dr. Walter Häberling, LL.M., Kanzlei Meyer Lustenberger, Zürich, Studium der Rechtswissenschaften an der Universität Zürich, Abschluss mit der Promotion zum Doctor Iuris. Nach einem Praktikum als Anwaltssubstitut folgte eine Laufbahn an zwei erstinstanzlichen Gerichten (Bezirksgericht) im Kanton Zürich, wo er die Funktionen eines Auditors, eines juristischen Sekretärs, eines Gerichtsschreibers, eines Vorsitzenden der Schlichtungsbehörde in Mietsachen und schließlich eines vollamtlichen Richters ausübte. Nach berufsbegleitender Absolvierung der Anwaltsprüfung verließ er 1997 das Gericht und praktizierte fortan bei Meyer Lustenberger Rechtsanwälte in Zürich. In den Jahren 1998/1999 unterbrach er diese Tätigkeit zugunsten eines weiteren Rechtsstudiums an der University of Texas in Austin, Texas. Seit dem Abschluss dieses Studiums mit dem Erwerb des Titels eines Master of Laws (LL.M.) ist Dr. Walter Häberling wieder bei Meyer Lustenberger tätig. Seine Schwerpunkte liegen im Prozessrecht, Vertragsrecht (Mietrecht, Arbeitsrecht, Immobiliarkaufrecht usw.), Ehe- und Erbrecht, Haftpflichtrecht und der Schiedsgerichtsbarkeit.

Dr. Walter Häberling, Kanzlei Meyer Lustenberger, Forchstraße 452, P.O. Box 8 32, 8029 Zürich, Schweiz, Tel.: 0041-1/3 96 91 91, Fax.: 0041-1/3 96 91 92, E-Mail: walter.haeberling@ml-law.ch

Mag. Birgit Harasser, Kanzlei Cerha Hempel Spiegelfeldlawati, Wien; Tätig-keitsschwerpunkte sind das Liegenschafts- und Baurecht, Projektentwicklun-gen und -finanzierungen sowie Beratung bei Retail, Shopping Center und FOC; Ausbildung: Rechtsanwaltsprüfung (2000), Universität Salzburg (Mag. iur. 1997), Wirtschaftsuniversität Wien (Mag. rer.soc.oec. 1996); Positionen: Rechtsanwaltsanwärterin bei Cerha Hempel Spiegelfeldlawati (seit 2002), Consultant für BAA McArthurGlen Roermond, Niederlande (2002), Proku-ristin bei Jones Lang LaSalle GmbH, Deutschland, SCC Shopping Center Consulting (2000–2002), Rechtsanwaltsanwärterin bei Wolf Theiss & Partner, Wien (1999–2000), Consultant für Electronic Publishing Fachverlag (1999–2000), Rechtsanwaltsanwärterin bei Cerha, Hempel & Spiegelfeldlawa-ti (1998–1999); Sprachen: Deutsch, Englisch, Französisch, Italienisch

Birgit Harasser, Cerha Hempel Spiegelfeldlawati Rechtsanwälte,
Parkring 2, 1010 Wien, Österreich,
Tel.: 0043-1/51 43 51 51, Fax.: 0043-1/51 43 51 77,
E-Mail: birgit.harasser@chsh.at

Philipp Kirchheim, Kanzlei Monero Meyer & Marinel-lo, Barcelona; nach Ju-ra-Studium an der Universität in Freiburg im Breisgau und an der Universität in München 1995 Abschluss mit dem 1. Staatsexamen 1996–1998; Referendari-at in München, Sevilla und Madrid; Zulassung als Rechtsanwalt 1998 in Mün-chen; 1999 Zulassung als Abogado in Barcelona. Tätigkeitsschwerpunkte sind das Immobilien- und Baurecht sowie Handels- und Gesellschaftsrecht; vor-mals Präsident der Deutsch-Spanischen Wirtschaftsjunioren bei der Deut-schen Außenhandelskammer in Barcelona; Mitglied bei der Deutsch-Spani-schen Juristenvereinigung, AIJA, der ARGE Baurecht im DAV und im Kreis deutschsprachiger Führungskräfte Barcelona; Autor zahlreicher Publikatio-nen, u. a. zum spanischen Immobilienrecht; Chefredakteur des „Immobilien-brief Spanien".

Philipp Kirchheim, mmm&m Monero, Meyer & Marinel-lo, Abogados,
Passeig de Grácia 98, 08008 Barcelona, Spanien,
Tel.: 0034-93/4 87 58 94, Fax.: 0034-93/4 87 38 44,
E-Mail: phkirchheim@mmmm.es

Dr. Alfred Nemetschke, LL.M., Kanzlei Cerha Hempel Spiegelfeldlawati, Wien; Rechtsanwalt seit 1990; Tätigkeitsschwerpunkte: Liegenschafts- und Baurecht, Projektentwicklungen und damit verbundene M&A-Transaktionen, Miet-, Bau- und Finanzierungsangelegenheiten, insbesondere Beratungstätigkeit für offene und geschlossene deutsche Fonds und Developer in Österreich und Ungarn; Ausbildung: Universität Wien und Universität Salzburg (Doctor iur. 1984) und University of Cambridge (LL.M. 1986); Mitglied in der Rechtsanwaltskammer Wien und in der Rechtsanwaltskammer Budapest als ausländischer Rechtsberater; Sprachen: Deutsch und Englisch.

Dr. Alfred Nemetschke, Cerha Hempel Spiegelfeldlawati Rechtsanwälte, Parkring 2, 1010 Wien, Österreich,
Tel.: 0043-1/51 43 51 51, Fax.: 0043-1/51 43 51 77,
E-Mail: alfred.nemetschke@chs.at

Maitre Jacky Petitot, D.E.S.S., Kanzlei Lienhard-Petitot, Strasbourg; nach dem Studium der Germanistik sowie der Politik- und Rechtswissenschaften in Karlsruhe und Strasbourg 1982 Zulassung als Avocat. In den darauf folgenden Jahren erwirbt er die Fachanwaltschaft für Handelsrecht, eine Spezialisierung im Umweltrecht sowie ein Diplôme d'Etudes Supérieures Spécialisées (D.E.S.S.) in Finanzwissenschaft. Jacky Petitot ist seit 1987 Partner der Rechtsanwaltskanzlei LIENHARD-PETITOT. Er betreut Mandanten vor allem im Bankenrecht und im allgemeinen Wirtschaftsrecht, zunehmend auch in Fragen der Unternehmensfinanzierung. Neben der forensischen Tätigkeit steht er deutschen Mandanten beim Immobilienkauf in Frankreich sowie in Erbschaftsfragen zur Seite. Jacky Petitot spricht Deutsch, Italienisch und Englisch.

Maitre Jacky Petitot, Lienhard Petitot, Avocats, 21 rue des Francs Bourgeois, 67000 Strasbourg, Frankreich,
Tel.: 0033-88/52 25 25, Fax.: 0033-88/52 25 26,
E-Mail: avocat-lp@wanadoo.fr